2023
走进乡村

倪志兴　主编

图书在版编目(CIP)数据

2023 走进乡村 / 倪志兴主编. -- 上海：上海财经大学出版社, 2024.9. -- ISBN 978-7-5642-4440-8

Ⅰ.F32

中国国家版本馆 CIP 数据核字第 20243XY853 号

□ 责任编辑　林佳依
□ 封面设计　诸绍阳　贺加贝

2023 走进乡村

倪志兴　主编

上海财经大学出版社出版发行
(上海市中山北一路 369 号　邮编 200083)
网　　址:http://www.sufep.com
电子邮箱:webmaster@sufep.com
全国新华书店经销
上海锦佳印刷有限公司印刷装订
2024 年 9 月第 1 版　2024 年 9 月第 1 次印刷

787mm×1092mm　1/16　27.5 印张(插页:2)　602 千字
定价:98.00 元

本书由中央高校建设世界一流大学(学科)和特色发展引导专项资金、中央高校基本科研业务费专项资金资助(Supported by the Fundamental Research Funds for the Central Universities)、上海璞慧公益基金会、浙江泰隆慈善基金会、上海市慈善基金会"比心-玩出梦想"专项基金、中信兴业投资集团有限公司、上海财经大学教育发展基金会"千村调查"专项基金资金资助

编委会

主　编

倪志兴

副主编

韩明辉　丁　晶

编　委

（以姓氏笔画排序）

王　体　王　威　齐　宁　庄　美
刘兵勇　刘　凯　刘福忠　杨　鸿
林　华　周　巧　周　燕　金晓茜
姜国敏　赵　蔚　秦文佳　黄　莎

序

2023年，上海财经大学"千村调查"再出发！

2023年是不平凡的一年，是全面贯彻党的二十大精神的开局之年，也是疫情之后千村调查恢复常态化建设的第一年。从孙冶方经济调查、马寅初人口调查到连续开展16年的千村调查，我们始终在传承和发扬调查研究的优秀传统，坚持用调研数据讲好中国故事，引导师生走千村、访万户、读中国，将论文写在祖国大地上。

6月份，经过为期半年的精心筹备，2023年千村调查正式出征！在出征仪式上，我们不仅邀请了过去15年曾经参加千村调查的师生代表分享了他们的经历和收获，而且邀请了学校对口帮扶的云南省红河州元阳县委书记张喆以及"全国脱贫攻坚楷模""当代愚公"——重庆市巫山县下庄村毛相林书记到现场来进行主题分享。数字技术在世界文化遗产千年哈尼梯田保护发展中的实践运用让人激动振奋，毛书记带领下庄村数十年不改初心，苦干实干，用一条"天路"开辟下庄村数辈人梦寐以求的向生之路、向上之路的故事让人热泪盈眶。一个个鲜活生动的案例不仅形象地展现了新时代中国农村推进乡村振兴、脱贫攻坚工作的艰苦奋斗精神，而且让在座师生们进一步体会到了开展千村调查的初心使命。

2023年，学习贯彻习近平新时代中国特色社会主义思想主题教育正在如火如荼地开展，我们也将千村调查纳入主题教育专项调研，推进大兴调查研究之风，实现调查研究主题调研和专项调研相结合，既为千村调查项目注入了新动力，打造了集主题教育、社会实践、国情教育、劳动教育、科学研究、学科建设六位一体的融合式育人模式，也高质量推进了主题教育走深走实。2023年，又逢学校中层干部换届，学校进一步将千村调查作为学校中层干部队伍培养教育实践的重要组成部分，许涛书记和刘元春校长带头，全校党政领导班子、学院党政正职干部、新任处级干部、教师全覆盖式参与，2023年是我们历年来前往定点调查的干部人数最多的一年。

2023年7月10日—12日，许涛书记带队前往江西上饶开展千村调查。在余干县瑞洪镇上西源村农户家中的木板凳上,许涛书记和学生一起与村民聊家常,向村民了解农村实际发展情况,与村干部一起就数字技术赋能乡村振兴的教育路径探索进行交流。在上饶高铁经济试验区,我们真正看到了数字经济产业服务平台如何推动产业转型升级,助力建设"江西数字经济区域中心"。在方志敏纪念馆和方志敏干部学院,我们开展了主题式爱国主义教育,共上一堂微党课,表达了对革命先烈的深切哀思和崇高敬意。在瑞洪镇蔬菜基地的大棚中,我们拿起锄头和篮筐,与村民一起除杂草、采辣椒,深入田间地头开展劳动实践。虽然大家汗如雨下,但看到收获的劳动果实时,每个人都洋溢着喜悦的笑容。

7月26日,刘元春校长一行赴河北保定开展千村调查活动。在高碑店市泗庄镇宋辛庄伙村,刘元春校长与随行师生深入农户家中开展问卷调查,刘校长和学生一起与被调研农户围坐在桌子旁,刘校长不时地指导学生。在苹果园种植基地,在种植专家的指导和示范下,刘元春校长带领师生们一起除草、拉幼枝、采摘苹果,体验劳动的快乐和丰收的喜悦。调查结束后,刘校长亲切地和农户拉起了家常。在张六庄革命烈士陵园,师生们学习了解了高碑店地区抗日战争及解放战争期间的革命斗争历史,全体师生向革命烈士敬献花篮,肃立于纪念碑前并三鞠躬,表达了对革命先烈的深切哀思和崇高敬意。

围绕着"数字技术赋能乡村振兴"这个2023年千村调查年度主题,全校师生2 072人组建727支队伍奔赴全国31个省市自治区、230个地级市、512个区县的991个村开展了对14 953户的实地调研。行走在乡村田野,我们用脚步丈量祖国大地,用眼睛发现中国精神,用耳朵倾听人民呼声,用内心感应时代脉搏。我们看到了农民利用布满茧子的双手,熟练操作智能手机,开展农产品直播带货,洋溢在农民兄弟脸上的幸福感和自豪感。我们还看到,农村一线党员干部和驻村干部晒得黝黑的脸庞,这是祖国大地最美的风景,也更明白了全面建设社会主义现代化国家,最艰巨最繁重的任务仍然在农村。走千村、访万户,一个个乡土中国的发展故事铺展在我们面前,乡村振兴对当代大学生而言,不再是宏观的数据和字面的口号,而是党的思想伟力的生动体现,是党与人民情感的真实表现。

本书起名为"2023走进乡村",从1 761篇"我心目中的千村调查"学生征文中遴选了153篇优秀征文收录出版,深刻展示了上财学子在调研过程中的所见、所闻、所思、所感,诠释了上财学子将青春写在祖国大地上的生动图景,让青年学生在实践中讲好最美中国故事。

编 者

2024年8月

目 录

1	**东北：黑龙江省、吉林省、辽宁省、内蒙古自治区**	
3	走进千村，感受乾坤	晁嘉唯
6	品乡村烟火，察人间百态	陈乐文
9	到广阔的天地中去	季小楠
12	走千村、访万户，科技兴农促振兴	王非凡
16	不忘回家的路	孙易难
18	我心中的乡村回忆	郝 菁
20	晴山碧水迎客来，芳草清风促发展	李嘉铭
23	**华北：北京市、天津市、河北省、山西省**	
25	回归之旅	周若兰
27	脚下原野，笔底山河	杨伊晨
30	扎根希望田野，擘画美丽乡村	苗冰妍
34	脚下有泥土，心中有真情	张天琦
36	寻找心中的明月	赵彤蒲
38	竹杖芒鞋访千村，不负韶华行且知	曹清越
41	读万卷书，行万里路	李振瑞
44	重塑千村美梦，共迎新时代	杨建宏
47	**华东：安徽省、福建省、江苏省、江西省、山东省、上海市、浙江省**	
49	千帆过尽，万木逢春	艾馨怡

51	"初识"家乡	陈嘉琪
54	看见千村,满怀希冀	丛曙光
56	亦主亦客,聆听乡音	高 涵
58	走在希望的田野上	牛 珂
61	桃花源深　人心朴浅	汪静远
63	三色望江之行	严宇星
66	千村之生命力与现代农业之光	周优景
68	走一村,访十户	朱祚钰
71	他们也需要一个看到希望的机会	蔡佳颖
73	知行合一促茶香弥漫	何芳盈
76	一隅三坪启新程,万里千村谱新篇	林路晖
79	平芜尽处是春山,行人更在春山外	阙新杰
82	前路漫漫,回首仍存温情	吴昕妍
85	数字化闽南,声声入人心	徐媛铃
88	走遍田野,走"近"乡村	郁欣怡
90	数字赋能人文,共筑江村发展之光	葛桐妤
93	以情相融,方能相拥	黄嘉懿
96	走千村、访万户、读中国心得	梁 剑
98	聚青年力量,助乡村振兴	刘真玮
100	丢失与守望	苏 畅
102	扎根于土地,曳枝向蓝天	苏兴珂
105	冀以荧烛末光增辉日月	徐春晓
108	雨季里的村庄	杨哲琪
111	访村入户,感知乡村实情	姚竣腾
114	数字乡村:连接未来之路	殷于飞

116	行之愈笃，知之益明	张煜嘉
118	足迹印刻赣鄱大地，多维体会乡村振兴	陈毓珩
121	躬历千村谙使命，在乡望城启新程	时盛文
125	蹀路垦荒景，万象始更新	温敏宜
129	山水之歌：从青砖瓦房到数字乡野的诗篇	许成玮
131	赣湘萍水灵杰地，红色精神薪火传	张育硕
133	踏调研旅程，明振兴之源	钟思辰
136	遇见千村，对话乡村	毕玉晓
139	中等规模农业企业的困局	崔 悦
141	传统与现代齐飞，千村共中国一色	韩 玥
145	连接千村　启发万户	景彦铮
147	因"千村"而来，到千村中去	孔婧怡
149	走千村、访万户，感受数字乡村的脉动	李 越
151	人"睫"地灵	刘哲含
153	趁数字东风，绘乡村新图景	宋佳函
155	走千村，看山河	万书瑜
157	归乡田园　真情践行	徐佳诺
159	温暖与辛酸并存	周思汝
162	走进去，走出来	崔桦淇
164	于细微处匡正，自狭处出发	胡 硕
166	相遇千村　不负韶华	姜皓文
168	数字金融打破村庄"围墙"	卡德丽娅·库尔班江
170	步行阡陌，心履大道	涂江妍
173	记徐谢村千村调查	王慕尧
175	数字技术赋能乡村振兴，千村调查创造育人路径	邬心怡

178	在希望的田野上,共绘乡村振兴新画卷	庄 易
181	数字东风 技术联丰 智慧民生	班子欣
184	在调研中重新认识故乡	陈舒怡
186	用脚步丈量乡野 用实践书写青春	黄嘉诚
189	走进华堂,走近乡村	梁金晶
192	访山高水长,知岁稔国强	邵一诺
194	预见数字化下更好的未来	沈葆祺
197	请等一等,"他们"还在后面	王思哲
200	从"田野"中学习,在"田野"中成长	应越云
203	躬身沉潜,方解千村	袁歆砚

207	**华南:广东省、海南省、广西壮族自治区**	
209	鸟叔	梁铠麟
212	走千村万户,绘家乡蓝图	翁 悦
216	在解构重建中阅读中国大地上的千村万户	吴欣谣
218	走遍千村,读懂社会	韩 露
220	钟灵毓秀鸟语花香,吾当心系大国乡村	黄 可
224	读懂千村,根植祖国	农宁桢
227	两处桃源	张陈可兰
230	布央村茶文化之旅与数字技术赋能布央发展的可能性	周昱彤
233	征途漫漫,唯有奋斗	李若曦
236	在广阔的土地上开出多彩的花	林依蕊

239	**华中:河南省、湖北省、湖南省**	
241	千村调查·在路上	陈黎菲
243	走进"千村",助力振兴	陈怡静

246	走访千村万户,绽放希冀之花	管苏豫
248	我心目中的千村调查	刘泰昊
250	既感烈日夕阳,又见红艳曙光	裴宇翰
253	扎根绿野　向阳而生	钱熠琛
257	用脚步丈量祖国大地	王振宇
259	以千村调查解读扎根乡村,走入广阔天地的"树孩子"们	杨丰瑜
263	数字之梦,乡野绽放:我眼中的周庄村	钟　一
265	一堂生动的社会科学实践课	曾昶旸
268	守住青山,掘出金山	曾映红
271	乡村振兴路,万象始更新	方馨瑶
274	以青春之名,奏千村之歌	万函菲
277	寻访千村:乡野故事与心灵触动	徐辰林
279	生命平凡而伟大	赵璟源
283	铮铮湾里红,悠悠家乡情	段　淇
286	探寻乡村振兴之路	陆睿恺
289	乡土与数智:东安县乡村振兴的双重奏	蒙泉州
292	道阻且长,行则将至	周婧宁

295	**西北:陕西省、甘肃省、青海省、宁夏回族自治区、新疆维吾尔自治区**	
297	"千村调查"之于康县,数字技术之于农村	关　心
299	康县美丽乡村:乡村振兴的壮丽画卷	何　源
303	吾心系彼心,心心相印	黄铭洁
306	感受农村生活的真谛	魏克兴
308	以青年之力,丈量脚下大地	朱志南
311	塞上江南"风景"变"丰景"	康嘉馨

313	科技创新助力水产养殖	孙文硕
315	道阻且长,行之将至	洪　璐
317	东边日出西边雨,道是无晴却有晴	苗沛青
319	数字奋进施于乡,以才做桨开新篇	时　添
322	倾听农民故事,领悟调研真谛	郑闰慧
324	走进乡村　贴近土地　读懂中国	侯博翔
326	深耕于乡土　担当于时代	穆润泽
328	数字振乡村,青春绽华光	魏卓玥
330	果之硕硕,振兴其华	谢泽熙
333	与我血脉相连的土地	徐逸桐
336	载欣载奔返乡土,千村万户读中国	杨蓝暄
340	归乡·寻乡	袁思祺
345	数字技术赋能乡村振兴:一次有意义的入村入户调研活动	张璠琪
348	行于万里乡土路,读懂中国乡村事	姜飞宇
351	蜕变	庞雅萌
354	数字化时代下的社会实践:昆玉市二二四团数字千村调查与反思	伊斯马伊力·麦麦提

357　西南:云南省、贵州省、四川省、重庆市、西藏自治区

359	一个"社恐"的千村调查之旅	曹雨知
361	高粱地里的故事	李　璇
364	数字技术的应用与困惑	刘子实
366	访千村,悟振兴	杨懿兰
368	在乡村振兴的田野上,书写新的人间奇迹	张羽茜
371	阅读千村,书写万卷	艾欣宜
373	淳朴岁月,千村情	戴　璐

376	泥土之上的生活	黄　竹
379	走进新和	李锦玥
381	万蝶振翅,千村繁荣	李　想
384	与千村相逢,和大地相依	吕　点
387	愿蜀道变通途	韦欣然
390	一只阳光芒,点亮人心光	吴金桂
392	再会千村	吴沁钰
395	有一种温暖叫乡情	许嘉垚
398	千村之约,乡野之行	居　燚
400	德厚,道远	吴续宏
403	不啻微茫,造炬成阳	杨　扬
406	古落里那片乡	赵　颖
408	遇见千村·去有风的地方	钟婧渝
411	千村之行,徜徉巫山间	丁柯伊
414	脚踏大地,荡涤灵魂	黄　煦
416	进千村,悟真情	刘玟汐
419	访千村万户,读懂真实中国	任宸瑾
421	山不让尘,川不辞盈	张欣怡
424	等风来,不如追风去	朱春兮

东北：

黑龙江省、吉林省、辽宁省、内蒙古自治区

走进千村,感受乾坤

晁嘉唯[①]

一次千村行,一生千村情。

在千村调查组队初期,为了调研能够进展顺利,我选择同为黑龙江老乡的两位同学组成了小队,同时选定了一位同学的老家——绥化市新华乡五一村作为我们本次调查的目的地。于是,在七月初,我和另一位同学一起踏上了前往绥化市的绿皮火车。

初到村里,我们两个人十分迷茫。虽然早已商讨好怎样问出问卷上的问题,怎样引导村民说出他们内心的需求,但这一切似乎都止在了第一步——如何找到受访村民?直到我们与队友会合,这个艰巨的困难才得到了解决。我们的这位绥化"土著"队友为我们带来了无比惊喜的"靠山"——她的奶奶。经过了解,我们得知她奶奶曾是新华乡乡长,直到前几年才离开工作岗位,对五一村的人口情况、村容村貌都十分了解。知道我们的调研目标后,奶奶霸气地表示:"孩子们想要采访什么类型的农户家庭,奶奶带你们去!"至此,我们的千村调查顺利地拉开了帷幕。

千村乾坤,在拨云睹日。

[①] 晁嘉唯,女,经济学院2022级经济学专业本科生。

为了千村调查问卷的多样性和全面性，我们试探性地询问了奶奶村中是否有愿意接受采访的贫困户家庭，说不出是幸运还是不幸，我们得到的答案是肯定的。于是，奶奶带领我们来到了牟奶奶的家中。

我依然能记得采访刚开始时的些微尴尬，因为我们要了解作为贫困户的牟奶奶的家庭经济状况、接受补助的情况等，这些调查数据对任何一个家庭来讲都是一种隐私，是绝不会轻易透露给外人的，更别提像我们这样青涩的大学生了。我们既担忧牟奶奶可能不配合，更害怕她会翻脸并把我们扫地出门。出乎意料的是，牟奶奶认认真真地回答了我们提出的所有问题，且没有一丝的敷衍。在她身上，我能感受到那种饱经风霜之后的豁达和淡然，那种经历过波涛之后的包容和亲切。

在采访的过程中，我们有问到家庭年收入，即使在政府的大力帮助下，她的收入也依旧微薄，更别提牟奶奶还患有需要长期治疗的慢性肺部疾病。如果我是她，我是难以有这样的乐观态度去生活的。但当我们试图去了解这样的经济状况是如何支撑她的生活时，我们没有听到一丝一毫的抱怨，而是纯粹地对生活的接受和对党与国家的无比感恩。在牟奶奶的讲述中，我们了解到她的过去，更加理解了她对现在生活的珍惜，是党和国家的全力支持才给了她一个安稳的家，让她拨云睹日，宛若新生。

她的每一句话都是那样的真诚、平凡。"我现在过得特别好，以前都不敢想的，感谢党和国家帮我的忙。"她黝黑而干瘦的脸由衷地泛起笑意，我的心在感动得震颤。

千村乾坤，在黾勉从事。

对于采访者，我们小队一致认为应该更多地去采访家庭户主，以得到对家庭更全面的了解。就这样，奶奶带我们采访了朱叔叔。

朱叔叔是我们的第四位受访人，经过了对前面三户家庭采访的磨合，我们三人已经熟悉了问卷基本流程，并且确立好了分工。采访得以很快地进行，我们了解到朱叔叔家其实是村里有名的种粮大户，家庭年收入有五六十万元，这在城市白领阶层中都是很少见的，与前面采访的家庭相比更是天差地别。

正当我们好奇心渐起，想进一步了解这个家庭时，意外却突然发生了，剧烈的敲门声打断了我们的采访，一个男人叫走了朱叔叔。这时，我们才从奶奶的口中了解到，朱叔叔在村里的联通基站工作，负责整个五一村的网络维护，也许是因为暴雨破坏了村里基站的信号，朱叔叔需要和同事一起去检修基站。采访的节奏被迫打断，我们只能等待，好在朱叔叔并没有让我们久等，大约在我们被热情招待的半小时后，朱叔叔便回来继续接受采访。后半段采访是时断时续的，因为时不时有村民敲门询问网络的恢复状况，而朱叔叔全部耐心地回答了他们。

接受采访后，按捺不住好奇，我们询问了朱叔叔，家中明明有着种粮的产业，为什么不继承家业，反而要去做一个联通的小员工呢？我们得到了一个朴实却珍贵的答案，朱叔叔表示，他的母亲现在还有精力去管理家里的土地，他不想就这样只管自己家里的事，他还想要为村民做些事。这是很朴实的答案，但这也是很理想的答案，在这个一切都向"钱"看的社会里，我们似乎只能在电视剧里听到这样无私奉献的话语。在这场采访里，我感受到了人本身最纯粹的善良和质朴,我觉得心里似乎有股暖流缓缓流过。

在完成 12 份问卷的过程中,每一个家庭都给我们留下了极为深刻的印象,每一位受访人都给予我们这个小组最大的支持。由于征文的字数有限,我反复思考和筛选后决定选择记录牟奶奶和朱叔叔的故事,但我仍然会记得每一位受访的爷爷、奶奶、叔叔、阿姨,是他们的亲切和善、是他们的配合支持、是他们的真实质朴才让我们顺利地完成了我们的千村调查。尽管只是匆匆一面,只有短短 30 分钟的交谈和了解,但他们已经深深地扎根在了我的心里。正是千村调查给了我们这样的机会,真正地走到祖国大地上,走到人民的面前,了解他们的悲喜,了解他们的生活,了解他们的期许。

千村乾坤,广可至天地,狭可至人心。

品乡村烟火,察人间百态

陈乐文[①]

一、踏入家乡地,柔情方四溢

蓝天白云,油绿遍地,座座房屋,炊烟袅袅。盛夏的气息蔓延着整座新生村,携着缕缕泥土的芬芳,漫过我身体的每个角落,让我感到些许轻松与宁静。久违的乡村景象进入我的视野,似是想将整座村子的鲜活景象刻进我的骨子里,融进我的血液中。

它似是有莫名的温度与情绪,无时无刻不让我感到温暖与共情。虽然我生命中的大部分时光居住在城市里,见惯了无处不在的高楼大厦与车水马龙,对家乡乡村生活的印象已然在时光的流逝中渐渐模糊;但当我的足尖踏入松软的泥土,当我的双眸倒映着饱含生机的田野,在那一刻,似是见到了我多年未见的老友,心动与欣喜激荡在心中,再相逢时,我已然长大,而它也变换了些许模样。

我漫步于田野中,庄稼虽未至金黄,却也是生机盎然的青绿。走累了便席地而坐,以天为被,以石为枕,不在乎被泥土染了衣服,却似乎更接了地气。我总是习惯了城市的繁

---

① 陈乐文,女,公共经济与管理学院2022级投资学专业本科生。

荣与光怪陆离,眸中尽是先进的科技与矗立的高楼,却忘了华夏大地上总有一些像这样的偏安一隅之地,它不是那么富裕,没有先进的科技发展,更与"繁荣"二字无甚干系,却有着独特的乡土情怀与人间烟火味,最是值得我们双眸的停留与关注,也是华夏文明发展的重中之重。

二、观乡村生活,嗅泥土芬芳

走千家,访万户,观乡村生活,用足迹丈量每一寸土地。

我与队友们在初到乡村时就受到了村中各位村干部的热情款待,叔叔阿姨辈的他们并没有什么领导架子,反而洋溢着热情与笑脸,将问卷上的问题认认真真地向我们解答了一番,我也通过他们的描述更加了解了村中的情况。

其中,村支书给我留下的印象尤为深刻,在为我们介绍村子发展情况的过程中,他不时地跟我们分享自己的人生经验,邀请我们到村子里的种植基地参观,甚至亲自下厨为我们做饭,我们也参与其中,这对我们这代娇生惯养的孩子也有深深的触动。我们走访了几户人家,这些村民住的无一不是土房,虽不是做工精致的钢筋水泥楼,却是一砖一瓦砌成的劳动结晶,环境虽不是很差,但也说不上多好。村民们,尤其是那些上了年岁的老人,远离子女的照顾,守着这一座座小土房,曾经没有机械,全靠手作的劳动理应是十分劳累的,每日起早贪黑也定是十分辛苦。每每思及此,眼泪都会沾湿我的眼眶。但他们依旧不辞辛劳,依靠着勤劳的双手将子女送出了这座小村庄,送去了更广阔的天地,我们又有何理由不去奋斗和努力呢?我总是感慨万千。

三、抓问题导向,寻创新灵感

寻问题,察根本,抓问题导向,用双眸寻找每一处创新。

在深入乡村调查的过程中,我一直致力于发现问题,尤其是那些可能成为乡村脱贫之路障碍的根本性问题。我的目标是通过双眸寻找每一处创新,为村子的发展添砖加瓦,为村民贡献一份自己的微薄之力。

在我们小组探访村庄的过程中,我发现村民们对于一些短视频软件,如抖音等,有一定的了解。然而,当我们深入询问他们是否考虑使用这些软件进行直播带货,从而促进农产品的销售时,他们却纷纷摇头。我们逐渐意识到,这并不是他们不愿尝试,而更多是因为缺乏对这类新兴直播软件的了解和熟悉,不敢尝试吧。

对老一辈的村民来说,直接改变他们的想法可能相当困难。因此,我们的团队决定先进行一些基础的知识普及,以帮助他们更好地了解和使用这些技术工具。尽管这只是一个初步的尝试,但我们认为通过逐步普及技术知识,可以为村庄创造更多的发展机会。

在未来,我们计划与村民建立更深层次的合作,不仅是普及使用技术工具,而且包括提供更多有关直播带货和电商的培训。通过这样的方式,我们希望村民们能够更自信、更熟练地利用现代科技,推动农产品销售,从而为整个村庄带来更好的发展机遇。

四、品乡村烟火,悟百态人间

出主意,想办法,品乡村烟火,用赤心传递每一份情谊。

曾几何时,村中道路尘土飞扬,但在2023年暑假回乡访问时,我们惊喜地发现这样的状况已大为改善。农村道路和生活污水处理系统的建设已明显改进,昔日一下雨就被淹得泥泞的道路和脏乱的卫生环境一去不复返,想来这也是脱贫攻坚和乡村振兴战略的成果。我们在访问途中经过的道路大多是水泥路面,此外农村的生活污水也基本得到了妥善处理,尽可能地避免了对环境的污染。当谈及道路规划和近年来村容村貌的变化时,多数村民表示了肯定,我们也有幸见证了这一切的改变与乡村的发展。

我十分感恩于我校所开展的千村调查活动。在这次调查中,我用脚丈量了乡村的每一寸土地,并感恩于东北土地的肥沃与劳动人民的辛勤,让全国人民免于饥饿;我了解了中国农村的真实面貌,并感恩于国家的脱贫攻坚战略与乡村振兴战略,让真正穷困的农村实现共同富裕。

乡村振兴的方向无疑是正确且关键的,但同时,乡村振兴的道路注定漫长而坎坷,而我们所看到的任何微小的改变、所做的任何微小的善举,都是乡村振兴带来美好生活的一个小起点。我们千村调查正是让国家更加了解乡村真实现状的十分关键的一环。我一直坚信,千村调查会由一代代新青年传承下去,祖国的乡村振兴战略也会一步步扎实地走向成功,取得丰硕成果!

千村调查,品乡村烟火,察人间百态;

乡村振兴,寻问题根本,助祖国繁荣!

到广阔的天地中去

季小楠[①]

2023年7月25日,黄花城子村,雷阵雨转晴。

长春这座城市总被说像是一台老机器,虽然有些地方已经生锈,时不时发出碰撞和闷响,但齿轮依旧不停地在转,总有些新的东西。这比喻甚是贴切,长春这座城市这么大,不是所有的地方几十年前就盖起高楼,不是所有的马路上都是拥挤的车流,总会有些地方是刚刚与时代接轨的生命、老树上抽出的新芽。

在高速上顶着暴雨开了很久。路边的风景从城市新建的高楼,渐渐地变成了连绵的玉米地,就那样一片一片的,将这里和那里分割开来。车子在玉米地中穿梭了很久才开到黄花城子村。一下车就是村子的办事处,有新修好的小砖楼,安安静静地坐落在田野中央。村支书已经等我很久了,我忙给他递上矿泉水,他看着瓶子觉得挺贵,不肯收。我问起那片小院子里人们都在忙什么,村支书说,现在正是闷热的时候,田里的苞米还没到收割的季节,村集体就种一点木耳,大家都来干活,卖了的钱一起分。我第一次看见种木耳的小桩子,一排排地立在湿润的土地里,和我的小腿一般高,裂开的缝隙里长出鲜嫩的木

[①] 季小楠,女,外国语学院2022级商务英语专业本科生。

耳,高高低低两三朵,竟像是在热烈地欢迎我。

入村报告刚刚完成,雨又是不期而至。办事处的大爷们炫耀着他们的小菜园,说那里什么都有。他们急忙介绍着,这里的黄瓜、茄子、西红柿、生菜都是自己种的,没有化肥,可比城里好多了;城里菜躬贵,都没我们这好;你们都摘、都摘,捎家里点。他们一定很爱这个小院子。

打着伞在院子里穿梭,又摘了很多落果的柿子,阿姨忙说,这个别看长得难看,但是熟了,熟了就能吃,甜。我问,不洗一下吗?她说,这有什么脏的。在这个以土为生的地方,标准总会有些不一样。这样说倒是理解了其中的道理。生命就是这样土生土长的,从土里孕育出来的生命,怎么能嫌弃孕育自己的土地呢?实在不行,就在衣服上擦一擦,大抵干净就是干净了。

我又拿着我摘的茄子问:"这熟了吗?"他们说:"这都老了,你摘那个上面的。"

"可是上面的太小了,像没长大似的。"

"那也能吃。"

"那黄瓜摘哪个?"

"下边的,下边的熟了,你这一看就是没来过农村。"

我下意识地有些窘迫,像是在课堂上被老师抽查时回答不出问题一样,但我也确实不会那些"知识"。而他们知道很多这样的"知识":茄子什么时候熟?玉米什么时候种?什么时候下大雨?什么时候就该收成了?什么时候枝头上会抽出新芽?这都是书上没有写的,他们只是抬头看天,低头看地便知道。这些无形的答案就写在这广阔的天地间。

问起他们一些问卷上的问题,他们异口同声地说:"这谁知道啊,没数,没人数那玩意儿。"他们很多人只去过镇上的邮政银行,不知道什么是商业保险,也不会挥霍一年的收入全家一起旅游,很多问题不知道答案,城市里的很多东西对他们来说都太昂贵。来这里之前我已经预料到了,但我担心的只是问卷怎么填、好奇村民们的日子是怎么过的。现在我倒觉得没什么可担心的,他们知道的很多,只是那些问题没有写在厚厚的问卷里。

村民们的家里没有过多的装饰,角落里堆满了实用的东西。他们都有自己的小院子,有牛有羊,几年前这里除了苞米外还一无所有,直到摘下了贫困村的帽子,他们除了那些"知识",有的还有了车。村里还建起了冷库,联系了镇上外包的公司。他们总是热情地向我们介绍他们拥有的所珍惜的一切,偶尔感慨他们还没有拥有的遗憾。

要赶路回去的时候,村支书一遍又一遍地告诉我们,这里是长春市公主岭市双城堡镇黄花城子村,这里2018年还是贫困村,但2019年就摘帽了,我们这几年跟着国家发展,发展得很好,但还想要过得更好。老奶奶也拉着我的手,让我记住这里是黄花城子村,你不一定能回来,但要是以后路过了,一定要回来看看。

这一趟短暂的拜访不禁让我再回望这座我已经度过18年光阴的城市。有人说她是小城,与上海、北京这样发达的、人满为患的大都市相比,她确实太小了,没有那样的CBD和摩天大楼,没有必打卡的旅游景区那样的拥挤和热闹;但对于一个简单的需要小小的一隅来躲过喧嚣和繁华、度过整个几十年人生的我来说,她真的太大了,大到整整18年,我竟对那些地方一无所知。原来一个大大的长春,真的不是时代的眼泪,不是步履维艰赶着发展的时代的老人;这里生机勃勃,有蓬勃发展的城市,也有真切的、望不到边的乡间玉米地,有甩着尾巴的大黄牛,有自带小院的房子,有那样干净的天空和澄澈的眼睛。

我仍会记得那天的暴雨。那雨下得正是时候,给炎热的夏天带来了一丝凉意,洗净了乌云布满的天空。那天即使没有下雨,那里的天、那里的人也定会一样澄澈透明。

林立的高楼有时会让我感慨人的渺小和天地的高远,但那头顶上的云和连着天边的苞米田,也属于那广阔的天地。

走千村、访万户,科技兴农促振兴

王非凡[①]

"农,天下之本,务莫大焉。"党的十八大以来,党中央坚持把解决好"三农"问题作为全党工作的重中之重,举全党全社会之力加快农业农村现代化,推进乡村振兴。2023年中央一号文件指出,全面建设社会主义现代化国家,最艰巨最繁重的任务仍然在农村。同年2月,中共中央、国务院印发了《数字中国建设整体布局规划》,提出要深入推进数字社会治理精准化,深入实施数字乡村发展行动,以数字化赋能乡村产业发展、乡村建设和乡村治理。

聚焦"三农"问题与时代声音,上海财经大学自主创立大型实践项目——"千村调查",鼓励广大同学走千村、访万户、读中国,增强服务国家、服务社会、服务人民的责任感,把青春书写在祖国大地上。2023年,我也有幸通过选拔进入第十六次"千村调查"项目,带着所学所想走出校园,深入农村,通过参加座谈、发放问卷、走访企业、重走习近平总书记视察松原查干湖红色路线等方式去观察乡村面貌、丈量中国田野、践行初心使命。

---

① 王非凡,女,金融学院2023级金融学专业博士生。

一、走入乡村一线，观察民情民生现状

7月16日下午，定点项目组成员依次抵达被誉为"风光之都，百湖之城"的中国乾安。与想象中低矮的土房破败斑驳、街道上泥沙随意堆砌相反，我们看到的是宽敞平坦的道路两旁绿树成荫、百花争艳，鳞次栉比的房屋利落整洁、温馨恬静。只有切身处在欣欣向荣的新农村景象中，我们才能深刻地感受到广大农村旧貌换新颜的巨大变化，理解乡村振兴发展的重要意义。

一周的时间里，我们深入调研了乾安县7个乡镇10个乡村的治理基本情况、乡村产业发展情况、数字金融普及情况等，共收集入村问卷及入户问卷210份。在与村干部、村民们的交流过程中，我看到了数字技术给传统农村治理、农民生产生活带来的诸多变化——从乡村治理多主体化到村部政务数字化、透明化，从垃圾治理深入到户厕改造推进，从污水治理有效到村容村貌提升，从农资采购便利到种植技术指导，从日常网购消费到开展电商销售……还记得我问一位叔叔"您对金融机构线上业务的满意程度？"时，他激动地说道："满意！满意！太满意了！以前不会用这些，总是需要去学校给儿子送生活费和学费，路程比较远，会耽误不少时间，现在安装了银行的软件，特别方便好用，有问题还可以打电话问工作人员，省时省力！"看着叔叔的笑容，我知道"互联网＋"的发展赋予了乡村社会发展和农民生活质量提高更多的可能。

在我校与乾安县政府的座谈会上，校长助理、党委常委、组织部部长刘庆生老师首先介绍了上海财经大学的基本情况，以及"千村调查"项目的薪火传承与初心使命。乾安县于副县长表示将全力配合"千村调查"活动，并为我们详细介绍了当地的优势产业，包括"黄金小米、黄金水稻、专用玉米、杂粮杂豆、蔬菜瓜果"五大特色农业以及肉牛肉羊等特色牧业，鼓励我们担当时代责任、练就过硬本领，在调研中学有所成，在实践中淬炼青春。

习近平总书记指出，要在全党大兴调查研究之风。调查研究是谋事之基、成事之道。与坐在图书馆看论文有所不同，当我来到乡村发放问卷，沉浸在社会实践的大课堂时，亲身感受到了农民的幸福与疾苦，加深了对相关文献中理论分析的理解，更是慢慢学会了如何在实践中思考问题、发现问题，磨炼学术研究能力。

二、探访重点企业，领悟数字农业变革

在学校党委统战部副部长曹姝老师等的带领下，我们前往乾安县重点企业——博瑞生态农业有限公司（以下简称"博瑞公司"）、大遐农业综合开发有限公司走访调研。

博瑞公司是乾安县农业产业化龙头企业之一，重点打造反季节蔬菜种植、采摘、加工、运输、销售等产业融合发展。走进温室大棚，如同走进了一个科技农业展馆，螺旋仿生栽培、叠碗栽培、多功能箱式栽培、气雾栽培等十余种先进实用种植技术的运用令人眼花缭乱，让我们切实感受到数字技术与绿色农产品生产的深度融合。正在摘捡西红柿的阿姨告诉我们，这些大棚的运行帮助很多周围的村民解决了就业问题，他们可以参与反

季节果蔬交易配送、冷链物流、蔬菜包装等工作,这样每年除了务农外还能多一笔不菲的收入。如今,博瑞公司与周边城市的两百多家大型超市建立了合作,构建了遍布吉林、黑龙江等地区的果蔬营销网络,农业产业发展进一步拓宽了农民的增收渠道,促进了共同富裕。

在推动农业绿色可持续发展方面,博瑞公司采用农作物秸秆等生物质燃料直燃发电进行热电联产,产生的电量并入国家电网,照亮千家万户,发电产生的余热还能为现代农业种植基地的温室大棚提供热能,成功实现"变废为宝",有效促进生物质能源综合利用,加快农村能源转型助力乡村振兴。

刚进入大遐农业综合开发有限公司(以下简称"大遐公司"),我们就被一排排大型现代化农机吸引住了目光。数字农业并不是一句口号、一句空话,而是大遐公司把盐碱地通过水肥一体化技术改良为高产田,是这里无人驾驶的农机快速驶进一望无际的玉米地;是精准播种、精准施肥,极大地提高农业生产效率;是耕种收全程机械化、自动化、智慧化,最大限度降低人力物力消耗和农业生产成本,提高企业效益。

乡村田野是现代农业科普最生动的课堂,我们在这里看到了农业机械化、现代化加速发展的动人画面,也看到了"互联网+农业"的宏伟蓝图,相信科技发展将会为保障粮食安全和全面推进乡村振兴做出更大贡献。

三、重走查干湖路线,筑牢生态保护理念

查干湖位于吉林省西北部,是全国十大淡水湖之一,东北最重要的渔业基地之一。2018年9月26日,习近平总书记亲临查干湖,实地视察查干湖的水域保护和污染防治状况,并做出"保护生态和发展生态旅游相得益彰"等重要指示。为学习贯彻党的二十大精神,传承红色基因,老师带领我们重走习近平总书记视察松原查干湖红色路线,重访总书记乘坐的"查干湖号红船"、查干湖野鸭湾湿地等景观。

远眺查干湖,湖水碧波荡漾,一望无际,湖面烟波浩渺,鸟鸣鱼跃。然而谁会想到曾经的查干湖上游断流,四周风沙肆虐,环境恶劣。在导游的介绍中,我们进一步了解了查干湖的历史故事,正是一代代查干湖人矢志奋斗、辛勤付出,历经8年修出一条引松渠,才让查干湖得以恢复生机。"绿水青山就是金山银山",多年来,伴随着水岸修复、生态围塘、改善水质、拦截污染等一系列生态保护举措的实施,查干湖的生态环境越来越好,在这样纯天然环境下生长的查干湖胖头鱼更是远近闻名。我们也有幸在查干湖畔品尝了一次全鱼宴,果真是味道鲜美、肉质细腻,美景美食相伴令人流连忘返。

如今,查干湖夏有大湖湿地草长莺飞、湖畔草原花海逐芳,冬有国家级非物质文化遗产——"查干湖冬捕奇观",逐渐形成了集观光、教育、娱乐、休闲、度假、餐饮等为一体的旅游区,吸引了五湖四海数以万计的游客,扎实走好"保护生态和发展生态旅游相得益彰"之路,带动地方经济快速发展。

中国农村是经济学最好的自然实验室,在这里我们看到了农业现代化、农村经济、民生等方面取得的重要成就,也看到了发展不平衡不充分、人才队伍缺乏、部分农村产业单

一的问题与挑战。作为上财青年,我们要秉承"厚德博学,经济匡时"的校训精神,担起时代赋予我们的责任与使命,把握千村调查的宝贵机会,置身实践中了解国情、认识社会、深入思考、专注研究,努力在农村、农业、农民领域建言献策,产出具有中国特色、中国风格、中国气派的学术成果,让青春在全面建设社会主义现代化国家的火热实践中绽放绚丽之花。

不忘回家的路

孙易难[①]

借着千村调查的机会,我们深入乡村生活,在旅途中扮演着各式各样的角色。

我们有时作为超然的品鉴师,注视着流光的湖面、飞起的白鸽,任由思绪流过茂密的玉米地,穿过冉冉升起的炊烟,飞过层叠的山头。我们走千村、访万户,感叹着农村生活的朴实与满足,畅想着未来人生的充实与幸福。

我们有时成为偏激的批判者,面对着冷酷的现实,抓着农村与城市之间的差距不放。我们怀揣着城市的身份卡,佩戴着发光的黑墨镜,在流水上方的木桥上"指点江山"、大放厥词,控诉着技术的落后、环境的恶劣,并用伤人的对比,将这些年来乡村取得的成就贬得一文不值。

但我们从未将自己比作归乡人,从未注意过自己与乡村间看似已经断了的联系。中国以农业起家,我们本就扎根于土地,却年复一年地借着"千村调查"这一机会,以过路人的视角关注着乡村的变化,以一周旅人的身份感叹着乡村的不同。我们寄身城市一角,或是用着大段的篇幅,讲述着农村的落后,用键盘分析着改进的空间和发展的潜力;或是倾

---

① 孙易难,女,信息管理与工程学院 2022 级数据科学与大数据技术专业本科生。

尽赞美之词,描绘着自然的伟大,称颂着朴实的珍贵。但这都不是回家。

试想,学期结束后,我们回到家,惬意地往沙发上一躺,跷着二郎腿,哼着小曲,时而和家里人聊上几句,时而半闭着眼睛享受休闲时光。我们怎会挥着小旗,拿着铅笔,郑重其事地找到某个亲戚,询问家里是否有汽车;怎会带着审视的目光,随时准备在哪个不顺眼的地方狠狠地填上一填、改上一改。

曾几何时,回家变得如此庄重,返乡变得如此陌生。或许从我们父辈、祖辈的脚第一次离开土地开始,人们便在潜意识里,将自己与乡村隔离开来,只当它是一种过去的、早应舍弃的生活,将其完完全全地抛在脑后。万丈高楼平地起、手机电脑进家园,一层层的幕布将我们不计代价、一心求变的心遮了起来。在我们无声的默许下,无数耸立的高楼将石头房、砖头屋踩在脚下,大声宣告着自己的主权;无数形状各异的机器奔走在田野土地上,嘲笑着犁的无能、锄头的落后。

普及的信息技术终于取代了廉价的劳动力,乡村的安静生活也终于被隆隆巨响的机器撕开了一道无法缝合的口子。然而,当一件件的手工制品被列为非物质文化遗产,当一种种修补技术随着老匠人逐渐腐朽的身躯埋入泥土,当一项项农活被列入中小学生必会清单,当一个个乡村青年涌入城市,满怀热情地继续干着终将被机器替代的工作时,我们就成功了吗?社会就进步了吗?

我们本不必将城市与乡村分开来看,二者仅代表着不同形式下的生产生活状态。不同于先进与落后、开放与封闭、技术与非技术、取代与被取代,描述城市与乡村,我认为更准确的说法是,中国的一部分与中国的另一部分,一面的中国与另一面的中国。

诚然,社会的发展需要新事物取代旧事物。周而复始,历史的车轮才会不断向前。我并不奢求一味地保留,只希望有选择地割舍。我们迎着技术的强烈冲击无所适从时,边等等看,等那些再不适用的事物被带回深海,等那些大浪淘沙后的宝藏重返沙滩。为避免妄下结论、抱有遗憾,不要在丢弃后才明了真正要丢弃的是什么。舍了什么,别舍了根。丢了什么,别丢了本。

希望在城市的一个角落,有一个人,面对着空荡荡的文稿,万千感慨之下,只道一句,我回家了。

我心中的乡村回忆

郝 菁[①]

家乡,是我生命中的一座宝库。它虽然不像繁华的城市那样闪耀,却散发着淳朴和宁静的光芒。在离开家乡多年后,重新回到这片土地,我感到了一种莫名的亲切和亲情的拥抱。千村调查的机会如同一扇通向未知世界的大门,我毫不犹豫地走了进去。

回望远方,我怀着激动和期待的心情,踏上了一段特殊的旅程。这不是一次普通的出行,而是一次回归家乡,参与千村调查的实践。在这个过程中,我亲身经历了村庄的变革,也汲取了宝贵的经验并有了深刻的感悟。这是一篇关于我心中的千村调查的征文,一个记录我在调查中的观察、发现与体会的故事。

[①] 郝菁,女,经济学院2021级劳动经济专业本科生。

千村调查是一项重大的社会工程，旨在深入了解中国农村的现状和问题，为乡村振兴提供有力的政策建议。作为调查团队的一员，我怀着使命感和责任感投入了这个项目。我参与了调研、采访、问卷和撰写报告等多个环节，每一步都是对我人生的一次历练。

调查开始，我第一次真切地感受到了家乡的变化。曾经的村庄已不再单一，曹家营村如同一幅画卷，呈现了现代化的轮廓。高楼大厦和宽敞的道路取代了过去的茅草屋和狭窄的乡间小路。这些变化并不是偶然的，而是城乡融合和数字经济发展的结果。我觉得自己站在了时代的风口，目睹了家乡的蝶变。

然而，不仅仅是村庄的外貌发生了改变，更令我感动的是村民们的心态和态度。在千村调查中，我采访了许多村民，听取了他们的故事。他们中的大多数人在村庄中找到了新的发展机会，通过数字经济改善了生活。有人成为电商创业者，在网上开设店铺，将家乡的土特产推向全国；有人通过数字技术学习新技能，提高了自身的竞争力，在城里找到了工作。这些故事让我深受启发，我看到了坚持不懈和拼搏奋斗的力量。

然而，千村调查也让我看到了一些问题和挑战。在数字经济的浪潮下，有些村庄变得繁荣，而有些却停滞不前。数字鸿沟的存在使一些村民无法充分参与数字经济，城乡发展不平衡的问题仍然存在。此外，政务服务平台的不完善也成为制约村庄发展的因素之一。在采访中，一位村民向我诉说了她在政务服务平台上遇到的困难，这让我深感政府还有许多工作要做。

在千村调查的过程中，我也感受到了自己的成长和变化。我学会了更好地倾听，尊重他人的观点，从不同的角度看待问题。我也更加珍惜家乡，明白了家乡的变革和发展不仅仅是经济上的，而且包括文化和社会层面的转变。我在调查中结识了许多优秀的人，他们的故事让我受益匪浅，也激励我要为家乡的发展贡献自己的力量。

千村调查是一次特殊的经历，它让我重新认识了家乡，也让我看到了数字经济发展的希望和挑战。在这个过程中，我感到自己像是一位观察者，记录着家乡的变迁，也是一位参与者，为家乡的发展贡献着自己的力量。这段经历让我更加坚信，只有与时俱进，积极参与，才能为乡村振兴和数字经济的发展贡献自己的一份力量。

回首千村调查的点滴，我深知这是一段珍贵的记忆，也是我生命中的一份宝贵财富。我将继续关注家乡的发展，为实现乡村振兴的中国梦贡献自己的力量。在我心中，千村调查将永远是一段充满感动和希望的旅程。这个旅程不仅是一次回到故乡的机会，而且是一次重塑自我的历练。我相信，只要我们保持初心、坚持前行，我们的家乡就会变得越来越美好。千村调查，是我心中的一份珍贵记忆，也是我未来前进的动力。

晴山碧水迎客来，芳草清风促发展

李嘉铭[①]

八月仲夏的暖风本该惹人烦躁，而东北的三伏天却很凉爽。想着这样一个愉快的夏日总该留下些什么用以纪念，便匆匆写下这篇文章，以纪念通辽新农村的三日调查。

本以为东北的农村多半与我儿时常常游玩的一般，破破烂烂，但又规划整齐；零零散散，但又邻里和睦。可这新农村令人惊奇：村容规划整齐，百姓安居和睦。随着"全国文明村"几个大字映入眼帘，我们一行人乘车驶入新农村的大门，虽离主城区不远，但这里始终给人一种世外桃源的印象，仿佛天上的流云在这里格外清明，远处抛来的日光束显得别样澄澈。我们和村支书草草聊了几句，便匆匆开始了挨家挨户走访的调研。村会计表示很能理解我们作为财经类院校的大学生走入基层，调查"三农"问题的实际社会意义，并且全力配合我们完成了关于村基本概况的调查研究。

是时候介绍一下这个小村子了——新农村，位于通辽市开发区，村里不大不小，355户人家、1260人，给人一种黄发垂髫的联想。村中开设了三家不大不小的民营企业：辣椒厂，直供全市三千余家大小超市；冷库、大棚作物工厂，承包当地农民土地，以集体形式种

---

① 李嘉铭，男，统计与管理学院2022级经济统计学专业本科生。

植作物；养殖合作社，主要养殖肉驴、肉牛。在与村支书的流动访谈中，我们了解到，2022年村党支部领办的养殖合作社瞄准牛市低谷期，一次性引进大批牛苗，谋得了巨大利益。说到这，村支书自豪地笑了笑，仿佛为村民成功谋得福祉就是他最大的骄傲。

新农村不大，小到15分钟便能走完整个村子；新农村又不小，大到装得下一千多人对于这个村子满满的热爱。村中环境治理实施分包制，每户人家管好自己门前的一亩三分地，即使春种秋忙时也要打扫干净。走在村子里，很难不注意到道路两边零零散散的李子和樱桃，村支书介绍说，这是新农村与大连对口合作培育的大连樱桃，在通辽这边可以卖上个好价钱，满地零落的李子便是村民来不及摘收的腐烂的果实，等营养被大地汲取之后，挨家挨户便会自觉清扫。听到这，我不禁感叹于村民的自制力，小小一条马路本应是村委定点清扫的公共场合，但如此包户清洁，既节省了人力物力，也让每户人家在邻里比较中自觉清扫，避免为人耻笑。

来到大棚边上时，我甚是激动，虽然在东北老家常见公路旁的大棚林立，但如此这般走进大棚，还真是没有过的经历。一眼望去，满是整齐的瓜苗，村支书介绍道：第一批西瓜刚成熟不久，第二批瓜种也刚入土成苗，等到秋天来了，就又是一番丰收的景象。

轿车缓缓驶离了那一幢写有"全国文明村"的大村门，渐行渐远，一排排林荫路，一眼也看不到尽头，若即若离。就是在这一个八月的晴日，这样一幅悠然自得的世外桃源之景，让我此生难忘。

千村调查

华北：北京市、天津市、河北省、山西省

回归之旅

周若兰[①]

　　岳各庄村是我母亲的家乡，也是留在她心底的思念。于我而言，这片土地却是陌生的。我不愿忘记母亲的家乡，因此当千村调查活动开始时，我毫不犹豫地选择报名。当时的心情难以言说，抽离来看，这是一次再普通不过的乡村调研，但是如果我饱含情感凝视这片土地时，这又何尝不是我的寻根之旅。

　　旅程开始之前，我便在各大搜索引擎上查找关于岳各庄村的信息，又将这些碎片一一拼凑成脑海中的家乡。一个依山傍水的农耕村落，岁月赋予了它不朽的文明。坐落于此的天开寺与天开塔是佛家圣地，我浏览着它们修复前的照片，残缺的不规则建筑，砖瓦的纹理已然模糊，历史留下的痕迹只觉厚重。故乡的神秘让我向往，我带着隐隐的期待动身，去看看那片在我心中尚还朦胧的土地，去寻找属于母亲的过去。

　　理想与现实是难以跨越的极与极，譬如我怀着诗意般的幻想，却踏上一片真实的土地。并没有什么唯美的田园风光，我对于岳各庄村的第一印象是陈旧的，仿佛套上了一层

[①] 周若兰，女，会计学院2022级会计学专业本科生。

灰蒙的滤镜。当尘土在眼前飞扬时,我不由得想起城市整洁如新的道路和锃光的大厦,或许在这一刻,城乡差距已经清晰地呈现在我眼前。待上一段时间,我认为更准确的形容词是矛盾。或许如同村口的岔路口通向的两条路:一条平整,通往高高立起的小楼;一条泥泞,延至委身其间的矮屋。住在村里只需要一个月800元的租金,是来北京追梦的人最廉价的跳板,然而村中的年轻人却想着以市郊的村庄为跳板,立身于繁华的市中心。

我并没有忘记此行的目的——去寻找那微弱的神秘感。我问当地人对于天开寺和天开塔的看法,大多数人把它们当作一个不推荐的景点介绍给我,告诉我水库更好玩。历史的丰碑并没落在人们的心里,又或者在琐碎的生活中变得渐渐微不足道了。

让我印象深刻的受访者是一个15岁的小女孩,她回答不了全部的问题,于是又换成她父亲来。我没有问她很多问题,也无法了解她的人生轨迹,但是我会记住,在没有家具而显得格外空荡的客厅里,她笑盈盈地说:"姐姐,我要上高中了。"没有开灯,她黑亮的眼,一瞬间是那么夺目。这仿佛一种命运的重叠,冥冥之中,我仿佛也看到了我的母亲,以充满希冀的眼神,看向她的前路、她的未来。在母亲的少女时代,她是通过怎样的努力成为村里第一个踏入顶尖学府的人?她又怀揣着如何的心情签收那一份属于她的录取通知书呢?我想起读过的一句诗,"长长褐色的大路在我面前,指向我想去的任何地方",这句诗句属于她们,属于所有拼尽全力考学的人,属于薄薄的又承载命运的录取通知书。

一户人家告诉我,农村人能感受到一种"地气",我思考了很久这颇有哲学智慧的词语。慢慢地我明白,"地气"是土地给予努力生活的人们的馈赠,积极向上的人拥有它,昂首挺立的人拥有它,农村人在粗陋的环境里更能感受到这种坚韧的力量,这或许便是所谓的感受"地气"。我想到了《西西弗神话》中的一段话:"活着,带着世界赋予我们的裂痕去生活,去用残损的手掌抚平彼此的创痕,固执地迎向幸福。因为没有一种命运是对人的惩罚,而只要竭尽全力就应该是幸福的,拥抱当下的光明,不寄希望于空渺的乌托邦,振奋昂扬,因为生存本身就是对荒诞最有力的反抗。"

行文至此,家乡已经从模糊的概念成为亲切而真实的土地。鸡鸣狗吠,金黄的麦田,嚷嚷作响的喇叭,这些生动的细节,这些点滴时刻,在我心中沉淀、翻涌,成为生命中值得收藏的部分。而泥泞的土路,坑洼的积水,匮乏的资源,脱贫却又不富裕的人们,这些无法抹平的棱角,在我心中隐隐作痛,提醒我要回头看,回头看母亲走出去的地方。

脚下原野，笔底山河

杨伊晨[1]

理论是灰色的，而生命之树常青。我们只有走进生活，行而不辍，才能在社会的熔炉和现实的磨砺中增长才干，才能在田间地头或是村街小巷的实践中探索真知。上海财经大学的千村调查项目给予了我们这个宝贵的机会，让我们能够用脚步丈量祖国大地，用内心感受时代的脉搏，感受这壮阔山河的风土人情。正如鲁迅所说，"无穷的远方，无数的人们，都和我有关"，吾辈也应做到胸中有丘壑，眼底存山河。

"走千村、访万户、读中国"的实践精神在历届上财学子中得到了继承与发扬，帮助我更好地探寻北京市房山区韩村河镇岳各庄村的发展现状，激励我用生活所感去读书，用读书所得去实践，也鞭策我不断通过自我反思与重塑去思考青年应肩负的经济匡时的时代使命。

体味世界何求正解，感知生命何来唯一？岳各庄村里人们的生活状态给我留下了深刻的印象。在城市化进程日益加快的现代社会，我们早已习惯了昂首阔步的大步流星，习惯了繁忙学习工作挤压下的重复而疲惫的生活，却也慢慢忘记了如何卸下肩上的包袱去寻找歇脚的港湾，忘记了如何慢下来去享受沿途的风景。黑白色调的城市景观困住了一

---

[1] 杨伊晨，女，金融学院2022级金融学专业本科生。

个个自我鞭策的陀螺,我们在内卷中逐渐精疲力竭。那里的人们却可以把生活过得扎实、充盈而简单,将不属于生活的喧嚣与浮躁剔除得纯粹干净,防止灵魂被疲惫所异化,从而得到一份返璞归真的慰藉。"烟火村声远,林菁野气香。"这种诗意栖居的状态犹如掬一捧清泉,初饮时清淡无味,细品时却有回甘,让我们反观现实,拨开不知满足的物欲,品味生活的纯净真谛。

同时,岳各庄村融洽和谐的氛围还让我重拾了人与人之间最有温度的联结。经济的快速发展拓展了每一个个体的发展空间,但随之而来的自由和相伴而生的孤独冷漠挤占了人与人之间的真诚和温馨,疏离感成为人际关系中无可奈何的常态。当原先在村子里生活过的和我同行的同学自报家门后,村子里的人们便非常热情好客地与我们攀谈,还送了我们他们亲自种的李子,我初来乍到的陌生感和距离感顿时被一扫而空。其实,来之前我曾听过其他学长学姐的经验,担心我们的调研会成为一种打扰而无法取得当地人的信任,并因此遭到拒绝,无法顺利进行。但那里的人们对我们有着不带任何索取意味的宽容和理解,可以非常耐心细致地回答我们提出的每一个问题,甚至有关家庭收入等财务问题也会知无不言,对我们调研数据的获得也给予了极大的包容和支持。这种温情让我感觉自己仿佛也是在这个村子里长大的孩子,被村里的长辈呵护着、疼爱着。我倾听着他们的诉说,希望终有一天我有能力改善他们的现状,帮助他们实现那些很遥远但可贵的梦。

除了岳各庄村人们的生活状态和人际关系令我动容以外,随着我们调研的深入,我还对京郊的数字化振兴和发展有了更加立体丰富的认知。如今科技迅猛发展,数字化让丰富的生活变为可能,但这是最好的时代,也是最坏的时代,它让生活变得复杂起来,有人在科技潮流中如鱼得水,但也有人在互联网的数字鸿沟中沉浮挣扎、无所适从。在调研中,我们听到、看到也感知到了一个个真实灵魂的叹息,他们的哀伤、焦虑、茫然、不安、徘徊,那么真实又那么无奈。无法预约挂号时的眉头紧蹙,因为没有线上支付渠道被拒绝入内的无助,那些被技术浪潮所淹没的窘迫,已然深刻地影响着人们的日常生活。在调研中,我们了解到当地已进入老龄化社会,"空心化"问题比较严重,养老、医疗和社会保障等资源相对紧张。智慧养老是目前比较新的概念,依托于智能终端,可以为老年群体提供紧急救助、家政看护、生活照料、健康管理与监测等服务。然而,在当地的老年群体中,手机的普及率并不高,有智能手机的人也不多见,甚至经常使用手机通话以外功能的人也屈指可数,因此智慧养老就只能遗憾地与他们擦肩而过,居家养老仍是他们的现状。科技在发展,但一部分老年群体并未享受到时代的红利;相反,他们正慢慢地在闭塞中"失语",逐渐成为一座座断线的孤岛。我们常常抱怨他们跟不上时代,却总是忘记他们已经老了,他们其实又何尝不想融入时代呢?只是这一切变化得太快,蹒跚的步履已然无力追赶。

这究竟算不算一个潘多拉魔盒呢?但科技发展的最终目的应该是服务于人,让人成为目的本身,做到"人的智慧化",而非陷入工具理性的逻辑陷阱,一味贪求科技的新颖与速度。

一方面,作为新科技的既得利益者,我们有义务提供更多的人文关怀,通过数字反哺尽力弥合数字鸿沟。毕竟数字鸿沟的根源在数字素养,但倘若对弱势群体视而不见,那这道鸿沟便会愈演愈烈,变成令人心寒、令人窒息的人性鸿沟。文明之下的温度就体现在不能让弱势群体渐行渐远,只有凝聚共识,才能形成社会合力,携手共进。同时,在智慧养老产品和服务上也需要多做一些适老化设计,比如将系统界面的视觉元素设计得更简洁明了,减少缺乏实际意义的元素;再比如智慧养老服务不仅要关注老年人的健康需求,而且应该满足其多维的精神需求,比如社交需求和自我价值的实现。

另一方面,数字素养相对缺乏的老年群体也应该有自我提升、主动跟上时代的意愿,而非被迫融入。目前岳各庄村有些老年人比较安于现状,认为一台电视就足够了,完全不需要智能手机,也没有融入时代的意愿。这种情况下,我们究竟应该提升他们主动学习数字技能的能力,还是应该对他们的习惯和价值观保持尊重和不打扰?哪个是我们的主观意愿?哪种方式才是切实提升了老年人的生活质量?这种评价标准又是站在当事人视角还是旁观者视角?随着与村里老年人的交流不断深入,这些问题纷至沓来,现实暴露出的问题远远超出了我们最初的预设,其复杂程度也可见一斑。

这大概就是千村调查的魅力,实践的生命力吧!怀揣一颗敏感的心灵,拥抱一份实践的踏实,去体味缤纷世界的风土人情,它会鞭策你聆听时代的声音,关心人民的现实生活,在不断提问与反思中找寻自己未来的定位,明晰自己肩上承担的社会责任。而当代年轻人之所以感到困惑和迷茫,之所以对未来没有明确的规划,是因为我们始终没有走出方寸之间,没有走到广阔山河中,没有将自己所学与社会需要、与国家未来的发展相匹配。让我们心怀家国,放眼山河,倾听每一个个体的声音,助力每一处乡村的振兴。在浩瀚无际的中华大地上,我们的声音尽管微弱,却终将会有伟大的回响,随着一代代上财人的接续传承而生生不息。

扎根希望田野,擘画美丽乡村

苗冰妍[1]

青山抱城郭,绿水绕人家。七月,当我们走进山环水绕的石咀头村时,千村调查的真正意义才渐渐明晰。秉持校训中"匡时"的教诲,我们走遍了这里的田野,也访问了村委会与居民,用脚步丈量乡村致富路,用真心体会依依家乡情。

这里,绿遍山原白满川,草木蔓发,桃叶窈窕。

石咀头村位于河北省石家庄市赞皇县黄北坪乡,群山层层环绕,水库波光粼粼,风景静谧美好。车沿着弯弯绕绕的山路蜿蜒前行,停在了村委会的大门前。村支书告诉我们,石咀头村因为地处山区,全村可耕地面积仅有一百八十余亩。但在这种情况下,村民们也没有破坏周围的青山与水库,而是因地制宜发展核桃种植业和旅游业。自从全面小康以来,村里一方面响应石家庄市政府号召,坚持做好经济工作;另一方面大力发展环保事业。村里道路两旁种满了山核桃和桃杏,而鸡鸭就散养在果园与核桃园中,饿了捉虫,渴了就饮路旁的山泉水。一边说着,书记还随手摘下几颗青皮的核桃递给我们:"尝尝,新鲜的核

---

[1] 苗冰妍,女,金融学院2022级金融学专业本科生。

桃,吃起来就跟嫩玉米粒儿似的!"

跟随着村支书的指引,我们来到了核桃园的主人——李大伯家。李大伯是村里数一数二的山核桃种植大户。他家承包了一片山林,经过专业的研究与分析,再加上村委会和扶贫干部的帮助,李大伯在保持山坡原有生态循环的基础上,建立了一片山核桃园,并在自家的山核桃园里散养起了几十只鸡。通过科学种植,李大伯家率先实现脱贫致富,建起了二层小楼。登上大伯家的阳台,我们眺望远方。这里没有高楼大厦,没有灯红酒绿,只有无穷无尽的绿意,清凉的山风如浪涛般一波波呼啸而至,卷走盛夏的炎热,唯余身心舒爽。在这一刻,我切身体会到了"绿水青山就是金山银山"的意义。面对周遭的重峦叠嶂、碧波万顷,村民们没有选择开山采石、围湖造田,而是尽心尽力地守护着一方净土,同时大力发展绿色种植业和生态旅游业,实现了生态保护与民生福祉双丰收,以实际行动践行了绿色可持续发展理念。如今,石咀头村与旁边棋盘山风景区实现了旅游联动,开发了旅游专线,进一步提升了良好生态的变现能力,不仅带动了村民们增收致富,而且为周围城市居民开创了一片喧嚣之外的净土。

"你看曾经那个大荒漠光秃秃的样子让人民多遭罪呀,所以当初一开始我们就说,绝对不能以牺牲环境为代价来增加收入,要不然就算口袋里有钱了,自己家住着也不舒服了。"李大伯淳朴地笑着,质朴的话语中让我们感受到当代农民对于环境保护朴素的理解。这一刻,我又感受到千村调查的另一层意义:大政方针并不只是印在思政课本上的枯燥知识,它的构思、制定、推广、落实,每一步都是精心规划、科学合理的,只有真正走进田野中,走进人民身旁,我们这些身处象牙塔里的大学生才能感受到这些政策制度的科学性与必要性。冷冰冰的文字,在踩在泥土上的这一刻,有了温度。

这里,已识乾坤大,犹怜故园草木青。

杨阿姨家里开着村里唯一的超市,也是村里唯一的农村电商服务站。面对我们的调研主题,杨阿姨颇有感触。她告诉我们,她的丈夫曾经常年在外打工,自己既要照顾一家老小又要下地耕种,实在是应付不过来,于是就开了家小超市补贴家用。前几年儿子大学毕业后,有感于村里竟没有一个快递站点,于是积极响应镇政府的号召,在村委会的帮助下把超市建成石咀头村第一个也是唯一的电商服务站。从此,村里的收件邮寄等工作就集中在了阿姨家的小超市。这样不仅为村民带来了极大的便利,而且为小超市带来了稳定的客源和可观的收入。

现在,杨阿姨的丈夫和儿子都回到家里和她一起打理服务站和超市的事务,共同推进服务站的进一步发展。在全家人的共同努力下,小超市被评为"赞皇县2020年电子商务进农村综合示范项目",并通过争取一些科技公司的支持,推出了"线下体验推广、线上下单支付、网订店取、便民生活、代买代卖、信息咨询"一条龙多种服务,积极帮助村民实现石咀头村特色农产品外销,在便利村民的同时实现了自家的脱贫致富。

"我当初主要也是觉得自己有这种需求,然后一想如果我自己有,那这四邻八家的肯定也有呀,那既然这样,虽然开头比较麻烦,但总要有人来做这件事的嘛。"当我问到杨阿姨儿子最初的想法时,他有些憨厚地笑了。超市如今也小有规模,当邻里间谈起这个年轻人,夸赞的话语总是止不住地往外溢。我看着人来人往的门口,仿佛看到了这里的过去和未来。我们从不回避一个地方的贫穷与落后,因为我们总是坚信,它会慢慢发展起来的。而正是这些像杨阿姨儿子一样的年轻人,给了我们这样相信的底气。就像在建房子一样,他们会看到一个地区的不发达,而后想办法用自己年轻的头脑与力量,把这些缺口一点一点地补上,并且越建越大、越建越好。他们不会怕麻烦,不会三分钟热度,不会觉得"土""没有前途",他们只会用一颗颗年轻的心去做自己认为有意义的事情。我们也一样。读书的长衫,拿得起也放得下。我们接受大学的高等教育,不是为了挤破脑袋把自己困在一个个看似光鲜靓丽的工位,而是为了真正地学以致用,把接受了这么多年的教育成果转化为真正有用的东西——而这才是最高贵的、最有价值的。

故土一抔,可抵万金。

张伯伯是本村人,也是村委会的会计。他曾经周转于一些企业从事会计工作,而当听说村里需要会计时,他立刻就决定回乡工作。"年纪渐渐大了,如果能回到生养自己的地方,谁又愿意常年在外面飘着呢?"张伯伯说。谁不是这样,年轻时渴望闯荡四方,人到中年,却又时时念着魂归故里。正巧,当我们邀请张伯伯填写千村调查问卷时,当填写到"在教学条件一致的情况下,您是否愿意让自己的孩子回村接受教育"一项时,张伯伯停顿了一下,而后郑重地在"是"上打下了勾。我们有些惊诧地看着这一结果。张伯伯微微一笑,低头不语,倒让我思考起"家乡"这个词在人们心底的分量。年轻气盛时,总盼着能到更繁华精彩的世界伸展拳脚。于是我们背井离乡,踏上通往远方的路,一路欢笑,却又会在看到某种风景、吃到某种食物时,突然唤起埋藏在心底里的好。看过极尽繁华的高楼大厦,却也会惦着那烟雨蒙蒙的静谧;走过霓虹炫彩的交替,却也会念着那傍晚河畔的清凉。这种感情就像是加了酒曲的米,沉甸甸地埋藏在心底某个不知名的角落,可时间愈长,这情绪就愈是醇厚。终有一日,在长年的颠沛中,酒坛的盖子滑脱,甘冽的酒香漫溢开来,逼得人不得不想,不得不念。于是收拾行装,踏上归途,将半生所积累的经验与本领悉数反哺这片热土。

在张伯伯和全体村委的精心规划与科学安排下,石咀头村如期完成脱贫攻坚的任务,而今更是在为全村年收益再翻一番而加倍努力着。翻看着张伯伯的账本,我仿佛透过纸张抚摸到那满怀乡愁与热忱的心意。这是生我养我的地方,我也要用自己所学的本领为她做些什么吧。我们来自五湖四海,共同相聚于上海财经大学这个财经知识的殿堂。我们怀揣着家乡的殷殷期盼与嘱托,学习知识、锤炼本领。或许我们还年轻,还想要在繁华都市闯出一番新天地;又或许我们放不下心底的牵挂,学成归来报效家乡。但无论是何种选择,只要我们能够踏踏实实学习,勤勤恳恳工作,都算是不负家乡的嘱托与期望。

这几天,我们走街串巷,登门造访。我们看到一张张鲜活的脸,诉说着他们与这个小小村落的故事。石咀头村如此,中国千千万万的村庄亦是如此。从土地革命时期的"农村包围城市,武装夺取政权",到抗日战争把敌人的后方变成我方的前线;从安徽凤阳县小岗村吹出的改革春风,到湘西十八洞村打出脱贫攻坚漂亮一战。"农村是一片广阔天地,在那里可以大有作为。"闻着稻花香,我看到一个个平凡的个体执着地站立在这片坚实的土地上,让希望从人心的地平线升起,一寸寸照亮大江南北。现在,我们可能只是初步研究,了解得并不够深,但几天的实地调研的作用,已如春风化雨,润物无声。我们更深层次地理解了各项政策落地实施的重要性,也读懂了浸润着烟火气的乡愁与爱。千村之行,不虚此行。

脚下有泥土，心中有真情

张天琦[1]

响应学校"走千村、访万户、读中国"的号召，此次千村之行我们来到了河北省高碑店市。初下高铁，一片翠绿映入眼帘。我尚未惊叹完这座小城的郁郁葱葱，又很快被"燕南赵北"的纪念碑夺去了目光，细细看完才发现高碑店竟与秦将樊於期有着不解之缘。哪怕坐上前往酒店的汽车，我依旧在与同行伙伴畅聊着这座小城的悠久历史与文化底蕴。

《史记》曾记载，"治国之道，富民为始"。此次高碑店之行让我了解到了农村的多样化致富路径。这片土地上的每个村庄、每个小镇都有其"拿手绝活"。在"科技兴农"大浪潮的推动下，无论是大铺头村抓住电商新机遇发展铁锅产业，还是德林庄村在物流业加持下推广箱包制造，抑或是借助首衡新发地农贸平台的西堡头村利用温室种植发家致富，都彰显了信息时代更高效、更快捷的致富方式。新时代乡村发展的历史语境发生了深刻的改变，如今的农村正是大有可为的广阔天地，不断吸引着从这里走出去的青年学子们返乡创业。我在调研时采访了一户人家，与家中年轻人攀谈才得知其是河北师范大学硕士毕业生，不禁肃然起敬；当然，访谈过程中也不乏年轻弃学，抓住时代机遇实现发家致富的鲜活

---

[1] 张天琦，女，会计学院 2022 级财务管理专业本科生。

案例。这些年轻人有理想、有本领、有担当。他们在农村奉献青春，发光发热，用自己的才干报答着乡村昔日哺育的恩情。我相信，广大农村有了这些多元化人才的助力，将会在实现振兴梦的征途上行稳致远。

"察势者智，顺势者赢，驭势者独步天下"，顺应时代变局是发展的关键。抓住雄安新区千年大计与京津冀一体化战略布局的双重优势，高碑店市这座临京环雄的小城迎来了发展的"春天"。这里不仅具有"6纵6横4铁路"的便捷交通条件，而且在勾勒"4+3"产业蓝图，并在数字技术赋能乡村振兴领域持续探索。高碑店市目前已经打造了京津冀最大的"菜篮子"——首衡新发地农贸市场，国家登山训练基地也已完工，另外"建设预制菜基地""十万电商大军进河北"等一系列"接地气"的最新规划也在陆续开展。这座城市向我们展示的不仅是中国五千年文化的博大精深，而且有中国城市发展的新气象新业态。一周调研结束，刻在我脑海中迟迟不能忘却的是高碑店人"齐心协力促发展，脱贫致富奔前程"的勤劳身影。

高碑店是一座古城，也是一座红色的城市。我们在调研后半期前往烈士陵园敬献花圈，随后参观了陵园展厅。跟随讲解人的步伐，我们在那间小小的屋子里一一掠过先烈们的照片以及他们缴获的日军器械。盯着那些缴获的战利品，泪水悄然流出眼眶，我不由得扭头擦拭。黑格尔曾言："历史是一堆灰烬，但灰烬深处有余温。"我想，此时此刻应当是抗日历史的余温点燃了我们内心深处的爱国情怀吧！从几千年前霍去病振聋发聩的"匈奴未灭，何以家为？"到《战狼》里那句"犯我中华者，虽远必诛！"，刻在中国人骨子里的民族气节从未湮灭在历史的尘埃中。千里刀光影，万里赴戎机，英雄们的热血征程，成就了如今新中国的万里晴空。在中华儿女的记忆深处，永远会给英雄留存一席之地，用来追思过往，省思现在，念想未来！

"那么近，那么美，周末到河北"，高碑店这座新兴小城的"美"吸引着我们驻足。在用脚步切身丈量这片土地后，我无比清晰地意识到如今数字技术赋能乡村振兴的宏伟蓝图正在燕赵大地上徐徐展开。最后一天返程时，我在路边看到了一句口号，"努力让京津冀成为中国现代化建设的先行示范区"，作为从这片土地走出去的学生，我们是现在崛起时代的见证者，更是未来辉煌时代的建设者，践行上海财经大学"经济匡时　厚德博学"的校训，努力让美丽河北变得更美是我们义不容辞的责任！

寻找心中的明月

赵彤蒲[1]

  是夜,漫步在故乡的田野里,抬头便能望到弯弯的细月隐藏在弥漫的云气之后,意欲伸手寻找却也只能看到影影绰绰的模糊景象——在那些远离乡土,生活在喧嚣闹市的日子里,那轮明月的全貌是我魂牵梦萦间苦苦追寻的幻梦。再回首,我已身处去往千村调查的公交车上。听着耳边的汽车发动机传来的轰隆隆的响声,我竟从中听到了远方泥土的呼唤。

  那呼唤,憨厚淳朴,令人倍感亲切——那是乡下伯伯热情的招呼声。

  于久离乡土,忽而又再度重逢的人,那一抹熟悉的乡音,就如钢铁丛林中,最抚凡人心的热汤;如世事芜杂中,最解其中味的良药。随着一声吆喝,李大叔身穿马甲,骑着自己的电动车穿梭在巷里坊中,电动车的前筐里别着的大喇叭反复播放着具有浓厚口音的"磨剪子嘞,抢菜刀——!"的吆喝声。这熟悉的声音一下子就把我拉回到了童年,印象中当时也有像李大叔一样的叔叔,每天中午我在家中院子里玩耍的时候,总能先远远听见自行车年久失修、摇摇晃晃中发出的机械碰撞声,然后便是那句熟悉的吆喝声。但令我好奇的是,

---

[1] 赵彤蒲,女,经济学院2022级经济学专业本科生。

在社会发展日新月异的今天，人们生活水平不断提高，仅靠帮别人磨剪子抢菜刀还可以维持生计吗？

按捺不住心中的疑惑，我走上前叫住了李大叔，用许久不说的乡音不熟练地与他搭话。经过简单的交谈，我了解到原来现在的磨刀业务只能算是李大叔的一份兼职。李大叔说，现在的工作方式可与过去大有不同。过去单纯靠着简单的吆喝在坊间寻找生意，有时候转一整天都不一定有收入。但现在有了微信等社交服务平台，平时如果街坊邻居有磨刀的需求，只需要在微信上告诉他一声就可以了，大大提高了信息流通的效率。而且在村委会的帮助下，李大叔还拜了村里的电工师傅为师，学会了简单的维修电器操作。现在如果谁家里电器出了毛病，村民们可都指望着他嘞！

当我问到既然有了提前预约，为什么还要用喇叭坚持放那熟悉的语音呢？谈到这个，李大叔嘿嘿一笑说道："现在不都提倡要能留得住乡愁吗！我这吆喝声也算是对我之前生活的怀念吧！"谈到这里，我的心被触动了。和光同尘，与时舒卷，李大叔正是千千万万个奋斗者的缩影。他们在乡村振兴战略的号召下用自己的奋斗谱写了乡村发展的新篇章，又用自己小小的坚守给每一个重返故乡的人以亲切和温暖。不到梁园，怎知春色如许？没有乡愁，怎感故乡温暖！

那呼唤，童真稚嫩，令人心头温暖——那是幼儿园里小朋友玩耍的嬉笑声。

踏入村子里的幼儿园，抬眼便是整洁又不失童趣的小道、丰富的游玩设施和窗明几净的教室。园区里随处可见用树木打造的椅子、造型各异的卡通摆件和生机盎然的各类花草。与园长聊天得知，这些各式各样的景观竟都是出自幼儿园老师们的巧手！她介绍道，每逢下雨园区里总会有树枝掉落在地上。心灵手巧的老师们将这些树枝收集起来，再把它们用自己的奇思妙想做成孩子们喜爱的各种摆件。

这份用心与耐心令我备受感动。孩子们继承着中华民族的文化清辉，擘画着祖国的未来坐标。在幼儿园，身处乡村的孩子们虽然得不到像城镇里那么完善的基础设施，但老师们也竭尽全力，没有条件创造条件，为孩子们提供了良好的启蒙环境。岁月如歌，高唱着温柔与耐心；气势如虹，镌刻着爱与奉献。

千村调查结束后回到家中，从哪里来，往哪里去，心中渐渐有一分明白，如月光泻地。深思发现，原来心中一直追寻的那抹月光是实干者的奋斗，是育人者的奉献，是全党大力支持乡村振兴的政策帮扶，是基层组织践行美丽乡村的坚定意志！

躬践方知路险夷，凿石有声铿锵行。在新时代新征程上，吾辈青年更应"不驰于空想，不骛于虚声"，用自己的实干和奋斗去找寻心中的明月，并以"敢在人先又续征"的勇气投入乡村振兴的洪流之中。以小我融入大我，奏响时代最强音！

竹杖芒鞋访千村,不负韶华行且知

曹清越[①]

作为山西长治本地人,我一直认为我还是比较熟悉脚下这片土地的,也曾一度以为之前去农村掰玉米、在村里闲逛、吃农家饭就是了解农村生活、融入农村的一种方式。而当我参加了千村调查,通过唠家常和填问卷,得到了有关乡村情况的第一手数据后,我才知道之前的经历不过是走马观花游客式的体验生活罢了。千村调查无论是从样本广度还是从调研深度上,都给我带来了极大的震撼,让我窥见了中国乡村一隅的基本发展情况和村中各年龄层人的基本面貌,受益良多。

一、看云连麦垄,雪堆蚕蔟,若要足时今足矣,以为未足何时足

第一天访谈观察到最明显的现象就是村里的人口年龄结构极不均衡,留在村中的大部分是老年人和学龄前儿童,青年人的缺失是现如今农村的普遍问题。而这些老年人给我最大的感受就是传统农民身上典型的"乡土气",我认为这个词不表示褒义和贬义,就是客观地表达在农村生活至今的老年人的一种特征和状态。

"乡土气"表现为他们为人淳朴、待人真诚。这是他们长期生活在农村这样的熟人社会中造成的,相比生活在陌生人社会的城里人,他们更容易向别人袒露自己的生活甚至细

---

① 曹清越,女,会计学院2022级会计与财务专业本科生。

节,这对于调研的沟通过程来说无疑是很大的便利。更令我佩服的是大部分老年人对于自己所经营的生活具有极大的热情,过得忙碌而满足。他们的生活朴素单一,不过是由蕴含着农时节气的四季、围绕着一亩三分地的每天线性排列而成,这样的生活就像是这纷扰世间少有的定数。但他们也活得自力更生,很多农村的老人早就在土地里扎下了根,从未离开土地,并将会继续耕作直到走不动路,没有想过完全靠儿女或者等政府的救济,而是更愿意相信靠自己的双手能换来想要的生活。

"乡土气"有时也会表现为接受新事物的能力较差。本次千村调查的主题是数字技术赋能乡村振兴,我们希望了解这方面已经取得的成果、目前的发展状况和农村人对于未来发展方向的建议。一方面,普遍来说绝大多数老年人由于知识储备和学习能力有限,很难赶上数字化发展的潮流,数字化于他们而言是很遥远的事情。另一方面,结合平顺县的情况,由于很多老人过着一辈子一成不变的生活,他们没想过改变或者害怕改变;种地甚至也只种玉米,所以他们认为依靠世代相传的经验完全可以应付现在的生活。由于村中的直播带货业务难有起色,也缺乏对农业方面数字化的其他应用的了解,且将其付诸实践所需的时间和金钱代价单凭老年人自己难以负担,以至于有些人会质疑数字化真正帮助他们获得更高收益的作用。综上考虑,在数字化助力乡村振兴取得初步成效的现阶段,如何让所有人共享发展成果,尤其是惠及老年人,是下一步要完善的工作。

二、休对故人思故国,且将新火试新茶

除了老年人以外,中年人应该算是村里的主要力量了。相比老年人,中年人的文化程度和生活水平都要高一些,使用数字化技术的频率更高。让我印象最深的是一位阿姨,她是广武村的种植大户。几年前参观的一个山东蔬菜博览会成为阿姨返乡自主创业的契机。山东是农业大省,在展览上无论是使用的农业技术还是最终的种植成果都是非常震撼的。阿姨受到启发后就回家在村口承包了土地,自己看书上网搜索种植技术,种植番茄等经济作物,引进新品种,自己经营直播带货。阿姨热情地让我品尝各种不同品种的小番茄,满怀激情地向我介绍她每天的生活。令我惊讶的是阿姨靠自己的努力经营已经初具规模,一年能够创收100万元,已经是非常成功的案例;但更令我惊讶的是,尽管如此,她过的生活依然是极尽俭朴。原来,阿姨又将赚来的钱全部投入于扩大规模,进行各种新的尝试。谈起未来的计划时,她的眼里是闪着光的。

在交流的过程中,我发现阿姨骨子里有着自强自立的精神和持续学习的态度,正是这些让阿姨的想法很灵活、思路很开阔,愿意并且能够很快地学习和运用新事物。而且,我非常欣喜地看到,在农村有着越来越多像阿姨一样带着新思想学习新知识的或返乡创业或深耕土地的中年人。他们对于知识有着不曾消减的兴趣和渴望,还是愿意相信知识会改变命运。他们每年会有固定开销花在书籍、杂志、报纸上,也会定期搜索网上一些种植或致富信息,愿意学习并把知识运用在自己的生产生活中。比起老年人,中年人除了意识到时代的脚步很快以外,更多的是想努力跟上、不断进步。这些除了给他们带来更好的生活以外,还使得他们思想进步,对于乡村振兴和数字化创收有更多自己的想法。充满干

劲、敢于尝试的中年人是农村有力跳动的心脏,是乡村振兴的主要驱动力量。

三、宣父犹能畏后生,丈夫未可轻年少

在入村入户的过程中,我还接触到了很多村干部,年轻干部的形象尤为鲜明。他们想法新颖且踏实能干。有相关资源的就因地制宜发展旅游业,比如申纪兰纪念馆、民俗展览馆、九天圣母庙等;有的发展农产品加工业和销售业务,比如从小规模开始建设豆腐坊、设立专门的农产品直播间;有的则切实解决了关乎村民生活或村里环境的问题,比如进行厕所改革、改善下水道设施。他们责任心强、有担当。我们去平顺县的第二天就下起了暴雨,干部们全部留下来抗洪防汛,忙前忙后、脚不沾地。我们了解到不只是这次暴雨,平时遇到村里各项事务比较忙的时候,他们甚至几个月不回家。其中,北社乡的村支书最年轻,是个"90后"。进入北社村,无论是村口气派的大门和完备的健身器材,还是村委会院子里打篮球的年轻身影,都让人眼前一亮。进一步地,我们了解到村里近年来逐渐成熟的各种创收模式:组织夜市摆摊卖凉粉、在村委会大院开直播卖农产品、每年搭戏台子举办上党梆子演出吸引各乡村民或者组织村民演出团队去各乡巡演……给村民们带来不少收入。可以说,年轻的干部一心扑在村子里,这些年在乡村的磨炼使得象牙塔里的学生蜕变成了带动乡村经济发展、领导村民脱贫致富的领头羊。

无论是平时的建设工作还是紧急情况的处理,年轻村干部都有担当、有作为,这些不仅是来短暂调研的我们看在眼里,与村干部朝夕相处的村民更是看在眼里。我发现村干部的工作做得越好,村民们对干部的工作就越是表现出理解和配合,同时他们的幸福指数就越高。"穷山恶水出刁民"的正确性倒是有待商讨,但古人云:"仓廪实而知礼节,衣食足而知荣辱。"在这些建设得好的村子里,我看到的是亲如母女一般的婆媳关系,一家盖房十家帮忙的邻里关系,像对待自己家人一样地对空巢老人的关心,对年轻人在外打拼不易的理解。村干部为乡村注入了新鲜血液,乡村建设工作做到位,发展中赚到的钱继续建设村子,同时乡村的文化建设在悄无声息地进行,逐渐形成良性循环;且经济产业链、生态环境和文化建设全方面发展,使其在乡村振兴的道路上能够行稳致远。

四、尾声

说出"漫天星光,满屋月亮,人生何如,为什么这么悲凉"的"文学洛神"萧红,来自北方风雪中的飘摇小城呼兰;留下"大风从东吹到西,从北刮到南,无视黑夜和黎明,你所说的曙光究竟是什么意思?"疑问的海子来自泥土高溅的怀宁查湾村;写出"一定要爱着点什么,恰似草木对光阴的钟情"妙句的汪曾祺来自渔舟唱晚的高邮城镇。他们年轻时也曾从华夏山水中走过,真切感受过乡土的生命滋味。他们扑向乡土的襟怀,用炽烈燃烧的青春,饱蘸生命的浓墨,书写了超越泥泞生活的文化弧光。这些如同乡间摇晃的树影和闪动的七八月的阳光,似乎在召唤我向前。

而经历了为期七天的千村调查后,我才明白只有经历了根植深深泥土的实践,方能读懂闪烁星辰的情怀。先辈乡土间的意志我们永远不会忘,而后辈应该挑起振兴乡村的脊梁。

读万卷书,行万里路

李振瑞[①]

万卷诗书难得五谷六畜,千村万户可知柴米桑麻。跟随老乡,慢步走入大门,听几声乡野犬吠,聊几句家长里短,感受乡间的诚挚与淳朴,体会生活的紧张与从容,感受不一样的千村,探访不一样的生活,品味不一样的中国。走千村、访万户、读中国。

一、走千村,一张张问卷演奏村民之声

每一张问卷都是与一位老乡的心灵交流,每一个问题都是他们的呼声与期待。

在那7天的时间里,小队的11位成员奔波忙碌,穿梭于乡间小道,走访在田野人家。我们静静地坐在门口小凳上,倾听他们的故事,分享他们的喜悦与忧愁,记录他们的期望和困惑。历经2个乡、10个村,我们见证了村民的勤劳和坚忍,目睹了他们的辛劳与淳朴,

---

① 李振瑞,男,经济学院2022级经济数学双学位专业本科生。

也领略到农村的美丽与真挚。在每一次访问中,我们都深深感受到了老乡对于政策的支持和国家繁荣的自豪。虽然有部分村民不知道什么是5G,也说不清什么是数字经济,但他们都知道祖国的强大,知道年年有余,知道家中有粮。我们完成的210份问卷,访问的200户村民,不是数字的累积,而是对老乡生活的关注。每一份问卷都记录了乡村设施的发展,展现了精准扶贫的力量,表现出欣欣向荣的现状。

这些问卷将成为我们的指南针,指引我们完成更加切实可行的项目报告。这些宝贵的数据让我们听到了村民的心声,了解到他们的需要。有限的数据,蕴含着村民们的期待和希望,可以迸发出无限的力量。记录的每一份问卷,都是我们与村民们心灵的交流;走过的每一跬步,都是我们与乡土生活的连接。我们希望通过此次调研能真正听到老乡们的心声,描绘祖国北方农村的真实面貌,理解真正的乡土生活。

二、访万户,一件件农活勾勒乡土生活

每一件农活都是乡村生活的真实写照,每一次劳动都是对农民伯伯辛勤付出的最好致敬。

走进真实的乡村生活,从最简单的农家饭入手。我们来到了牛伯伯的家中,与他一起制作一顿地道的农家饭。从简单的洗菜开始到烧火炒菜,虽然是日常生活中的小事,但所需要的"功夫"只有亲身实践才能掌握。滚刀块式的切菜刀法无法从任何一本理论教科书中习得,小火慢炖时的翻炒没有亲身经历怎能得知其中奥妙?大葱生姜的辛辣没有泪的教训怎知它们的威力?万卷诗书心中记,生活小事需躬行。唯有实践才能领略切菜时每一刀的诀窍,才能感受到生活中的真挚与温情,才能体会到酸甜苦辣并理解人生百态。拿起筷子品尝劳动的果实,它虽然没有精美的现代摆盘,却有人间烟火的温馨怡人;没有那诱人的多样色彩,却粒粒晶莹剔透。慢慢放入口中,感受田野的味道,品尝汗水的清香,甘旨肥浓,唇齿留香。

吃完午饭,我们跟随牛伯伯走进番茄园,我们穿过番茄植株间的小道,感受到了阳光的温度和空气中弥漫的芳香。牛伯伯向我们介绍了不同品种的番茄,解释了每个品种的特点和用途。我们仔细观察着这些茁壮的植株,看着那些青翠的叶子上挂满了红艳诱人的番茄,于是立刻投身于采摘活动中……

每一亩土地都是我们与乡土生活的纽带,我们不仅学习了番茄的生长过程,而且感受到了农民对土地和农作物的热爱与敬畏。他们用心血和汗水,将这片土地打理得如此美好,为我们提供了丰富的食粮。我们要铭记他们的辛勤劳作,尊重他们的付出,为乡村振兴贡献全力。

三、读中国,一次次震撼给予我前进的力量

每一次震撼都加深了我对乡土社会的理解,每一次惊叹都让我见识到不一样的世界。

读中国乡村,我深深地感受到村民们艰苦但快乐的生活态度。他们笑容满面,用幽默和幸福的心态对待生活中的一切。他们清晨起床,迎接新一天的工作,无论是在田间劳作、养殖牲畜还是其他农活,他们都全身心地投入其中。即使面对困难和挑战,他们也依然坚守着自己的土地,努力奋斗,永远将快乐的一面展示给外人,用乐观的心态对待晚年的病痛,用积极的行动证明自我。他们相互帮助、互相支持,形成了一个温暖的乡村社区。这种乐观的生活态度让我深受启发,激发了我对生活的热爱和追求。

乡村的生活也教会了我珍惜和感恩。村民们用辛勤的劳动为我们提供了丰富的食粮瓜果,让我们能够远离饥饿。他们的付出和贡献让我深感敬佩,也让我更加珍惜自己所拥有的一切。

读万卷书,行万里路。中国的乡村展现了丰富的文化传统、壮美的自然风光和农民们辛勤劳作的身影。每一次走进乡村,我都被那里的美丽和生机所震撼。这些经历激发了我内心的动力,让我更加坚定地追求知识和技能,希望为乡村的发展贡献自己的力量。

通过此次调研,我更深入地理解了乡村发展所面临的挑战和机遇。我明白乡村建设需要综合性的解决方案,唯有深入乡村生活才能知道中国乡村的真实面貌与真实需要。宿舍内的高谈阔论在实际操作时一无是处。

走千村、访万户、读中国,让我明白了乡村建设的意义。乡村是我们的根,是我们的家园。唯有我们共同努力,才能为乡村建设一个更美好的明天,村民们的生活才会更加幸福。这是我们的使命,也是我们对乡村生活最真挚的热爱。

"终日乾乾,与时偕行",时代实践,滋养初心。我们只有用接续奋斗、不畏艰难的心态引领使命,才能把初心和使命变成锐意进取,开拓新时代的数字经济;才能不负韶华,让乡村焕发生机,让祖国繁荣富强。

"浩渺行无极,扬帆但信风",历史回响,正道沧桑。

重塑千村美梦,共迎新时代

杨建宏[①]

山河千村,是中华大地上生生不息的乡村记忆。它们是乡愁,是希望,更是传承,是凝聚着中华民族精神力量的一片热土。然而,随着时代的变迁和城市化的推进,乡村面临着许多困难和挑战。但是,祖国的千村蕴藏着大量的宝藏,只待我们细心挖掘。让我们重新审视祖国千村,重塑美梦,同心共建美丽乡村新时代。

2023年暑期,我第一次参加了千村调查活动,地址选在了山西省朔州市应县的一个小村子。在没有开始调研的时候,我们一行几人都认为这将会是一次枯燥艰苦的调研活动。可是,当我们乘车前往这个村子的时候,我心里却开始泛起一丝波澜,或许是第一次千村调查的激动,又或许是对这个小村子的好奇、期待与向往。当我们到达的时候,我看着道路两旁种得整整齐齐的庄稼,看着眼前一排排的平房,看着街道上来来往往、面带笑容的农民伯伯,心里莫名有一种温馨、一种愉快、一种难以形容的感动。在此期间,我们不仅调研了村里的几位农民,了解了村里的经济、文化、土地情况,而且恰好赶上了村里一年一度

---

① 杨建宏,男,统计与管理学院2022级经济统计学专业本科生。

的庙会,让我体会到了乡俗民情,给我以极大的震撼和感动;但也让我看到了我们祖国千村现在面临的许多问题,让我明白了千村调查的意义,让我明白了乡村振兴的意义和重要性!

一、乡村之魂的传承与融合

祖国千村是中华民族文化的传承之所。在千年历史长河中,它们承载着丰富的民俗、传统工艺和不朽的故事。然而,当今世界日新月异,乡村文化面临着日益减少的传承和流失的危机。为了重塑千村美梦,我们应该关注乡村文化的传承与融合。首先,要加强对乡村传统文化的挖掘和保护。这包括对民间传统节日、乡村戏曲、传统手工艺等各个方面的保护和传承。其次,要积极推动乡村文化的融合与创新。通过文化交流、展览、演出等活动,促进城乡文化的相互交流,让乡村文化焕发新的生机与活力。

只有将乡村之魂发扬出去,传承下来,融合进去,乡村才算是真正的振兴!

二、乡村振兴的路径与机遇

乡村振兴是国家发展战略的重要方向。在新时代的背景下,乡村振兴面临着前所未有的机遇和挑战。为了实现乡村振兴的目标,我们要努力寻找合适的路径和充满潜力的机遇。

首先,要发扬乡村的资源优势。每个乡村都有自己的特色和资源,比如独特的自然景观、丰富的农产品、传统产业等。通过合理规划和利用,将这些资源发展为乡村旅游、特色农业等产业,为乡村振兴提供新的动力和机遇。其次,要注重人才的引进和培养。乡村振兴需要一支专业、有创意的人才队伍。政府可以出台支持政策,鼓励高校毕业生、留学生回乡创业,推动乡村发展的人才培养和引进。

祖国的千村蕴含着独一无二的、无穷无尽的能量,我们要运用一些创新的思想、专业的行动,为乡村找到一条适合的道路,为乡村振兴提供新的动力和机遇!

三、美丽乡村的建设与保护

美丽乡村是祖国千村的根本追求。为了实现美丽乡村的目标,我们应该加强乡村的环境保护与建设。

首先,要加强农业生产的绿色发展。推广科学种植、生态农业、有机农业的理念和技术,减少化肥、农药的使用,保护土地和水资源。其次,要加强农村环境的整治。大力推进农村垃圾分类、生活污水处理、农田水利建设等工作,改善农村环境质量,提升乡村的整体形象。最后,要加强对乡村历史文化遗产的保护。乡村的历史文化遗产是乡土文化的重要组成部分,也是乡村美丽的见证。政府和社会各界应联手保护好乡村的历史文化遗产,让它们得到合理的保护利用,为乡村建设增添独特的魅力和价值。

乡村振兴并不是单纯的经济发展,在经济发展的同时,我们要保护好乡村原有的绿色环保,铭记习近平总书记的"绿水青山就是金山银山"!

千村往事如烟,岁月颠沛如梦。重塑千村美梦,共迎新时代,离不开每个人的共同努力。让我们共同守护千村之美,把乡愁传承下去。让每个乡村都成为充满活力、和谐美丽的家园,让乡愁成为我们心中永不磨灭的火焰,照亮前行的路途。让我们肩负起乡村振兴的责任,让千村之美早日绽放出更加绚丽的光芒!让我们以优美精练的语言,用正能量的思维,共同呼唤美丽乡村、幸福乡村的新时代到来!

千村调查 3.0
Village Investigation Program

华东：
安徽省、福建省、江苏省、江西省、山东省、上海市、浙江省

千帆过尽，万木逢春

艾馨怡[1]

在进行返乡调查前，我对马郢村的音读甚至毫无所知。出于对一起工作过的朋友（她在工作中非常认真细致）的信任，我几乎是立刻选择参加这个组。早晨离开家时，妈妈问我："你们的调查是去哪里来着？"我拿着手机查看，"嗯——马……我看看这个怎么念？"

在查找了关于郢字的信息之后，我们才了解到：有一种说法是郢字的发音为"yíng"，它是古楚语中楚国一个城市的名字。在楚国灭亡之后，原来居住在都城的居民四散到江淮一带，为了纪念他们的故国，把新的聚居地命名为"郢"。我想着马郢村可能也是这样的情况。这里的居民可能是楚国后代吧？是否有着文化上的渊源呢？由此，带着对它的好奇，我们一行三人坐上了前往揭秘之旅的车辆。

我们在旅途中发现，村子里的马路修建得非常好，道路宽阔平坦。商超和五金店提供各种百货，应有尽有。我们还看到了一些具有独特风格的民宿和饭庄……在一个巨大的标语牌"欢迎来到马郢"的指引下，车子停在了村部门口。在熟人的引领下，我们非常顺利地完成了入村调查。当组长询问一些可能比较敏感的具体数据时，村支书迅速准确地做

---

[1] 艾馨怡，女，金融学院2022级金融学专业本科生。

出了回应,并解释道:"我们村内的数据都是公开的,没有什么不能说的。"马郢村给我们留下的第一印象便是规范。村务公开落实得非常规范,村部里随处可见公示栏,村内的领导班子也非常配合。所有这些都大大降低了我们调查的难度,方便了调查工作的进行,这是我们出发前从未预料到的。

调查过程的顺畅也助推了我们对乡村发展的理解。在与村支书进一步交谈之后,他所阐明的一些观点着实改变了我原先的刻板印象。论及乡村发展的重点,我曾经片面地认为加强基础设施建设、改善居民的生活条件与物质条件为当务之急,乡村文明建设应当在村民生活富足之后才启动,它不能无中生有,而是锦上添花;而村支书说,应当先发展产业,相关产业的发展会带来一系列改变:就业岗位增多的同时,村内游手好闲的村民就会减少,村内管理会更加方便;劳动力流失的现象也会减缓,甚至会有外出打工的青壮年村民返乡发展或创业,留守儿童和空巢老人的现象就会减少,对村民的教育也就能随之展开。比起物质条件更重要的是思想,他认为要先调动村民的主观能动性,培养村民主人翁意识,否则修整好的物质条件不仅维护起来更加困难,而且容易无功而返。只有村民从思想上追求进步,村子的发展才会越来越好。而在培养村民主人翁意识方面,他们也做了很多,让老百姓自己打分,做到"群众的事情群众说,群众的事情群众议"。发动他们的内生动力与自驱动力,让乡村发展越来越好。这些观点是我从未想到的,在这片广袤无垠的土地上,人们的生存状况是不同的,对应的解决问题的办法也应根据当地实际情况来改变。

采访结束之后,组长按照规定准备给受访的村干部支付报酬。村干部询问完调研的目的后婉拒了我们,说能帮助我们进行乡村调查,他们也很荣幸。除了钱之外,乡村更需要的是人,发展需要人才,如果可能的话欢迎我们以后回来参与村内的志愿者活动。

之后我才了解到马郢村就是以志愿者精神为核心的,村里发展的第一束希望的光就是由北京来的大学生带来的志愿者活动,为村里的孩子们开启了一扇新的窗,而透过这扇窗,他们看到了之后全面建设小康社会、打赢脱贫攻坚战的决心。而现在村里的志愿者之家的活动,更像是一种传承,助力村里发展的人们聚集于此,为着共同的目标发光发热,帮助大家走向更美好的明天。而这些努力都离不开人才,村支书也向我们讲述了发展的困境,村里实在是缺乏有知识有理想的青年力量……

"青年者,国家之魂。"倘若越来越多的青年人能投身于祖国的建设中,相信不管是多贫瘠的土地,都可以被双脚丈量。沉舟侧畔千帆过,春天终将到来,万木终将欣欣向荣。

"初识"家乡

陈嘉琪[①]

晨光熹微,七月盛夏,山绿渐深,水清尤灵,万物呈现成熟繁盛之态,唯有田间新插秧苗仍带着初生的青涩。再次踏上这条熟知的乡间小路,我的内心兴奋与紧张交织。沿着这条蜿蜒的小路一直走就能到达我的家乡——岱冲村,我熟知她,我在这里度过了人生20年来大多数的夏暑冬寒。只是这次归乡不同于以往,我不再是受村民们宠爱的小孩,而是作为千村调查的乡村调研者,以调研的新视角去重新观察我的家乡,去重新接触我曾熟知的一切人、事、物。于是随着视角与身份的转变,我对村中熟知的一切又拥有了新的感悟和认识,我惊奇地发现,原来以往我从来没有真正认识过我的家乡和祖国的乡村。迎着初升的朝阳,我开始了一天的入户调研,也开始了我与家乡真正的"初识"。

晨时,我抵达岱冲村,岱冲村分东西两部分,我打算从我不太熟悉的西部开始调研。首先遇见的村民是一对夫妻,他们的脚下是滚了一地的玉米,他们将袋子里的玉米倾倒在地上,再弯着腰拾起玉米,用布满老茧的手拽去每个玉米的叶子,一个接着一个,动作干脆利落。但凡亲手剥过玉米叶子的人便知道,新鲜的叶子难拽,若缺少机器的辅助,持续做

[①] 陈嘉琪,女,商学院2022级国际经济与贸易专业本科生。

这种活动是极其消耗人力的。我本欲带着问卷上前采访,却被身旁一直盯着夫妻俩的母亲抢了先:"你们是不是经常在抖音上发视频呀?我常在抖音上刷到你们夫妻俩跳舞的视频呢!"夫妻二人闻言直起了腰,虽然晨时日头不晒,但两人脸上已隐隐有汗水闪烁,他们点了点头,不好意思地笑了笑。母亲转头跟我说村里现在有不少老年人爱在抖音平台上发布自己的歌舞视频,点赞量比某些年轻人的还要多呢,说罢便拿出手机向我展示。

我一条条刷着村民们的视频,这些视频特效简陋、音乐过时,却展示着村民们最朴素、最自然的美。村民们不如网红会拍摄,不如营销号会运营,他们的流量都来自亲朋好友和村民之间的互相点赞。枯燥的农活累人,消耗体力也消磨人的激情,我看着视频里村民们的笑脸,由衷地为他们感到高兴,如果短视频能带给村民真真切切的生活体验,那真是一件好事。虽然短视频不是当今社会所追捧的高档兴趣,却是这个互联网时代下最容易走进乡村、村民们最容易接触与掌握的生活乐趣。往昔我只知道村中老人众多,他们忙于农务,早早与数字时代脱节,没想到如今竟有这么多村民不仅拥有了触屏手机,而且开始上起了网,加入了互联网的世界。《中国数字乡村发展报告(2022年)》显示,截至2022年6月,农村互联网普及率达到58.8%,报告上抽象的数字在此时有了最具象化的体现。或许这就是千村调查的意义之一,我们走千村、访万户,为的就是读中国——真真切切地走进中国波澜壮阔的发展巨作中读一个蓬勃向上的中国。

午时,骄阳似火,经过村民同意,我被引进村民家里休息,家中只有矮矮胖胖的女村民一人。村民递给我水时,我注意到了她的手,手的虎口处分布着一大块似在水中泡久了而泛起白色的皱皮,皱皮之间有裂开的缝隙,露出里面红色的血肉,乍一看有点触目惊心。我不忍再看便低下了头,于是视线转移到了女村民的小腿之下,她挽起了裤脚,露出小腿,赤着双脚,那是一双筋脉凸起、趾甲泛黄的脚。女村民的小腿肤色是被盛夏的毒日所烘烤出来的黑红色,粗糙的皮肤纹理中仿佛嵌着永远洗不干净的泥土,而双脚却像手一样带着被水泡久了的惨白,眼前情状让我心头一颤,我脱口而出:"您是刚插秧回来吗?"她皱着眉说:"是啊,给别人'做小工',刚从地里插秧回来。"然后摊开了双手。我终于得以看见她手的全貌,虎口处的裂隙一直延续到手掌,想来那虎口的惨状就是因为长时间掐着秧苗浸在水中插秧所致,手掌老茧纵横像是枯树皮上的纹理,村民的双手静静地摊在那,让我十分心酸。

我不禁多问了几句,才了解到当地缺少相关农机,种植社或大农户都是雇用当地村民去进行农业劳作的。当问起为什么不转变生产方式时,村民茫然地说:"大家都做小工啊,反正我们一直都是这样给别人做做农活,自己再种点菜来维持生活的。"我一时语塞,刚到嘴边的"有没有考虑运用数字科技来帮助生产"终究没有问出口。村民的生产观念还未转变,基本的农机村中都缺乏,更何谈有基础运用数字科技来发展乡村数字化呢?如果没有这次的千村调查,我可能至今无法得知村民平常的劳作是这样辛苦,而要使数字科技真正做到赋能乡村振兴,也不是我曾想的那么简单,这其中要转变多少观念、改革多少模式、花费多长时间、消耗多少人力与物力啊!以往归乡,我总爱看路旁水田里的黄牛和成群劳作的村民,这可是城中难得一见的田园风光,可是现在再看,透过田园风光的表象,我看到的却是女村民受伤的虎口和晒得黑红的脸庞,以及家乡农业机械化落后、传统生产模式固化的本质。久居城市,虽然以往寒暑假我常常能回到岱冲村,但我从来都是以城里人的视角去看待一切,而想要切实解决乡村问题唯有转变视角从乡村居民的角度去看待问题。

日暮。经过一个半小时的登山我终于来到了龙王尖上的古村落,龙王尖是岱冲村内的一座山,正在被开发成旅游景点,现在山上已修成了步道,古村落在距离山顶不远处。古村落里仍有人家居住,其中一户人家是茶农。茶农递给我一杯茶,茶水就装在普通的塑料杯中,茶叶打着旋地落入杯底,看起来平平无奇,但微微一抿,便觉唇齿之间有微苦的清香四溢,抚慰了我一天下来又喜又悲的复杂心情。茶农笑着说这是本地的特色白茶,现在网络和物流发达了,村里不少人发展微商卖白茶,如今买茶的人越来越多,甚至有外省的人也通过微信购买岱冲村的白茶。好茶也怕巷子深,但所幸当下快速便捷的数字与物流之风将这一缕茶香吹出岱冲村,散进千户人家,让村里村外的人能够共享在龙王山云雾之间孕育而生的白茶茶香。

日落。我登上山顶,俯瞰村庄。落日在岱冲湖上洒下点点碎金,然后缓缓下沉,渐渐隐在远处的青山后,宣告着一天调研的结束。看着山下那小小一块的岱冲村,我不禁自问:

此次千村之行,我得到了什么?

我重新认识了我的家乡:我听得短视频中村民歌声朗朗、笑语盈盈;我见得她农作虎口受伤,身上泥点斑斑;我嗅得龙王尖上飘向千户人家的白茶芬芳。我切身体会到了农村普及互联网惠及村民的伟大成果,切身了解到了村中亟待变革的传统生产模式和村民的固化思维,也切身感受到了数字技术初步运用在乡村产业迸发出的巨大活力。现如今,在党和国家的领导下,我们大力推进乡村振兴,村民们的生活正在慢慢变好,但道阻且长,我们仍需努力,要为了实现城乡共同富裕而砥砺前行。

此次千村之行,为了什么?

今日之前,为了走出象牙塔的方寸天地,勇担时代之责,走千村、访万户、读中国。仗卷调研路,民情寄挂心。今日之后,便是为了让千千万万个农户能共享数字红利,感受时代脉搏;为了让他们能够不再面朝水田背朝天,让科技帮助劳作,使双手不再泥泞、受伤;为了让更多的"岱冲村"向外传播出自己的"白茶茶香",振兴乡村产业……

今日我之所感,相信亦是十余年来,两万余名参与千村调查的上财人之感。历史早已证明,青年只有把个人前途与祖国命运紧密相连,才能大有作为。日暮时分,夕阳虽已彻底隐没在群山之间,但山河万里,家国萦怀,我们的脚步不会停止,在党和国家的领导下,我们为乡村振兴托起的旭日将永不下落……

看见千村,满怀希冀

丛曙光[①]

滚烫的空气,弥漫的热浪,我们一行人踏上了徜徉于乡野间的旅程。沿着葱茏的小道蜿蜒前行,我恍惚间看到了成熟稻穗的飞扬——在阳光的抚摸下展露沐浴过的嫩黄。耳畔传来的悦人的鸟鸣声,使我不由得想起了宋代大文豪徐玑的一首诗:"水满田畴稻叶齐,日光穿树晓烟低,黄莺也爱新凉好,飞过青山影里啼。"

一路前行,我们来到了第一户人家。四周的田野里散发着稻谷和泥土的气息,几条黄狗奔跑在田间地头,给这片土地添了一抹别样的姿态。我坐在门口的板凳上,聆听着村民们诉说的村里故事,感悟时代的变迁与发展。

一位清瘦的老农说,他把最美好的时光献给了这片土地。多年的劳作与耕耘,在他的手上留下了不少岁月的印记。但他的笑容仿佛在说,他热爱这片乡野、感恩这块土地。问卷共计一百余题,在他淡定从容的回答中,我似乎也融入了这片纯净的土地,瞥见了农家恬静的生活放射出的绚烂光芒。"可惜这片要拆咯!"老人略显遗憾地说道。我看向他的眼睛,里面是割舍不断的情愫和回忆,但也不乏对未来生活的憧憬。

---

① 丛曙光,男,金融学院 2022 级金融学专业本科生。

整理完资料,继续一路向西前行,我们来到大圩镇新建设的4A级生态旅游景区。在这里,现代化的痕迹随处可见,但那种最深层的质朴和美好丝毫未减。

一位在景区门口摆摊的大叔,在收到问卷调查的补贴后,执意要给我们送上自己家种的荸荠。在与他的交谈中,我得知他的孩子们早已在城市安居乐业。而他自己,或许是因为对家乡的留恋,又或是其他原因,纵使声音中充满对子女的思念,但仍然选择留在大圩……

进入景区,现代化的设施一应俱全。智能化的农业设备像是诉说着这些年来蓬勃发展的科技在生产生活上带来的巨大改变。可值得一提的是,在统计后期调研的数据时,我惊讶地发现,大圩镇村民的网络接受程度并不算好。明明具有优良的农产品,却几乎不通过网上销售,甚是可惜。我不禁思考,城乡一体化的发展是否还存在一些问题呢?科技蓬勃发展的阳光似乎并没有照亮每一块田野……

这次的千村之行激发了我内心深处的沉思和触动。在乡村,我看到了农民们对土地的热爱和坚守,也看到了他们在现代化浪潮中的辛酸和困境。但更多的是他们的辛勤努力和顽强求索,为了自身和家园,也为了国家的繁荣和昌盛。诚然,乡村正面临着人口外流、工业化冲击等诸多问题。但我想,随着数字化的不断引进和深入,乡村的经济产业必将迎来多元化的发展。届时,农村居民的生活质量将得到显著的提升。我们应该珍惜乡野资源的来之不易,让农民真正成为新农村发展的受益者。同时加强城乡交流,推动城乡一体化发展,实现农村发展的良性循环。

千村调查活动是一次难忘的旅程,唤醒了我内心深处对于生活的思考和对乡村的关注。让我们永远铭记这次乡野的呼唤,将乡愁融入生活,以热情和智慧去建设美丽乡村。愿我们在这个辽阔的乡村中寻找到自己的定位和人生价值,为乡村的发展贡献自己的一份力量。让我们执手并肩,满怀希冀,一同走向更好的未来!

亦主亦客,聆听乡音

高 涵[①]

初次踏上桐城的土地,我的内心涌起了既亲切又陌生的奇妙情感。一方面,我的家乡宿松县与桐城市同属于安庆市管辖,来到桐城让我产生了回家的错觉,这里的一草一木、一砖一瓦都能激起我的归属感;另一方面,我在这里举目无亲,对这个城市的了解少之又少,狭义来说是外乡人也不觉过分。是主是客?怀着这份矛盾的心情,我开启了为期七天的乡村调研,在聆听不同的声音中,寻找到了内心的答案。

初进乡村,我首先听到村干部厚重坚定的声音。犹记得,杨安村的村支书在填写问卷时掷地有声地说:"想让村民过上好日子,一定得有产业。"烈日炎炎下,蟠龙村村支书骄傲地向我们介绍村里保护良好的历史文化建筑,笑着说:"我们要发展自己的旅游品牌。"徐河村的村干部热情邀请我们品尝当地特产——桐城小花茶,自豪地说:"我们还要继续拓宽线上销售渠道。"与村干部深入交流,我发现不同村镇的自然条件和发展情况存在差异。没有唯一的标准答案,只有借鉴老经验、创造新方法,在不断尝试、不断试错的过程中找到符合村情的"正确答案"。乡村振兴战略建设如火如荼的当下,离不开每位村干部的努力

[①] 高涵,女,统计与管理学院2022级统计学专业本科生。

奋斗。他们用坚定的政治思想、良好的精神风貌和过硬的个人本领拉开了建设美丽乡村的序幕。

深入住户,我听到的是村民们热情满意的声音。在窗明几净的屋子里,年过花甲的黄爷爷给我们讲述了他和杨安村的故事。他见证了黄泥路变成水泥路,见证了旱厕变成冲水厕所,见证了砖瓦房变成混凝土房子……倾听黄爷爷的故事,我也见证了一部珍贵的农村变迁史。如今黄爷爷种着几亩小田,主业是村里的环卫工作,他笑盈盈地对我说:"日子越来越有盼头咯!"他的笑容就像三月的春水一样深深感染着我,纵使夏日太阳毒辣,我也不觉焦躁。在徐河村,一对退休的乡村教师热情地将我迎进屋,为我递水切瓜。在我们交谈的过程中,一位邻居敲门讨几个辣椒配菜用,老人们二话不说就从后院提了满满一塑料袋火红的辣椒出来。老人说,他们看着我就像看着他们的孙子一样亲切,说着脸上扬起幸福的微笑。我想,此刻我和他们是一样幸福的,就好像回到了自己的爷爷奶奶身边。

聆听乡音,我听到农田里机械车的收割声,无人机喷洒的嗡嗡声;我听到池塘边清脆的蝉鸣,听到溪涧潺潺的流水声;听到鸡鸣犬吠,听到砍柴声;听到炒菜的刺啦声,听到邻里唠嗑的大笑声……聆听乡音,我仿佛把这美丽乡村融进了我的心脏,扑通扑通一声声鲜活有力。

当然,我也听到了迷茫的声音、反对的声音。在徐河村小学,一群活泼可爱的孩子围着我们,却不减校长对乡村学校未来的半分担忧;与村民交流的过程中,我们也听到诸多对就医难、看病贵的抱怨。继续发展,路往哪儿走?众口难调,劲往哪处使?建设乡村总会遇到困难和阻力,在这次调研中,我直观感受到了乡村发展的现实困境,深感成功来之不易,也尝试思考破局之路,为乡村发展做出一丝贡献。

在桐城乡村流连,我经常想起我的家乡宿松县。作为一个体验过农村生活的孩子,桐城的农村风貌大致与宿松相同,这让我对两者的细微不同点变得格外敏感。然而,对农村深深的乡土之情不变,对美丽乡村建设责任的认同不变。

想到这里,我仿佛听到内心的声音:在建设乡村的征途中,我们每个人都是参与者、追随者、建设者。

那个最初的问题,答案悄然浮现。当我短暂脱离乡土,以"客"之视角观察倾听这广袤的土地,才发现责任之重、乡情至深。建设美丽乡村、实现乡村振兴,我是主人翁,每个人都是主人翁。乡土已深深融入我的血肉;乡音在远处缭绕,那是值得我一生奋斗的方向。

华灯初上,万家灯火,望关山点染,满目苍翠,乡音响起,触摸炽热初心。

走在希望的田野上

牛 珂[①]

"民族要复兴,乡村必振兴。"要想实现全面小康、实现中国富强,关键就在于乡村振兴。无论是筹划中国百年发展的大计,还是应对世界百年未有之大变局,都必须稳住农业基本盘,守住"三农"的"压舱石",答好"乡村振兴"这道难题。

为了深入了解我国乡村的发展现状,上海财经大学的"千村调查"项目再一次启动,2023年的调研主题是"数字技术赋能乡村振兴"。目前,我国正在加快构建以国内大循环为主体、国内国际双循环相互促进的新发展格局,在新一轮科技革命和产业变革的影响下,农业农村数字化的趋势不断增强,数字普惠金融在推进乡村振兴和共同富裕中发挥了非常重要的作用。因此,我们需要开展入乡调查,深入了解我国乡村的数字化发展现状,找出数字乡村建设的痛点和难点,提出针对性的合理化建议,为推进乡村振兴和农业农村数字化提供帮助。

费孝通先生在《乡土中国》中说过:"从基层上看去,中国社会是乡土性的。"我们的民族和泥土是分不开的。无论是做科学研究,还是做乡村调查,我们都不能坐而论道、纸上

---

① 牛珂,女,信息管理与工程学院2021级数据科学与大数据技术专业本科生。

谈兵,而是应该脚踏实地,深入基层群众,走到田野中去。把一生奉献给杂交水稻研究事业的袁隆平爷爷,一辈子躬耕田野、脚踏实地,他不仅将宝贵的科研成果留给世间,而且留下了其有信仰、有本领、有担当的榜样精神。因此,我们更要走进农村,将调研报告写在祖国的大地上,从实践中发现问题、解决问题。

2023年暑假,我第一次参加了学校组织的千村调查活动,和调研队伍一起来到了安徽省长丰县杨庙镇的陶店村。八月初的陶店村正值酷暑,我们顶着炎热的太阳,挨家挨户地进行访谈调查。在访谈过程中,从小生活在城市的我第一次深切地了解了中国农村的发展现状,也感受到了来自村民最淳朴的热情,于是用文字记录下最真实的感受。

在与村支书和工作人员的交谈中,我们了解到目前陶店村的通信硬件设施非常完备,实现了全村无线网络信号的全覆盖,村子也发布了村务公开的平台和微信公众号。然而,由于村子里的人口大多是老人,对智能手机还不能够熟练操作,有的甚至仍然使用"老年机",因此这对数字乡村建设而言是一个不小的阻碍。当问起村民"是否会用智能手机完成以下功能"时,多数老人表示只会用手机打打电话、发发微信,其他功能则完全不会。尽管村子里的年轻人能够熟练使用智能手机的各种功能,但也很少会看村子的公众号,去了解和乡村治理有关的新闻资讯。

在陶店村,数字普惠金融也是一个短板。除了最基本的医疗保险和养老保险以外,村子里的绝大多数人没有额外购买商业保险,而且从来没有在线上买过保险和其他金融产品。大多数村民是通过村委统一购买保险,他们觉得从互联网上购买保险产品既不方便又不可靠。当被问到是否会有购买意外保险等商业保险的意愿时,不少村民表示并没有此类意愿,觉得自己完全有能力应对未来可能发生的重大变故。

在信息化飞速发展的今天,陶店村的现状令人担忧,但我知道这一定不是个例,肯定还有很多村子的老龄化现象严重,信息化数字化还没有普及生活的方方面面。为了解决数字普惠金融难以落地的问题,我觉得需要向广大村民尤其是中老年人多多宣传"数字普惠金融"这一新兴概念,让大家了解互联网金融产品的好处,并且开展一些免费的教育课程,帮助村民更好地使用电子设备,从而为陶店村的数字乡村建设发展提供帮助。

在访谈过程中我们还了解到,陶店村的很多村民依靠打零工为生。工作时间、地点、内容都不固定,遇上天气不好更是找不到合适的零工。村民们每天起早贪黑地上工,干的都是些体力活,既得不到多少报酬,还存在诸多安全隐患。在我采访的杨大哥家中,全家四口人包括还在上学的孩子都靠杨大哥一人打工赚钱。2022年杨大哥因为生病无法工作,还因为住院治疗花了不少钱,这对整个家庭来说是一个不小的打击。

在陶店村,越来越多的农村人涌向城市去谋求出路。还有一些因接受高等教育而走出农村的年轻人,来到城市接受了很多新鲜的事物,代际差异也越发明显。不少村民外出打工给陶店村带来的就是乡村空心化,村支书也向我们提到,人才短缺阻碍了整个村子的发展。在我看来,这个问题并不是不可改善的,有发展前景的城市能吸引农民离乡,为什么不能有"美丽的乡村风景吸引市民返乡"呢?推动城乡融合,让城乡互通便是问题的解。就像电视剧《去有风的地方》中,谢之遥和许红豆选择从北京回到云南的云苗村创业,发展当地的旅游业,这就是年轻人返乡创业的一个很好的范例。

在调查过程中,我发现陶店村的最大优势就是土地资源广阔,适合发展农业种植业。如果我们能引进更多技术型人才,把先进的科学技术用在农业生产生活中,促进农业数字化转型,不就能更好地提高农业生产效率,促进陶店村的经济发展,提升村民的收入水平吗?我把自己的想法告诉了同行的组员还有村支书,村支书笑着点了点头,告诉我们在其他村子已经有过这样的实践,陶店村也会在未来更好地促进农业数字化,让村子的农业生产水平迈上一个新的台阶。

在每家进行访谈以后,勤劳质朴的村民们总会塞给我们各种自家种的吃食,有刚从树上采摘的脆枣、新鲜收获的花生……淳朴的村民们心地善良、积极乐观,尽管自己的生活很艰辛,在我们走访调查时还是会热情地招待我们。热情淳朴的陶店村民更让我下定决心,要好好地整理分析这次返乡调查的结果,将调研报告写在祖国的田野之上。

凯鲁亚克的《在路上》曾说道:"我总是不假思索地上路,因为出发的感觉真是太好了,世界突然充满了可能性。"感谢千村调查,让我不再畏惧旅行,让我期待每一次出发,勇敢地去看每一处山海。

桃花源深　人心朴浅

汪静远[①]

中巴摇摇晃晃地沿着蜿蜒曲折的山路向大别山腹地驶去,转过重重山坳,便见眼前豁然开朗,漫山茶园似海,水气云遮雾绕,民居错落有致,别有一番桃花源"阡陌交通,鸡犬相闻"之景。驾车深入村中,又见田间茶农耕作,一条清溪穿田而过,泉水声清脆悦耳。车在党群服务中心门口停下,此地虽无进院纵深的气派,却也整齐别致,与山林田园之风相得益彰。

村干部热情地将我们迎进门,倒上一杯本村特产的茶叶——"桐城小花"。去的时间不巧,已是盛夏之际,又逢前阵暴雨连连,错过了最好的品茶时节。我倒是不在意,此行能尝到地道的桐城小花,本就是意外之喜。家父是桐城人,平日家里也常备桐城小花,只是从小长在上海,对这老家的味道无甚切身的实感,说来惭愧,认真品桐城小花,这倒是头一遭。

初捧杯,还未瞧得仔细,便闻浓酽茶香扑鼻,有如芝兰之气一扫跋涉之闷。心中欢喜,急急痛饮入喉,好苦!慌忙撇去唇间沾染的茶,只见杯中翠绿叶片上下翻滚舒展,似小舟

[①] 汪静远,女,会计学院2022级会计学专业本科生。

浮沉于汪洋，又似鱼儿畅游于溪间，欢快跳动着，嘲笑着不知何处来的毛躁小儿，竟不懂品茶的细致。定神再尝，只浅啜一口，苦涩入口便很快褪去，余得清香在齿颊间萦绕，鲜醇回甘，倒是不负那"色翠汤清，兰香甜韵"的称赞。

漫步村间，不见高楼林立之繁华，唯见屋舍俨然之质朴，不闻人声欢笑之鼎沸，唯闻山鸟鸣蹄之悦耳。行走于村间小道上，处处有淡淡的茶香环绕，令人心下安宁平静。明明是七月中的酷暑时节，山里倒是没有一丝热意。田间垄头，茶农轻摇蒲扇，看着我们这些外乡人穿行。采茶时节刚过，正是一年中相对清闲，为下一季做准备的时候。行至路口，一位老人正在健身器材上活动筋骨，我们表明来意后，对方咧开嘴笑笑，挑起一旁的扁担将我们引到旁边的一座新院里。

老人姓许，和村里的大多数人一样。他年近六十了，却还从未娶过老婆，从前是没钱娶不起，现在年纪大了，习惯了一个人过日子，也就罢了。前些年他查出肚子里长了个肿瘤，所幸顺利切掉了，又报销了一大部分费用，现在只需时时注意着，无甚大碍。老人年轻时家里是典型的贫困户，一穷二白、家徒四壁。深居山村使这里的人们与外界的交流极其困难。在我们今日走的那条无比漫长的公路修好之前，村里人去一次镇上要走上大半天，但镇也在山里，假使出山去一次县城，那就要花上好几天工夫。"有什么难过的呢，那时候大家都是这样，要说穷，你我他，都一样，不都过得好好的吗？哈哈哈。"老人拊掌，笑得前仰后合。

茶汤浸透碧绿的叶，逐渐由清澈的水色染上绿意，我望着浮浮沉沉的茶叶终归于平静。浓郁的茶香慢慢散开，只留淡淡的清香，反倒叫人赶着深吸一口，似是对这清冽的气味有无尽的不舍。再饮，温润的茶水如一道暖流顺喉而下，令人浑身舒坦，暖意汇于心间，细细回味来，有无穷的意趣。

从七八年以前，村里就铆足了劲，誓要摘掉省级重点贫困村的帽子。凡村里连成片的土地，都流转给集体使用，办茶园、种药材，赚了钱和大伙儿分红。老人家里人口少，当初只分到了一亩地，又是山坡上破碎不连的，村里不要。好在天无绝人之路，老人也赶上了好时候。后来，村里支持他在信用社贷了款，办了一个粉丝厂，如今生意是越来越红火了，和省里好几个大客户都有联系，每个月都有卡车上山进村来拉货，还雇了周边几家邻居来厂里帮忙。老人苦了大半辈子，终于有机会靠自己的双手把日子过红火了，还带着身边人一起脱贫致富。自从生病以后，老人渐渐把厂里的重担分给副手，自己平日里休息的时候就在村头广场上玩玩健身器材，和村里人聊聊天。"现在日子好咯，你看我这房子就是这两年新造的，以前可没那么好的条件喔！哈哈哈。"老人环视自己的家，满眼的骄傲和喜悦。

桃花源虽深，质朴人心却能将全人类的心紧紧相连。人生似茶，纵有千般苦难，终了回首，亦有甘甜。所谓走千村、访万户，亦是如此，在广袤祖国的每一个角落留下足迹，感芸芸之路，览众生喜悲，终化内心之大爱，以报效人民。临行之前，我取来水壶，沸水注满，携一杯老家的清茶回程，以寄此行所见所思。

三色望江之行

严宇星[①]

"钟山风雨起苍黄,百万雄师过大江。"2023年7月5日,艳阳高照,我到达了安徽省安庆市望江县漳湖镇回民村,一个在渡江战役中立下赫赫功绩的英雄村,开展为期四天的社会调研。四天的时间在各种紧张充实的体验中呼啦啦地过去,回味起来品出三种味道,分为是党建之"红"、民族之"特"和调查之"辛"。

一、党建之"红":博物馆里忆百万雄师,老人膝边听渡江战火

由于在调查之前,我就和当地村委联系好,因此十分幸运地得到了热情的接待。第一站就是渡江战役纪念馆,广场中央的红色微雕和红色横幅都在彰显党的红色思想在回民村的宣传力度。

"博物馆是一片地域的记忆",作为重点红色爱国教育实践基地,漳湖镇是望江县唯一的少数民族聚居地,在渡江战役中,回民先辈们组建了"回民渡江突击队",为解放全中国做出了积极贡献。博物馆中心的红军渡江铜像闪闪发亮,墙壁上挂满了当时的珍贵影像

---

① 严宇星,女,金融学院2021级金融学专业本科生。

资料，展柜里的渡江船工光荣证、鱼雷、枪套、草鞋、汤壶，从武器到家什，都承载着那段沉重而光辉的历史。村干部站到一面姓名表前介绍说，回民村渡江英雄昔有七十二，今只有一位尚还健在。

还健在的老人名叫董玉发，今年90岁了。老人刚从外地回来，我有幸遇见，他便向我讲述起这段亲历的血肉长城的历史。

"我小时候和家里人在江上营生，16岁，国民党在江南，共产党在江北，渡江前，1948年的时候回民村被大水淹没，啥都被冲走了，家家户户没得一粒米，共产党来到这里，就把粮食分给村里人。那时候（除了共产党）哪个政党会把粮食分给老百姓呀？这个举动赢得了村里很多人的信任。之后共产党和国民党隔着江喊话，共产党说对面国民党赶快投降，国民党威胁江南的村民不得过江，还污蔑江对岸的共产党会对村民不利，派了军队沿江封锁，抓住了偷偷过江的就要枪毙。百姓苦不堪言，不过江是死，过了也是死，我就想伸头一刀缩头也是一刀，就和当时一个兄弟一起渡过去，看看那边真实的情况。"

"最后是怎么过来的呢，当时有个人姓马，他和国民党的一个排长是小学同学，那个排长和他说，你们在11点的时候，跑！只有15分钟的时间，而且不得向任何人透露。过来后才知道，那个排长其实也是共产党。到了江北，还没上岸，就看见一排士兵背着枪在岸上，当时心想不好，这不得是一个死？谁知道游近了，对方猛地把人拉上岸，还叫人把湿衣服脱了，把军大衣给村民披上。这下我才放心来，这回死不了，没有这样对死人的，哈哈。"

"后来我们自愿组建渡江突击队，军官把船工喊到一起，说打仗，我不敢保证你们一个都不死，但向你们保证，要是有谁牺牲，国家把他的孩子平平安安养到18岁，家里的老人，也由国家赡养。怎么选拔呢，事先我们不知道，部队连夜通知，渡江！我们就拼命开始划，划着划着觉着不对，没有一条船伤亡，回头一看，子弹砰砰砰地都打到天上。原来是军事演习，看是不是真的愿意上战场。名单就是这样定下来的。"

"当时115个人，但真上战场的只有九十多个，不是不愿意去，而是有的年纪大了。我们当时回民村就72个人，都参加了。总共牺牲了48个人。我们参与的人都有渡江船工光荣证，陈毅、粟裕发的。"

老人讲了四十多分钟，精神很好。我听得入了迷，战火纷飞的画卷在我面前展开，之前在博物馆里看到的图片和展品仿佛都嵌了进去。我们在博物馆里看到的沉默的名单，正是这位老人年轻时身边一个个活生生的亲朋好友，他们为了反抗被压迫的命运，将忠诚献给新中国和共产党。红色是鲜血的颜色，红色是英勇的颜色，红色是老百姓在久经压迫后发出的怒吼，红色是大战后江对面的第一抹黎明。

二、民族之"特"：牛羊肥美迎远客，清真寺里赞安拉

作为安庆市回民最多、居住密度最大的民族村，回民村人们生活的各方面都带有民族文化特色。清真寺自改建后外观为徽派建筑，保留内部设计，每个星期天都有老人来这里做礼拜，先沐浴更衣才能进入大厅。这里特产的牛肉是养殖的西门塔尔牛，长势好、好管理、抗病能力强，平均36个月就能出栏。牛肉现宰现做，肉质鲜美，不论是清蒸还是五香，

红烧还是拌面都是一绝。每到节假日,村里的生意就格外火爆。政府在村寨建设中总体规划,发展民族特色产业,除了牛羊养殖,还重点推进薄壳山核桃、瓜蒌种植产业化建设,并积极发展特色村寨旅游。可惜我去的时候不是春天,未能一睹"绿色长江岸、金色油菜花"的美景。

三、调查之"辛":烈阳底下访亲邻,田埂旁边话家常

望江人民淳朴热情,调查开始前我信心满满,觉得自己通晓当地方言,只要好好沟通就一定没问题。但实际情况并不是那么简单。农村人家都起得早,早上7点就拉开家门各自忙活了。一份问卷看起来都是选择题只需要勾勾画画,但一场谈下来少说得一个小时,哪怕是一开始愿意配合的村民做了五六页之后也逐渐失去了耐心,"啊"了一声说自己还有事要忙就起身离开了,我也不好加以阻拦,只得软磨硬泡请另一位家属来完成剩下的问题。调研的时段不同也会影响问卷调查的效果。上午家里的青壮年大多在家或者附近,到了下午气温陡升,留在家中的多是老人小孩,并不适合作为调查对象。太阳毒辣辣地照在头顶上,一开始我只是用笨法子挨家挨户敲门,但收效甚微。

更令我感到委屈的是,有的村民在看过我的学生证后仍然觉得我是来套信息的骗子。现在想想村民警惕性高一些也不是坏事。也有让我质疑自己的时候:一位村民在访谈的时候反问我,那你们调查的这些结果对我们村民的生活有帮助吗?饶是清楚数据统计对于经济分析指导的重要性,我也无法在当时向他保证,这份数据会高效地被利用并最终转化成您钱包里的几分几角。就像当天晚上我躺在民宿的床上,意识到这样下去不行。于是第二天我优先找到村干部和党员请求调查,精简问题叙述,效果就好了很多。在和村民访谈的时候,聊开了,听着乡音就有着浓浓的亲切感。哪家的年轻人外出了,今年收成多了还是少了,家里的老人身体是否还好……调查的过程看似辛苦,实则味有回甘呀。

离开望江县的路口,看见岸口正在修建码头,村委介绍说,提升村里农产品的运输效率是打开市场的重要一环,今年我们走水运,农产品滞销的问题将会得到很大程度的解决。十年?或者不需要这么久,这美丽的回民村,将会是一幅怎样的新面貌?

千村之生命力与现代农业之光

周优景[①]

　　村庄那独特的变迁和生命力在我面前生动展现之前,我从未想到此次千村调查会如此丰富我的认知。千村调查的实践宗旨是深入了解身边的农村,探索村落复兴的可能性,实则令我领略到了乡村的美丽风光,看到了千村百态,认识到了真正的"乡土"中国。

　　随着车轮从柏油路滚上水泥地,一路颠簸中远离城市喧嚣的村庄大门终于越来越近。乡间的清新空气使我精神焕发,烈日烤着大地、烤着大棚。

　　这是一座历史悠久的村落,有着"安徽省传统村落"称号的同春村保存着丰富的文化遗产,古老的建筑和传统工艺让我走在其中便能感受到历史的厚重。古老的手工艺品制作技艺在这个村落的老人手中随处可见,是坚持、是热爱,更是融入血液的稀松平常。文化传统当然可以融入现代生活,而我更希望,通过更好的管理,能让村民以此为依托,发展旅游业,为村庄带来繁荣。

　　随后,我们终于走进一户户村民家中。在说明来意后,村民有的热情、有的惶恐,却都真诚认真地试图跟我们多说一点,他们或许不认识太多字、不会填问卷,但朴素的家庭生

[①] 周优景,女,商学院2022级国际经济与贸易专业本科生。

活环境、对土地的热爱和勤劳的劳作态度无不展现出日日夜夜与土地打交道的农民身上的淳朴,令人动容。通过与村民的交流,我了解到他们正积极参与农业现代化的探索,通过科技手段提高农产品质量和生产效益,为乡村振兴贡献自己的力量。日日生活其中的村民都在积极寻求改变跟紧时代,外界怎么能不给予更多的关注和支持呢？我在调研中不禁问自己。对于一个村庄的发展,不仅需要自身的努力,而且需要外界的关注和支持。

一天的入户走访结束,我们直奔了本次调研的重点——智能大棚。每个大棚内的作物都不同,或是茄子、黄瓜、番茄等蔬菜,又或是草莓、葡萄等水果,清新的农作物香气四溢,一排排罗列整齐,充满生机,而绿油油一片中隐藏着的智能传感器、顶棚内的灌溉系统和顶棚外的智能遮阳网才是大棚的秘密所在。大棚内的温度和湿度都被精确地控制着：智能传感器感知着大棚内外的气候变化,并实时调节大棚内的温度、湿度和光照强度；同时全自动化的灌溉系统通过定时喷灌和滴灌的方式将水分精确控制并供应给每个作物；而透明的遮阳网能够对阳光进行过滤,调节遮阴率以适应不同作物的光照需求……

走出大棚进入控制中心,我仿佛一瞬之间走出古朴的乡土进入了数字世界,在这个被大屏环绕的控制室内,通过传感器收集到的数据实时滚动着,温度、湿度、光照强度等数据均被传送至这个小小的控制中心以进行实时监测和分析,远程监控、及时调整控制参数已成了当地大棚村民进行农业管理的常规手段。

至此,现代农业技术的力量才真正展现,手拿锄头的农民得以走出菜地接触科技,新旧时代的碰撞在这间小小的控制中心淋漓展现。新的希望和机遇已经被他们牢牢握在手中,未来该村庄怎么走、往何处走的构想已在我脑中盘旋琢磨许久。

千村调查,走千村、访万户,每个村庄都有自己的变迁和经历,每个村民都怀揣着一个美好的梦想。关注农村发展、倾听农民的心声不再是纸上谈兵,我真切地希望各方援助,让乡村更加生机勃勃。

走一村，访十户

朱祚钰[①]

"走千村、访万户、读中国"，最初接触到千村调查，心中想的是"又是一个'必卷'的项目"。同时还伴随着一点窃喜：不必走千村，一篇论文一个村就足矣。小时候在农村长大的孩子，进村调查还不是如鱼得水。怀揣着一丝兴奋、一丝自信，我再次走进了这个承载了我大部分童年记忆的村子。

一、访村

大变样——这是我内心的第一想法。许多地方已经和我的记忆重合不上。首先是道路。加宽且加装护栏的平坦柏油路代替了那种坑洼且狭窄、骑车路过时让人随时做好跳车逃生准备的老式水泥路。其次是工厂。一个十八线小城市下属的行政村里竟然也招商引资发展了第二产业，村委会旧址摇身一变成了工厂，制冷机器轰隆作响，让人不禁感叹现代工业的魅力。然后是房屋。童年记忆中的二层红砖楼（二楼一定有着被风吹日晒而摇摇欲坠的木板门）已然不见，取而代之的是现代化别墅，严整的围栏、茂盛的观赏植物，

[①] 朱祚钰，女，人文学院2022级新闻学专业本科生。

无不昭示着主人飞跃的生活条件。

但是又有很多事物没变。小时候每次路过都会驻足观望的湖心岛依然静卧在那儿，岛上植物葱郁，傍晚能看见成群的鸟儿从东北方向的天空掠过，飞往岛上的巢穴。曾经被我偷采过桑葚的那户人家，老奶奶还是坐在门口烧小锅灶，狸花猫懒洋洋地在她身边趴着。老奶奶认出我后笑着说：小朱呀，我还认得你。来吃西瓜吧，这个西瓜是晒太阳长大的，很甜。

二、入户

入户调查时遇见了很多人：有咋咋呼呼的小卖部老板；童年玩伴的高大、沉默的父亲；终日在鱼塘、蟹塘里低头弯腰，忙于各种琐事的养殖户；还有和父母描述，父母说出他的绰号后我大笑"原来是他"的村民。我知道他们，也曾经很多次路过他们家、和他们擦肩而过。但如果不是这一次调查，他们将永远是我生命中的路人甲、路人乙，我们不会有交集，我也不会走进他们的生活。

我首先访问的是小卖部老板。第一次入户还不熟练，我尴尬地喊着："叔，——帮忙填个问卷呗，很快的，就一会儿。"他咧着嘴角笑，为逗到小孩而开心。我按问卷开始问：年龄、家有几口人、收入……当问到"是否有外出务工"这一条时，我心里先替他给出了答案：否。毕竟从我记事起他家的小卖部就一直立在马路边（小时候的一大梦想就是当他的女儿，可以有吃不完的免费零食），但他的回答是：有啊。然后开始"忆往昔峥嵘岁月稠"。"你不知道吧，我当初20岁，去北京闯，赚钱之后自己买了辆摩托车！""普通话培训？我不需要，我普通话说得相当好的。你别看我现在说一口土话，我北京话、上海话都会说，你不信我说两句给你听听……"我抬头看他，窄长的脸（故别名"老鸭头"），脖挂金项链，身穿度假风花衬衫，侃侃而谈，眼中闪着自豪的光。

接下来调查的是我童年小伙伴的父亲，一个种植大户。他身材高大且神情严肃，脸因为长期在地里和大棚里劳作而呈深褐色。接受我们的问卷调查时，他倚着窗户，点了根烟然后很快掐灭了。当问到是否"经常使用手机上网娱乐时"，他说："不，我每天从地里回来后很早就睡了，如果玩手机也是看看种植方法，学习一下人家的种植技术。"对于"村里是否存在一些问题"，他很坦然："既然你们是来调查，那我就实话实说了。村里新引进的这个企业往河里排污水，水质变差了，我们这些要引水灌溉的受了很大影响……"然后他转头，指着窗户外的河说："就是这条。"我突然发现暗沉的河水和他洗皱的绿T恤衫组成一种奇妙的互文。

辞别他后我们去了另一户人家，后来和爸妈聊到去他家，爸妈说："那是大宝家。"我才知道我去拜访了小时候我眼里的明星：要不然怎么会有以他名字冠名的护肤乳？他穿着大裤衩，不羁地跨坐在塑料凳子上，但是表情中掺杂着一丝好奇和认真。问他从事什么职业，他指指自己的裤子——很典型的水产养殖户打扮，短裤方便在塘里下水。然后他朴实地笑了："我爸就是养鱼的，我跟他学养鱼，就养到现在了，也没想过干其他事情。"

当然还有很多人。问卷填完后他们拉着我们唠家常，指着堂屋里的家庭照自豪地介绍小孙子小孙女;告诉我们屋外是斑鸠在叫,要下雨了;小猫看起来不开心是因为刚离开妈妈,胡须都耷拉着……

三、读乡土

鲁迅先生曾说:"那无穷的远方,无数的人们,都和我有关。"我想千村调查的目的不是让学生的简历上有一笔好看的调研经历,不是要精心雕琢出一篇可以获奖的论文,它是一个机会——一个让青年被宏大叙事松绑的机会。即使是在不那么远的地方,即使没有那么多的人们,也可以让我们去看、去交流、去调查,知道自己关心的是一个个具体的人。

《纽约客》曾有一篇文章写道:田园艺术和诗歌一直依靠掩盖农村生活的粗糙现实和无时不在的痛苦,将日常生活转化为崇高的理想。即使童年记忆为村庄蒙上一层回忆的滤镜,我也明白它不是伊甸园。那些李子柒式的田园生活只是一场精心打造的幻象。真实世界里的农村人可能被描述为迟钝的、无知的。开小卖部的老板、忧虑的种植户、朴实的养鱼人,他们关心天气和收成,鱼的收购价是否上涨……国家大事只局限在新闻软件。战争、博弈、衰退……那些似乎都太遥远了,远到像老婆婆煮饭时锅灶中升起的烟,摇摇晃晃,飘到屋后的树林里去了。

但是,又不那么简单。正是因为没有被宏大叙事所打磨,他们的"迟钝"成了一股热烈的生活气,未经雕琢,只有脱口而出的纯粹。交谈后,这些人以最清晰、最真实的面貌留在我的脑海里,使我清醒。他们的经历和话语仿佛是锚,牢牢固定住我的价值。进行千村调查,去下乡,去走近真实的人,给了我们一种能力,一种悲悯、共情的能力。

不要沉溺于宏大叙述,我们要去看,看到那一个个具体的人。

他们也需要一个看到希望的机会

蔡佳颖[①]

不希望以虚无的语言堆砌,也不希望报告虚假的繁荣,我希望我的文章里全都是乡村里最真实的情况,这是我看到征文启事时想的第一件事。

这次的千村调查,我们组去的是福建省漳州市东山县湖塘村,这是一个渔岛上的内陆小乡村,也是我祖辈生活的地方。

我只在每年节假日回到这个地方,年复一年,我见证着村里散步的牛慢慢消失,狭窄的土路拓宽成沥青马路,破旧的房屋升级成三层小洋房。出于功利性的想法,我以为这次调查不会有多少值得报告的内容,然而调查的过程中我逐渐意识到我原先想法的愚蠢。

我们遇到过因为经济困难而无法走出村庄的受访者,我们遇到过返乡支持教育行业的老教师。路边有新建的豪华小洋楼,与此同时也存在着月收入不足两百元的老爷爷,一辈子只会方言从未走出村庄的老奶奶。在我曾经生活的环境里,我不曾见过这样的震撼,未曾设想过在这么小的一个村庄里,也会有这样的贫富差距。

由于前几位受访者的经济水平普遍较高,为了提高调查样本的全面性,我们计划采访

---

① 蔡佳颖,女,信息管理与工程学院2022级数据科学与大数据技术(工学)专业本科生。

一些文化水平不高的老人。

  我们在小卖部遇到一位老太太,快80岁,眼神涣散,似乎没注意到她嘴唇外附着着唾液。她认为自己的观点没有价值,拒绝了我们的调查,不过我们还是陪她聊了一会儿。她的日常就是种种菜,吃吃稀饭,走到小卖部纳凉。儿女都在深圳生活,过年会回来,她觉得只要儿孙们不嫌弃自己做的饭菜,就已经足够。在交通还算便利的海岛,她却从未去过村子的另一头。

  还有一位受访者,每月靠着180元的养老金生活,儿女住在别处新建的三层小洋楼,他却依旧住在以前破旧的单层楼。不会用智能机,每天吃完饭去别人家做客,现在村里有路灯了,可以夜深了再回家。

  这两位受访者给了我极大的震撼。调查过程中,我时常思考:我们做这个千村调查的意义是什么?我们又能为内心泛起的波澜做些什么?我也时常想起第一位受访者提过的一句话:做完你们这个调查,政府会多拨一点钱给我们吗?我们到底能为他们带来什么?

  我一直认为以学生的身份,我无法为我的怜悯做出与之匹配的改变。但是我仍有思考的能力,我希望自己能够看清更多的问题。

  这些在乡间遗留的老人们,常常说着自己对现在的生活感到幸福。在这个村庄里,人们能够过上现在这样衣食无忧的生活,离不开老一辈的辛劳付出。

  我们欣喜于脱贫攻坚已经取得了一定的成果,我们能看见越来越多的农村孩子走进了大城市,中国在走向一个更加充满希望的时代。老年人的福利设施在逐渐完善,我也很清楚让每一个老年人都生活得幸福是非常困难的事。不过我们正在努力。

  我们正在建设的是一个发达的、更加美好的未来。不过在实现物质生活水平提高的同时,是否也应该保证人们精神世界的丰富?

  对于我所见的老人们,有人通过抖音了解外面的世界,却逃不过算法的信息茧房。有人因为不识字不会使用智能机,无法享受更便捷的生活方式。还有人甚至不会说普通话,连村庄都无法走出去。

  我们如何帮助他们?教育帮扶是否只需要为新世代提供?亦如问卷里提过的一个问题:如果村里提供免费的普通话教学课,您是否愿意接受培训?不仅是物质上,而且我们需要带领无法跟上时代的老人们,不必强求他们接受时代变化里的新产物,仅仅以他们能理解能接受的方式,给他们必要的信息素养就好。即使是老去的一辈人,也可以看到更广阔的天地。

知行合一促茶香弥漫

何芳盈[①]

武夷山,世界文化与自然双重遗产地,用物华天宝来形容也不为过。武夷山出产的茶叶自古以来就以"岩骨花香"的美称享誉于世,更是被宋代诗人范仲淹吟诗称颂。

历经千百年时光,武夷岩茶至今仍是茶叶市场中无可替代的存在之一。我们好奇武夷岩茶千年传承的密码,毕竟虽然其茶叶的品质毋庸置疑,但在新时代,仅仅凭借优质的产品以及长青的口碑并不足以在市场竞争中取得极大优势,许多在时代的浪潮中已被无情卷走的"老字号""老品牌"就是实例。故而,我与我的小伙伴们参与了本次主题为"数字技术赋能乡村振兴"的千村调查,前往武夷山实地探索武夷岩茶在时代浪潮中屹立不倒的奥秘。

[①] 何芳盈,女,法学院2022级经济法专业本科生。

其实，在到达目的地之前，我和小伙伴们曾猜想过武夷岩茶在新时代仍保持活力的秘诀。我们一致认为无非就是与其他类似的老字号品牌一样，在销售和生产中加入诸如电商直播、智能化采摘机、智能化数据检测等数字技术手段，这虽与本次千村调查的主题相契合，但又有点平平无奇。不过，我们还是坚信能在茶叶大国排上名号的武夷岩茶不会这么简单，而武夷岩茶也的确给远道而来的我们送上了传统与现代相结合的惊喜。

到达武夷山后的前几天，一切似乎与我们预料中一样。我们参观了作为当下武夷山销售茶叶主要渠道的电商直播基地，我们惊叹于其从场地到人员的专业化水平之高，也感受到了上到政府下到茶农对这一新型销售手段的重视。同时，我们还实地考察了2021年习近平总书记曾实地到访过的燕子窠生态茶园，亲眼见到了全方位数据检测一应俱全的"智慧茶山"气象示范站以及油菜与大豆套种的独特种植方式，感受到了武夷山对人与自然和谐发展理念的深入贯彻。但这些似乎与我们之前的猜想并无太大差异，哪怕武夷山在这些领域的确已经做到了绝佳，我们还是觉得若是调研成果仅限于这些，那我们的报告就失去了特色，只是对大家耳熟能详的事物的重复罢了。这几天下来，我们的热情不断减少，情绪也逐渐变得低落。

但在调研接近尾声时，情况发生了转变。我深刻地记得那天下着瓢泼大雨，仿佛哀景衬哀情一般象征着我们对调研结果渺茫的心情，但村支书还是热情地一大早驱车带着我们前往当地一个知名茶厂，帮助我们了解相关情况。本以为会是类似内容的不断重复，我们在路途中并不抱太大希望，但殊不知恰恰是在那里我们见证了武夷山茶叶插上数字技术翅膀的独特方式。

"到达目的地——戏球名茶"，导航传来响声，我们在那里见到了茶厂负责人方舟先生。

在接下来的一个多小时里，他向我们详细介绍了他的个人经历以及戏球茶厂是如何借助数字技术手段助力茶业的飞跃和升级。我们了解到方舟先生的母亲游玉琼女士已经从事传统手工制茶四十余年，是国家级非物质文化遗产武夷岩茶（大红袍）制作技艺市级代表性传承人，而方舟先生本人自高中就前往海外读书，大学就读于华威大学大数据建模分析专业。但就是这样貌似一传统一现代的母子组合反而碰撞出了不一样的火花，让戏球名茶在大数据时代，既有传承，又有创新。

在交谈中，我们发现在之前几天的调研中，始终忽略了从生产到销售的中间环节，也就是制茶工艺，而这恰恰是决定茶叶品质的关键环节，也是戏球名茶的创新之处。当今时代，随着科技的进步，我们的社会结构不断发生改变，从以农补工开始，城里人就越来越受重视，农村人就往城市跑。当城市工人越来越多时，从事农耕生产的人也就越来越少，这也意味着制茶老技师和传承人越来越少。而方舟先生精准捕捉到了这个缺口，利用自己的专业知识帮助作为传承人的母亲，帮助武夷山，帮助中国将制茶的手艺传承下去。

武夷岩茶以焙火工艺独步天下，这也是老师傅们认为唯一无法被机器彻底替代的环节，必须由精通焙火工艺的人手把手调控。但方舟先生通过观察发现，虽然老师傅总说焙茶的火候是依靠他们的经验、感觉，但实际上焙茶最重要的是需要一个密闭的小环境，进而改变环境的温度、气体内外压力和浓度等指标。于是,方舟先生运用自己在海外习得的大数据知识从这个角度着手,不断尝试,最终找出了茶叶品种与焙火条件的关联关系。这种关联关系基于数据分析,通过机器对密闭小环境的调节,几乎能完全复刻大师们的焙火工艺,得到色香、味正的武夷岩茶。

听到这里,我早已心潮澎湃,不只是因为这超出了我们来时的设想,更是因为他的说法似乎打破了我对"数字"的某些刻板印象。在这之前,我总是觉得纯粹学习理科没有什么意义,研究出来的各种理论往往都是脱离实践,被普罗大众束之高阁,但在方舟先生这里,我看到了理论与实践的真切结合,将传统的经验转变成了在科学中可以发现的规律,使两者的关系不再是互相排斥或是互不关联,反而是相辅相成。同时,这种做法在某种程度上也推动了焙茶技艺的传承,而这虽是数字化传承,但并不意味着对人的取代,设备再好,也要交给会用的人,方舟先生恰恰就是其中一员。

这也不禁让我想起由武夷山兴起,进而普及全国的"科技特派员"制度,即经地方党委和政府按照一定程序选派,围绕解决"三农"问题,按照市场需求和农民实际需要,从事科技成果转化、优势特色产业开发的专业技术人员。而方舟先生又何尝不是一位这样的科技特派员呢?他在与我们的谈话中讲了一句令我印象深刻的话,他觉得以前文化的记录是靠文字,现在的文化记录搞不好是靠数据化,他们现在做这些东西,其实相当于是记录整个实践过程,只不过从文字变成了数字,这在未来来看说不定是对一个时代的记忆。而这恰恰与习近平总书记来到燕子窠生态茶园时对科技特派员提出的"将论文写在祖国大地上"的呼吁不谋而合,方舟先生的"数据化"也是在为祖国大地进行记录,为千百年来流传下来的技艺做记录。

其实,在谈话过程中我们也曾好奇,在他回国的时期,"海归"的社会地位很高,他肯定能找到在世俗眼光看来更体面、更赚钱的工作,为什么要选择现在这样的下田生活呢?他的回答简短而有力,"为了传承"。而他也的确做到了这一点,不仅不辜负自己求学多年所学的知识,而且让传统技艺在新时代"活"了起来。

离开戏球茶厂后,我和小伙伴的心情瞬间明朗起来,不单是因为感觉调研终于有了成果,更多的是我们从方舟先生身上看到了武夷岩茶更耀眼的明天。他可能只是千千万万"新农民"的缩影,千千万万人一起造就武夷岩茶的现在,创造武夷岩茶的明天。

千年传承,茶韵不变。借助现代技术手段,将理论与实践相结合,让传统与当下日新月异的生活碰撞出更多的精彩。其实,理论与实践的结合恰恰是千村调查的核心。尽管实地调研的日子似乎很单调,每天都是填问卷、录问卷,最后反映调研成果的也是数据,但我们的双脚切实踏在了祖国的大地上,我们也亲耳听见了村民的所思所想,而我们最后的目的也不是数据,而是运用自己所学,挖掘数据背后的真实现状与解决方案,这又何尝不是一种理论与实践的结合呢?

这也正是这次千村调查带给我的,通过走千村、访万户,我可能还没有办法读懂祖国大地的每一寸角落,但我真实地读懂了并没有束之高阁的知识,只是缺少有想法并会运用的人,希望未来的某一天我也能成为自如地利用知识,做出哪怕一点点贡献的人。

一隅三坪启新程,万里千村谱新篇

林路晖[①]

自大学校园启程,归于生我育我的故乡村落。在漫长时光的追溯里,我漫步走近三坪乡村,走过乱石密布的街口,走过赤瓦黄漆的屋舍,走过草木丛生的沙场。在回忆与现实交织的眷恋中,在严谨与情怀并存的调研里,我的目光逐步地贴近这个鲜活灵动的村子,开启了我的千村调研之行。

清晨,朝阳从山头升起,迎着晨曦向村子走去,一路上遇见日出而作的村民们,或草帽农服,或镰刀锄头,坐在农用机车上的他们热情地向我打招呼。不远处,站立在村头的村干部正笑意吟吟地向我走近,令人舒畅的纯朴与晨风一起,留存在这个充满朝气的清晨里。在村干部的介绍下我了解到,村子地处山区,耕地极少,村民们只有小面积土地可以用于家中蔬菜的种植,大部分村民要在早晨进山,在山坡上照料自家果园。当地村民种植的大多是具有地区特色的经济作物——琯溪蜜柚。村干部谈到,正是这些蜜柚在早些年经济起步的时候让村民富起来的。而跟着时代变化,现今种植蜜柚也不再完全依赖人工,机器设备的引进、化学用品的普及,再加上部分网络技术和电商平台的终端销售,都帮助

---

① 林路晖,男,公共经济与管理学院2022级投资学专业本科生。

村民们减轻了负担。我向村干部询问是否有进一步引进数字技术以促进发展的想法，村干部对我的想法表示肯定。也许在未来，无人机监管巡逻、自动化喷洒等技术都将被应用，以进一步提升种植效率和质量，促进产量和质量的综合提升。

三坪村可谓祸福相依的典范，多山区、少耕地的窘境中却孕育了风光无限的奇山异水，域内有国家4A级风景区三平风景区。这样的旅游胜地每年带来的人流量滋养出三坪村独具特色的第三产业——民宿民居和餐饮服务业如雨后春笋，极大地丰富了村民们的收入来源。村干部向我解释，村子一直非常重视第三产业发展对村子经济的拉动作用，更不断尝试探索新的发展方向和有效出路。看着村边无数立起的迎客标语和特色招牌，旅游服务衍生的产业已在这个村子里落脚，而进一步的产业提升还需要耐心和信心，更要铭记发展的初心。

随着旅游服务业发展的是三坪村的美丽乡村建设事业，从道路泥泞崎岖的山区小村到如今的美丽乡村观光地，三坪村天翻地覆的变化令人惊诧、更引人赞叹。同行的村干部笑谈，"时代楷模"毛相林同志是在绝壁上开天路，咱们三坪村跟从这种精神，是在泥土山地里开锦绣之路。诚如斯言，美丽乡村的建设并不是简单一草一木的改变，也绝不只是修条公路或者修葺屋子，美丽乡村的背后是村子整体村貌的提升，更是村民整体素质和涵养的进步，这不是一朝一夕的物理工程建设，更是细水长流的精神工程的实践和提升。村干部还告诉我，现在村子每年都有十来个人考上大专和本科，这种氛围更促进了村民们关注孩子的教育，关注村庄教育资源的提升。他充满感慨地说，教育才是村子发展最终的出路啊！也许经济发展是发展村务迫在眉睫的头等大事，但发展教育是功在当代，利在千秋的，教育必然在千秋里福荫村子的发展。

三坪村的发展和腾飞也并非固若金汤的堡垒，村子的未来仍存细缝之隐忧。在看完三坪村发展的成就后，村干部也向我坦诚了如今三坪村发展的掣肘和困局。例如村子可利用的土地资源太少，村庄发展呈现疲软状态，再有旅游服务业存在季节性因素，还未能成为村里的支柱产业，以及当地人才和劳动力的外流让村子的生产力不断下滑，等等。

黄昏的暮光下，村干部担忧的面庞上浮现了无数的皱纹，似是具化的忧愁本身。站在乡野边上，望着远处不断逝去的暮色天光，我心中也暗升起一丝对村子未来的担忧。黄昏时，日落而息的村民们回来了，仍与清晨时一般的热情纯朴，但额角滴落的汗水暗示着一天劳作的艰苦，而沉静的表情却又象征着这一天艰苦劳作的普通和平淡。这样的劳作生活于他们而言已和呼吸一般成为乡村生活的韵律和本能。在这样的乡村里，辛劳不是借以吹嘘和炫耀的资本，这仅仅是一个农家人安守本道的生存本能，更进一步而言，若把他们拓画到村庄人的群像里，辛苦勤劳其实是这个村子的发展属性。因为勤劳，所以山可化为地，种满摇曳的柚树；因为勤劳，所以荒野可转变为美丽的乡野，打上美丽乡村的招牌；同样是因为勤劳，所以哪怕时代在变、耕种在变、环境在变，这里的人们仍然能开发新的第三产业，并为之投入新的勤劳。我突然顿悟，源头活水仍在，何必忧虑一时的阻塞？辛劳本身，就是这些问题的一致指向的路标和答案。

掩卷而思，千村调查于我而言，是一次乡野的回归，是一次心灵的洗涤，更是给予我一次去感受乡村的奋发精神和发展脉络的机会。而若将千村调查的维度拔高，在全国范围内看千村，则这样的一场调研勾连起了成百上千的中国角落，在中国时代发展的宏图里，星星之火的微小汇聚或可为中国的发展造炬成阳。

再回首，碧天如洗，草叶如歌。

平芜尽处是春山,行人更在春山外

阙新杰[①]

"远岫出云催薄暮,细风吹雨弄轻阴",当我们乘车到达赤溪村时,天色已经不早。村子很静,四面是青山,不高,是福建典型的丘陵地貌,在小雨的勾勒下,线条柔软而绵长。淡灰色薄雾绕着山头悠悠地转着,山的怀里抱着一厝黛瓦白墙的畲族特色村寨——赤溪村。若不是细雨打在伞尖敲起水花,村的宁静则像是凝固了时间,脱离了岁月。可当我们将帆布鞋真正踩进村口的泥土中时,一块写着"中国扶贫第一村"的黑色巨石,好似惊醒了心中某处的一个幻梦。

在我们来之前就已经知道,赤溪村曾是一个集"老少边穷"于一体、两百八十多户村民分散居住14个"五不通"的偏远畲族自然村,在20世纪80年代,赤溪村人均年收入不足200元,贫困率达90%以上,是远近闻名的贫困村。然而眼前这个村落发展之好瞬间打破了我们的认知。走进村子,从公告栏可以看出,赤溪村的生活配套、文化旅游、医疗卫生等设施一应俱全,已经建成人力资源和社会保障工作站、青年农民创业就业指导中心、农业技术服务队、农民文化学校、烹饪协会等平台,俨然一副先进示范村的模样。

---

① 阙新杰,男,统计与管理学院2022级统计学专业本科生。

"儿童急走追黄蝶,飞入菜花无处寻",我们迷失于赤溪村的现在,急切地想要一个答案,于是,原赤溪村村支书杜家住和现村支书兼村主任吴贻国成为我们此行第一次访谈的对象。从他们的口中我们得知,过去赤溪村"地无三尺宽,路无三尺平,前门万丈深,后门万丈壁,出门路十里,起身五更天,婆媳一条裤,做客不同时"的窘境是真实存在过的。由于地处偏远、交通不便,再加上生产力低下,赤溪村宛若山中孤岛,是公认的穷村。事情的转机发生在 1984 年,《人民日报》一篇名为《穷山村希望实行特殊政策治穷致富》的文章引起了中央的注意,一项针对赤溪村的对点扶贫就此展开。从"输血"到"换血",从"换血"到"卖血",习近平总书记用 12 个字概括后来的赤溪村:"弱鸟先飞,滴水穿石,久久为功。"当谈及村口的巨石碑时,杜家住眼里闪过一点亮光,他微微扬起头,笑着告诉我们,那是村民为了感谢政府,自发建造的,也时刻提醒赤溪村人,今天村中的好日子是如何而来的。我虽无法想象 40 年前的赤溪村是何种模样,但从二位的讲述中可想见一代人的拼搏努力。我称赞道:"'中国扶贫第一村'已经成为赤溪村风光秀美、清荣峻茂的品牌标语了。""没错,"吴贻国补充道,"现在的赤溪村已经成为一个优秀的乡村风景区代表,我们设立了如竹筏漂流、瓜果采摘、登山健身等多个游览项目,村容村貌今非昔比了……"

"酒阑更喜团茶苦,梦断偏宜瑞脑香",隔日天晴,我们与源发茶叶负责人吴金国约谈在他的茶室。茶香氤氲,水蒸气缓缓弥散开,模糊了视线,却打开了吴老板的思绪。吴老板一边给我们一一倒茶,一边给我们解释道,由于福建特殊的地形和气候条件,在茶叶种植方面有得天独厚的优势。由于白茶口感独特、易于制作、受众广泛等因素,因此赤溪村从 2010 年开始大幅种植白茶,现如今白茶总种植率可达 50%。"我们也曾尝试过线上销售直播带货,毕竟现在都流行数字化嘛,"吴老板有些不好意思地笑道,"但对我们来说,成本太高,回报率又不行,只好放弃。"白茶的馨香在唇间流连,那日,我们聊了很久很久,提及茶园、茶山,吴老板有说不完的故事,这是他的宝贝,也是赤溪人致富的法宝。

"试问岭南应不好,却道:此心安处是吾乡。"赤溪村茶业有限公司的杜赢是大学生返乡创业的第一人,更是赤溪村十大乡贤之一。杜大哥跟我们说:"赤溪村茶企的成功,是因为抓住了机遇,赶上了好时候。"对家乡的热爱和政府对大学生返乡创业的鼓励,让杜大哥于 2013 年选择了家乡的茶企创业项目,并于 2015 年带领茶企实现赤溪村由茶叶代加工转变为茶叶自产自销的新模式。杜大哥言谈机敏,虽看似刚毕业大学生般面庞略微青涩,但思路清楚,待人诚恳温和。年轻的心和热血,再加上外部条件的帮助,我们确信赤溪村振兴发展的接力棒不会落空。

"田家汩汩流水浑,一树高花明远村",从这些村中名人的口中了解了赤溪村之后,我们开始走进寻常百姓家,去完成我们此行的最终目的——开展问卷调研。我们走向溪边闲聊的妇人,走向大树下摇着蒲扇休息说话的大爷们,也推开农家小院,走向几世同堂的农户家中。填写问卷的过程很顺利,受访者知道我们是大学生,又多是福建人,很高兴帮我们填写问卷,也希望我们不虚此行。不到半日时间,我们已完成所有的问卷收集,兴高采烈地返回住所,"仰天大笑回家去",探索到了赤溪村发展过程中存在的一些问题,彼此坚信一定收获满满。

"五更钟动笙歌散,十里月明灯火稀",那夜,当我整理问卷时,却有一种难言的情愫突然萦绕心间,我问自己:我们的千村调查对赤溪村而言收获在哪里?返乡的寥寥12份问卷,窥不得村民的全貌,更得不出强有力的结论;身为在校大学生的我们带了12份问卷来,留不下什么,也带不走什么。我们还只能做问卷的收集者,现状仍然未变。或许,我们的走访是诗意的,有"枯藤老树昏鸦,小桥流水人家",千村调查的初衷是诗意的,几个城里的大学生背上行囊,往乡间地头中走一走,长长见识。但对赤溪村来说,乡村振兴的现在却并不如此诗意。两位村中的前、现任村支书仍在为赤溪村的未来寻找出路,开放旅游后的生态治理等问题棘手而又迫在眉睫;像杜赢这样"走出去"又能再"走回来"的人并不很多,村子里缺少有胆识又有学识的"新血液"来促进发展;从问卷中能浅显地看出数字化对村子的贡献并不显著,数字金融没有得到很好的普及,村务信息平台缺失……这些问题都不是短短几日便可解决的,问卷外是更多的迷茫。

"平芜尽处是春山,行人更在春山外",这两句诗偶然在脑中冒出,像是在写我的困惑。"春山"是城乡发展不平衡的基本,也是"行人"返回"春山"的厚障壁,没有背着包囊的行人将满腹才能带回这平芜,山又如何返"春"?这好似一个死循环。我想把这两句诗写在笔记本上,抬头却突然看见电脑上那张赤溪村村口石碑的照片。"中国扶贫第一村,中国扶贫第一村……"我反复念起石碑上那几个醒目的大字,思绪又转了起来。何为"第一"?"第一"是开拓,是创新,是自1984年起就在为赤溪村脱贫而奋斗的所有人共同创造出的成果。对于他们来说,怎么把吃不饱、穿不暖的赤溪人带到脱贫致富的道路上也是在打破一层看不见的厚障壁,交通的闭塞、资源的匮乏,同样是一个看起来走也走不出去的死循环。是党和政府以及所有为之努力的村干部、村民共同克服了这样的困难。那块石碑上写的"中国扶贫第一村"既是直指赤溪村是标榜第一的扶贫成功村,又何尝不是在记录着这是赤溪村走向富裕的"第一春"?赤溪人还在努力,仍有人在探索新的道路,这就意味着在将来还会有"第二春""第三春",何致以悲观唱衰问卷之无用?要知道,打破屏障从来不是一蹴而就的,就像是"春"的来临需要"冬"的厚积薄发,赤溪人用了近40年走出贫困,而千村的意义或许就在于为现在探明困境,为往后的40年积累信息,最终帮助如赤溪村这样的地方走向富足安康。乡村振兴的问题从来都是难的,就算将问卷数量增多,走访时间拉长,也无法一下子把村庄改头换面。而对于我们来说,几天的走访虽然渺小,但并非无用,走访的所有宝贵材料和数据,在未来都可能成为某个"行人"返乡"造春"的工具、利器。"平芜"已经是春山,何惧"行人"春山外,待到春暖人归时,藤野平山又一春。

我于那夜长舒了一口气,回味千村调查带给我的回忆与感悟。窗外树影绰绰,突然有车轮碾过泥土骤停的声音,一对风尘仆仆的游客下了车,正往旅店搬行李,他们也是慕名"中国扶贫第一村"而来。汽车开过,一阵风吹散了两片紧皱的树叶。

前路漫漫,回首仍存温情

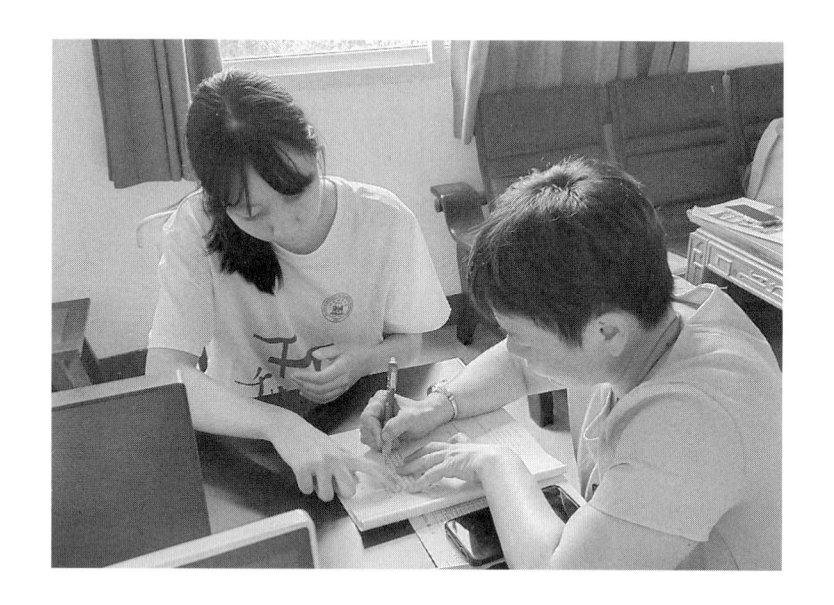

吴昕妍[①]

2023年的盛夏,我走进这个名为斜溪的小村庄,山林青葱,水流叮咚。在为期三天的千村调查中,我一点一点与之相知相识,在日夜轮转间获得一段段宝贵的回忆。

一、萍水相逢,善意满盈

刚乘车进入村庄时,比起激动新奇,心里更多的是茫然与彷徨无措。不知这次调查将会以什么形态和进度开展下去,但这一切当遇到她后,萦绕的迷雾消散,困难仿佛通通迎刃而解,不攻自破。

在探寻完村子的基本情况后,我们开始考虑入户调查,在踌躇之后我们敲响了一户人家的大门,在此之前我们已经遭到了一户人家的拒绝。朱红色大门轻启,一张剪着利落短发,和煦温暖但略显疲惫的面庞出现在我们面前。我们磕磕绊绊地说明了来意。"您愿意接受访问吗?""多大点事儿啊,来来来,快进来。"爽朗的笑声响起的同时温暖和喜悦润泽了我们的心田。

[①] 吴昕妍,女,公共经济与管理学院2022级投资学专业本科生。

在访问的过程中,我知晓了她是一名村干部,也了解到她目前身体抱恙。而她在了解到我们的困境之后,当即拍板表示要带着我们去挨家挨户地做调查。我们又惊又喜,在三十多度的烈日下,我们随着她的脚步踏过村里的一条条小巷,在一户户村民的家中听她与其余人热情地攀谈,并一遍遍地为我们做介绍。每当思及此,我的眼里常含热泪,胸腔莫名震颤。

离开那天,告别过后,我们探出窗外与她长久地挥手道别,她的背影渐远,直至淹没在朦胧的夕光与乡间悠长的小道上。我怅然地坐在车上,回想这趟千村调查,似是来到了《边城》中的世界,是很久未曾感受到的纯粹而朴实的善意。何谓乡土中国? 由千千万万个平凡乡村而起,由千千万万个善良的人所构筑,是无限的良善与爱意汇聚一堂。

思及此,仍然想与她郑重地道声感谢。

二、重拾乡音,传情达意

南平方言各有分支,即使是同属于一个城市,同一个字的读音、含义或许也不一样,体验起来着实有趣。出生于建瓯市的我前往延平市区的乡村斜溪,在持续的沟通中可谓是见证了南平方言在南平大地的碰撞与演绎。

"可是'宏'在我们那边不是这样读的呀!""这边一直是这么读的……"充满欢笑地"争执"过后,我在队友和受访婆婆的纠正下,磕磕绊绊地应用着崭新的读音。在实地调查里,乡音成为一个个跃动的音符,乐谱背后是方言的发展史。在调查中,我深刻地感受到南平方言的语音声调、独特习语甚至艺术创作,经时代大浪淘沙,至今仍青翠盎然。作为南平片区方言的自觉传承者,愧于现今只能达到听懂的阶段,希望今后能多用本地方言与老一辈人交流,将这别具一格的方言传承下去。

"线上金融平台是什么?""就是您有没有在手机上下载银行软件以及有没有在网上借过钱呢?"地道的、承载乡土气息的"翻译",让我在恍然大悟中暗自佩服。千村调查需要我们在充分理解问卷的基础上,尝试着用朴实又巧妙的表达让一个个访问要点落地,让每一位受访者都能听懂我们想要问什么。从而收集到更加完整且珍贵的乡村数据。

现在看来,过去的 3 天访问中,在讨论、调查实战和总结反思中,我们的方言理解力和词库都达到了当前人生峰值。12 户人家走下来,方言在其中充当了重要角色,拉近了我们与村民的距离,从交流顺畅度和问卷完成速度来看,效果喜人。乡音的独特魅力与活力令我无比欣喜。在省外上学时,我时常想念福建南平,想念郁郁葱葱的山林,想念各具特色的美食。感谢千村调查,让我对家乡有了更深、更新、更真实的念想。

三、千村百态,承我希冀

斜溪,一条闽江支斜着流绕村庄而行。江上渔者正缓缓摇橹,碧波似大匹软缎,荡漾舒展;农田里耕者奋力下锄,禾苗似滚滚绿浪,带来青草芬芳……自然与人融合在广阔的画面中,令人动容。

一方水土养一方人,每一个村庄就是每一块土地的缩影,在村里各家各户走访时,眼里所见、耳边所听的文化积淀，叩击心灵。路边家家户户墙上的绘画展现了过去水运业的繁荣、大家丰收时的喜悦以及聚集与村口聊天的闲适；在与一位路边遇见的大爷攀谈的过程中，了解了他的生平，他还乐呵呵地直夸我们这个调查好；受访的阿姨、婆婆不停地为我们倒茶，最后一个村子的老奶奶还拿来新摘的西瓜，喊我们一起吃。一幅具有深厚历史文化与人文底蕴的乡村画卷在我眼前徐徐展开。

我们访问的村子里，安宁和乐与潜伏的矛盾是并存的。有一位受访户爷爷和我谈村里的情况，从他的视角，我看到了农村亟待解决的问题：邻里关系紧张、村内红白喜事攀比导致的铺张浪费……老人特别提到了村里的河道整治问题，告诉我村子里看似河道清澈，实则不然。首先排水管道尚未通至部分家庭，许多废水只能直排到洼地或河流；其次部分河道仍然处于淤积状态，对村容村貌的整洁构成了极大的威胁。

培训时老师曾叮嘱，调研强调价值中立，应以严谨、理智的姿态面对村民，听到村民的烦恼、忧虑甚至控诉，我只需做好一名倾听者，时刻提醒自己的职责和规范。但是村民的诉求不时在脑中浮现，总觉得自己心有余而力不足。但转念一想，10年前难以想象的事情现在可能正在发生，而现在难以想象的事情10年后也有可能发生。精准有力、贴合民情的改革需要前期广泛的调研，政策的落地也需要时间，从单纯的"输血"扶持到深入思想层面的"造血"教育，需要持之以恒的努力。我们的千村调查正在出一份力，我们也愿意等待一切的逐渐向好。

解散那天，拟好的措辞还没有说出口，目光流转，太多的感激与不舍，似乎又不必多言了。

我们对村庄的眷恋，记录在每一份问卷里，潜藏在每一声乡音中，生命旺盛的夏日，我们走在田间地头，我们见证、倾听、反思、期待。农村与城市并非对立，乡村有其独特的良性生态，也有蓬勃的发展潜力。我希望，未来故地重游，能看到村庄的现有问题能得到切实解决，农村人居环境得到进一步提升，人民有着更加富裕而美好的生活。

乡土中国，在乡土中理解彼此，在乡土中寻找出路，我们在路上。

数字化闽南,声声入人心

徐媛铃[1]

"这里有一位老人只会说闽南语,小徐,你快来帮一下忙!"

这大概,是我在千村调查过程中,听到过最多的一句话。

福建省的厦、漳、泉地区以闽南语为方言,而深入到乡下,在方言大环境中生活了快一辈子的老人们对普通话的接触更是少之又少。我国从1956年开始推广普及普通话,并明确到2025年普通话在全国普及率要达到85%。但闽南语交流,足以满足他们的日常需求,也早已成为他们的习惯。

不论是在车上听到调查联系人与司机的交流,还是在村里看到工作人员间的谈话,处处都弥漫着浓厚的闽南语气息。我作为土生土长的泉州人,和父母辈间的交流只会偶尔插入几句闽南话,而与爷爷那一辈人的对话却只能由闽南语来搭建桥梁。在这样的环境中,能听会说闽南语已然成为一项基本"生存"技能。

可在我们的定点千村小队中,能听会说闽南语的队员并不多,也正因为如此,让我格外关注调研问卷中关于普通话的两个问题:"您认为您的普通话水平怎么样?""如果组织

---

[1] 徐媛铃,女,信息管理与工程学院2022级电子商务专业本科生。

免费普通话培训,您愿意参加吗?"。

我的第一位调研对象是村里的一位老人,坦白地说,现在留在村里的大多是老人了。我用生涩的闽南语将调研问卷上的问题传达给这位不太识字的老爷爷。在泉州的不同地区,闽南语的腔调又有了小小的转变,老爷爷说的闽南语与我家乡的又不太一样,这给我的信息获取增加了阻碍。我的大脑宛如一台不太灵光的翻译机器,从问卷上的汉字输入,到闽南语输出,再由接受地区闽南语的语音输入,翻译为普通话进行文字记录,遇到"重难词汇"还会卡壳反应一会儿才能加载出来,这一整个流程实属不易。至于第一个问题,老爷爷笑着说:"普通话都不会讲呢,水平当然差了!"我心想,那总应该挺愿意接受免费的普通话培训吧。但结果出乎我的意料,老爷爷摆了摆手:"不去不去,去那干吗呢。"为了满足我的好奇心,我在问卷内容之外多问了一个为什么。爷爷说:"都这么大岁数了,学了能干吗? 用不上啊! 你看,这里大家都讲闽南语。会那基础的几句,能和孙女搭上几句话就够了。老了不爱学咯!"我笑着点点头,爷爷说的的确有些道理。

与此同时,一团大大的疑问却在我心中播下了种子,对村里的老人进行普通话培训真的有必要吗? 这样做能给他们带来什么呢?

后来我也调研到了不少只会说闽南语且不愿意接受普通话培训的村民,若他们给出了不愿意的答复,我都悄悄地多问了个为什么。原因无非是"用不上,花时间学那干吗""学也学不会了,说不标准的,说了城里的人也听不大懂,被笑话噢"……听了一遍又一遍类似的答复,我越发想深入探寻普通话培训在这里存在的意义。

我设想我若是到了六七十岁,于安逸美丽乡间,住着从小生活的老宅子,邻里走访操着熟练的闽南语,有事找村委时闽南语也能交流。为什么还要花我本就不多的精力去学习普通话呢?

"老有所养"是中国古代的儒家思想,传承至今,体现在中国政府对养老问题的高度重视上、对养老政策的制定和实施的积极推动上。恰逢信息时代,以数字经济赋能乡村振兴是当今的重要话题。于乡政府而言,是提高数字运用能力,优化管理与服务,将数字化技术因地制宜地落实到农业、旅游业、文化教育等方面,通过带动乡村经济发展,来提高人民的生活水平。于村民而言,表现在具备数字素养和技能,包括使用电脑、手机等数字设备的能力,在网络平台上进行购物、销售、支付等操作的能力上。从我们调研到的数字乡村板块的数据可以看出,各个乡村都已经普及数字化管理,村民们也普遍使用智能手机,但是移动支付和电商购物在村里仍较为稀缺。我所调研到的村民,使用手机都以沟通联系的功能为主,一部分会使用娱乐平台来日常消遣。听不懂普通话和不能识字便成为他们与外界平台沟通的阻碍,那囿于边远乡村的生活便少了几分色彩。

我认为,成就最美夕阳红,不仅是老有所养,而且是老有所享。若老有所养体现在政策支持、养老金扶持等,则老有所享当以数字化为眼,一睹世界的精彩无限。倘若优化公共设施,不仅是增设公园里的健身器材,而且有为老人定制的"足不出户"AR旅游体验馆;倘若开展普通话培训,不只是聚集到社区听培训讲座,还有教育游戏和互动式语音对话机器……绘制绚烂夕阳图,前路漫漫,你我皆在路上。

一切的存在即合理，也有特定的意义。普通话培训是如此，千村调查亦如此。从县城、城镇再到乡村，一处一风景，一方一故事。行走在祖国的乡村大地上，用最真挚的心去倾听繁华背后的声音，去发问也去追寻，跳出调研问卷的既定框架，也回归到千村调查的主题中来。

说方言是传承，讲普通话能通用。其中始终不变的，是人民对生活质量提高的热切期望。

数字经济赋能乡村振兴，让句句含真情，声声入人心。

走遍田野，走"近"乡村

郁欣怡[①]

党的二十大擘画了以中国式现代化全面推进中华民族伟大复兴的宏伟蓝图。而乡村建设仍是全面建设社会主义现代化国家的重点难点。国家对此发布了一项项文件，"乡村振兴"四个字反复在新闻上出现。但直到我走进郭坑前，这些于我都只是冷冰冰的文字，无法令我真正感受到其背后的炽热滚烫。

作为一个从小生长于高楼大厦之间的人，我对于乡村的印象，仍停留于影视作品中的破旧脏乱。而当我初入这片世外桃源时，就被深深地震撼了。初入口社村，映入眼帘的成片的果园农田依傍在九龙江畔，青绿的九龙江水映照着周围的山丘，缓缓向前流去。江边是垂钓者，田中是耕种人。沿着公路一路向前，一栋栋房屋出现在我们眼前，大多是两三层的楼房，门口以花草装点着，围墙内偶尔探出一抹红来。街上的人们悠然惬意地漫步着，怡然自乐。这一刻，"美丽乡村"在我心中化为口社村的花草、楼房，以及口社村里自在的人们。

我们随后展开了入户调查。走进一户户村民家中，家里的布置虽不富丽，却温馨至

[①] 郁欣怡，女，金融学院 2022 级金融学专业本科生。

极,小木桌上摆放的茶杯,散落四处的宝宝玩具,无不悄悄倾诉着这里生活的一点一滴。而每当问及"在教育质量不输于城市的情况下,您是否会选择让孩子在本村接受教育?""当村里生活条件和就业机会优于城市时,您是否会选择去城市居住?"时,他们几乎马上就选择了留在村里。这些回答看似漫不经心,却又带着一丝不假思索。

我不禁思考:城市,当真不如乡村吗?

后来走访村委时,他们告诉我们,口社村2022年才刚刚摘下贫困的帽子,村里也一直在想方设法找寻致富的道路。他们一边学习隔壁村通过电商销售农产品的思路,一边探索利用九龙江资源发展文旅的可能。他们还说,村里有这附近最好的幼儿园和小学,村里的年轻人大部分也留在村里了,因为"待在村里就能赚钱"。

古厝红砖因历史而逐渐斑驳,老榕树下乘凉的人换了一批又一批。口社村从一个交通闭塞的江边小村逐渐蜕变为一个美丽乡村:路通了,经济发展了,人回来了。走访了口社村的家家户户,了解了他们最新成立的实践基地,听了村支书对村子的希冀,一个答案在我心中明晰:对他们而言,城市,当真不如乡村。他们或许会迫于生计离开家乡,但正如费孝通先生说的,中国人离不开生长的土地,这份乡土之情是融入血脉的。家乡变美了,变得富裕了,那还有什么理由不回家呢?

当我离开时,"千村调查""乡村振兴""乡村建设"这些高高在上的词语终于落在了地上,在我心中激荡开来。在出发前,千村调查被我赋予了"形式主义"的标签,对于乡村振兴,我们一支2~3人的大学生队伍能做什么,12份入户调查问卷又怎么会够用?我以为千村调查的意义在于那份实践报告,但实际上,更重要的意义在于"读中国"。

走进口社村,我看见这十几年来党和政府为乡村建设做出的努力,"乡村振兴"不只是口号,而是实实在在的汗水与付出;走进口社村,我看见这里淳朴可爱的人们,看见年轻人留在乡村带给这个地方的生机与活力;走进口社村后,我似乎能看见"乡村振兴"这四个字背后的故事,瞥见这一战略被提出时,它的提出者心中挂念着田野和村民,瞥见这四个字传到村民耳中时,给他们带来的希望。

走千村,走近千村,走出象牙塔,走近中国的土地。通过千村调查,我们有机会去感受与认识,体悟与发声。去用一篇报告、一篇征文告诉没来过这个村子的人们,这里的风貌与这里可爱的人们;去让那些远离了土地的人们,再次低下头看看。也许我只能走进一个村子,但千村之宝贵在于"千",当数以千计的村子一起被看到时,大家看到的,就是整片中华大地。"厚德博学,经济匡时",实践是上财学子的底色,正如习近平总书记所言,"调查研究是谋事之基、成事之道,没有调查就没有发言权,没有调查就没有决策权",调查是实践之基。千村调查,是为认识、是为实践、是为点燃我们心中建设祖国的热忱,有一分热发一分光,为千村,为中国。

数字赋能人文,共筑江村发展之光

葛桐妤[①]

一直想做一些有温度的事,邂逅一些有趣而丰富的灵魂。

行前,我不止一次地问自己,千村是什么?

而当满载而归之后,我心中早就盈满沉甸甸的答案,一如果园里的丰硕与充实。

在我心目中,千村调查是严谨的数据分析,是稍纵即逝的契机,也是毫不拖泥带水的旅行,有着其存在的理由与独特的意义。

细细回忆,一幕幕都像从未褪色的影片。自然与人类的呼吸、红瓦与褐砖的较劲、村落与山水的调和,种种元素散落在一处,晕染出一番别有韵味的人间姿态。

本次我们共走访了江苏省苏州市吴江区黎里、桃源、同里镇下属的10个行政村。每个村落都闪烁着其独特的光辉,又似花圃中的万紫千红,或朴素或繁复,或清冽或馥郁,但簇拥在一起,便是春色满园。

其中,我印象最深的还是我主负责的黎里镇元荡村。这位兼具数字科技与人文情怀的"六边形战士",正以得天独厚的地理条件与砥砺创新的昂扬姿态,谱写着江村的发展

[①] 葛桐妤,女,商学院2022级国际经济与贸易专业本科生。

底色。

本着"村美民富产业兴,擘画乡村美好蓝图"的愿景,我跟随调研团走进元荡村。素有"一水护田将绿绕,两山排闼送青来"的风景良誉,元荡村以翠绿与绛蓝色向我们敞开了怀抱,我心中不由得生出"山水元荡,宜居安康"八个字来。一方水土养一方人,优良的生态资源还水和岸线于民,亦赐文化底蕴和人文内涵于民。在"干部敢为、地方敢闯、企业敢干、群众敢首创"的浓厚氛围中,元荡村村民们勇毅前行,奋斗不息,以双手开创奇迹,以汗水谱写辉煌。

我们在党建活动室开展问卷调查。元荡村的廉洁文化建设是党建的招牌,更是发展的定航仪。早在2012年,该村便被命名为吴江区首批党风廉政建设示范点。近年来,元荡村以党建工程为抓手,因地制宜设立驿站,宣传马克思主义与党风建设思想,突出教育引导功能,曾获得"先进基层党组织""江苏省社会主义新农村建设先进村"等多项荣誉。

在填写问卷时,我深切地感受到村内儒雅、稳重的人文精神。一个个数据从笔尖自如地流淌而出,无一不彰显着村内建设的匠心独运。整个问卷填写过程中,村民给大家留下了高效、有序与智慧的良好印象。

倏忽间,我回想起元荡村村委书记王冬林的话语:"基层是干事创业的练兵场,也是改革创新的试验田。"近年来,元荡村踔厉奋发,不断开拓进取。作为走在时代前沿的弄潮儿,元荡村先行试点了"智慧农村"建设,以数字化赋能居民生活,与我们千村调查的主题不谋而合,为乡村数字化建设提供了宝贵的"元荡经验"。

同时,我亦了解到,元荡村通过"三治""三优三保""散乱污"整治等多种方式,腾换周边"小旧污"企业,回归纯粹绿田底色,并积极发力省级"特田"创建,打造长三角旅游新名片,并获得"吴江十佳康居乡村""市级特色精品乡村"等荣誉。

元荡村上下联动、敢于突破,有效促进了"农文旅"三者有机融合,绘出一幅以农兴旅、以旅富农、以文促旅、以旅彰文的美好蓝图。

烟波浩渺元荡湖,怀瑾握瑜元荡人。我们于元荡村的社会实践获得了圆满成功,达成了一次人与人、人与自然之间和谐的"双向奔赴"。

我相信,在接下来的岁月中,元荡村定将继续坚持"绿色元荡、生态湖居"的发展方向,巧妙达到富饶生态资源与绿色产业价值的平衡点,为新时代下的数字村庄建设贡献更多元荡样本。

元荡潮去,东南信来。校董企业东南电梯的参访亦让我回味不止。

初闻东南电梯,为其"航天品质"的金字招牌与无懈可击的建造技术所震撼。而当真正走近之时,我发现,它不只是嫦娥、天问等空间站与大型船舶海洋装备的坚实后盾,更具有"多功能性"。

我们参访的东南e馆里设有多功能厅、别墅体验区、艺术馆以及党史宣传馆。我想,东南之所以能够不断实现"进阶式发展",很重要的一个原因便是将数字科学与人文情怀紧密融合。它既有数据的精确,又不乏艺术的韵味,更将党建宣传与科技研发"齐头并进",再佐以企业家精神的持续浇灌,最终圆梦。

总体而言,东南电梯秉持航天精神,紧随时代脚步,以创新、开放、进取的姿态应对未知的荆棘与挑战。就像董事长秦健聪先生所言:东南坚守"用心做好中国品牌",既创造了独一无二的过去,也必将开创独一无二的未来。

我相信,东南电梯将会持续发力,构筑承载梦想的幸福空间,以坚韧的品性继续引领中国电梯自主品牌的发展,为大国崛起献出"东南力量"。

然而,千村的故事就如水墨,远不止几笔浓重游龙,亦有清浅细水长流。我们开展了宣传垃圾分类、包馄饨等劳动教育,以身体力行的态度激励着每一个人;我们积极开展党建工作,联合发展附属教育,将主题教育渗入大中小思政一体化的课堂之中,培育"时刻将人民装在心中"的高尚道德理念;我们更走访了张翰故居、费孝通江村纪念馆,将先贤精神注入当代品格;我们亦在同里国家湿地公园中遨游,被重重绿意环绕,真切感受草本植物的呼吸……

千村的故事有完结,然而我心中的千村故事永远在延伸。

我在与村民的深度交流中共鸣,于无数历练中返璞归真。在无数个一挨枕头便入眠的夜晚过后,我恍然发觉,更多的"下沉",才能挖掘出本质的意义。

信念感与使命感永远不是一蹴而就,情怀也需要修炼。

数字科技与人文情怀齐头并进,定能筑起新时代的"江村之光"。秉持以人民为中心的理念,我校亦愿意与江村紧密合作,为乡村振兴输送更多优质人才,打造新型基层就业高地。同时,作为一名上财学子,我愿铭记"厚德博学,经济匡时"的校训,将东南精神内核融会贯通,踏实留痕,以成国之大器。

以情相融，方能相拥

黄嘉懿[①]

"阖庐城外木兰舟，朝泛横塘暮虎丘。三万六千容易过，人生只合住苏州。"苏州作为江南文化的荟萃之地，是古今文人墨客的一颗朱砂痣，也是我心头最柔软的梦乡。仿佛不用亲临一趟苏州，就已在诗词画卷里窥见姑苏城的烟柳画船，三千人家。而正是带着这种单纯的期许，我们来到苏州吴江后，错位却在远方的幻想和当下的现实间弥漫开来。

宋代词人贺铸笔下的苏州是月桥花院、琐窗朱户。大巴摇摇晃晃地把我们送入吴江深处，可晃进来的景色却只有支离破碎绿茵茵的田野，以及漫不经心站在柏油路旁的樟树。我正张望那些粉墙黛瓦、雕梁画栋在哪儿时，车子终于驶入了一个村落。砖瓦伴着水泥，排山倒海般闯入眼帘，不锈钢的栏杆和瓷质的瓦片在烈日下浮出了油亮的光芒。虽然还保持着江南风格的院落结构，但仿佛是某种现代化影响下的产物。花院安在？朱户安在？普通的农民房、褪色的公告板、苏州的农村一点都不像我期待的那样秀美，反而很普通。怀着失望和落差感，我带上我的问卷走进一个个村与镇。

吴江区老龄化严重，配合我们调研的多数是老人。不像子辈、孙辈们，他们是没有赶

---

① 黄嘉懿，女，会计学院 2022 级财务管理专业本科生。

上机遇的一代人,他们没有文化、没有家底,赤手空拳地在一方水土挥舞出自己的一辈子。面对操着一口标准普通话的大学生,他们显得有些局促、有些疏远;反观我们,几个从城市的温室中出来的青年人,鲜少有机会接地气,青涩得有点格格不入。一开始见到徐大爷,他孤僻地坐在那儿,手里还掐着半支烟,看着不太好接近。他穿着当地电梯厂的工服,污渍斑斑的,看来这工作挺辛苦的。他岁数应该不小了,皱纹像沟壑般遍布他黝黑的皮肤。几句交谈过后,才发现,这位大爷真可爱,一种质朴的可爱。他听不太懂我的普通话,但他总是很耐心地看我把嘴里的字句一点点吐出,接着进行一番仔细思考再尽力回答我的问题。也因此,我们的进度很慢,别的小组已经采访结束,徐大爷的同伴也抛下他先回去工作了。我怕他着急,却没想到他并没有着急,反而这样回答我:"你在学校读书一定很好吧!"我有些受宠若惊,但也不解他的夸奖缘何而来——"因为你问问题很认真,你做别的事肯定也很认真,所以一定是个学霸。"我突然间被触动,糅杂了惊喜、感动和愧疚的情绪涌进了脑海,大爷的真情融化了我与这个陌生世界之间的隔阂。

"你就记住一句,网络这个东西,让年轻人更先进,让老年人更落后啦。""我们是农民,没文化,但是如果让我学我是很愿意的!""我不敢瞎点,不然钱都要被骗子骗走了……"真情最动人,后来采访了很多人,听到了村民们真实的心声和苦恼,我也逐渐解开了自己的"套子",与他们共情。他们掏心窝子地和我倾诉生活、家庭上的苦恼,我甚至不忍心听出点什么明显的结论,或者生硬搬出我的"数字化武器"给他们解决问题。我真的想做出点切实的努力,哪怕是做一个"二传手",把最真实的数据提供给研究者,也能为他们的家乡做出一些改变。

社会学家项飙曾经提出"消失的附近"这一概念:"人们开始对家里和远方感兴趣,但是很少关注附近。"很难回溯那短短一周我身上发生了什么样的变化,但是在一问一答中,叔叔开怀的笑颜、阿婆朴实的絮叨、稚子纯净的眼神……他们让我从对苏州的幻想中走出,他们让我奋力冲出认知范围的信息茧房,跌落到、冲进了这个潮湿又新鲜的地带——"附近"。这里,没有书本上的古巷花桥水阁头,但坐落了最真实的烟火人家。我发现现实世界的苏州并没有我想象中的那么不堪,他们作为普通的农民,已经在努力地经营小小的生活,每个家庭都有自己的小欢喜、小别离。聆听这些琐事时,不是我想象的那样枯燥。反而在离开苏州时,我已悄然对这里的人、事、物产生了羁绊。那些"附近"最实在的柴米油盐、婚丧嫁娶,曾经我是不屑一顾的。但是当我对采访的叔叔阿姨外公外婆们产生感情之后,我便愿意沉下心,设身处地为他们考虑。我发现,暴露并疏解农村社会看似烦琐不堪的纠纷和矛盾,是我们想要让他们的生活更美好的必经之路。只有离开"家"的避风港,直面存在于"附近"的尖锐的障碍,并且让真情赋予我们勇气,走完"附近"的这座桥,方能将自己摆渡到真实的"远方"。

个人的意义与尊严并不在于一个人的独一无二,而在于关系。这种"附近",让我们与他人和自然保持着紧密的联结,我们从中获得的,是意义与尊严。揆诸当下,生活在现代城市中的我们,对社会基本的人情风物,光是"了解"这一步都难以做到,更别说对我们附近的人产生情感的联结。一方面,现代科技降低了获取资源的成本,经济发展提供了优渥的物质保障，让我们不必在一个附近的集体中谋求生计，于是更加向己求，把目光放在自己的小家身上；另一方面，信息技术加速了信息的流通，全球化消弭了国别间的高墙，仿佛我们在时间上、空间上都能抵达更远处——我们知道QS世界大学排名，却不知道老家的土地流转了几亩；我们沉醉于游戏里的虚拟世界，影视中的古今中外，却无法欣赏老家那片稻田掩映着水蓝的天空时，蜻蜓低飞，白鹭盘旋，亦是绝伦的美景。无意或有意地，"附近"这一概念正在被家和远方一点点挤压、坍缩。我们的生活也正在孤岛化，每个人都逐渐封闭自我，忽视社会责任，回避公共环境。然而，没有"附近"的外在视野，"家"会缺乏必要的绝对含义；没有附近的具体导向，"远方"也缺乏实际的道路指向。

  幸好，这次千村调查使我有机会回到"附近"走走，与受访村民们产生了情感的联结。回到"附近"，以他者的角度重新审视我自己和我的"家"，我发现我平时对于家庭和社区关注的缺失，现在我也愿意走下楼，和小店里的老板娘攀谈几句，问候一下小区门口纳凉的老年人。更重要的是，在吴江这次的"附近"之旅让我用具体的实践，让我对向往的"远方"有了具体认识。通过实地调研，我发现哪怕是在经济发达的长三角地区，农村仍然有很大的发展空间，所以乡村的发展是国家的重大课题。同学们总是向往远方，说要出去留学，但是好像这只是一个途径，我们并没有找到自己的目的地。正如习近平主席所说：立足中国，放眼世界。有了这次乡村调查的经历，我的远方明晰起来。远方的尽头不再是一个国家抑或是一纸证书，我想凭借自己在放眼世界时得到的学识和本领，扎根中国，为乡村的发展做出自己的贡献。要感谢这次的走千村、访万户、读中国的经历，让我倾听到"附近"的声音，触摸了人间的温度，也找到了自己的方向。

  大巴再次摇摇晃晃地带我们离开了吴江。还是那片绿茵茵的田野，我却不再嫌弃。虽然没有蒋捷舟过吴江时"红了樱桃，绿了芭蕉"的诗意，但它们能够唤起我对这方水土真实的热爱。同里镇，拆"富"字，寓意富庶；盛泽镇，以盛称，赞其兴旺；桃源镇，借美谈，寄寓奇美……回想着我们一路经过的地名，无一不充满美好的意象。我终于领悟，别看古诗词中苏州美得不可方物，年年岁岁花相似，古人与我们今日看到的景象其实无异，唯一不同的是心境。正是古人们对这片土地的爱，才流传下这么多名画、绝句以及美好的地名；也正是我对吴江产生了感情，才能体会它的美。《长安三万里》中说：只要诗在，书在，长安就会在。我认为，吴江本无诗与书，但使爱相系，情相融，便能拥抱真实的美。

  寒山隔远钟，野雪不留踪；若问何处去，河灯照桥枫；山塘十里秀，梅雨正分龙；再离别，覆手二三言，不见王侯只见君，来年姑苏城。

走千村、访万户、读中国心得

梁 剑[①]

  中国,这个千年文明的国度,蕴藏着千千万万村庄、亿万家庭的生活故事。每一个村庄都有着独特的文化和历史,每一户人家都有着独特的生活体验。2023年暑假我前往江苏省盐城市阜宁县三灶村陈吕居委会,通过入村入户调研,对走千村、访万户、读中国有了深刻的心得体会。在这篇文章中,我将分享我的见闻,传递我的真情实感。
  农村地区是我们国家的重要组成部分,它们承载着丰富的自然资源和文化传统。农村地区的美丽风景、勤劳的农民以及丰富的农产品都是我们应该赞美和珍惜的。农村还是我们国家的粮食和农产品生产基地,为城市提供了重要的食物和资源支持。同时,农村地区有着深厚的文化底蕴,传承着丰富的乡土文化和传统。所以走进农村开展调研活动有着重大意义。

一、走千村,发现多彩多样

  走千村,不仅是一次地理意义上的旅程,而且是一次文化之旅。每个村庄都是一本散

[①] 梁剑,男,信息管理与工程学院2021级计算机科学与技术专业本科生。

发着岁月香气的古老书籍，等待我们翻阅。三灶村陈吕居委会，坐落在蓝天绿水之间，它的白墙灰瓦、曲径通幽，让我仿佛穿越到了古代的画卷。每一步都是一次历史的穿越，每一面墙壁都是一个见证。这个村庄，就像是一个微缩版的中国，拥有着丰富的文化传承。

一走进村庄，我们便被居民的热情所打动。他们十分欢迎我们，积极地分享他们的故事和生活。这种亲近自然、亲近人民的感觉让我深受感动。每个家庭都有着自己的生活方式和传统，每个人都是这个村庄的一部分，大家共同编织着一幅绚烂多彩的画卷。

二、访万户，感受奋斗意志

在入村入户的调研中，我们仔细了解了居民的需求，聆听了他们的声音。这个过程中，我们被村民们的坚韧和勤劳所感染。他们虽然生活俭朴，但对未来充满信心，努力改善着自己的生活条件。这让我明白了中国人民在面对困难时的坚韧和奋斗精神，这正是中国走向繁荣的力量源泉。

在这次调研中，与一位老农的交流让我印象深刻。他向我详细讲述着他的人生故事，他脸上每一抹皱纹都记录着岁月的痕迹，也诉说着他的坚守与奉献。他说："中国的发展让我们的生活越来越好，我要为孙辈们创造更好的未来。"这句话深深地触动了我，也让我们更加坚信中国的未来将会更加辉煌。

三、读中国，汲取磅礴力量

走千村、访万户、读中国，这个过程不仅让我了解了中国的多样性和文化丰富性，而且让我深刻领悟到了中国人民的坚韧和奋斗精神。无论是在现代都市还是在古老的村庄，伟大的中国人民都在努力奋斗，为了更好的未来而挥洒汗水。这让我深感自豪，也让我相信，中国的明天将会更加美好。

中国，是一个充满活力和希望的国度。在这次旅程中，我读到了祖国的前进力量，它是坚韧的、是勇敢的、是充满希望的。每个村庄、每一户人家，都是中国这幅巨大画卷中的一笔，都为中国的繁荣和进步贡献着自己的力量。

通过走千村、访万户，我不仅感受到了祖国的多样性和文化底蕴，而且深刻领悟到了中国人民的坚韧和奋斗精神。这次经历让我更加珍惜这片土地，更加坚信祖国的未来将会更加繁荣。这是一次充满正能量的旅程，让我更加热爱这个伟大的国家。走千村、访万户、读中国，这个经历将永远铭刻在我的心中，激励着我为祖国的明天贡献自己的力量。

聚青年力量,助乡村振兴

刘真玮[①]

我对乡村的认知似乎还停留在年幼时,长大后忙于学业却很少回乡,乡村的文化、乡土的气息似乎就在眼前,却又好像淡到无法感知。读万卷书,行万里路。作为青年学子,不应只停留于课本,更要用自己的双脚去丈量祖国大地,去体验乡村百态,借由这次千村调查的契机,我再一次深入乡村,冀求了解乡村发展现状,感悟乡村的独特味道。

忆及童年,让人印象深刻的是每天夜色落幕,天空里升起的一轮明月以及满天繁星,印象里之前经常看到这种夜色的时候还是在小学,那样的景致温暖了我的整个童年。然而时过境迁,许多年过去,再次回到乡村,开始一段新的经历,却有了另外的心境。

乡村的改善是乡村生活环境的改善。伴随着脱贫攻坚和乡村振兴工作的开展,原本一下雨就泥泞的道路变成了宽阔的水泥路,平房、土房都变成了整齐排列的小区楼房。社区工厂里,缝纫机车间随时可见村民们埋头忙碌的身影,一件件精致的毛绒玩具制成的背后都意味着工厂收入的增加与村民收入的稳定。干净整洁的村居环境以及文明新风的传播让村民的生活方式与习惯发生了翻天覆地的变化,越来越好的生活环境与生活条件让

---

① 刘真玮,男,统计与管理学院2021级经济统计专业本科生。

故乡的月亮更加明亮了。

乡村改善记载着脱贫攻坚干部的努力。被分配到扶贫工作办公室的年轻干部们大概是乡镇最辛苦的人。在脱贫攻坚一线的战斗中,他们不辞劳苦,进村入户挨家挨户收集数据,将各类数据制作成表格,并根据农户检测动态不断调整完善数据。有时候调整某些数据的工作需要他们连续几天加班到深夜,高强度的工作状态让人觉得头皮发麻。一户户的数据收集、一次次的数据调整,早已把人磨砺得格外沉稳。

乡村的改善是百姓脸上焕发的笑颜。乡村集体经济发展、社区工厂的繁荣、各类工厂的招聘启事。多渠道的务工收入让村民们的生活有了更多保障,自脱贫攻坚工作开展以来,提升贫困村民收入成为乡镇的一项重要任务,无论是在产业扶贫方面奖励发放的产业奖补,还是在务工就业方面提供的工作岗位推荐和就业号召与宣传,都是为了让村民们能够尽快摆脱贫困,走上通过努力劳动脱贫致富的道路。

乡村的变化发展是国家政策倾斜、干部努力奋斗、群众积极配合的成果。当一间间散乱排列的低矮土房变成一栋栋整齐排列的小区,泥泞凹凸的黄土路变成平坦整洁的水泥路,村民们通过务工就业或是发展产业提高了收入,村民们的生活自然也在乡村发展过程中变得更加幸福了。

在乡村调研中,我深刻感受到了乡村发展的现状和挑战。在国家和政府的支持下,乡村发展取得了一定的成果,例如新农村建设、农业现代化等方面的进步,但仍然面临着一些挑战。这些挑战源于青年学子,新时代下,乡村建设离不开我们这样的青年学子,乡村想要持续发展,一定需要新鲜血液的注入,我们青年学子要清楚并肩负起身上的重任。依靠国家的输送与补助终究是不长远的,我想,倘若我们青年学子纷纷投向祖国大地的各个乡村,乡村的现代化发展又将会是完全不同的天地。越是清楚自己身上的责任,便越是会有压力。可是值得庆幸的一点,我遇上了上海财经大学,遇上了千村调查项目,我遇到了一群志同道合的伙伴,我知晓了千村调查的精神,这是一种奉献、互助、奋斗的精神,我们本就是一簇星星之火,可我希望,终有一天,我们可以照亮半片天空。

丢失与守望

苏 畅[1]

再踏上奔牛镇顾庄村的土地，终于弥补了记忆中缺失的碎片。

我幼时成长在孟河镇，水泥地、自建房、小三层。开门面朝土地，屋后池塘洗衣。醒来时外婆外公已经到田上劳作，我便到别家蹭上一顿饭，再疯玩一天，家家都认识，户户都欢迎你来。

我想，那是我最快乐的童年时光。但记忆渐渐模糊，大队在我初中时全体拆迁到了安置房中，那些背靠土地的日子在回不去的路上渐行渐远。

千村调查的契机让我再度踏上了奔牛镇的土地，奔牛镇是我奶奶深耕的地方，她七十高龄还在自己的小块田地上种芝麻、种番薯，年年欢喜我们带着她的劳动成果回家，每每收到的压岁钱都是她在市场里卖菜一元、五元换来的。真正的土地就是当你踏上那片土壤，会发现没有任何华丽的辞藻，只有一望无际的田野，整齐划一的田垄和田埂，耕耘过的土壤，灌浆期水稻绿油油地生长，在田中只见农户的斗笠在穿梭。自留地划分后并不适合农机大规模自动化生产，更多的是锄头、钉耙、播种机。一个人，便是一块田全部的劳动

---

[1] 苏畅，女，金融学院 2021 级金融学专业本科生。

力,所有庄稼的成熟都是日日夜夜的汗水浇灌而成的。土地给不出剧本,老天爷从不讲契机。在生长周期中付出的所有都会在来日结果。时间是万物蓬勃最好的养料,一寸一光阴正在田埂中应验。

随着旧时记忆的重现,土地也有了随时代的新变化。在大规模的旧农村拆迁中,农户持有的自留地规模越来越小,有些村民便放弃了耕作,整日在自建房中生活。数字化日益普及的现在,大多数村民有了智能手机,还未到入学年龄的孩童在家中与老人玩耍。渐渐地,在田间弯腰了一辈子的人们似乎再也不用重复前半生的辛勤,可以颐养天年。但他们早已习惯了和庄稼一起生长,在门外的长椅上隐隐衬着一种空洞的无所适从,没多久就发着呆睡着了,阳光正好,下过雨降了温,天气不再让人热得难以忍受,走过漫长一生,日子对他们来说变长了,却也在一成不变中渐渐变短了。

顾庄村委会村会计沈清在村委会招待了我们,室内没开窗,稍显闷热,她也并未开空调,一扇风扇吱吱悠悠地转着,她并不多言,只是拿了两瓶矿泉水给我们喝,随后和我们一起完成问卷的填写,时不时在电脑上查找一些具体信息,一切都显得稀松平常。只是在与沈会计合影时,我们提出能不能找村民帮我们拍一张照片,沈会计却说算了,他们不会愿意的。调研时我们也发现村民们似乎不太愿意与外人接触,收集问卷信息时若不是有沈会计照拂,恐怕很难进行。

我的外婆外公与爷爷奶奶从前都是农民,从少时到青年再到中年,他们都深耕在土地上,以至于忙活大半辈子,他们很少关注外界的事物。现代化的一步步推进,自然是希望实现数字赋能乡村,科技改变生活的美好愿景,可乡村的老人大多只会使用"老年机",这时时提醒着我,新时代的农村在乡土与科技中摇摇晃晃,农民在守望与福报中惴惴不安,科技在乡村与农民中举步维艰。

面朝土地,总是令人动容的。时代拍拍农民们的肩膀,让他们可以歇下来了,他们直起弯了一辈子的腰,却满目茫然。或许,千村调查就是填平鸿沟中小小而又极其重要的一步。

扎根于土地，曳枝向蓝天

苏兴珂[①]

党的二十大以来，以习近平同志为核心的领导班子带领我们在建设社会主义现代化强国的道路上高歌猛进，一个崭新的时代篇章已然揭开；而在全国人民与肆虐了整整三年的"新冠"病毒进行艰难抗争后，社会终于重新焕发出蓬勃的朝气和旺盛的生机，一切都欣欣向荣、方兴未艾。在这样的历史和时代背景下，上海财经大学千村调查项目终于再一次以线下实地调研方式顺利启航。在得知这一消息后，我毫不犹豫地报名参与这一底蕴丰富、文化深厚的实践活动，穿上千村调查的 T 恤衫时，竟不可抑制地心潮澎湃，为这一来之不易的机会感到一丝紧张，更感到无比的激动和自豪。

---

① 苏兴珂，男，金融学院 2021 级金融学专业本科生。

与同行的伙伴们一起坐上从城区开往刘上村的车,坐在靠窗的位置看着窗外的景象一幕幕地在眼前闪过。穿过鳞次栉比的高楼大厦,更矮更小的房屋逐渐出现在眼前,车来车往也逐渐变成了一路畅通,我心中竟莫名有些酸楚和惆怅。我该有多久没有走出楼房,来到乡村了呢? 若不是这次实践调研提供的机会,每天来来往往于城市的喧嚣中,我又有几时会记得就在城外的十几公里处,还有这些古老而亲切的乡村和质朴的农村人,他们从未离开也从未消失,只是在每天重复的生活中被我们好像渐渐遗忘。我不禁回想起小时候,我躺在农村屋子后那条小河边的摇椅上学着爷爷的样子摇着蒲扇、眯着眼睛的样子,爷爷看到后乐得开怀大笑……自从上大学后,该有好久好久没联系过爷爷奶奶了吧,他们现在过得怎么样呢?

思绪随着车轮一起飞速旋转,很快我们就到了刘上村村委会的大院前。村支书陈书记热情地走出来迎接我们,并将我们领到了他的办公室,还准备了水果和饮料。向陈书记说明了我们的来意后,陈书记表示非常欢迎,向我们讲述了该村的基本情况后,又亲自带着我们去村民的家里做入户调查。"现在留在村里的大多是大爷大妈,他们上了年纪可能不太懂这些,我和你们一起去帮你们和他们沟通。"

村民们在刚与我们交流时都显得有些局促和拘谨,但在陈书记的帮助下,以及一声声再亲切不过的家乡方言中,大爷大妈们也逐渐敞开了心扉,最淳朴最可爱的笑容也逐渐浮现在他们每个人的脸上。据他们所说,他们的孩子,也就是家中的三四十岁的中青年都在大城市打工。有就在我们自己城区的,有在江浙沪一带的,也有在东北齐齐哈尔的,还有在西北的青海和甘肃的,他们大多数在建筑工地上务工。听陈书记和乡亲们说,不仅是刘上村,整个泾河镇的建筑队都人员齐备——木匠、瓦匠、漆匠、水电工……他们都是土生土长的农村人,也许他们没有读过太多书,学历也不高,但他们都凭借自己的本事和学到的技术在外闯荡并供养着家乡的老人和孩子。"我们娃儿是乡下人,但那些高楼都是他盖的!"一位老婆婆咧着嘴,骄傲地向我们炫耀道。

同数位质朴的乡村人聊了一整个下午,温馨而美好的时光就在指缝间缓缓地流淌过。在做完最后一份入户调查后,陈书记又带我们去了村里的西瓜园,据说这里是整个市最大的西瓜种植基地。我们千村调查的日子在暑假,正是西瓜成熟的时节。夕阳西下,黄昏将漫天的云朵映成了紫红色,也将一眼望不到边的一个个白色瓜棚染上了斑斓的色彩。一个皮肤黝黑的瓜农戴着顶草帽,肩上披着一条湿漉漉的毛巾,在将西瓜往路边的三轮小货车上抱。陈书记带着我们沿着田埂走向瓜园的另一边,一边走一边向我们讲解着。这里是"泾河西瓜"的重要生产基地,而"泾河西瓜"这一地方特色品牌的知名度早已跨出了我们县、我们市,在全省都是知名的西瓜特产,而现在瓜农们的下一个目标是让这一品牌全国闻名、畅销四方。

"我们现在也在学其他地方的农特产品牌,借助网络电商的力量扩大知名度和销售渠道,"陈书记指了指远处拿着手机拍摄瓜棚的一个年轻人,发出爽朗的笑声,"这个小伙子是和你们一样大的大学生,暑假回乡下老家住,帮着我们拍视频发抖音做宣传呢,哈哈!"

千村调查实践项目的实地调查部分很快就结束了,但是这一天带给我的触动远不止于此。我始终记得那个老婆婆在提到她儿子时脸上洋溢着的幸福的笑容……农村里现在大多是老人了,在这里出生的青壮年一代,是地地道道的农村人,他们是最能深刻理解脚下这片土地的人,而他们中的很多人就像这位老婆婆的儿子一样如今在大城市里打拼,用自己的勤劳和汗水构成城市基建的脊梁,筑起一幢幢直插云霄的高楼。我又想到了瓜园里的那一地又一地的西瓜,它们就生长在刘上村的这片土地上,在它们饱满成熟后被销往全国各地,为各个地方的人解渴。我突然想到将来当"泾河西瓜"誉满天下的那天,家乡的游子们在异地他乡结束了一天的劳累后在水果店里捧回一只"泾河西瓜",会有怎样的感触和体验。

农村,是我们很多人父辈的家乡和从小到大成长的地方,也是我们这一代许多人的回忆。但是随着时间的流逝,农村的存在感似乎越来越低,在人们心中的地位也在一直下降,到我们的下一辈、下下一辈,他们对农村的认识还会有多少呢?他们从来没有体验过在屋后的小河中洗澡,没有爬上过门前的大杨树上捉迷藏,没有捡起过地上的碎石子试图砸下枝叶里隐藏的果子,没有突然钻进过鸡棚做出老鹰展翅状吓得公鸡们扑棱着翅膀尽往一个角落挤。他们甚至在人生的成长过程中都没去过农村,更没有这些深刻的体会,在他们的眼里,农村只是父辈祖辈口中的"家乡",口中的"根",是一段故事、一段历史、是一个他们从没有见过的世外桃源。我想,乡土文化是重要的,中国人的乡土情结是深刻的、是历史悠久的、是铭刻在骨子里的。乡土文化的教育不只在我们这一代有其存在的价值和必要,在以后和未来的教育中也是不可缺少的一环,甚至是应该着重加强教育的一部分。它不只存在于课本中,更应该体现在实践中,融入日常的生活里,让孩子们都知道在城市文明还没有那么发达的时候,人们的家园是什么样子的;让每一个中国人,未来的中国人,都知道农村这片饱含温情的土地是我们的根、我们的精神家园,乡土文化是我们的文化瑰宝。正是扎根于这片土地里,我们和我们的后代才能成长为参天大树中繁茂的枝叶,飘荡于松软的土地的上空,摇曳在清澈的蓝天下。

我想,这就是这次的千村调查带给我的,在调研主题之外的价值感悟。我愿以一个根在农村的青年身份,用自己的力量在大城市中拼搏自己的一番事业,永远心怀感激、永远满腔热血、永远发光发热。

冀以荧烛末光增辉日月

徐春晓[①]

盛夏七月,树叶苍翠到几乎能滴出水的日子里,我登上了前往扬州的列车。

桃坞、沿江、林果、郁桥……我攥着这一份写满了村庄名的列表,想象着它们的诗情画意,想象着这一个个名字该满载着何种记忆。

七天后我再次登上列车时,背包里多了厚厚一叠填写完毕的问卷。问卷满满当当,我却怅然若失了。

列车疾驰而前,窗外风景随回忆一同向我涌来。

一、桃坞寻迹

我忘不了那个佝偻的背影。他一步一步地向远处走去,走在泥泞的乡间小路上,走回他自己的生活。

这位老大爷家中清贫,与重病的儿子相依为命。年近七旬,他仍起早贪黑地挣着一份微薄的薪水。当听到我们访谈的请求,他毫不犹豫地答应了。

---

① 徐春晓,女,金融学院2021级银行与国际金融专业本科生。

他不会说标准的普通话,为了让我们听懂,他尽量放慢语速。生活的磨砺从他口中娓娓道来,却没有一丝抱怨。他从容面对困苦的那份坚毅让我肃然起敬,一时间想为他做些什么。当我递上问卷补贴,不承想他坚定地拒绝了。他不停地重复着一句话:"我不能收、我不能收、我不能收……"说话时,他不断地将信封推回,最终竟直接站起身走了。

他佝偻着背,走得摇摇摆摆,却坚决地没有回头。

二、周营问渠

风轻柔地拂过茂密的稻苗,初升的太阳将排列整齐的屋舍打上金色,四周一片欣欣向荣。在交谈中,周营村的农民们无一不表露出对当前生活的满足。

然而,谁承想,这个美丽的村庄曾一度饱受贫困之苦。周营村地处丘陵地带,农业发展极度受限。而扬州市推动的"千企联千村"计划给村民们带来了希望,周营村与扬子集团的邂逅成就了一段佳话。扬子集团下的一家企业与周营村携手共建了一座米厂,从此,周营村的命运开始转变。

在那个太阳初升时刻,村庄沐浴在金色的光芒里,一切都变得不再平凡。村民们努力耕耘着自己的土地,每一粒稻谷都寄托着他们的期盼。当收获的时刻来临,五谷丰登的喜悦弥漫在村庄的每一个角落。

三、沿江溯源

在沿江村,我们见到了全国道德模范周维忠先生。他是沿江村的"第一书记",也是村民眼中的"光明使者"。"维系百姓,忠于初心",他如此解释他的名字。

他在仪征市供电分公司滨江业务所工作时,用一个个"免缴电费"的善意谎言为村民减轻负担,而并不富裕的他却是自己默默承担下这些费用。他关怀每一位村民,多年来悉心照顾多位孤寡老人,照顾他们的生活起居,在一个厚厚的笔记本上写满有关他们的各种事项。见到他时,他并不吹嘘自己为村民做的贡献,只是动情地讲述起他幼年家贫受邻居接济的故事。

沿江村虽不富裕,但明显能感受到民风淳朴、村民和乐。听完周维忠先生的故事,我们都十分感动,也明白了沿江村百姓们为何幸福。

四、汪营拾忆

汪营村发展种植业,以大户承包种植为主。沿着弯弯曲曲的乡间小路,我们来到了一座桃园。桃园面积不小,树上到处结着饱满的桃。

在聊天中,我们得知如此大的果园仅仅由一家人管理。他们来自安徽,来此地仅仅是为了寻求更好的生活。为了节省人工,他们一家人齐上阵。如今正值收获季,每个人都成天在果园里忙活。

我们进入桃园时,女主人正在忙着将已被预订的桃子装箱,准备运往城里。见我们来了,她停下手中的活,从篮子里拿出几个桃,邀请我们品尝。我们再三推辞不下,便在水管处洗了洗后分着吃了。

炎阳苦照,我咬开一个脆生生的桃子,桃汁沁出来,一路蔓延到心底。

五、尾声

诸如此类种种回忆,不胜枚举。回忆起 2023 年的夏天,我定会记起扬州的乡音。我似懂非懂地倾听着、记录着,茫茫然浸润在这片土地的喜怒哀乐中。

我对千村调查的想象始于大一,彼时懵懵懂懂地期盼着借此机会出去走走,看看更广阔的世界。但真正走出去后,我看到的却是更"狭窄"的世界:他们的生活是这么简单,他们是这么质朴、这么纯粹。物质条件受限,他们也许落后于这个时代,但他们热爱乡村的心,恰恰是每个时代都呼唤的。

"用脚步丈量祖国大地",当我切身践行这句叮咛,我才感受到这句嘱托之殷切。课本中的知识毕竟只是生活的一个局部,而生活真正的模样,要靠自己仔细观察。

千村一行之后,我萌生了强烈的助人之意。尽管作为本科生的我还能力有限,但仍冀以尘雾之微补益山海、以荧烛末光增辉日月。

于我,那些村庄诗情画意的名字不再只是梦中的桃花源,而是成了有血有肉的人们。从此,无尽的远方都和我有关。

雨季里的村庄

杨哲琪[①]

"霁雨天迥,平林烟暝",河横村的初夏正如诗人张元干笔下这般。

七月初的第一次走访,骤雨相迎。

和同伴在这场连夜的大雨中赶到了河横村,村委会只开了一半的灯,天又是很暗,黏糊糊湿漉漉的空气中夹杂着年轻的村主任和村支书的疾呼。赶得不巧,村委会正忙着安排打开村里的七道大闸。作为身处下游又雨水极为充足的小村庄,这或许是每个夏天常见的工作。眼见着一行人穿着黄黄绿绿的雨衣走出村委会的矮楼,办公室里一下子一个人也没有了,变得空荡起来。我和同伴都笑了,为自己糟糕而荒唐的运气。

短暂的相见,记住了村主任一边通过电话安抚着村民庄稼被淹的情绪,一边又冲着自己因为进水而听不清的手机大发雷霆的样子;也看见人群里几个还不太会说方言,脸上也多了些蓬勃的年轻人;看见几个来村委会躲雨的还没来得及放下农具的村民,也着急忙慌地加入了开闸的队伍……忙乱中,有人领导,有人执行;有争吵,但所有人的目的都是一样的,大家一起往大雨里冲的背影便足以证明。

---

① 杨哲琪,女,金融学院2022级银行与国际金融专业本科生。

雨下了一天,到了傍晚,才有人陆陆续续地回到村委会。几个年轻人招待了快递公司来试点的工作人员,村主任解决了来村委会的两户村民的纠纷,一个很年轻的姐姐坐在办公桌前计算大闸的持续放水时间……仿佛一幅幅剪影在眼前划过,无数的时间线交织如麻,每个人在自己的时间线里做着力所能及的事情,本以为会空闲的村委会用一下午的人来人往改变了我们原先对它的认知。借着村委会这一天例会前的一点空隙,我们在村主任和财务部姐姐的帮助下完成了入村问卷。

夏季的雨期很长,雨量很大,以至于我们为了赶上一个晴天,半个月后才再次走访。

简单地在村委会了解了这个村庄的人群分布后,我们便带着入户问卷沿着村里最宽敞的一条柏油路向着村子深处走去。

村子被一条国道割成了两部分,最早形成的村庄几乎没有年轻人居住了,大多数平房很旧很小,只能容纳下佝偻着背的老人。他们搬着小板凳坐在靠近路的地方,围成一圈,择着菜或是唠唠家常。我们在调查中收到了很多委婉的拒绝,他们或是摆摆手笑着说自己不太懂我们问的问题,或是好奇地探探脑袋,用乡音问我们这是干啥的呀,我们说明来由后他们又摇摇头婉拒。

国道另一边是后来村子扩建的小别墅群,房屋建得整齐、美观,每户之间种着些花花草草,傍水而居的河横村居民在靠自家房门的河岸边系上小船。这片土地上住的也都是原来河横村的村民们,因为宅基地被用作了大农户的田地,村子里便给他们安排了新房子。

挨着路边坐着的一位老爷爷和邻里在聊着自己在城里工作的儿女,见他很是健谈,于是问爷爷能否接受我们的问卷调查,他答应了,急匆匆地从里屋搬来两张板凳招呼我俩坐下。问卷调查开展得很顺利,爷爷以前是教师,对我们问的每个问题都能唠上一大段,从自己的过去到儿女的未来。他是一个见证者,是时代变迁的见证者,以一位信使的身份向错过历史的我们传递着过去,又以一位长者的身份追随着时代,包容着这个蓬勃的飞速发展的时代。他对我们坦言他不了解现在的很多新鲜事物,但是他并不觉得自己被时代甩下了。"新事物让村委会的年轻人会就行,他们会耐心地告诉我们怎么做的!"在这个村庄里生活着的多是和他相近年纪的老人,他们谈论的还是过去的事情;他们有爱自己的子女相伴,为他们提供现代生活的便利;傍水而坐,和老友还是能够钓上一天鱼,叙上一天旧;村委会的年轻人会来关心他们的健康和他们的需求,担着管理好这个村庄的大任,不再用他们这辈人操心。

他很享受现在的农村生活,国家大力发展乡村振兴,他们再不用担心温饱问题,在拥有城镇小区一样的基础设施的同时享受乡村清新的空气,享受在田间、河边歇息。据他说,村里在国家的经济支撑下进行了很大的整改,由于村里老人的观念不同,村子于是便分成了两片。有守着自己的老房子,爱着自己的一方土地的老翁老妪;有想要住新房子,和子女同处一室享受天伦之乐的外公外婆、爷爷奶奶。"每个人都在这方土地上享受着自己的晚年生活!"老爷爷笑得脸通红,像是刚和朋友们喝过几杯。

这里的乡村很美好,像是一本用花草拓印的史书,像是一杯越品越醇的酒酿,像是一个时间只会慢慢流逝的小小花园。这里的时间好像比城市慢很多,慢到可以用自己所有的时间细细地回味自己的一生,补上年轻时没有看上的每一次日出日落⋯⋯回想起上次走访村委会时那群年轻人奔波劳碌的身影,被汗水雨水淋湿的发梢下坚毅笃定的眼神,我越发觉得现在的这座乡村是年轻人献给老人的晚年礼物。这群回乡的年轻人不需要干涉他们的生活,只需要默默辅助他们的生计:用现代技术帮助他们打理田地,用智慧医疗照看好他们的身体,用自己的学识解决他们对新时代的疑惑,他们只需要默默地待在过去,待在一个舒适而幸福的历史里,用隔绝时间的网罩罩住整个村庄,让时间的溪流慢慢地淌着⋯⋯这与过去的、人们印象里的乡村很是不同。

　　这些年,国家鼓励年轻人回乡助力"乡村振兴",高校生考选调的热潮常常受人质疑。人们总是把乡村想成还是过去那样清闲无事,总是把当村干部想成是逃避就业压力、回乡获得稳定的工作,总是认为高校生学得一身本事回乡后便会无处可用⋯⋯殊不知中国的乡村正迫切地需要这群年轻人,在老龄化的趋势下、年轻人涌向城市的浪潮中究竟谁才能继续守护这片无助、孤独、走入荒芜的土地,她哭喊着、嘶吼着、渴望着挽留那些蓬勃的朝气。现在,国家正大力支持在外学子回乡创业,为乡村振兴尽一份力。我真心地感谢每一位选择回乡的学子,这从来都不是一件易事。他们面对的是一片世界之外的世界,他们不需要懂得太多的职场礼仪,但要学会弯下身子从敬畏每一株庄稼开始;他们或许不再需要运用自己学习多年的外语,但要重新拾起已忘却多年的乡音,从学会与村民的交流开始⋯⋯接受城市与乡村生活的落差,改变很多自己常有的生活习惯,学会和一群与自己很不相同的人群相处,小心翼翼地守护这世界上很难被人知道的角落,这些从来都不是一件易事。

　　走访爷爷家的时候,外头又下雨了。但雨声也无法遮掩爷爷话语中的兴奋与幸福。

　　写下最后一个问题的答案时,雨停了,从爷爷的家门口看去,就可以看到一道彩虹。爷爷拉上我们一起给这道彩虹照相。

　　照片里,彩虹的尽头刚好落在了那片古老的村庄上,小时候看过的童话书里有讲过,彩虹的尽头有宝藏⋯⋯

访村入户,感知乡村实情

姚竣腾[①]

"千村调查"作为上海财经大学特色的社会实践活动,在大一时我就听不少老师推荐过。2023年暑假,我和队员一起参与千村调查,走进乡村,走进村民家中,与村民亲切交流,了解到乡村的真实情况,感受到乡村这些年的巨大发展。我们在欣喜之余,也看到了当下乡村存在的一些问题和部分村民的艰难。

在开展千村调查前的一个晚上,我还在对着工作手册反复研究着问卷的每一道题,思索着我该如何问每一个问题,如何与村民、村干部交流。但看着一份问卷包含那么多的问题,我还是有些担心是否能顺利地完成问卷调查的工作,调查对象会不会不愿参与我们的调研。

---

① 姚竣腾,男,经济学院2022级经济学专业本科生。

第二天,我带着几分不安与忐忑出发了。我们提前联系了村里的村党支部副书记,他那天(星期六)会在办公室值班。我们来到村委会办公室时,村党支部副书记仍在忙碌地工作,帮助村民解决事务。经过短暂的等待,他开始接受我们的入村调查。我们略有些紧张,磕磕绊绊地向他介绍了我们的来由和我们所要进行的调查。他拿起笔对着问卷一道一道地填写下去,或许他本以为我们的问卷就只是些选择题,但做着做着他发现我们的问卷是如此精细,许多小问题都需要村里的具体数据。他皱起眉,点起烟,吞云吐雾来缓解烦躁。他时不时打开各类文档搜索相关数据。有些问题没有现成的数据,需要对 Excel 表格进行处理来寻找,这时我们的所学就发挥了作用。我们上机操作,帮助他调出我们所需的数据。他在填写过程中,也就相关问题向我们介绍村里的一些情况,我们借此机会与他进一步交流,详细了解本村信息。虽然是星期六,但来村委会寻求帮助的村民也不在少数,他在帮助我们填写问卷期间多次起身去协调相关事务。后来又收到上级指令,要排查煤气装置改造情况,防止类似宁夏银川的燃气爆燃事件,他迅速联系负责该项目的工作人员,了解情况,如实上报。他在忙碌间隙也认真地帮我们完成问卷,他的香烟一根接着一根,可见这份问卷对他来说还是有些难度的。十点半时,他终于完成了手头的所有工作,专注地帮我们填起了问卷。当填完前面需要具体数据的题后,他松了口气,笑着用方言讲道:"这份问卷就像场考试一样,还有点难度的,村里的家底都要告诉你们了。"在接着填写下面的问题时,虽然题目变少了,但题量还是相当大,他多次往后翻看还剩多少题目。他似乎也逐渐适应了我们的"考试",填写速度也在提升。十一点多时入村问卷顺利完成了,他很热情地询问我们还有什么要填写,帮我们打印了签收表。此时正值午饭时间,我们邀请他和其他值班人员一起吃了个便饭。在共进午餐时,听到村里工作人员的交谈,我们更感受到村里事务的繁杂与众多,需要工作人员的共同努力,才能更好地解决村务民情,营造更好的村容村貌。我们对基层工作人员也有了不一样的印象,他们的工作并不像我们想象的那么容易,他们要考虑村里的人情世故,处理人际关系、社会关系中的矛盾。

在之后的入户调查中,我真切感受到乡村的巨大变化:河流如同一条条绿色的腰带,清澈透明,镶嵌在村庄的大地上;太湖沿岸的恶臭味再也不见了,沿岸都已长满成片的参天大树;村里变得更为整洁干净,道路也更为平整宽敞……村民的生活品质得到了巨大的提高,在采访过程中,我们也能感受到村民对这些年生活质量、村容村貌改变的满意。我们也感受到了村民的热情淳朴,虽然我们问卷上的题目很多,但村民都很配合我们的询问,并会帮助我们寻找本村的其他村民参与调查,在询问过程中也不停地和我们闲聊,这使得我们的调查进展很顺利。还记得在采访完一个当地的小学老师后,他热情地招呼我去采他门口桃树上的毛桃吃,一开始我有些不好意思,在他的几番招呼下,我便去摘了个桃子。这桃子长得不太好看,外面毛毛的,我放在打出来的井水里洗了一下,便开始品尝这原生态的桃子。一口咬下去,非常脆,汁水也很足,直接沿着我的手往下流,经过仔细品尝,我发出感叹:这桃是真好吃啊!它有着桃子的清香,并且非常甜,口感非常好。我还真不能"以貌取桃"呢。我在村庄里四处闲逛,体验着乡村的小桥流水,品味着这美味的桃子。我们也看到了中华优秀传统文化在村中还是广为存在的,我感触最深的是孝道还是深深刻在不少年轻人的心中。我在采访一位老爷爷时,谈起他女儿他就非常开心,非常骄傲。在问他"您靠谁来养老""家庭支出多少,每年收入是否够支出"等问题时,他非常开心地说当然是女儿来给我养老,并给我讲述他女儿孝敬他的事。

当然在调研过程中,我们也从村民口中了解到了一些仍然存在的问题和不足。比如在与不少村民的交流中,他们都会说村务不公开、不透明,财务状况和一些信息他们都不了解。一位老爷爷不满地说:"以前每年还定期被叫去村委会开个会讨论讨论的,现在啥也没,除了自己去村委会问,不然什么都不知道。"这应该引起我们的思考。随着社会的飞速发展和互联网的普及,信息传播变得更为简单,只需通过群聊、短信等便可实现。但我们也应考虑村里的具体情况,在村中的大多为老年人,他们没有智能手机或者也无法熟练使用智能手机,他们了解村里信息的方式更多还是通过口口相传、布告栏和村里广播。但如今广播已消失不见,布告栏也需要走到村委会才能看到,一些村民座谈会也随着时代发展消失了,村民们了解信息的方式更少了,他们才会有这样的反馈。因此我们在传播信息或者处理事情时,都要考虑实际情况,针对不同的对象要采取不一样的方法,不能只追随时代和技术的潮流,忽略了那些无法跟上时代的人。此外在与几位老年人聊天的过程中,我也深深感受到了他们生活的无奈与艰难。他们以前打打小工,积蓄不多,他们的儿女如今也迫于生计,没有多余的钱来抚养他们,他们每年的收入只有三千多元的农保和以大概700元一亩计算的土地收购补贴。这些钱勉强够他们自己花销,但每年的人情往来也是笔不小的开销。他们都六七十岁了,有时候也迫不得已出去打点临工以弥补开支,听着他们的诉说,我的眼眶有些湿润。况且这还是在比较发达地方的乡村,那些偏远山区、西北荒漠的老年人的生活状况又是怎样呢?我不敢想。那些没有什么积蓄并且没有退休金和养老保险的老年人的生活该如何得到保证,这是值得我们思考的。我们不该让他们如此艰苦地生活着。

此次千村调查活动,我走出学校,走进农村,在中国广阔的大地上开展社会实践。我看见了乡村的巨大变化,与村民的交谈中了解到时代发展对他们生活造成的影响,感受到中国传统乡村的乡土气息和人际关系,也体会到基层工作人员的不易和一些农村老人的无奈。在调研过程中,我的思维方式也有所改变。社会不像我们书本上学的那么简单,我们切不可生搬硬套,现实中我们要考虑的因素更多,"人"作为一个重要因素发挥着极其重要的作用。我将我所学真正尝试运用于实践中,对知识也有了更深刻的认识,理解了"纸上得来终觉浅,绝知此事要躬行"的道理……对于此次千村调查,有着说不完的感受,期待与千村调查的下一次相遇!

数字乡村：连接未来之路

殷于飞[①]

这个村，叫华西村，在过去几十年里经历了许多波折，但在村书记的带领下成为人们口中的传奇。从前，它以农业、畜牧业、旅游业而闻名；如今，它却因为村庄产业结构的原因"跌下神坛"，我不禁思考：他们未来的路在何方？

费孝通在《乡土中国》中说："从基层上看去，中国社会是乡土性的。"过去的农村，人们靠种地谋生，小农经营，"足蒸暑土气，背灼炎天光"的场景是村中的常态。时代发展，科技进步，数字化给农村带来了更多的便捷。

踏入华西村，那里与我印象中的乡村完全不同，从小在城市生活，总觉得乡村就该是大片的田地以及低矮的房子，但这个村的乡土性并不明显，村口有牌匾，村里有展览馆，没见到纵横阡陌的田地，映入眼帘的是如同城市中别墅一般统一外观的房子，家家户户都有自己的车。村里没有高楼大厦，也没有随处可见的综合体，村民不以耕地为生，他们经营着别的工作，也仍然能过上能力范围内很好的生活。

2023年暑假，第一次进入一个陌生的地方进行采访，了解农村的情况，所幸是进入了

[①] 殷于飞，女，金融学院2021级金融学专业本科生。

这样一个较为发达的村庄。我国农村老龄化的现象很严重,白天调查,村中大多是留在家中的老人。虽说是返乡调查,但吴语区一村一个调,我们仍然被困在了语言不通的境地里,每当我们走进一户人家,试探性地询问能否回答我们一些问题时,就害怕会被"强行驱逐",所幸我们遇到的都是非常好的人家,就算是年纪较大的村民,我们也能在别的村民的帮助下获得有用的信息。但在进入村委会进行调研时,还是遇到了一些问题,由于华西村村支书需要外出出席各种活动,我们只能直接进入村委会进行询问。我们先是在前台被告知去某个办公室,后来又被各个工作人员指挥去别的地方,辗转了10分钟,才找到最终接受我们采访的工作人员。出了大学校园,才算真正进入了社会,到了需要自己独立生活的地方,不再有他人悉心的照料,很多时候会遭遇各种问题与困难,或许冷静应对才是最好的方法。千村调查,也恰恰给了我这样一次机会,去感受真实的社会,对未来的生活做出更充分的准备。

"有人出生在罗马,有人穷其一生都在路上",城市小孩生来就有的,可能是村里小孩奋斗一生才能获得的。以我自己为例,幼儿园的时候家中就有台式电脑,到了小学,更是有信息技术的课程,从中能够学会熟练使用Office的软件,而我们采访的村民中,不会这些的大有人在,甚至他们对于智能手机的使用都不太熟练。或许,在数字化乡村建设方面,我们任重而道远。

在采访中,村民们表示,在同等条件下,他们会选择留在村中。在村中,他们有他们的人情世故,作息规律,城市中也未必有他们想要的生活。我们能做的,是把乡村建设得更好,让村民感受到实实在在的好处。

党的十八大以来,我国不断推进城镇化,2022年中央一号文件也强调"大力推进数字乡村建设"。作为过去农村改革创新的典范,华西村当之无愧走在了时代发展的前沿。数字化,是当今发展的大势所趋,以"互联网+"为代表的数字化已经在乡村得到了广泛应用。数字乡村也从来都不是抽象的,华西村选择做农产品电商生意,拥有华西大米的典型产业。从近年来的数据中,我们可以看到华西股份出现了一定的问题,但机遇伴随着挑战,数字技术赋能乡村振兴,期待社会各方能够携起手来,促进农村数字化现代化发展,让农村和城市能够同频迈向未来,推动国家发展迈上新台阶。

行之愈笃，知之益明

张煜嘉[①]

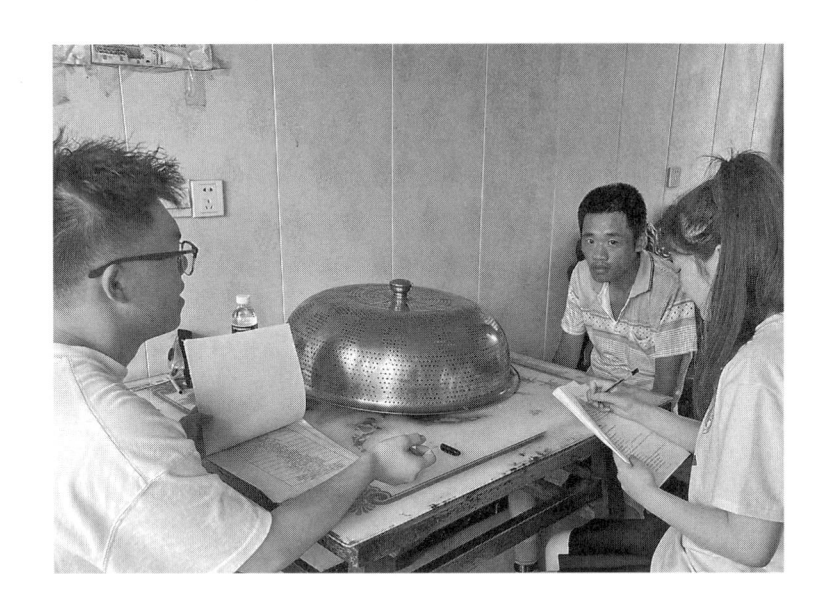

"知之愈明，则行之益笃；行之愈笃，则知之益明。"大学生博览群书，有着丰富的理论知识储备，指导着我们更好地实践。同时，"纸上得来终觉浅，绝知此事要躬行"，在亲身实践的过程中，我们得以矫正偏见、完善认知。而在本次的千村调查活动中，我们也真正地实现了"知行合一"的目标。

在进入秋日的第二天，黎明初现、世界被曙光划成两瓣的时候，我们就早早驱车前往此次千村调查的目的地——江苏省南通市海门区四甲镇新街村。到达村委会办公室之后，我们在村副支书的带领下首先参观了新街村的乡村风貌，村副支书热情耐心地为我们讲解着村里的大致情况，我们一边认真听着讲解，一边仔细观察着错落的农家住宅、广阔的绿油油的田地以及在田地里辛勤耕作的农民。

讲解结束后，我们回到了办公室，与村支书就新街村的情况进行深入交流，也就对刚才的所见所闻有了更多的理解。完成了入村的调查研究之后，我们拜别风趣幽默而又严谨负责的村支书叔叔，在村副支书的带领下走进了12户村民的家中，通过亲切的攀谈，我

[①] 张煜嘉，女，外国语学院2022级经贸日语专业本科生。

们不仅完成了调查问卷,而且倾听了一个个朴素而又不平凡的家庭故事。而这一个个家庭的动人故事构成了新街村发展前进的历史的骨架。

"走千村、访万户、读中国。""千村调查"是站在"三农"问题角度,通过广泛专业的社会实践和社会调查,获得有关我国乡村"三农"问题的数据成果,并以之为基石形成调查研究报告和决策咨询报告的一项具有深远意义的项目。而要使项目有成果,最为重要的秘诀就是"知行合一"。

"物有甘苦,尝之者识;道有夷险,履之者知。"只有走进村民们装了电视空调、安了无线网络的新居,走过区域划分种植的有序且充满生机的田地,走近村委会为村民们谋福利添福祉的日常工作,心无旁骛地"沉"入基层百姓的平凡生活,用脚步去丈量乡村热土,"吃透"乡村的每一寸土地,才能对村情民意了然于胸,也才有可能真正做到"脚下沾有多少泥土,心中才能沉淀多少真情",并靠着这种朴素而最为真挚的情感,以"三农"问题为导向,全面梳理、整理汇总、深化研究、系统分析,层层深入、抽丝剥茧,由表及里找准问题症结,由浅入深抓住问题核心,研究提出切实可行的意见或建议,最终实现"想群众之所想、解群众之所难"。

"没有调查,就没有发言权",要想充分了解国情,了解国家最为关心的"三农"问题的现状,就必须"迈开腿""沉住气",不搞表面文章,不屑蜻蜓点水式的调研方式。层层剥笋、得其真味,大浪淘沙、始得真金。调查研究既要"不畏浮云遮望眼",奔赴基层,走好实干之路,认真思考执行,也要坚持实事求是的基本"步调",摸清实情,讲求实际。作为具有前瞻视野的大学生调研者,我们必须拥有宽阔的胸襟、冷静的头脑,鼓励人民群众勇敢说真话,接受、聆听农村居民的真实声音,并以辩证审慎的思维去剖析声音背后的前因后果。更全面地了解问题,并采纳更为合理的解决方案。这样的开放与包容将为我们构筑一条通往进步、多知多行的大道。

人民群众,是"智多星"、是"百宝箱",在日常生活实践中积累了丰富的聪明才智,创造了世间最为精简的至理。他们每一天的经验和总结都是无尽的智慧财富、是社会智慧的源泉。因此,我们应当高度重视人民群众的见解和智慧,将其视为宝贵的资源,以促进社会的共同进步。问题是时代的声音,人民是问题的发现者,生活条件有没有改善,便民设施有没有增加,"三农"问题有没有解决,群众最有发言权。此外,村民在生活实践中吸取教训、积累经验,从而获得"真知识"、总结"金点子"、闯出"新路子"。这些村民的经验和声音在很多情况下都能够成为解决区域性甚至全国性问题的启示。因此,我们应该充分倾听人民的声音,将其视为宝贵的资源,通过优化政策和扩大参与,共同促进社会的进步。

"行之愈笃,则知之益明。"身为大学生调研者的我们,需要弥补知不如行的短处,投身农村基层,行农村道,听农村话,谋农村利,为解决"三农"问题贡献自己的一份力量。

足迹印刻赣鄱大地,多维体会乡村振兴

陈毓珩[①]

"一个国家的进步,印刻着青年的足迹。"怀揣千村问卷,走至赣南土地,用脚步丈量寸寸田野,以眼睛观察处处面貌,接过上财届届相传的千村接力棒,带着崭新的财经青年视角,我又重新回到了生于斯、长于斯的赣鄱大地。在那里,砥砺的不仅仅是实践能力,成长的不单单是思维想法,故乡以其广博的胸怀,徐徐将民风祥和图、乡村人才图、产业富足图铺展,让我全角度理解乡村振兴的镌深内涵。

一、"黄发垂髫,怡然自乐",箫鼓春社结自无垠农田,谱写民风淳朴祥和图

炎炎烈日,阵阵蝉鸣,我们一行十人小分队来到了江西省赣州市寻乌县开展一年一度的千村调查,亦怀着无限喜悦与满足,依依不舍地告别离去。

不舍的究竟是什么呢?也许是风景:没有都市的喧嚣嘈杂,没有城市的车水马龙,有的只是阡陌交通与鸡犬相闻,是掩映在青山环抱、绿意盎然之中的小小村庄,清甜的水稻味充盈鼻腔,青黄相间的水稻映入眼帘,田间地头,徐徐清风之中,稻穗掩映之下,可见老

[①] 陈毓珩,女,会计学院 2021 级会计学专业本科生。

人与小孩往来种作,怡然自乐。

不舍的更应该是人。入户调研之时,有念小学的孩童欢快引领至家门,笑颜天真亦纯粹;有饭做到一半,一边擦手一边匆匆赶来迎接的热心肠阿姨,耐心回答多个问题,宽慰不必着急;有年至耄耋的爷爷捧来大盆水煮花生,一定要我们尝上一尝,吹着胡子不无得意地炫耀"只有我们这才能种出这么好的花生!";还有穿着传统畲族衣服、头戴银饰的老奶奶,虽不懂普通话,却仍在村干部的陪同下努力作答,尽力让我们的样本选择更为多样。

问卷结束后,72岁的畲族蓝奶奶指着陪同的村干部姐姐感慨,每周这些干部都会带着其他村民去探望身为空巢老人的她,陪着聊天解闷,现在彼此已经很熟悉了。

联想起村口处张贴的"红黑榜",村干部聊天时谈起的关爱留守儿童、空巢老人活动、白墙上绘制的文明标语,不由得感慨乡村振兴离不开文化振兴,正是与邻为善、孝亲敬老等社会风尚的弘扬,营造出崇德向善的良好氛围,真正增强了乡村人民的认同感、责任感与归属感,为培育文明乡风、良好家风、淳朴民风注入了新动能。

乡村振兴,文化振兴是动力,箫鼓春社结自无垠农田,谱写民风淳朴祥和图。

二、"少长咸集,群贤毕至",衔泥归巢无忘赣南土地,镌刻扎根乡村人才图

在谢屋村,我们在当地中学老师的家里偶遇了研究生毕业后投身乡村振兴的谢同学。谈及返乡原因,他淡淡一笑,只说既然他从家乡走出,回来建设家乡也理所应当。像他这样的学生不在少数,在隔壁的留车镇,我们亦见到了许多年龄相近的大学生村官。相较于其他年龄较大、学历仅为初中的村干部,他们受过教育,熟悉电脑等设备,更明白网络的作用,现在正试图建设电子村务平台以提高沟通效率。

习近平总书记强调:推动乡村全面振兴,关键靠人。青年人生逢其时,重任在肩,作为人才振兴的生力军,应当充分挖掘广袤的田野之中蕴藏着的无限的机遇与希望,构建独属于自己的人生出彩舞台,助力先进思想文化在乡村遍地开花,推动乡村基层建设现代化,为其注入新鲜血液,使之焕发新活力。

乡村振兴,人才振兴是关键。衔泥归巢无忘赣南土地,镌刻扎根乡村人才图。

三、"村美民富,衣丰食足",电商春风吹至幽幽山林,绘制产业振兴富足图

前往寻乌县澄江镇调查的路上,艳阳高照,白云悠悠;呼吸着乡野的清新空气,满目皆是沁人心脾的绿树苍苍,但见白色大棚穿插其中,遍布山野。我不由心生疑惑,拍照记录。司机师傅看出了我的好奇,笑着点醒说这是桃树与脐橙种植。

"现在不用出门打工,在家就能赚几万块钱,还能好好陪小孩和老人。"在访谈中,澄江镇王屋村的王月旋伯伯喜笑颜开,向我介绍道,在过去,由于赣州毗邻广东省,当地村民纷纷南下务工以维持生计,不免时常担心家里年幼的孩子与年迈的父母:"怕老的身体不好,又怕小的不好好读书。"

近年来,随着网络基础设施与物流建设的发展,寻乌县澄江镇瞄准柑橘主导产业,实现了一镇一品富民发展;以他为代表的当地村民纷纷投入脐橙种植产业、果品加工就业、

电商微商创业行动,随着电商规模越做越大,有越来越多的外地人来到澄江,助力脐橙产业发展更上一层楼。电商事业的发展兴起,让这座小小的村镇焕发出了全新的活力。

乡村振兴,产业振兴是基础,电商春风吹至幽幽山林,绘制产业振兴富足图。

遇见千村,读懂中国。秉持着经济匡时的信念,怀揣着经世济国的情怀,当目光终于从课本投向现实,当脚步终于从城市走向乡村,我才真正体会到乡村振兴不仅仅是停留在新闻媒体中的词汇,而是全方位、多维度的生动画卷;用脚丈量祖国的山河大地,在调研中真切认识乡村与当代中国,我想这正是千村调查最重要的意义,也是学校最想教会我的道理。

躬历千村谙使命,在乡望城启新程

时盛文[①]

中国的乡村,不仅是萧鼓向春社的追随,是山川与风物的呼应,是日月同大地的守望,更是绵延不断的薪火、根基血脉的传承,是这方乡村热土上千千万万的农民,是历经岁月涤荡而更加熠熠闪光的乡土中国。

——2023 年 8 月 14 日于萍乡,调研工作即将结束之际

什么是乡村?

什么是中国的乡村?

作为一个从小到大都生活在城市里的孩子,在上大学之前,我对乡村的概念也只是更多地停留在诗词、散文这些"纸上得来"的感知,能够了解乡村生活现状的渠道,或许就是新闻联播里关于农业农村的报道。而来到上财之后,抑或是"厚德博学 经济匡时"的校训时刻在脑海回荡,抑或是入学时那句"上财人,到祖国最需要的地方去"一直在心底感召,我渐渐觉得,"乡村"这个词于我的意义不再是简简单单的村庄田野,更多了一重责任

[①] 时盛文,男,经济学院 2021 级经济学(基地班)专业本科生。

与使命。于是,我带着自己最初的问题,报名了2023年的千村调查,和来自不同学院志同道合的同学一起,走入乡野山川,感悟乡土中国。

一、山远近,路横斜,青旗沽酒有人家

我们调研的村落位于江西萍乡,在武功山的余脉之下,五陂河从丘陵间穿过,沿岸分布着户户人家。背靠巍峨雄丽的武功山,怀抱清澈的母亲河,干净整洁的沥青马路通达村庄,白墙灰瓦与花草树木相得益彰——这是我们对五陂镇村落的第一印象。沿途的村民阿姨告诉我:"现在这条河有了个新的名字,叫'十里花溪',5月份的时候月季、玫瑰都开了,要是早点还能赶上山茶花的花期。"我们调研的时候正值盛夏,虽然没赶上花期,但是可以看出,这附近的风光甚好,当地村民也为此感到自豪。然而风景虽好,游览的人却很少,用阿姨的话讲,"来萍乡大家都是去爬武功山的,来我们这村子旅游的真是不多,最多也就是春天的时候,市里的开车来乡下看看"。

事实上,这里不仅有着旖旎的自然风光,而且是中国工人革命的摇篮——秋收起义纪念碑、安源路矿工人运动纪念馆就在村子附近,驱车十几分钟便可到达。然而,虽然自然风光与红色旅游资源兼备,可除了紧挨着武功山景区的村庄外,其他村庄的百姓大多却并未因此获得额外创收。如何充分发挥当地的优势禀赋,将感悟革命精神与山水风光览胜结合起来,吸引更多客流来乡下转转,应当是我们值得思考的问题。

二、数字技术展活力,奋进中国看乡村

2023年千村调查的主题是"数字技术赋能乡村振兴"。2023年的中央一号文件中曾明确提出,"要深入实施数字乡村发展行动,以数字技术赋能农业农村现代化"。在长潭村完成返乡入村、入户问卷的过程中,我们发现村子里诸如电商带货、智慧农业等数字技术应用场景正不断拓展,村委会也设置了"5G智慧大数据——数字乡村振兴治理平台",为社会主义新农村的建设与治理提供数字力量。村干部告诉我们,五陂镇是安源区首个"数字乡村"试点,乡村数字化建设正成为农村发展的"金钥匙"。

我们还继续走访了五陂镇大田村、安源镇跃进村、丹江街丹江村等6个村庄,发现每个村落都建立了"安源红邻里之家",不仅能帮助村民们通过线上直播间展销产品、分享生活,而且为乡村居民打开了一扇连接万物的窗口。当地的辣椒酱、盐果子,以及萍乡炒粉、莲花血鸭等美食,正通过村民们在直播间的讲述传向千家万户。在参与这次的千村调查之前,我曾把"数字经济"和"乡村振兴"当成两个相对独立的概念。而如今走到乡村实地调研,我才真切地感受到,数字技术正逐渐在农村生根发芽,为广袤的乡野孕育着更多可能。

三、愿呼声都有倾听,盼诉求都有回应

然而,随着移动互联网在乡村的不断普及,手机、电脑等智能设备走进越来越多的村民家中,但我们也要关注到,农村居民中还有相当一部分是文化水平相对较低、子女远在

大城市务工的空巢老人。数字技术在农村的应用,对他们来说不仅本应是一个增收的契机,而且是帮助他们联通广袤的世界、纾解他们独居乡村的孤独与疏离感的重要渠道。但事实上,虽然不少老人有智能手机,但是他们会用的功能基本上同使用"老人机"无异,稍微好一些的会用微信打打电话、会上抖音刷刷视频,但在操作中也时常遇到困难。

在调研过程中,我在村子的巷头遇到一位老爷爷。我能够真切地感受到,他在向我们科普萍乡的特产、推广村子的美食美景时,尽管双眸已略显浑浊,但眼神里分明放射着光芒——他对这片农村大地是感到亲切和自豪的,他是渴望了解村子以外的世界的,他也是乐意向村子以外的人分享生活的;但当我问起他会不会像村里的年轻人一样,用手机刷刷视频、发发朋友圈时,他却笑笑回了我一句:"那先进的东西,我们能会吗?"一瞬间我内心很不是滋味。在乡村数字技术发展的浪潮之下,我们不能只顾粗放地追求速度,更应切实关注村里的每一个人,特别是每一位老人,像我们走访的这些村落,完全可以依托"安源红邻里之家"等平台,让每一个乐意学习、愿意探索数字技术的农民,都能感受到时代的进步、分享到科技的红利,这才是乡村振兴最本质的意义。

数字技术赋能乡村振兴,要努力让每一位农民都不掉队——这是包括我们上财学子在内的所有新时代青年应当为之奋斗的议题。尽管我们走访的村落大多开通了数字乡村服务平台,甚至搭起了5G智慧大屏,但是对那些根本不了解或者听说过却不懂怎么使用的村民而言,数字平台究竟是为他们带来了便利,还是加深了他们向外寻求帮助时的懵懂与无力,或许值得我们重新思考。我们真切地希望,数字技术的发展能够真正帮助到广大农民,让他们的呼声都能被倾听、诉求都有回应,莫让科技冲淡了人文关怀。

四、为乡村创造机会,让数字赋能农业

我们同当地村民在乡村振兴、数字电商、村民留乡、数字治理与数字金融等诸多领域展开了访谈,其中有一位村民的回答令我久久不能忘怀。他是村里的一位低保户,大概年逾半百,身体略有残疾,前些年才刚刚脱贫。在接受我们的问卷采访时,妻子还在旁边打着吊瓶。他向我们说:"老伴儿身体不好,我们在家种地也赚不到什么钱,孩子在深圳打工,还能给家里贴补些。"后续我们与村干部沟通时,发现这样的情况在乡村其实并不是个例。

尽管数字技术在农村的应用场景越来越广泛,在客观上确实也为农民带来了很多机会,但那些长期困扰着乡村的问题仍然存在——"做传统农业赚不到钱",依旧是广大农民面对的难题。我和组员后续的进一步实证分析也初步印证了这一观点:通过对江西萍乡6个行政村近300户居民的调查,发现数字技术对农村居民留乡意愿的影响,主要体现在"数字购物""网络普及"等非农业的因素;而在助力农业生产、吸引乡村旅游这些与乡村生活更为贴近的角度,数字技术的影响却并不显著。如何让数字技术真正赋能农村生产生活,依旧任重而道远。

五、在乡望城,莫让乡村在城市化进程中消逝

在乡村调研的近一周时间里,我们遇到了很多可亲可爱的村民,也体会了他们生活中存在的艰难;我们见证了数字技术在乡村的蓬勃发展,也探索着如何能让数字技术更好地服务于乡村。离开萍乡前的最后一天晚上,走在田间地头,远眺夕阳将金色的晚霞洒满武功山的峰峦,我不禁开始重新思考自己当初的问题——历经数天的调研,我想我现在心底有了答案:

什么是乡村?

什么是中国的乡村?

是萧鼓向春社的追随,是山川与风物的呼应,是日月同大地的守望;

更是绵延不断的薪火、根基血脉的传承。

是这方乡村热土上千千万万的农民,是历经岁月涤荡而更加熠熠闪光的乡土中国。

我坚信,中国的"乡村"从不只是一个简单的用于界定区域发展水平与功能分区的词汇,她更包含着中国人血脉当中割舍不去的情愫,熔铸着中华民族的文化根基。也正因此,乡村振兴在中国绝不仅仅是高质量发展的需要,而且是我们每一个中国人应当肩负并为之奋斗的使命。也只有在中国的文化土壤上,乡村振兴才能真正做到为广大农民谋取福祉、为一个民族守住乡愁。

但此刻,望着眼前白墙灰瓦、清新秀美的村落,我却唯独觉得缺了点"人气"。尽管人们常说,"在路上,我们永远年轻,永远热泪盈眶",但对那些为了生计、为了父母的养老、为了子女的教育而背井离乡来到大城市打拼的农民来说,走出乡土的路,或许并不都是那么令人感动,更多的则是一种现实的无奈。

乡村振兴目标的实现离不开人才,或者从更广泛的意义上讲,离不开世代生长于这方热土之上的广大农民。我们团队调研的最终落脚点在于,如何运用数字技术助力农村居民留在乡村。如果说在数字时代到来之前,我们谈及乡村振兴更多的是"在城望乡",是立足于城市的资源禀赋俯瞰乡村;那么现在,我们希望数字技术的发展能帮助弥合这一差距,将城市与乡村的视角置于趋近的水平线上——"在乡望城",真正从广大农民的生活体验出发,重新审视城乡之间的发展关系,让数字经济在为农村现代化转型开启新征程的同时,更守护好我们的精神原乡,不忘我们来时的路。

躬历千村,览尽山川;而今再启程,我坚信每一位上财青年必将和我一道,心怀乡村热土、不负青春使命;永葆家国初心,"到祖国最需要的地方去",用实践的脚步丈量山河,用热血与智慧,为数字技术赋能乡村振兴贡献我们上财人的力量!

蹀路垦荒景，万象始更新

温敏宜[①]

作为一个大一的新生，我偶然间听说千村调查是我们学院的必修课，于是我抱着赚学分这样一个"不纯"的目的"混"进了江西兴国定点调查的小队，但是在结束了这一次旅程之后，我明白了这次旅程不只是为了那一两个学分，这样一次深入农村、深入百姓的实践活动已然成为我今后学习工作宝贵的财富。

我是一个土生土长的赣南人，但这次是我第一次来到兴国，这个号称"将军县""红色故乡"的地方。作为一个从小生活在城里的孩子，这是我第一次来到赣南的农村，也是第一次接触这么多朴实善良的农村群众。我坐在前去调研的中巴车上，清晨的阳光洒在将军广场鲜红的火炬上，这团燃烧的火映在我的眼睛里，照出了这片红土地最真实的模样。

一、解甲归田四十载，萦绕军营一片心

钟大伯是一名退伍军人，我看见他的时候，他正慢慢地摘下扣在头上宽大的草帽，肩

[①] 温敏宜，女，金融学院2022级银行与国际金融专业本科生。

膀上披着一条湿漉漉的毛巾,穿着一件军绿色的 T 恤衫,胸前赫然写着"八一"两个字。他自豪地说,这是退役军人事务所专门发给他们的文化衫,他平时上街下地都穿这身衣服。我一边询问他问卷上的问题,他一边和我念叨着他与军营的情感。"我嗲嗲(爷爷)跟毛主席打过仗,参加过抗日,可惜在山上打游击的时候被鬼子逮了。""我爹去过抗美援朝,还去朝鲜读过大学,当过中将。""我当过 8 年兵,要不是我老婆那时候病得厉害,我现在级别也不比我爹低了,"说到这个他笑了一下,露出一口白牙,"我儿子也当了几年兵,等我孙子长大了也让他去军营里锻炼几年。"

兴国县是全国有名的将军县,一共出过五十多位将军。钟大伯今年 61 岁,他同村里许多老人一样,家里几代都是军人,父辈多是从战场上下来的人。他填完我们的问卷,坐着等和他一起来的战友村民,打开抖音跟着一个视频铿锵有力地唱起了《强军战歌》,"我平时就喜欢看看视频唱唱歌,去年县军干所办了一个拉歌比赛我还拿过奖。"军歌的旋律充满了整间屋子,望着他胸前的军徽和沉浸在歌声中眉飞色舞的神情,我突然感到有点恍惚。从小学甚至幼儿园的时候我就经常从老师口中听到这样的话:"兴国是我们江西乃至全国出过将军最多的地方之一,为新中国的成立贡献了不小的力量。"年幼时我却对这些介绍不以为然,而这次千村调查让我有机会真正走进革命老区,了解红色文化,切身地感受到苏区精神。

这是一个几乎每家每户都有军人的地方,这也是一个为国家做出了巨大贡献的地方,他们与军队有感情,对这片土地有感情,兴国的烈士占全国烈士的 1/60,这个数字是他们的荣耀,也引领了这片土地上的人们为国家做出更多的贡献。兴国是一片神奇的土地,我在将军馆听着讲解,看着墙上的照片,从小到大听过的红色传奇和课本上我草草翻过的红色故事突然就生动了起来,英雄们仿佛站在了我面前,我看得热泪盈眶。这次调查不只是简单地到农村去收集一些数据,它让我了解了不同的人的生活和情感,听见了每个人的故事,让一些在过去只存在于课本上的东西变得鲜活动人,让我对这片养育我的土地有了新的认识。

二、尘缨世网重重缚,风吹山角晦还明

"您今年多大?""二十五了。""家里有孩子吗?""三个。"我们来到长冈村的时候,正值一年中的农忙时节,前来填写问卷的村民大多刚从农田里忙活完,一排黝黑的妇女赤着脚坐在村委会的长凳子上聊天,坐在我边上的阿平艰难地用普通话回答着我的问题。我把她的答案写在问卷上,心里暗暗算着阿平生第一个孩子的时间。阿平一边用手比画着她的答案,光着的脚不安地缩来缩去。"用过电脑吗?"我小心翼翼地问。"家里没有电脑。"阿平怯生生地回答。"您每天用手机大概用多久啊?""平时基本上不用手机。"对于一个离开手机没法生存的大学生来说,阿平的这份问卷从各方面都给我带来了不小的冲击。"家庭年收入啊……这个不太固定,好一点的时候一年能拿到两万块的样子吧。"她不好意思地苦笑着说。我有点难以想象,无意间看见了她的手机壁纸,是她三个孩子的合照。"长得真可爱。"我忍不住说。没想到打开了她的话匣子,她开始向我介绍她的孩子们,从每年

都拿三好学生的两个姐姐聊到刚学会走路的弟弟,从孩子的家庭作业聊到家人们的衣食住行,从自己夫妻二人的务农日常聊到她擅长做的几道菜。一份问卷填完,我也基本上了解了阿平家的状况。

"收入啊,我们家里没什么钱嘞,过得开心就好了,羡慕你们这些从城里来的娃娃哦。"她打量了一下我衣服上的校徽,"上海的大学啊……以后都是赚大钱的。我们都没什么文化,读完初中家里就没钱供我读书了,我十七岁结的婚嘛,我像你这么大的时候啊,都生过一个娃娃咯"。她说完咯咯地笑起来。我心情有点复杂,想说点什么,但又说不上来,但似乎这样的人生轨迹在赣南农村是一种常态。但阿平很快又笑着说:"这几年村里面给我们发了好多补助,最近有几个公司承包了家里的地去种一些别的作物运出去卖,它们租我们的地给的钱还不少。现在还给娃娃上学发助学金,家里条件也越来越好了。苦嘛,熬一熬也过去咯。以后没钱也要供我两个女娃娃读完高中、大学,不能让她们走我的老路咯。"提到她自己的经历,她无奈地摇摇头,眼睛红红的。

在兴国的这几天,我第一次看见了赣南农村的现状:收入水平低、受教育程度低、生活条件差、农业收入低……像阿平这样的家庭还有很多,光靠政府的财政补贴只能帮助他们解决温饱,生活质量依然不高。但最近几年越来越多的新产业、新思想和新技术进入农村,给像阿平这样的家庭带来了更多的机会。我们这次调研的主题是"数字技术赋能乡村振兴",但像阿平这样的许多家庭数字化的程度并不高,数字农业、数字金融对他们来说是完全陌生的名词,甚至有的家庭大部分成员至今仍然在使用"老年机",赣南农村在未来仍有广阔的数字化发展空间。但这片土地上的人们都像阿平一样,虽然生活艰苦不如意,但对未来仍充满美好的向往,勤劳肯干、憨厚朴实、扎扎实实地走在致富的道路上。

三、勤政为民无怨悔,俯首甘为孺子牛

余叔是一名村干部,在埠头村已经待了差不多八年,三十出头的他却看起来像个年过半百的大叔——头发白了将近一半,脸上生着许多因劳累长出的皱纹。他不好意思地揉了揉自己乱乱的头发:"这几天农忙,帮村里一些腿脚不利索的大爷下地,没怎么打理,见谅见谅。"我心里直犯嘀咕:"不说你是村干部,我还以为你是村里哪个普通的大叔呢。"

余叔从小就生活在兴国,不过不是在现在这个村,大学毕业以后他报名了当年的"大学生村官",回到家乡的另一个村当村里的基层干部,聘期结束以后他又主动留在村里继续工作。家里人对他这样的选择十分不满意,几次要求他去考县里的公务员,但是他对此倒不是很在意。"我在村里待了八年,来来回回走了不知道多少村干部,基本上每个人过来待个一两年就到县里或者市里去了,"他叹了一口气说道,"没有人愿意留在村里,每次来一个新干部,等他们对村里情况了解得差不多的时候,就又调走了。大家都不留,我再不留就真的没人留咯。"在村里当村干部的日子是十分艰苦的,一边要处理繁忙的政务,一边要解决村里鸡毛蒜皮的纠纷,一边要照顾自己的家庭。"累是累了点,但是看见村里那些脱贫的老表还是蛮开心的。前几年引进了几家农产品公司,租村里面的地,然后请老表去那边做事,开的工资也不低。村里面基本上是老人,这些钱再加上养老金之类的补贴,

可以让村里绝大多数老人过得很不错。"说到这里,他自豪地笑了起来。这几年埠头村已经一跃成为兴国最富有的几个村之一,其中少不了他的功劳。

村民就是我的家人,余叔这样说。由于村里事情特别多,他经常一熬就是一个大夜,妻子和女儿住不惯村里的砖房,在几年前去县城里租了房子住,他只有偶尔接送女儿上下学,父女俩平时几乎没什么交流。提到家人,他一下子也哽咽了,几年来心思都扑在村子上,都没有认真陪过自己的家人。不过他说,为了村里的村民们,为了村子以后的发展,为了乡村振兴目标的早日实现,一切都值得。

这次千村调查让我更全面地认识了乡村,在调查中看见了农村发展的现状,在遇见的一个个鲜活的村民身上看见了乡村人的原貌:有苦难与潦倒,有希望与美好,也有无奈和妥协,每一个个体和家庭都映射着我国乡村历史的巨变。但我们不能只"看见",更要为看见的问题贡献自己的力量,参与到乡村建设工作中来,发挥自己的价值。

作为有理想有担当的青年大学生,我们对乡村的认识、对国家的认识、对生活的认识,绝不能仅仅停留在理论的阶段,也不能停留在"看见"的阶段,我们需要的是调查、是实践。只有自己真正去实践,用自己的眼睛去看,用自己的耳朵去听,用自己的心去感受,我们才会有空间去认真思考,我们到底要成为一个怎样的人,要做什么有价值的事。而千村调查刚好为我们提供了一个这样的平台,"走千村、访万户、读中国"这个口号,不仅是一个口号,而且是一种价值方向的指引。

这是我第一次参加千村调查,在大学的第一个暑假过得忙碌且充实,在返程的车上,同队的学长学姐们聊着他们未来的职业规划,几个老师在讨论着他们打算做的课题,晕车的我看着窗外:成块的稻田沐浴着日落的余晖,连绵的山印出了天空的轮廓,土白色的砖房零零星星地散落着,时不时看见戴着草帽的人在收割……赣南农村是一个充满活力的地方。"知之愈明,则行之愈笃;行之愈笃,则知之愈明。"乡村振兴不是纸上谈兵,我们年轻人看见了乡村的现状,就应该将自己的专业知识运用到振兴大业中,"蹼路垦荒景,万象始更新"。

山水之歌：从青砖瓦房到数字乡野的诗篇

许成玮[①]

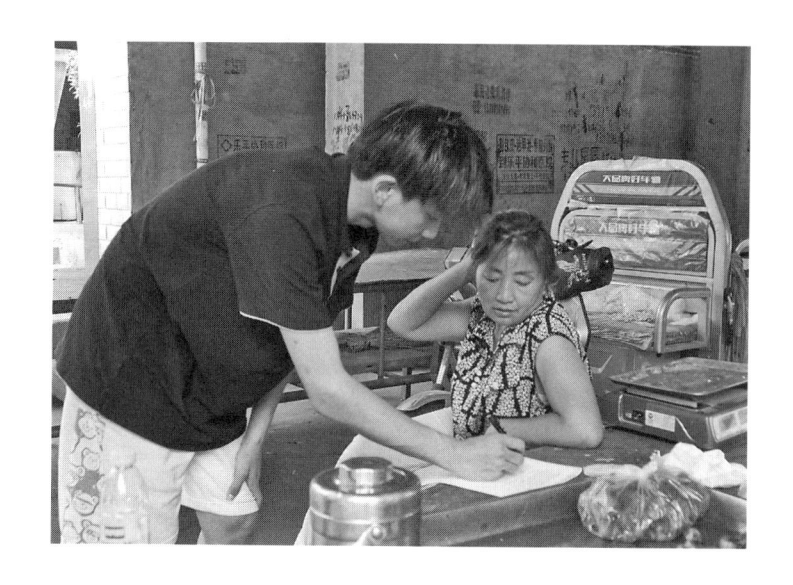

追寻那一抹清晨的朝霞，怀揣着对数字振兴的好奇与渴望，千村调查团队踏上了前往乐平村的旅程。行走在青山绿水之间，我感受到了乡村的深远韵味，也发现了数字科技为这片土地带来的新生机。走进乡村，跨过青色烟雾掩盖的瓷都，渐渐拨开其神秘的面纱。雨后的村落，仿佛一幅恬静的画卷，翠绿的田野延伸至远处，村舍错落有致，红砖瓦房透露着岁月的沧桑。然而，正是这样一片宁静的乡村，正在经历着数字科技带来的巨变。乡村的数字振兴，是一幅当代农耕与科技交相辉映的画面。

深入田间，我们聆听着农民们的故事，感受着他们对数字化振兴的热切期盼。他们告诉我，数字科技让他们的生活更加便利，让他们的农田更加肥沃，让他们的未来更加充满希望。在这片富饶的土地上，数字化振兴如春风拂面，为乡村带来了一片生机勃勃的景象。走访乡亲们，不难发现，移动支付已经渗透到他们生活的点滴之中。在小小的村落，居民用手机 App 轻松进行农产品的交易，水电费的支付也变得更加便捷。数字支付不仅为生活带来了便利，而且拉近了城乡之间的距离。在村支书的带领下，我们来到了智慧农田试点区，看到了一幅农耕与科技交织的画面：智能农机来回穿梭，高效完成着耕种、施肥

---

① 许成玮，男，统计与管理学院 2022 级统计学专业本科生。

等工作;智慧滴灌系统根据农作物的需求进行定时定量灌溉;小小的智能传感器,装置在田间的土地上,实时监测土壤湿度、气温等数据,为农民提供科学的种植建议。传统的农耕方式正被数字化、智能化所改变,不仅提高了生产效率、农作物的产量,而且减轻了农民的体力劳动。数字科技的助力,让乡村的田野焕发出勃勃生机,呈现一派繁荣的景象。

乡村的数字振兴,不单单是经济的振兴,也是教育种子的播撒。正如清晨的第一缕阳光轻轻洒在田野上,教育的数字化为乡村带来了新的希望与活力。团队在和一位老教师交流时发现,新媒体等网络技术的不断发展,为乡村儿童提供了更丰富多彩的学习内容,让乡村的孩子们与城市的同龄人一样,可以接触到更优质的教育资源。数字化的教育,正为乡村的未来搭建起坚实的基石。在数字的引领下,乡村的教育将绽放新的光芒,为乡村的未来谱写更加美好的篇章。

纵览十余载,我从农村长大,亲历乡村的起伏变迁,见证乡村振兴不再是空洞的口号,而是一种切实贴近个人生活的现实。这股振兴之风,正在深深地为人民谋取幸福,如同春风细雨,滋润着每个家庭、每个人的心田。然而,客观而言,前进的道路仍然颇具坎坷。贫富差距的拉大、农村整体文化素质仍然不高、子女教育问题严峻、留守儿童和空巢老人的现实,以及外出务工带来的人口流失,这些问题依然显而易见。数字化振兴不仅是概念上的变革,而且是一场需要逐渐铺陈的深刻变革,从每一个乡村的点滴改变开始。在这个过程中,数字化的目的绝不仅仅是为了科技的现代化和智能化,更要深刻考虑如何更好地服务人民,尤其是关注那些渐渐与互联网脱钩的老年人。数字化的真正价值在于,它能够让生活更加方便、让信息更加全面、让资源更加均衡地分配。老年人作为乡村的智慧传承者,数字化建设应该为他们提供更加贴心的服务,使他们能够轻松地获取信息、享受生活,不再被时代的浪潮所边缘化。数字化振兴是一场注重细节、关怀人民的伟大工程。每一个村庄、每一个家庭,都有自己的需求和期待,数字化的目标就是满足这些真实的需求,为乡村的每个人带来更多的便利和幸福。

这次千村调查的过程,不仅是数字振兴的一次勘探,而且是一次心灵的震撼。每一个村庄都有着属于自己的故事,每一个村民都在默默奋斗,努力追逐幸福。而数字科技正如流水一样,滋润着这片富饶的土地,让乡村焕发勃勃生机。或许,数字化的道路会有波折、会有挑战,但正是在这些挑战中,我们更能够看到乡村的坚韧与勇气。数字化振兴不仅是科技的革新,而且是对乡村文化的传承和弘扬。数字化技术如一双隐形的翅膀,让乡村焕发更加绚丽的色彩,让乡村振兴的梦想更加接近现实。

在这片美丽的土地上,党和人民将继续探索、继续前行,用心去感受数字化带来的奇迹,让乡村的明天变得更加美好。未来,我相信,乡村的数字振兴会继续前行,为每个村庄带来更多希望和机遇。在这片美丽的土地上,数字化的种子已经播下,正在悄悄生根发芽。而我们,作为见证者和参与者,将与乡村携手前行,共同创造出一个更加美好的明天。让我们怀揣着热情,继续走下去,寻找更多数字振兴的奇迹,让乡村在数字的光辉下绽放耀眼的花朵!

赣湘萍水灵杰地,红色精神薪火传

张育硕[①]

八月仲夏,赣湘如火。我们千村调查团队一行三人满怀激动,启程开展本年度的千村返乡调查。

舟车颠簸——调查队来到江西萍乡,一片记载光荣与使命的大地。百年前,路矿工人队在这里呐喊,誓要保卫根据地;秋收起义军从这里出发,直捣长沙为救国。随着革命的胜利与时代的更迭,不畏艰难、艰苦奋斗的红色精神,作为湘赣大地上的永恒记忆,在时光中沉淀下来,成为萍乡的珍贵财富。

首站,团队来到安源区五陂镇长潭村——安源区是新农村建设的桥头堡和大本营。

---

① 张育硕,男,金融学院2021级金融学专业本科生。

田垄阡陌相交,新式宅第林立,过路村民招呼寒暄,乡村振兴迸发勃勃生机。

我们的访谈在长潭村村委会展开。钱凯主任告诉我们,党的十八大以来,长潭村村支部依照中央指示,大力开展新农村建设,着力推进乡村治理。从民主选举到政务公开,从生态保护到乡镇金融,村子的经济步入发展的快车道。仅仅从2018年到2020年,村民的人均收入就翻了一番。

即便在疫情防控期间,乡村经济发展也势头不减。长潭村依据党中央和萍乡市委的指示,着手发展乡村数字经济,在过去的三年里重点修缮道路,完善交通运输基础设施,扶持农产品电商的发展。村民在抖音、快手等平台上直播带货,出售辣椒、鸭血等特色农副产品。作为直播间的主播,村民王淑萍成为长潭村的网红人物。网友们给她取了个"辣椒妹"的绰号,是她热情洋溢、深爱农村形象的真实写照。

2022年,长潭村跃居安源区五陂镇人均收入榜第一位。谈到这,五陂镇监委会钱凯主任说道,这几年,村民的口袋鼓起来了,村民脸上的笑容也多了起来。看到村民的喜悦和村子的繁荣,他感到非常高兴。"我深深感受到,"他笑着讲道,"党的农村工作是有价值的,是真正为百姓着想的。"他说:"习近平总书记讲,'幸福是奋斗出来的'。我们要必须接续奋斗,砥砺前行。也希望有更多的青年能够加入我们,投身到农村建设中来。"

钱主任提到的"接续奋斗、砥砺前行",也是江西作为中国革命摇篮的永恒革命精神。近五年,村中除了推进实施经济振兴政策外,也高度重视精神文明的建设。村子里随处可见的社会主义核心价值观标语、红色革命故事的科普窗,都在讲述着中国人的伟大精神。

在和村中一位林姓脱贫户的交流中,我们得知,村中不仅出台了一系列政策,帮助农户销售农产品,而且经常派村党支部的工作人员前往村民家中进行宣传。这位农户讲:"以前不晓得,后来才发现他们很厉害。一次村子下暴雨,那丝瓜肯定是要淹掉了,村支书带着人来帮我们抢收,团结互助的精神不一般啊。"

次日,我们又拜访了长潭村附近的册雷村、大田村、十里村等村庄,同样收获颇丰。在大田村,村民们告诉我们,村里的生活与县城和市区越来越像了。家家都使用智能手机,还能接收到5G信号。大家无论是聚会、聊天,还是出游、工作,都更加便捷了。

在跃进村,村中的老人和我们讲,伴随着农村扩建,村中的基础设施更加完善,交通日渐便利。许多在外务工的人回到村子里创业,也有更多的青年选择留在村子里参与社会主义新农村建设;从一位耄耋之年的老太太口中,我们得知,如今的农村与20年前的相较,真是今非昔比。村里的卫生设施变好了,看病也更方便了,每周都会有市区里的专家来巡诊,平时还能在线上平台预约问诊,她感到别样的安心。

在结束返乡调查的途中,我们望向窗外。远眺农村,一片欣欣向荣。坐在车中,脑海中闪过一幅幅新农村建设的壮美图景,在那里,红色精神、数字经济、乡村振兴融合交织。我们相信,在党的领导下,在人民的努力下,一代代农村人将势必奋斗出属于自己的幸福。

踏调研旅程,明振兴之源

钟思辰[①]

暑假,带着对未知的期待以及紧张,我踏上了社会调研的路程,走进了一个淳朴而宁静的乡村,试图去寻找乡村振兴的真实现状,以及它的力量源泉……

其实初识千村调查项目,是在专业课的课堂上,老师偶尔几句闲聊谈论到学校每年暑期都会组织的大型社会调研活动,她称其为我们学习锻炼不可多得的机会,也就在那时我心中埋下了对千村调查的好奇与向往的种子。不久后则是学校紧锣密鼓的宣传与同学们关于千村调查的各式各样讨论。在收集了更多的信息以及与家人协商之后,我报名了返乡调研,去一个毗邻我的老家但我从未去过的村庄——江西省赣州市崇义县官坑垄村。

---

① 钟思辰,女,人文学院 2022 级社会学专业本科生。

一、村景：碧空如洗，林籁泉韵

村庄位于山顶上，进村出村都要经过一条略微陡峭的盘山公路。父母和我说很多年前，这里还只有铺着凹凸不平的石子小路，往来非常颠簸与危险。而现在，崭新的公路延展在我的面前，路侧是排列整齐的防护栏，窗外是澄澈的天空与茂密的树林，夏日的阳光慷慨地洒向满山的树林，浓绿肥厚的树叶闪着金光，是一派生机勃勃的景象。

尽管道路平整，然而连续转弯与上下坡依旧让我的头脑一阵一阵地眩晕。好在很快，汽车驶入平地，我们登上了山顶。村庄的景色像一幅恬静宜人的画卷徐徐展开。首先映入眼帘的，是一片一望无际的高低不一的稻田，绿苗在微风中摇曳，宁静而生机盎然。村旁有一条小溪蜿蜒着穿过田野，清澈的溪水潺潺地流着。一路走来，未见多少房屋，它们隐匿在层层叠叠的田野与山林之中，古朴的灰瓦白墙零星地点缀着这绿意，散发出浓郁的岁月痕迹和农家的质朴气息。

已近正午，路上未见多少村民，只是偶尔遇见几个肩挑担子、手提农具的中年人缓慢地行走在田野之中。尽管烈日当空，天气却也不显炎热，或许是身居山林或海拔较高的原因，只觉清风阵阵、心旷神怡。

二、村民：从容自在，朴实热情

在与村支书接洽后，我了解到了村庄的一些具体情况，社会调研的工作也就此展开。正巧有村民来村委会办事，我便离开了村委会，前往了附近的人家，开始了我的入户调查。

在走访中，我不仅就调研问卷的问题进行了询问，而且结合我的思考与村民们进行了深入的交流，倾听了他们的想法和感受。在这个过程中，我不仅更加深刻地了解到这个村庄的经济情况与生态情况，而且了解到了他们对数字技术的感受。村里多数村民有自己的手机，手机的应用已经极大地渗透了他们的生活，大大提高了他们生活的趣味性与便利性。一位年龄较大的村民也向我分享了他的经历，他曾经尝试过使用手机支付，但是由于操作不熟悉和信任问题，他最终还是选择了现金交易。在访谈中我了解了村民们的真实想法：他们希望能够更好地利用数字技术来获取信息和交流，也希望村庄能引入更多的数字化服务，方便大家获取信息和享受生活。

在走访村庄与调研的过程中，我遇见了各式各样的人，有说着一口方言看见我们有些拘谨不安的阿姨；也有看起来不苟言笑，在填写问卷时非常细致认真的叔叔；有尽管头发花白却依旧神采奕奕、精神矍铄的高龄老爷爷；有人骑着自行车呼啸而过；也有人安静地躺在树下阴凉处的躺椅上，悠闲地扇着蒲扇。村庄的小路尽管略狭窄却干净，房屋朴素而整洁。我认真观察着每一位遇见的村民，他们的眼神温和又坚定，透露出岁月的沉淀和生活的滋味，每一位村民都是这个村庄的见证者，也是村庄的缔造者，他们的行为塑造了这个村庄的惬意与悠然。

三、村业：以人为本，未来可期

中午，村支书热情地招待了我们，并邀请我们在村委会和大家一起吃午饭。在饭桌上，我们不仅聊到了这个村庄的具体情况，了解到了村庄的具体信息，而且就乡村振兴、数字技术的话题进行了交流。在交流中，我更加深刻地理解了乡村振兴与之前脱贫攻坚政策的关系，也知道了这个村庄过去是如何实现脱贫，未来又将如何发展。

下午，在村支书的带领下，我们还参观了当地引入的猕猴桃产业种植基地。当我步入猕猴桃产业种植基地时，就被茂密的绿色猕猴桃树林所包围。高大的藤蔓在支架上攀爬，形成了一个绿色的屋顶，为整个基地带来了阴凉和清新。已近八月，猕猴桃即将成熟，果实挂满枝头，有些被褐色纸袋子包裹住，据村支书解释说是可以防虫与保持色泽。有些未包裹的果实则色彩鲜艳、硕大饱满，一看就能想象到它清甜的味道。村支书一边向我介绍猕猴桃是如何引进、如何种植、如何卖出的，一边用手抚摸着这些可爱的果实，眼里充满了期待，我不由得为之动容。这位村支书已经在该村任职八年，看着这个村庄从贫困到现在走向小康，他也希望村庄能够继续振兴走向富裕吧。

这次社会调研让我深刻地感受到，乡村振兴不仅是政策层面的规划，而且是无数村民的共同梦想。乡村振兴是一场长征、是一个不断追求进步的征程，每个人都是这个征程中的关键一环，每个人都在自己的领域里，用实际行动书写着乡村的未来。而也正是这一个个鲜活的人，组成了乡村振兴的力量源泉。

回想这次调研，我深深感悟到，在乡村振兴的道路上，虽然会面临诸多困难和挑战，但只要我们坚持不懈，就一定能够实现我们的目标。只要我们坚信，每一个村庄都有自己的特色和优势，每个村民都有自己的期盼与向往，当二者互相结合、共同努力时，乡村振兴就会融入全体村民的共同追求，乡村就会焕发持续不断的生机和活力。

遇见千村,对话乡村

毕玉晓[①]

在接连几天的阴雨后,我们终于等到了一个阳光明媚的日子,开启了本次千村调查之旅。在本次千村调查中,我们在实践中对话乡村,观察乡村环境,感悟乡土情怀。

声声乡音叩开调查之门。在报名千村调查时,我们通过资料搜索与信息查询,确定了小组的目标村落。但在没有联系上村委前,我曾无数次忐忑地想象过该如何与其取得联系,如果被婉拒该如何应对。村委会因为忙碌而拒绝我们的入村调查请求吗?村民们会配合我们的问卷调查吗?这些问题在我的脑中不断盘旋。在做了几次演练后,我带着"真诚就是必杀技"的想法,鼓起勇气拨打了在地图上搜索到的村委电话。"喂,您好,是哪位?"在听到熟悉的家乡口音时,我的胆怯烟消云散。"您好,我们是……"操着一口流利的家乡话,我说出了已在心中演练过多次的开场白。在核实过我们的身份后,村委欣然同意了我们入村入户调查的请求,并与我们约定了时间。就这样,承载着乡土气息的山东方言消除了我与陌生人沟通的紧张与忐忑,帮助我拉近了与村委的距离,开启了本次千村调查之旅。

[①] 毕玉晓,女,公共经济与管理学院2022级财政学专业本科生。

幅幅画卷描绘乡村风貌。进入村庄，入目的一切都让我惊叹乡村的改变。整个村庄里的人从旧址搬出后，入住了新型农村社区。村庄依葫芦山而建，利用了葫芦山下的地形特性，建筑层次分明，公共空间错落有致、宽敞协调，公共活动室种类多样，村里有综治中心、党群服务中心、文化游园等，极大地丰富了村民的精神生活。在文化服务中心，村民们阅读书籍、学习技术。在公告栏上，赡养榜、文明家庭、志愿服务等信息一目了然。近看，楼房整齐排列；远看，山林怀抱、青山如黛。美丽风景、文明乡风、淳朴民风等共同构成了新型乡村社区的特殊景观。

句句倾诉展示乡村百态。在沿路找寻到村委办公室后，我们在村委的带领下，找到了几户村民开始了问卷调查。来参与调查的村民大多是留守在家中的老人。起初，我们之间的沟通有些困难。有些村民平常并不关注村中的各种治理情况、村容村貌，也很少表明对某些问题的处理方式或自己的评价，这让我们的调查常常获得一些不属于选项中的答案。有些村民在被问到家庭情况时，开始倾诉自己的烦恼、忧虑。在听到这些时，我竟不经意间忘记了自己的调查职责，开始倾听故事。而最常见的一种沟通困扰，便是许多村民无法听懂问卷中的语言，如果我们照本宣科，就会出现调查员一遍遍地重复问题与村民长时间地停顿与思考结合的尴尬状况。但渐渐地，我们有了些许经验，在沟通中，我们将问卷中的一些专业词汇转变成口语化的语言，将生硬的问卷文字转变成唠家常式的闲聊，在与村民轻松的聊天中获取问卷答案，同时，我们也会牢记自己的调查任务，适当引导调查方向。

整场调查结束后回望，在实地调查与调研数据分析中，我收获颇多。

首先，我们在实地调查中见证了乡村的变化、风貌，切身感受了村民们的生活环境。我们的调查村庄由三个村庄合并而成，其中有两个村是曾经的贫困村。而如今，这些村庄已经初步跨越了曾经的贫困，不仅硬件设施一应俱全，水、电、路、天然气、绿化、电信、健身娱乐等设施统一配套，法律常识讲座、农业生产技术培训、文艺演出活动等各类文化活动也是层出不穷。在与村民的对话中，我们看见了乡村的变革，见证了脱贫攻坚的成果，感受到了村民们物质生活与精神生活逐步富裕的过程。

其次，我们感受到了乡村基层工作的一些困难。在与村支书的沟通中，他告诉我们，现在的年轻一代很少有愿意回到乡村工作的，由于乡村的基础设施与生活条件等问题，因此乡村基层工作对青年人缺少吸引力，乡村振兴面临人才瓶颈。同时，由于乡村基层工作的特殊性，乡村基层干部还需要在实际工作中，考虑语言风格、人情往来等方面的情况，贴近乡村群众生活，如此，才能更好地开展工作、解决纠纷，这也加大了乡村基层干部工作的难度。

最后，我们通过调查的问卷与数据，认识到了数字化技术给乡村治理、乡风建设等方面带来的改变。数字化技术在目前的乡村治理中具有帮助村民与村干部提高信息获取效率、打破信息壁垒、提升村办事务便捷性与精准性、处理紧急事务等作用，极大地提升了村中相关事务处理的效率。但，在此村庄中，数字化技术的应用场景偏少，村委与村民们尚未开拓出较为创新、完善的数字化治理模式，村委对数字技术在乡村治理中的价值与重要作用还不够重视,村民们参与数字化乡村治理的积极性也并不高,数字化乡村治理效率有待提高。

  遇见千村,对话乡村。在实际开展返乡千村调查之前,我只知道,千村调查是上财统筹设计和组织实施的大型社会实践活动,但真正参与其中,与乡村对话、与村民们对话,感受乡村的呼吸与脉搏,我心目中的千村调查才逐渐清晰起来。本次千村调查留给我的除了美好的回忆、一份份问卷与调查数据、真实的乡村印象,还有对现实、乡村、社会的思考。本次千村调查更让我明白,在新时代,青年应当踔厉奋发、矢志奋斗,用脚步丈量每一寸土地,将论文真正写在祖国大地上,用智慧和汗水谱写不负时代的青春诗篇。

中等规模农业企业的困局

崔 悦[①]

　　那天,我在千村调查的过程中与一位农业企业家坐在一起,聆听她的经历和心声。她的话语透露出农业企业所面临的困境与挣扎,让我深深地感受到了农业从业者的心酸与无奈。

　　这位女企业家叫杨明,是一名土生土长的农民,她曾经外出打工以抚养两个孩子,但收支难以平衡,加之老人年迈,最终选择回到故土,自己开办企业,说她是一位不屈不挠的梦想家也不为过。她的农场位于一片风光秀丽的乡村,她以种植优质的大梨而闻名于当地。然而,随着业务的发展,企业面临着巨大的资金需求,需要上新设备、需要雇人,这成为企业发展的最大困境。

　　在我们的对话中,她坦诚地表示,农业企业的发展离不开先进的农业设备。然而,这些设备价格昂贵,对于中等规模的企业来说,购买它们需要付出巨大的代价。她笑着说:"我一直梦想着上更多智能化的设备,扩大规模,提高生产效率,但是资金的缺乏让我无法实现这个梦想。每年的收成,大部分仍然需要人工来完成,耗时又耗力。"

[①] 崔悦,女,财经研究所2022级区域经济学专业博士研究生。

除了设备投资，人力成本也是令她头疼的问题。她说："农业生产需要大量的劳动力，但是招聘工人也需要耗费大量的资金。特别是在繁忙的收割季节，我常常为了支付工人的工资而焦虑不已。有时候，我甚至不得不减少雇佣人数，自己去辛苦地完成农田的耕作。"

听着她的倾诉，我感受到了她内心的挣扎和无奈。作为农业企业家，她对土地的热爱和执着是无可替代的。然而，困扰她的是资金的匮乏和政府扶持的不足。她坦言："政府在农业企业发展方面的支持力度有限，我们需要更多的贷款和投资来支持我们的发展。我们希望政府能够提供更多的资金支持和政策优惠，帮助我们渡过难关，以实现农业现代化和规模化的目标。"

女企业家的故事让我深思。中等规模农业企业是农业现代化的重要组成部分，它们的发展对于乡村经济的繁荣至关重要。然而，面对资金需求的巨大压力和政府扶持的不足，它们往往陷入困境。

我们不能坐视不管。政府应当加大对农业企业的资金支持和政策扶持力度，为它们铺平前进的道路。同时，政府可以鼓励农业企业之间的合作与合作社的建立，共享资源和风险，实现互利共赢。只有通过政府、企业家和社会的共同努力，我们才能够助力农业企业克服困境，实现可持续发展。

在那天，阳光洒在她的脸上，映衬出她坚毅的目光。我看到了她眼中闪烁的希望，她对农业事业的热爱让她愿意战胜一切困难。她告诉我，尽管面临资金的压力和政府支持的不足，她依然坚信农业企业的未来是充满希望的。

她提到了一些自己的创意和努力，希望通过生产绿色有机农产品，打造品牌、增加产品附加值，从而提高企业的竞争力和盈利能力。她说："我相信，只要我们坚持创新和高品质，找到市场的需求点，我们的农产品就一定能够赢得消费者的认可和市场的份额。"

这番话让我对她产生了更深的敬佩。她不仅是一位农业企业家，而且是一位有远见和勇气的创业者。她的言行充满了智慧和洞察力，她用自己的实际行动诠释着农业企业的力量和潜力。

在千村调查结束，我们要离开的时候，我特意去了她的果园，与她紧紧握手。我向她表达了对她不屈不挠精神的敬意，并承诺会将她的心声传递给更多的人。她微笑着说："希望我的故事能够引起更多人的关注，让更多人了解到中等规模农业企业的困境和需求。只有大家的共同努力，才能够改变现状，让农业事业蓬勃发展。"

我离开了杨明女士的果园，心中涌动着对农业企业的敬意和期望。我深信，只要我们共同努力，为中等规模农业企业提供更多的支持和机遇，它们一定能够战胜困境，迎接更加光明的未来。让我们携手前行，为农业事业注入新的活力和希望！

传统与现代齐飞,千村共中国一色

韩 玥[①]

农村,是山清水秀,还是淹荠燎菜?前往村落的路上,看着窗外一一掠过的树木,脑海中浮现的景象仅仅停留于自然风光,对人文风土的猜测过于模糊。探寻的心早已飞向了远方。

一、看农业,传统种植仍在延续,乡村旅游方兴未艾

尚未抵达,入目皆是道路两旁的杏梅树,没错,这个形似杏、味似梅的果实,就是杏梅。六月下旬,果实由绿转黄,种植较早的一批杏梅已经成熟,正是需要人工采摘的时刻。颗颗硕果遮住了树的缝隙。在看不见的地方,农民们在辛勤采摘着。

开始走访,很多户人家大门紧闭。一位大娘告诉我,现在大家都在田地里干活儿,很少有在家的,我借机向她发出了调查邀请。在交流中得知,她的家里没有拖拉机、没有灌排机械,更没有无人机等智能化农业设备。村里大多是小农小户,只有一小部分人使用灌

[①] 韩玥,女,会计学院 2022 级会计学专业本科生。

排设施和智能喷洒之类的设备,大部分依靠人工,传统的种植、生产、采摘方式仍在延续着。当问及村委会主任关于农业保险理赔的情况时,他回答也是采用传统的人工方式,目测估算、丈量定损。就林果种植业而言,该村还处于一个相对传统的发展状态,相关的加工产业也尚未形成。

林果有花开的观赏价值和果实的食用价值,令游客驻足的,还有村里原风原貌的石头老屋和一口百年龙井。调研的当天是星期五,不是上班族的周末,不是老师孩子们的暑假,景区里只有零零散散的游客。这里的旅游年收入可能只有几十万元,就算旺季时一天的客流量可能也就几百人,冷清时可能只有十几人甚至没有人。它只是一个位于小县城旁边的小村庄,它的常住人口只有几百人。是的,它的起点很低,但是它正在尝试将资源高效利用以发展旅游农业,正在摸索增加农民收入的致富之路,正在努力探寻向前发展的振兴之路。

二、知农村,村务处理有待升级,生态文化长足发展

在与村委会主任的沟通中,我发现村干部对本村数据信息的存储和报送,既有传统的纸质材料,也有现代化方式下电子表格和电子邮件的使用;村民参与村庄事务和村集体活动,既有传统的线下聚集投票选择,又有线上的微信、QQ网络方式,传统与现代的碰撞,让村务擦出了一点火花。

方式很好,但效果一般。村务会定时公开,将相关状况贴在公告栏,但村民只知道有这么一回事,很少有人真正关注其中具体的事项、详尽的数据。村干部们学历不高,对电脑和手机系统操作的知识技能有些欠缺,对于软件的应用和处理还达不到理想的状态,而人才引进又非常困难,这些问题都是值得深思的。

面对环境问题的提问,多数人非常有自信,认为环境比较好,对当前的村容村貌也比较满意。上文提及的那位大娘,非常自豪地跟我说,周围其他村子都没有这个村发展得好,路在很多年以前就修了,绿化也有了,小广场也建了,旅游也发展了,大家对现在的生活状态很满意。

作为一个一般性的村庄,它会举办民俗文化活动,开展文明家庭、五好家庭、最美家庭等荣誉评比。走访的第一户人家,门口挂着"最美庭院"的牌子,很显目,但在调查过程中,即使涉及相关问题,他也没有主动提及这份荣誉,好像这很平常,每家每户都有自己的特色。

作为一个红色代表村庄,它发掘红色文化资源,修建了革命史纪念馆。我有幸进入参观,原来,这个乡镇是土地革命时期龙须崮武装暴动的策源地;是抗日战争爆发后该县第一次党代会的召开地;是解放战争时期陈毅三次进驻指挥战斗的地方。直观来看,它是红色旅游的地标,带动了乡村旅游;从长远而言,它在传承红色基因,它在弘扬革命精神,它在潜移默化地浸润人心。

三、晓农民,勤劳互助热情本质,知识技能有待提升

印象最深刻的人,依旧是那位大娘,素不相识却和蔼可亲。由于自己的粗心大意,上

午忘记让大娘填写签收表,下午两点多再返回时,她说的第一句话是问我吃饭了吗,这一刻,是前所未有的感动。我和她接触的时间不过一个多小时,没有戒备、没有警惕,只有热情洋溢。正当我表明来意时,屋子里走出来一个中年大爷,很高、很瘦,皮肤黑里透红,脸上布满褶皱,汗水还在不停地从鬓角流到被太阳晒得通红的脖子。大娘介绍说这是她的丈夫,刚从田地里回来。与她闲聊中知道,他们不会像我们一样,中午十二点左右吃饭,而是选择下午一两点钟,地表温度最热的时候,回来休息,等到太阳稍过,他们又返回地里继续劳作。"晨兴理荒秽,带月荷锄归",这就是勤劳的农民吧。

古有俗语"近邻不可断,远亲不可疏",助人为乐是中华民族的传统美德。村口的保安大爷说,秋冬掉落的叶子铺满道路,天刚蒙蒙亮,他所在的志愿服务队便会沿着绕村山路环扫;村里举行活动缺少人手时,他也会帮忙顶上。这位老人的心里满是真诚、善良。在问卷结束后,他还拒收补助,让我们买糖吃。在多次劝说之下他才把钱放进了衣兜,这是他应得的报酬。

村子里还有很多老年人,这些老年人中有很大一部分仍在使用"老年机",无法及时地接收微信群下达的通知,亲朋邻里便在此时口口相告,传言达意。然而,在此差序格局下,农民们受到的帮助也有其局限性。问卷调查中我们发现,如果遭遇重大意外事故,他们倾向于向亲戚朋友寻求帮助,会考虑保险一事,但更多依赖传统的救济方式渡过难关,很少往网络救助方面想。

农民的日常消费方式是现金和电子支付相结合,但电子支付更多地应用于线下消费。上网吗?上,但也局限在微信、QQ 聊天视频、刷抖音、刷快手,只有村干部和极少数人会浏览时政要闻。网购有吗?有,但不多。网络贷款有吗?很少有。网络保险有吗?听说过,但感觉并不可靠。想过网络销售吗?想过,但也只是想想。毫无疑问,在这个情况下,他们上当受骗的可能性很低,可这样,也堵塞了一条出路——做电商。农民们所拥有的农业知识、所具备的农业素养、所认识到的网络世界,都有些许片面。有人会说,他们好蠢啊,只知道种地卖原料,不知道怎么增加附加值。但我想引用《乡土中国》里的一句话:"乡下人的愚是知识问题而不是智力问题。"因为身处的环境,受教育资源、医疗资源等多重因素的影响,他们缺乏与时俱进的思想观念、缺乏硬核实用的技能知识、缺少宏大敏锐的视野眼光,但你能说他们就被现代社会抛弃了吗?当前需要的,是专业人才的支持,是知识技能的传授。

此次调研的主题是"数字技术赋能乡村振兴",我所了解到的数字技术,不是大数据、区块链、人工智能这些高端词语,而是乡村旅游的网络宣传、是快递物流形态的起步、是有人正在尝试电商创业。

这是一个真实的村庄,这是一个普通的村庄。在中国这片广袤的大地上,有很多农村比这里的发展状况好上千倍万倍,也有很多村庄刚刚脱贫不过几年,尚未找到致富的正确之路。不因为调研主题而局限于主题调研,了解农村的方方面面,进行"五个一"的劳动教育,既要展现现代乡村建设的靓丽成果,也要呈现现在发展的不足状况,从而更好地指导发展方向,走千村、访万户、读中国,我想,这才是千村调查的意义。

"农为邦本,本固邦宁",党的二十大已经对全面推进乡村振兴做出了新部署。坚持用大历史观看待"三农"问题,用开放的心态对待传统因素和现代因素的交织问题,走好乡村振兴道路,逐步实现农业现代化,全面实现农业强、农村美、农民富,擘画民族复兴的宏伟蓝图便指日可待。

连接千村　启发万户

景彦铮[①]

随着数字经济的蓬勃发展,中国乡村振兴正迎来崭新的机遇和挑战。为深入探究数字经济在山东省菏泽市单县乡村振兴中的关键角色与深远意义,我与团队成员历经六日,踏访单县的多个村庄和企业,亲身感受了数字经济的推动力。

初始之日,我们探访了单县的申庄村和大赵村。申庄村的单养千秋青山羊养殖基地,展示了智慧农业技术的应用。借助物联网传感器的实时监测,农户们可以精确了解山羊的饲养状态、优化管理手段,有效提高养殖效率。而大赵村的电商物流中心为乡村电商带来了便捷,加速了农产品的销售和分发。这两个实地考察点初步揭示了数字经济在农村领域的积极影响。

随着智慧农业的升级,我们踏足浮岗镇的韦岗村,这里的智慧农业技术更为先进,无人机巡查、遥感技术的应用,使农户在生产中实现高效管理。数字技术的普及也使乡村居民受益匪浅,通过手机学习农业知识、了解市场动态,提高了他们的农业技能。智慧农业不仅为农业生产带来新的前景,而且有助于弥合城乡差距。

[①] 景彦铮,男,国际教育学院 2021 级国际理财专业本科生。

农村党组织充分利用数字平台,实现了信息化管理,提高了党员的学习效率。通过App学习党课和政策,党员们在闲暇时间也能积极参与党建工作。数字经济的融入,使得党建更富智慧,并进一步巩固了乡村党组织的基础。

单县农业农村局参访农业大数据平台助力农业。这一平台整合各类数据,为农民提供科学决策的依据。农民可以通过平台获知土壤质量、气象信息等,调整作物种植结构,从而提高产量。同时,在智慧党建方面,数字化的信息管理也为党组织提供了更多的工作便捷。

单县的桃小兔直播基地通过直播带货引领乡村销售,深刻体验了直播带货的魅力。这个基地巧妙地将数字经济与农产品销售相结合,通过网络直播向全国推广单县的优质农产品。观众可以轻松地通过手机下单购买产品,这种直播带货的模式使乡村农产品销售更加生动有趣,也为乡村带来了新的销售增长点。

通过参访青山羊文化产业园和朱氏药业集团,我们深入了解了数字经济催生的新兴产业。青山羊文化产业园通过数字化管理提高养殖效率,借助数字技术进行品牌推广。而朱氏药业集团则充分利用电商物流,将自主生产的医疗器械推向全国市场。数字技术也优化了药物供应链管理,尤其是在朱氏药业集团这一例子中,为乡村地区供应和分销带来了积极改变。基于物联网和大数据分析的药物物流管理系统实时监测药品库存、运输和销售情况,确保了药品及医疗器械的及时供应和质量控制。朱氏药业集团的数字化转型,让乡村居民享受到更优质的医疗服务,也促进了当地药业的持续发展。数字经济不仅提升了产业效率,而且使传统产业焕发了新的活力。

在这段充实的探访中,我深切认识到数字经济对山东省菏泽市单县乡村振兴的重要性。智慧农业、电商物流、直播带货等数字技术的应用,让乡村焕发出蓬勃生机。数字经济不仅提高了乡村农民的收入,而且扩展了乡村的发展前景。然而,数字经济在乡村中的普及与应用仍面临挑战。部分乡村地区的数字化水平仍有待提高,需要加大对数字基础设施和人才培训的投入。同时,保护乡村文化遗产也是一项重要课题,数字经济应与传统文化产业融合,从而实现可持续发展。

展望未来,我期待政府、企业和社会各界携手努力,推动数字经济在乡村振兴中的广泛应用。只有在全社会的共同支持下,数字经济才能为乡村振兴贡献更大的力量,创造更加美好的明天。数字经济赋能乡村振兴的脚步已经踏出,让我们共同创造繁荣富裕的乡村新时代。

因"千村"而来,到千村中去

孔婧怡[①]

在七月,与绵绵的雨丝一同,走进千家万户。

在踏上乡间的泥土之前,"千村"于我而言,不过是一个数量、一个名称罢了。然而,真正踏上这片宁静沃土上的那一刻,我突然领会到了"千村"这个词的宏伟与壮丽、伟大与不凡。

春风拂面般地,他们笑着向我们走来!

刚刚迈进村子,远远地就看到有人向我们挥手。这正是先前与我们沟通联系的村主任,因为我们今日的造访,他早早就已在周围等候。村主任带领我们来到综治中心,用一壶热水接待我们,几通电话过后,村委会的几位骨干成员已经尽数赶来。在热情的寒暄声与欢迎声里,我们的心中充满了温暖与喜悦。了解了我们学校的基本情况和千村调查的主要宗旨后,村主任激动地握着我们的手说:"国家的建设、农村的发展,今后就落在你们这些大学生的身上了!"几番交谈后,我们还了解到,在规模不算大的村委会队伍中,就有一位"大学生村官",他是一名来自中国科学院大学的研究生,主动来到彭东村承担乡村振

[①] 孔婧怡,女,统计与管理学院2022级金融统计双学位专业本科生。

兴的重任。他并不比我们年长几岁,可反光的眼镜片下藏匿着沉稳、瘦削的身影里隐藏着担当。望着他忙碌的背影,我在心中暗暗发誓,要接下他手中回馈社会的接力棒,成为下一个顶天立地的新青年!

群山耸立般地,他们拼起了整个村庄的图景……

毕奶奶是我们调查的其中一位村民,如今她与同样年迈的丈夫相依为命。"互联网……是啥子嘞?"当我们问及是否会使用互联网时,她不知所措地看向陪同我们调查的村委,磕磕绊绊地求助。村委私下向我们介绍了毕奶奶家的基本情况,我们才了解到,她没有子孙,只依靠自己家的几亩土地过活,收入在全村处于下等水平;必然地,她成为一个与数字化时代脱节的人,家中除了丈夫的一台智能手机外没有其他任何通信设备,这部手机也就是全家人与外界联系的唯一桥梁。平时生活,丈夫负责耕田,她就做一些小编织物到周边的村庄售卖,即使年近古稀仍然不曾放弃。2022年,她的丈夫在耕作时还发生了一起事故,在医院又花了一笔不小的费用,毕奶奶肩上的担子便更重了。村委会了解毕奶奶家的这些情况,派出了一支村委队伍对他们进行重点帮扶,除了生活琐事,还有一位年轻的村委教给毕奶奶智能手机的一些基本功能。"她老人家虽然学得不算快,但她非常乐意接受这些新鲜的知识,是一个孜孜不倦的'好学生'。"村委这样告诉我们。毕奶奶的脸上已经爬满了岁月的痕迹,可她脸上的笑容却像刚刚接触世界的少年一般灿烂。也许对于毕奶奶来说,这个互联网的世界就是一个全新的世界,但无论生活如何摧折,她始终有着一颗年轻的心,不会惧怕眼前暂时的黑暗。

刘先生是一位中年男子,初见他时,他热情地与我们握手,挺拔的身姿透露出勤劳与精干。在村内,刘先生是最早一批进城务工的青壮年,经过多年的勤奋工作,有了不少的积蓄。他积攒了一定的财富之后,就积极地帮助村民,引导他们凭借自己的劳动致富。在调查中,我们发现刘先生是村中为数不多能够熟练使用互联网各项功能的村民之一,因此,他时常帮助其他村民解决互联网相关的问题,教会他们手机、电脑的基本功能,主动帮助村委会搭建数字化村务管理体系。在村委的夸奖声中,高大威猛的刘先生竟然不好意思地笑了起来:"没有什么,这都是身为咱们彭东村一员该做的事!"看着他朴实真挚的笑容,我们的心中也都暖洋洋的。

如同日出东方,希望在浇灌着这片美丽富饶的土壤。

"时和年丰,民安物阜。"一天的走访很快进入了尾声,回望一路走来踏过的土地,心中的感慨似翻滚的波涛。一块块生机盎然的田地,一张张亲切温暖的笑脸,一个个坚韧不拔的灵魂,构成了这个美丽而又伟大的彭东村。每一位村民,像青松一般挺立在这片不凡的土地上,一代又一代地创造着属于他们自己的传奇。也许在数字化惠及每位村民的道路上,彭东村还有很长的路要走,但在村民们求知若渴的眼神中、在村委们斗志昂扬的脸庞上,我们看到的,正是中国农村蓬勃发展的希望,是乡村振兴光明万丈的未来!

"我欲乘风去,击楫誓中流。"在这个充满着无限可能的七月,我们因"千村"而来,到千村中去,收获了一箩筐的希望与期盼……

走千村、访万户,感受数字乡村的脉动

李 越[①]

暑假,作为一名大学生,我有幸参加了一场以"数字技术赋能乡村振兴"为主题的社会调研活动,书写了我心中一段深刻而难忘的旅程。这次名为"千村调查"的活动给予了我难得的机会,深入田园间,感受乡村的韵味,亲身体验数字技术为乡村带来的崭新面貌。

尽管我出生在城市,但我的血液里流淌着农民的智慧和勤劳,对于乡村的情感一直刻在我的心底。然而,随着城市的快速发展,乡村逐渐被我们的视线所忽略,乡村振兴显得尤为迫切。而数字技术,作为现代社会的一把利刃,正如雨后春笋般在乡村落地生根。这次调研活动,正是为了探索数字乡村的未来,我们走遍了千百个村庄,收集了实实在在的数据,也听到了无数乡亲们的心声。

活动开始的那一天,我步入了第一个被调研的村庄。以往的印象中,乡村总是与落后、闭塞相联系,但当我踏入这个村庄时,却被眼前的一切所震撼。街头巷尾都布满了高速网络覆盖的信号塔,智能农机在田间地头来回穿梭。村庄里的宽敞道路、时尚村庄广场、智能化公共设施,展现了一个现代化数字乡村的全新面貌。乡村的空气中弥漫着创新

[①] 李越,男,金融学院2022级金融学专业本科生。

的气息,让人感到充满活力。

一路上,我深切感受到了数字技术给乡村带来的改变。村庄的面貌焕然一新,通信网络普及,互联网进入了每个角落。信息化让乡村与外界建立起无形的桥梁,拓宽了农民的视野。乡亲们通过手机和网络平台,可以随时了解市场动态,掌握农产品行情。他们能够与城市顾客直接对接,打破了传统的供需环节,让农产品能够顺利地销往城市,实现了农民增收致富的愿望。

随着数字技术的介入,农村的教育状况也得到了极大的改善。曾经狭小的村小顷刻间变得宽敞明亮,老师使用智能黑板授课,孩子们坐在教室里沉浸在知识的海洋。由于互联网的普及,乡村孩子们不再受到地域的限制,也能够接触到更广阔的世界,拥有了更多的机会和选择。我无法忘记那一次走进一间数字化的图书馆,看到孩子们专注地阅读、学习,他们眼中闪烁的光芒,是对未来的渴望、是数码世界给予他们的希望。

然而,数字乡村的发展也面临着一些挑战。首先是数字鸿沟的问题,不同地区的乡亲们有的掌握了数字技术,有的却连手机都没用过。这种差距使得一些老年人与时代脱节,无法享受到数字技术带来的好处。其次是乡村网络的不稳定,虽然互联网已普及,但乡村的网络环境还不够完善。有时候,网络中断,通信不畅成了乡亲们面临的困扰。此外,数字技术的运用还需要更多人才和专业知识的支撑,需要政府和相关机构的更多投入和支持。

参与调研,我看到了农村的变革与挑战,也明白了数字乡村的重要性和未来的潜力。数字技术为乡村带来了改善生活品质的机会,让农民能够更好地融入现代社会,释放出他们的创造力和潜能。数字乡村不仅是一个技术的问题,而且是一场全面的改革和发展,需要政府、企业、学界和社会各界的合力推进。

作为一名大学生,我深感责任重大。在这次调研活动中,我不仅是一个观察者和记录者,而且是一个传递者和引导者。通过参与调研,我深入了解了乡村发展面临的挑战与机遇,也了解了乡亲们的期盼和需求。我希望能够用自己的力量,推动数字乡村的发展,让更多的乡亲们受益于数字技术的红利。

与此同时,我也意识到自身的不足和需要提升的地方。数字乡村的发展需要具备全方位能力的人才,我要不断学习提升自己的专业知识和技能,不断探索创新的路径。我要与乡亲们携手合作,培养他们数字技术的意识和能力,帮助他们实现自身的梦想和目标。只有这样,我们才能真正实现数字乡村的崛起,让每个乡村都充满活力和希望。

千村调查,这是一次宝贵的经历,让我看到了数字乡村的无限可能,也让我更加坚定了自己的追求。我将继续投身于数字乡村的探索与实践,为乡村振兴贡献自己的力量。让我们一起努力,开创数字乡村的崭新未来,让乡村绽放更加美丽的光芒!

人"睫"地灵

刘哲含[1]

六月下旬热浪伊始,我们小队赶在伏天之前,赴山东平度开始了此次千村调查之行。齐鲁大地于我而言是陌生而富有魅力的:绮丽雄伟的自然风光、源远流长的人文底蕴,集人杰地灵于一体。因此,我无比期待在平度看到与上海繁华但连绵无尽的高楼不一样的风景。

在火车上根据查阅的资料,我形成了自己初步的平度印象。自然地理位置优越,气候宜人,葡萄长得尤其好。作为连接青岛、潍坊、烟台三大城市的"枢纽",平度坐落于中国经济强劲增长的环渤海湾经济圈、山东半岛制造业的中心地带,依此得天独厚的区位优势,在过去20年间,当地的制造业发展迅猛,假睫毛制造业、建筑业和农用工具制造业三者成为当地的支柱产业。

应该是个因蓬勃而美丽的地方,原来我是这么想的,所以初次走进东高家村时不无意外:由车辙和足迹一遍遍压实的土路两侧是连片同色的平顶房,从主路两侧延伸出去的支路一眼望不到尽头,但是可以预见的是高度相似的景观。走完近两百米长的道路连人影

---

[1] 刘哲含,女,金融学院2022级保险精算专业本科生。

都没见到,只偶尔听见规律的敲击声在小小的区域内回响。

好安静的村子,带着疑惑,我们去采访了一户又一户人家。在采访的过程中,我逐渐形成了对当地假睫毛产业的新印象:起源于20世纪70年代,有远见的当地人发现了假睫毛市场的巨大潜力和潜在市场,并将其工艺带回大泽山,在街坊亲友的口口相传中散播开来;随后趁着21世纪初我国加入世贸组织的好风腾飞,打开了广阔的国际市场;接着,在产业规模的扩张过程中,部分生产环节转移向成本更低的地方,比如韩国和我国部分地区,至此,如今的格局就大体形成了。然而疫情防控这几年,假睫毛产业受到了很大的冲击,曾一度几近断绝。

这很难不联想到个人理想与民族命运、地区发展与国家前途紧密相连。第一个在平度生产假睫毛的家庭,是无法想象如今的产业规模的,因为没有那"黄金二十年",就不可能使平度成为"世界睫毛工厂"。个人的努力像是在黑暗中星星点点的火把,是最初的、勇敢的尝试,而大环境或许是无情的风,有可能助长,亦有可能熄灭。然"万人操弓,共射一招,招无不中",在党的领导下,人民群众识别机会、抵御风险,在千变万化的环境中寻到不变的立足点。

筚路蓝缕的故事令人感动,但在走访的过程中我们也听到了新出现的需求。令我印象最深刻的是产业升级的需要。

在过去20年中,由于技术简单、对劳动力素质的要求不算高等因素,因此假睫毛产业明面上的准入门槛比较低,吸引了成批的新人入驻。然而市场并没有以相应的速度扩展,导致越来越多的人"分蛋糕"。这实际上抬高了隐形的、真实的准入门槛,有不少贸然进场的商家不得不黯然离场、蒙受损失,并且留下来的商家也出现了恶性低价竞争的现象。更进一步地,对劳动力的高要求和习以为常的小作坊生产形式阻碍了生产规模的扩大。曾经支持产业发展的要素,如今却拖了后腿,真是20年风云变幻。

这时候我才知道,在入村时听到的规律敲击声,其实是假睫毛产业极有限的几道机器加工环节。大白天村里的寂静也是因为村民或种地打工,或在自己家、村里的小作坊里加工产品。只有些老人有闲,在屋檐下絮絮叨叨地讲述回忆。

前代人的努力为今日的人们提供了生活的基础,但道路没有尽头,奋斗不能停止。似乎东高家村乃至平度的假睫毛产业发展的困难并不是从无到有,而是如何做得更好,这是"守成"之难,必然也是阻碍重重。比如说行业规范化必然伴随着生产成本上升,这会冲击小规模生产的家庭商家,可是不规范行业,又无法整体提高品质,塑造更好的地域品牌名声。不过前途迷雾之中希望之光也在闪烁:虽然现在该产业对劳动力依赖程度还是很高,但是我们从多户人家那里收到已有企业和院校合作开发的消息,这是尝试,也很有可能是趋势,倘若能实现人工和机械化比例的对调,或许会是产业升级的重要推手。

趁数字东风,绘乡村新图景

宋佳函[①]

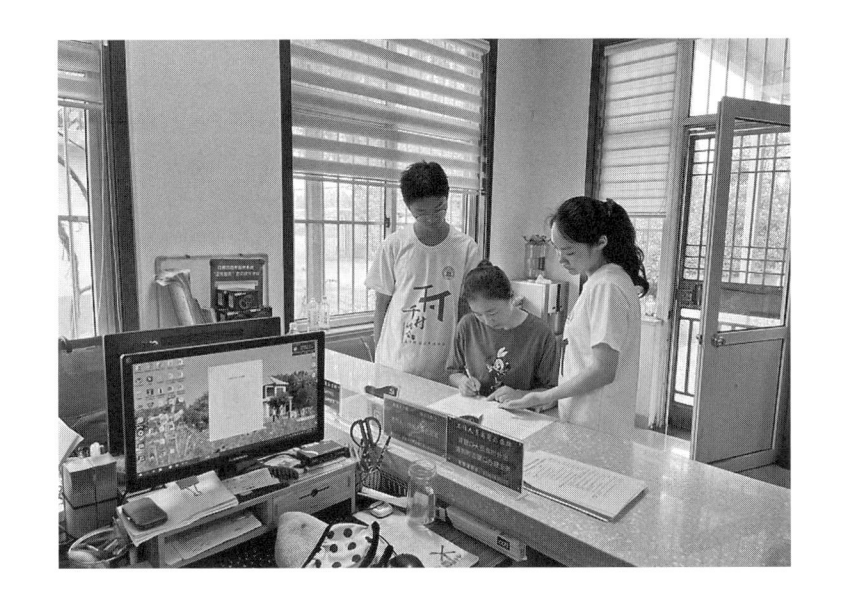

作为一个土生土长的日照青年,我从未想过会拥有如此顺利、美好的千村调查体验。

坐落在日照市经济技术开发区的车家村是全国闻名的数字乡村,也是全国文明村镇。结合本次千村调查的主题,车家村这些耀眼的荣誉一下就吸引了我。七月的一个下午,怀着忐忑的心情,我拨通了村支部书记孙伟的电话。令我没想到的是,我简单说明来由后,孙书记便一口答应了下来,并让我加了他的微信,这让我很开心。很难想象用这样简单朴素的方式就获得了许可,这让我对本次调查的信心倍增。

7月23日,我们来到了车家村。入村的刷脸装置一下就吸引了我,后来了解到,车家村的门禁与监控系统在日照联通、阿里钉钉的支持下已经焕然一新,并在疫情防控期间发挥了极大的作用。走过大门,视野一下开阔起来。脚下踏着的是平坦宽敞的柏油马路,左右两侧有人工湖、假山、凉亭等景观,也有停车场、村务通知栏等基础设施,放眼望去,一排排整齐的小二层楼映入眼帘。一时间,我感觉这不像我传统印象中的乡村,更像是一个富有田园诗意的小社区。

---

① 宋佳函,女,公共经济与管理学院2022级投资学-信息与计算科学双学位专业本科生。

孙书记热情地迎接我们来到会议室。简单了解千村项目后，书记认真地帮我们完成问卷，会议室的大屏幕上播放着书记早为我们准备好的介绍车家村的 VCR。采访中，孙书记非常细致地为我们描述了他眼中的数字化村务平台，在书记的描述中，既有方便为孩子打印作业、交水电费这样的村民生活细节，也有党课学习等党政工作内容，这让我感受到孙书记对村民生活的关心和对车家村工作的热爱。看着墙上多得放不下的荣誉和奖杯，我已迫不及待地想要走进村庄、接触村民，去一探究竟。

走出村委大院，村委工作人员杨晓文非常热情地协助我们发放村民问卷。她主动提议将有能力准确填写问卷的受访者聚集到一起，方便我们指导开展工作。问卷很长，但是所有受访者都非常有耐心地帮助我们完成，遇到不懂的问题会及时询问。我们关注到问卷中有很多有关数据的很具体的问题，还有一些比较隐私的问题，但是所有人都很负责地填写这些问题，这让我感到很亲切、感动。在与村民的交流过程中，我可以很真切地感受到大家生活在车家村的幸福感、参与感和归属感。在这里，有促进邻里和谐关系的包饺子、包粽子的活动，也有建设文明乡风卫生模范标兵的评比制度。在钉钉上交水费、电费，将学习资料上传后去传达室领取……这些在传统乡村结构下看似难以实现的生活细节，在村民的娓娓道来中显得那么自然，我逐渐体会到这个数字村落的魅力。

调研进行得很顺利，很快我们就收集完了所有问卷。流连于一排排小别墅似的村舍，我心中油然而生一种对车家村的钦佩，一种对新乡村未来的憧憬。在问卷走访中，我了解到很多村民只有车家村这一处房产，有些村民在这里收获了四世同堂的幸福，有的孩童从这里走出去，到大城市实现自己萌生于一个小村落的求学梦想。对他们来说，这里是他们的根、是他们生活的一大半。时代在向前，车家村也从未停下前行的脚步。从农民面朝黄土背朝天的过去，到 5G 网络村村通、科技农业兴起的今天，车家村的村民始终一齐向更好的生活奋进着，车家村始终在时代浪潮中寻找改进的方向，始终以自身的进步回应着村民对美好生活的不懈追求，我想，这正是新乡村建设给了新时代村民最好的底气。

近年来，农村人口不断涌入城市，我国农村在发展过程中出现"空心化"问题。我想这背后，被抛弃的不只是农村这一生活环境，还有落后的发展理念和逐渐消解的发展动力。若不是这次千村调研，我也绝不会看到数字时代机遇下如此优美、特别的新乡村。一个时代有一个时代的亮点，一个时代有一个时代的机遇。过去的乡村，是农耕文明繁荣的见证，是前辈农人一寸一寸耕耘出的家园；今天的乡村，在数字浪潮奔涌的时代背景下也应乘着数字的东风，与城市齐头并进，共建智慧宜居的新社区。对于车家村而言，"哪儿也不愿去，生活在车家村就是幸福"便是对这种建设最美好的回答。

走千村,看山河

万书瑜[①]

在山东省青岛市黄岛区大庄村,夏日的阳光似乎比其他季节更加明亮、温暖,照亮了这个以务工为主的乡村社区。这次的夏日调研之行,让我有机会深入了解和探究一个在现代社会中,如何平衡传统与现实、家乡与外界、文化与经济多重需求的真实案例。

大庄村地理位置优越、交通便利,尽管这里历史上以农业为主,但近年来,随着城市化的不断推进,务工逐渐成为村民主要的生计来源。更多的年轻人选择到外地的城市或工业园区工作,尝试用自己的方式寻找更好的发展机会。

到达大庄村的第一天,我首先遇到了一位老人。他坐在家门口的木凳上,两手撑着拐

---

① 万书瑜,女,商学院 2022 级国际经济与贸易专业本科生。

杖，看上去已经年岁颇高，但眼睛里闪烁的光芒透露出一种不凡的活力。大爷告诉我，这里大多数年轻人在外地务工，为家庭和整个村子带来了更多的经济收入，但也使得村子里渐渐地只剩下老人，几乎不见年轻人的身影。但是他的孙子走上了另一条路，他在城里工作了几年后，决定返回家乡，正在用他在城里学习到的经营理念和电子信息技术，将原本线下零售的农产品在线上更快更便利地销售出去。随后，我和大爷一起去拜访了这位年轻的农业人，他详细地向我展示了他如何利用微信等平台为村里的农产品做推广，以及这种创新方式如何改变了村里的经济结构。此外，我们还采访了村里的几位村干部和青年创业者。他们对村里的现状和未来发展都有着自己独到的看法。村干部更多地关注如何通过政府政策和项目来改善基础设施和提高村民的生活质量；而青年创业者则专注于转换视角，尝试为村里找到一个可持续发展的出路。这些不同的声音和视角，构成了一个多元而复杂的大庄村社会现象图。

在看到这些蓬勃生命的同时，我们也看到了在逆境中全力谋生的坚韧灵魂。我们遇见了一位年仅四十的大婶，她身患癌症，失业离异，在几乎失去全部经济来源的同时还需要培养一个孩子。我在采访这位大婶的时候，问卷上的一些问题甚至一度问不出口。采访她时，她正巧领到了镇里发下来的补助金，金额虽不高，但足以让母子二人吃饱穿暖；除了日常的补助金，在接受治疗的过程中，国家还会报销一半的费用。我们在感叹命运坎坷的同时，也为国家补助能切实帮助到困难百姓而感动。

走出大庄村，我心中充满了复杂的情感。这次夏日调研让我见识到了一个典型但又独特的乡村社会现象，也让我更加深刻地认识到，每一个社会、每一个群体，甚至每一个个体，在面对现代化和全球化的巨大压力时，都需要找到一条符合自己实际情况的发展路径。这里既有努力适应现代社会需求的年轻人，也有执着于传统文化和乡村生活的老一辈；既有受到外界多重影响而不断变化的经济和社会结构，也有一些始终不变的文化和价值观。大庄村以务工为主的经济模式，在一定程度上解决了生活的物质问题，但也带来了一系列社会和文化问题。然而，这里的人们用自己的智慧和勇气，正在寻找一个既能满足物质需求，又能传承文化和提升精神生活质量的平衡点。这是一条充满挑战但也极富希望的道路，值得我们每一个人去关注、去思考、去行动。

所谓"纸上得来终觉浅，绝知此事要躬行"，曾经，我们对乡村振兴的理解仅存于纸面，如今，在用脚步丈量了这个小村庄后，我们切身感受到了中国乡村的发展现状，体会到乡村振兴的深刻意义。走千村、访万户、读中国，十余年来上万名上财学子走进乡村，紧跟时代步伐，将专业知识用于社会实践，倾听山河大地的声音，接受实践的磨炼。期待与千村的下次相遇。

归乡田园　真情践行

徐佳诺[①]

当我踏上朴素的乡村土地,远离城市的喧嚣,我感受到了浓郁的人间烟火气。这次千村返乡之旅对我来说是一次独特而珍贵的体验。它让我重新审视了自己,深入了解了乡村生活的现状,直面肩上所承担的社会责任。

我们深入农村,倾听百姓心声,虽然时间仅有短短几天,但这段经历给予了我们完全不同的心灵感悟。

清早,迎着大雨,我们踏上了返乡之旅。雨水哗啦,雨刷忙个不停,道路两旁的高大楼房渐渐隐去,红瓦房、绿菜园慢慢显露出来。拿着返乡问卷补贴,我们第一站去了镇上的超市,为村民们购买实用的生活用品。几经对比、几番考虑,最终选择了酱油和料酒,为村民们的厨房送去调味品,也希望他们的生活能够过得有滋有味。结账时收银员对着数量"庞大"的酱油料酒有些疑惑,得知我们的用意后欣然一笑,看着我们千村调查的T恤衫说:"你们大学生能想着我们老百姓真好,希望你们多来调查,乡亲们需要这种关心,大学生能为老百姓做实事真好。"一句句"真好",朴实而又真挚。直到此时,我才真切感受到作为下乡调研的大学生的责任,不单单只是简单完成问卷,不单单只是获得学分、获得奖项,而是需要真正下沉到农民当中,听听他们的心声,为他们送上温暖。也许这的确有些单薄,但我相信聚少成多的力量。

---

① 徐佳诺,女,信息管理与工程学院2022级数据科学与大数据技术专业本科生。

继续行进，车速渐缓，道路渐窄。城市的嘈杂早已不见，取而代之的是雨水敲打绿叶的声音，以及空气中弥漫着的泥土的气息。终于到达了我们的第一站——村委会。村支书打着伞早已在门口等候，刚下车便热情地与我们握手寒暄，表示欢迎。会议室里早已准备好饮用水和纸笔，初出茅庐的我们受到这般重视，十分感激。受访的村民们到齐后，我们便开始访谈填写问卷。由于村民们年纪较大，只会用方言，文化程度不高，因此问卷内容对他们来说有些晦涩难懂。我便以乡音讲解问卷，成为村民与学术之间沟通的桥梁。尽管有些口干舌燥，但问卷填写还是十分顺利的。这过程里还有一个小插曲：村民里有位爷爷年纪大了，老花眼看不清问卷上的文字，又没戴老花镜，只得趴在桌子上凑近填写。村委的工作人员见状，顾不上外面的大雨，赶忙替他回家取了眼镜。随着一句青岛话"谢谢"，爷爷古铜色的脸庞绽放出笑容，那些曾被泥土填满的皱纹聚在一起，朴素真挚，打动人心。访谈过程中，村民们分享了他们的生活故事和经历，使我对他们的艰辛环境有了更深刻的了解。我听到了他们对美好生活的期许和对农村发展的渴望。他们希望能够通过努力改变自己的生活，并为子孙后代创造更好的未来。这种乐观向上的态度深深感染了我，也激励着我为实现自己的梦想而努力奋斗。

从村委会离开，我们又前往了第二站——地平线合作社。这是当地农业发展的带头企业，董事长姜波女士也是农户们的领头羊。第一次见到姜董，倍感亲切，丝毫没有距离感。短发波波头，水钻白短袖，这分明是乡里大姐的形象。在去参观大棚的路上，姜董为我们讲述了这20年来的打拼心路，从赶牛车送菜到开货车推销种子，再到互联网联系收购方批发蔬菜，一步一个脚印，走出了这位农家女带动全村的致富路。走进大棚，几位伯伯、阿姨正在工作，他们从清晨开始劳作，一直到黄昏，从来没有怨言和放松。他们的辛劳和汗水让我感受到了一种深深的敬意和钦佩。他们在土地上挥汗如雨，但内心充满了快乐与满足。通过观摩农业生产，我更加理解了食物的来之不易，对每一粒米、每一棵菜都怀有无比的敬畏。

乡村的夜晚，星空璀璨，清风拂面。我坐在田埂上，静静地倾听大自然的声音。此时此刻，我感觉自己与大自然融为了一体，与村民共同感受着宁静与平和。农村生活是充满了诗意和感动的，只有真正走进去，亲身体验，才能有效地去感受。

通过这次下乡实践，我不仅感受到了农村人民的辛勤付出和乐观向上的精神，而且对自己未来发展前进的方向和目标有了更加明确的认识。我深深感悟到，只有通过实践，我们才能真正了解和珍惜生活的来之不易。我要以农村人民的努力和坚持为榜样，无论面对什么困难和挑战，都要坚持向前。

在未来的日子里，我将用自己的所学所知，继续发扬千村精神，回馈农村社区，帮助他们改善生活和发展农业。我也会将这段宝贵的经历传递给身边的人，鼓励更多的大学生参加下乡实践，投身于千村调查，感受这份真情实感，从而积极响应社会的需求，为乡村振兴贡献自己的力量。我相信，只要我们秉持正能量的态度坚持行动，乡村振兴就不仅仅是一幅蓝图，农村一定会焕发出勃勃生机与活力！

温暖与辛酸并存

周思汝[①]

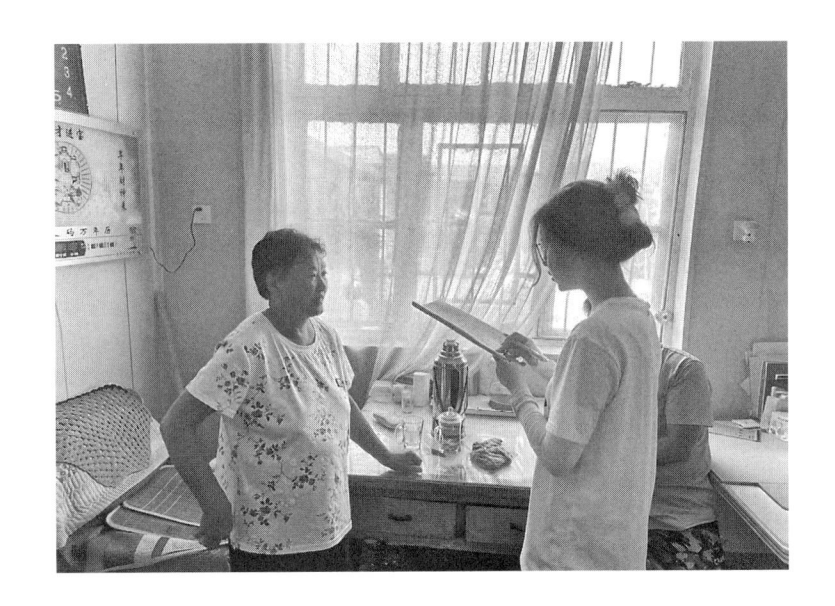

过去我了解农村，了解的是爷爷奶奶挣扎生存、辛勤耕作的农村；是爸爸妈妈回忆中欢笑着成长的农村；是作者笔下或多彩或黑暗的农村；是电视频道和影视作品中被刻板化定义的农村……但这些均是别人口中、眼中和心目中的农村，尽管千村千面，却缺乏我自己的体会和感悟。而这次千村调查，跟随团队一起来到山东省德州市乐陵市，我才得以第一次触碰到乡村最真实的样貌，感受到那些纯粹质朴的人的酸甜苦辣，一幅不同于以往任何所闻的乡村画卷绘制在我眼前，烙印在我脑中。

2023年7月7日至11日，我们千村调查团队一行12人（10名本科生和2位随行教师）来到山东省德州市乐陵市开展了为期5天的调研和访谈，走访了杨安镇、化楼镇两镇共10个行政村。其间虽经历沟通不畅、酷暑烈日，以及"空心化"、老龄化导致的受访者多为老年人等问题，但我们最终还是一一克服并圆满完成了调研工作。

乐陵市算不上幅员辽阔，却称得上小而温馨。乡间道路虽不宽敞，但都很平整；邻里之间相互熟络，每一户人家都用心经营着自己的一亩三分地——这是我对调研村镇的整

[①] 周思汝，女，会计学院2022级财务管理专业本科生。

体初印象。而经过短暂的相处后,性格各异却都可爱非常的人们给我留下了更真实立体的印象,如今再次回忆,心中则是温馨感动和辛酸感慨交加的复杂情感。

一、烟火气息,抚慰人心——记化楼镇养老爱心食堂

"社会在进步,养老产业也要更新,我们镇富山村有一个养老爱心食堂,为的就是免费给空巢老人管一顿饭,靠的是咱们政府补贴和社会捐赠。"在我们与化楼镇镇长的交谈过程中,他满脸自信地向我们介绍道。镇长所言绝不是空穴来风、夸夸其谈,在我们访问富山村时,的确看到了镇长口中的"爱心养老食堂",老人们三五结对围坐在一起吃午饭。尽管餐食称不上丰盛,但无疑为独守空巢的老人提供了温馨的用餐聊天和休息场所。由此观之,尽管时代飞速发展进步,人们的生活节奏不断加快,在乐陵市化楼镇依旧凝聚着独属于乡村的热情和温度,在这儿人情味和烟火气蓬勃生长,正如央视纪录片《风味人间》里面说的:"三餐茶饭,四季衣裳,烟火人间,风味长存。"

二、变故多生,踽踽独行——记杨安镇一户困难家庭

"我有点残疾,家里是吃低保的,老婆早几年就去世了,儿子去年出了场车祸,国家给报销了60%的医药费,报销后大概要花40万元。"问卷进行到"健康和医疗保障"一栏问题时,受访的爷爷以平静的语气和没什么波澜的口吻对我说道。只记得他住杨安镇某个村,具体叫什么现在也回忆不清了,但当下的问答带给我的触动至今仍萦绕在我脑中。问卷上的数据告诉我们医疗保险越来越能减轻治病难给老百姓带来的困扰,但亲身交流后我才发现,尽管小的伤病治疗得到了进一步保障,但巨大的家庭变故依旧会给一个小农户家庭带来不可估量的负担。我也越发明白了"纸上得来终觉浅,绝知此事要躬行"的道理,以往我们习得的是知识是技能,老百姓们的挣扎苦痛和困扰却是任何书本和网络都无法涵盖的。时代在进步,人们的幸福指数也在逐步提高,但与此同时依旧存在着被时代洪流冲刷着裹挟着艰难前行的人们,他们迫切需要社会给予人文关怀和经济扶持。唯愿未来越来越多的人能够投身于为这些落在时代身后的人服务的公益事业当中,唯愿经济发展和社会进步的福音能够响彻每个家庭。

三、自勉自励,敢担大任——后记与反思

"知之愈明,则行之愈笃;行之愈笃,则知之益明。"何其有幸能和伙伴们来到乐陵市共10个行政村进行为期5天的调研,何其有幸能在大有可为的青春时代走出校园这个舒适区,见识到更广阔丰富和全面真实的世界。烈日高照下热浪滚滚的玉米地、田垄间到处氤氲着的绿意、老人们见到我们由抵触至接纳再至欣慰的眼神、高温下坚持引领我们入户的村干部,以及相互鼓励的同行伙伴们……都是我调研过程中的宝贵财富,为我为数不多的课余生活添上了浓墨重彩的一笔。千村调查带给我的感触和启发是如涓涓细流与徐徐春风般润物无声的,杨安镇与化楼镇尽管没有"繁花似锦,蔓草芳苓;小桥流水,鸡犬桑麻"的诗意,却也有未经凡尘世俗沾染的纯朴与和睦。城市生活让我们习惯了步履匆匆低头赶

路,而深入烟火气的农村又教我感受温度和人情味,教我体会底层人民的奋斗和挣扎,幸福与苦痛。

青年是时代的晴雨表,时代赋予青年一代振兴乡村、建设强国的重任,绝不是让我们一味好高骛远、眼高手低,美好乡村的道路要靠每一位踏实肯干的青年人稳扎稳打地走出来。千村调查是我踏出校园,与真实世界交手的一次宝贵的历练。富山村小而温馨的"养老爱心食堂",杨安镇令人心疼的"困难低保户",都让我更全面接触到了现如今乡村人民的真实面貌。希望未来某天我们青年一代能真正成长为有能力、有担当的中流砥柱,为同样遭遇低收入、家庭变故多重打击的家庭贡献绵薄之力,希望未来某天所有人都能真正摆脱贫穷的困境,同时不丢失那份温暖与人情味。

走进去，走出来

崔桦淇[①]

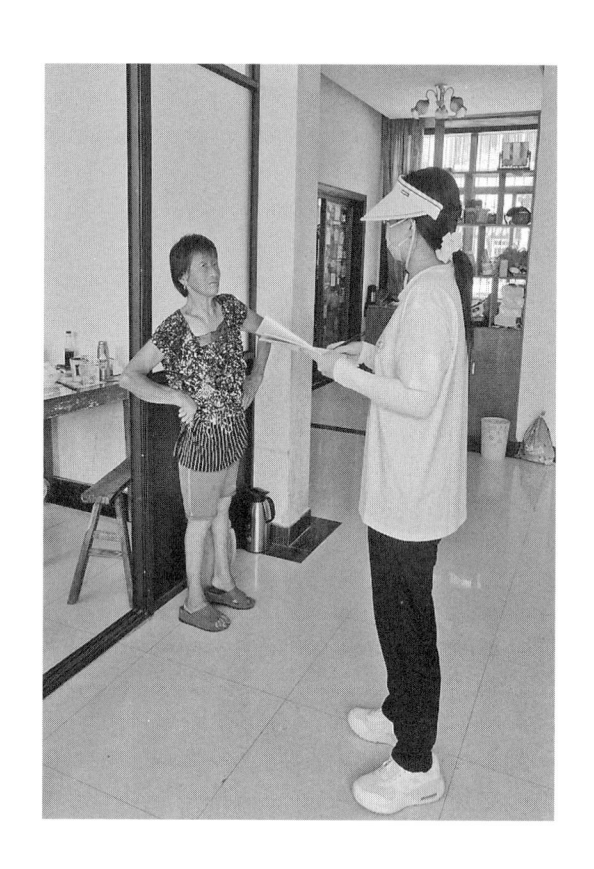

八月初，我们一行三人来到了上海市金山区朱泾镇温河村进行千村调查。进入温河村，我们便看到成片翠绿的农田，其间小河流经，在阳光的照耀下闪烁着点点光芒。时间在这一刻好像慢了下来，耳边是风的呼呼声，吹起的长发拂过眼前，看得不太真切，却又美好得那么真实，一呼一吸间也是清新的空气。这是温河村，是城郊一处世外桃源。

温河村有较完备的便民设施，例如宽阔的篮球场、崭新的锻炼器械以及便民的公交车站。我知道，这离不开村委会的努力建设和政府的支持。除此之外，温河村的基层群众自治也落实得较好，在新民活动点里，村务公开透明，人人得以了解村务，以获得更好的生活

[①] 崔桦淇，女，会计学院2022级会计学（ACCA方向）专业本科生。

保障。温河村还有一支志愿者小队,能够为温河村的村民们提供便捷服务。然而可惜的是,我们并没有在温河村看到任何一所学校,这也许是导致温河村老龄化较严重的因素之一。因为孩子们为了求学,不得不离开温河村以获得更好的学习环境。

正如上述所提到的老龄化较严重,温河村的数字经济发展进程也因此有所停滞。我们从访谈中了解到,这里的老人尽管拥有智能手机,但也仅限于使用打电话的功能,并不会上网浏览信息数据。也因此"网购"对他们来说是一个陌生的词语,更不用说利用数字技术赋能乡村振兴了。温和村的农田部分为大农户承包,剩下的部分则是通过传统方式进行种植、收割、售卖。了解到这一现象,我也在不断反思,生活在城市的我们起初并不认为使用手机是一件困难的事情,但真正进入乡村后才了解到对老年人来说,他们其实无法跟上时代的潮流。哪怕在网络带货新兴的当下,他们也无法及时利用这种手法来获得更好的生活环境和生活条件。我想这便是走进去的意义吧,只有真正了解乡村的切实环境,我们才能够从中反思,提出一些针对性的解决策略。

只有真正走进这些乡村,我们才能帮助乡村走出来,走出发展的困境。还是以温河村为例,我想在温河村,数字技术赋能乡村振兴的潜力还是很大的。例如,村委会的一些干部是年轻人,也许他们可以组织定时的手机教学活动,帮助老年人学会使用智能手机,这样老年人就可以及时地通过手机了解新闻消息。总之,温河村走出来的途径是多种多样的,但在此的前提都是走进去,只有走进去深入了解温河村的发展现状、深入了解温河村面临的困境,我们才能够想出针对性策略,帮助温河村走出来。

调查结束了,在村民们的一声声问候中,我们离开了温河村,但我的心还留在温河村。我想,只有到这一刻,我才真正领悟到了千村调查的意义所在。我们上财学子走访千村万户,其实不仅是为了提升自己的调查能力,而且我们要了解乡村的现状,我们要用自己的脚步丈量祖国的大地,这样我们在学成之后才能够有针对性地为乡村现状的改变做出贡献。上海财经大学响应国家振兴农村的号召,开展乡村调查活动,为中国建设现代化新农村献计献策。尽管在调查活动中,我们发现乡村振兴还有或大或小的许多问题,但正是这些问题的存在为乡村发展提供了更大的潜力和空间,我们坚信乡村发展终归会越来越好。

走进去,走进中国的乡村。

走出来,走出发展的困境。

于细微处匡正,自迩狭处出发

胡　硕[①]

　　阿嬷笑嘻嘻地向我们兜售她刚刚从树上栽的无花果,询价之后我们不由得惊讶于上海还有这么便宜的有机水果。扫完码后闲聊时得知:在下午两点,阿嬷收到了今天的第一笔生意,入款10元,阿嬷一边聊一边继续向我们介绍她的南瓜,小小的,上面还泛着为了保鲜洒上的水珠的反光。"很便宜的,一个只要三块钱,你看都是刚摘的。"南瓜的叶片绿油油的,晃了两下,好像在应和着阿嬷的话。

　　我们调查的上海市金山区山塘村就是如此,村里老龄化严重,青壮年出走他乡,常住人口不过1 500人,而老人却有近千人,18岁以下的未成年人只有72人。当时和村委聊到这个的时候没忍住问:"这样子下去咱们村会不会渐渐消失?""怎么会呢? 大家都会落叶归根的,他们出去了还是会回来的。"吕村委笑嘻嘻地说。窗外的阳光有点耀眼,闪着希望的光芒。

　　我们到的时候正好碰上银行的反诈宣传,吕村委便邀请我们去参加,顺便了解一下村民代表的组成情况。到场时,入眼皆是60岁左右的阿爷阿嬷,站在前面的警官说着我听

---

① 胡硕,男,经济学院2021级世界经济专业本科生。

不太懂的上海话。我和吕村委站在门外,聊着村子的情况。虽然村子老龄化严重,但其村委会班子年轻,总共七人,平均年龄31岁。"你猜我多少岁?"吕村委笑着问道。我看着时间在她脸上留下的刻痕,不知道该怎么说,基层的工作相当辛苦,风霜遍布,时间的印记显得有点超出它应有的界限。"有些事情总要有人去做的嘛!习近平主席不是说吗,要让青春之花绽放在祖国最需要的地方!"她一边大笑一边说。

中午,她们下班后,我们循着河道想找家店吃午饭,走了一两公里仍未找到,于是便开始询问路人阿姨。阿姨说我们走的这边很少有吃饭的地方,看我们几个大学生和她家孩子年纪相近,便邀请我们去她家一起吃。阿姨是从外地搬来这边的,据说是当年知青返沪的时候和老公一起回来的,在市区有房,但是觉得这边养老很不错,再加上喜欢这边乡下的气氛,于是便搬来这里养老,如今已经十几年。阿姨一边和我们聊天一边和我们吐槽这儿的方言她已经十几年了还是没学会,听闻我们是来做调查的于是自告奋勇地说也要来当反映情况的一分子。阿姨给我们每人下了一碗馄饨,一边等馄饨的时候一边和我们聊着,说自己家里孩子在哪上学,说最近经济不好,孩子吐槽工作难找,说最近村子里要搞文明积分榜,自己还不懂什么意思,说着家长里短、柴米油盐的,说着我们家里也会遇见的事情,说着我们还不曾了解的事情。或许哪天我会忘记这些内容,但馄饨真的很好吃。

什么是我心中的千村调查呢?是阿嬷手里的付款码、是村委会的打印机、是洗完碗以后阿姨的笑声。不深入群众中,不走入田野里,不迈向基层来,我们又怎会知道这些隐藏于一个个数据背后的故事呢?我们又怎能深刻感受到那些数字的生动呢?"念此私自愧,尽日不能忘。"几年前学的课文正如一颗子弹一般正中眉心,我突然理解了它的意思,教育在此时达到了闭环。

越是贴近大地,越能感觉到生命的沉重,走在上海乡下,我仍不明白我如今已学的知识该怎么去解释,为什么在校门口的西瓜4块钱一斤仍然炙手可热,而在50公里外的地方西瓜0.98元一斤却无人购买。我们在亭子里面躲雨,望着一起躲雨的大爷,思考着那些过去不被我们注意到的事情。

什么是上海?我想绝不全是因为它的繁华,那些不被人所注意的边缘,那些在边缘生活的人,都是一部分。何为千村?绝不会因为它的繁华或者是贫困而不是其中一分子,俯下身子去耕作,隐没于农田稻海之内,出现于湖泊船坞之间,去亲身经历那些不被人注意到的、去调查那些不被人提起的、去把村民们和我们都希望改变的说出来、去最需要我们的地方释放我们的年轻和热血。于细微处匡正,自迩狭处出发,如此便为我心中的千村调查。

相遇千村　不负韶华

姜皓文[①]

随着三年疫情的阴霾逐渐消散,面临着后疫情时代的经济、民生等多方面的复苏,中国也在进入一个新的发展拐点。乡村,作为中国历史、经济和社会一个不容忽视、不可或缺的存在,对"三农"问题的回归,也成为 2023 年不容忽视的重要议题。面对新时期数字经济赋能乡村振兴的政策背景,上海财经大学的千村调查项目,也在为我们提供一个认知乡村、认知社会乃至认知这个时代的重要平台,也是一个引导当代大学学子聆听时代声音、感受时代脉搏、在时代中勇于奋进的难得的机遇。作为上财学子的一员,我也有幸参与了 2023 年对上海浦东新区的乡村调研。相遇千村,是一次让我拓宽视野、丈量山河、触摸时代的宝贵体验。

"知屋漏者在宇下,知政失者在草野",相遇千村,让我打破眼界的藩篱,看到乡村更广阔的天地。生活在父母的温床之中,目之所及皆为宽广的柏油马路和耸立的高楼大厦这样典型的城市景色,对乡村的认识,仅仅沉浸于书本与手机中所营造的象牙塔里,而对外界缺乏真实而深切的体会。当开启调研的旅程前,我不止一次幻想乡村的景色是什么样

[①] 姜皓文,男,商学院 2021 级战略与创新创业本科生。

子,随着大巴车逐步靠近我们的调研地点,看着乡间的土路与低矮的小房砖瓦,青葱的菜园映入眼帘,不时传来一两声的犬吠。凡此种种,让我不禁感慨,这才是真实的乡村啊!当和村民交谈时,每每做起自我介绍,我总是有些生涩。而在与组员一起,耐心与所访问的每一户进行深切的交流与沟通之后,才感受到距离的缩近与融入。千村调查最重要的意义,或许就在于提供一个打开我们认识的局限与藩篱,让我们真切感受到乡村广阔天地的机会。

"千里之行,始于足下",相遇千村,让我用脚步去丈量、用实践去学习、用心灵去体会乡村的魅力与神奇。从填写自己的报名表,利用周末完成学习与培训,再到亲身到田间地头进行访谈,挥洒汗水体验劳动的乐趣,最后将所见所闻所感汇聚于笔尖。一整套的流程,提升了我对乡村的理解、深化了我对乡村的体悟。费孝通曾言:"从基层看去,中国的社会是乡土性的,我们的民族和泥土是分不开的。"乡村,是五千年中华文明独特而不可或缺的存在,是魅力与神奇的交融。在城望乡,当习惯于城市生活的我们,踏上乡村调查的征途,城乡之间差异的碰撞,在短短几天的调研过程中,充盈着我的脑海,也让我时刻地反思和考量。在每一次进行入户访谈时,尤其是与老年人的交谈中,每一个家庭故事的讲述,夹杂着时代变迁的背景,与村民面对柴米油盐酱醋茶这些生活琐事的态度与朴素的见解,或许并不是缺乏逻辑的杂谈,而是每一个在乡村发展中走过来的人的智慧经验的体现。而这些,或许只能在真实的实践中去学习、去体会其真正的奥妙与脉络。

"厚德博学,经济匡时",相遇千村,是一次触摸时代、博学强识的珍贵体验,让我体会了将个人与国家社会同频共振的深刻含义。乡村发展是中国时代发展的缩影,也映射着中国几十年来经济生活、社会生活与文化生活的变迁。乡村的很多角落,也能看到时代所留下来的印记。走千村、访万户、读中国,短短九个字,却在每一个人的调研过程中,不同人有不同的见解与体会,但是对时代的触碰与深化个人对国家与社会的链接,或许是每个人都很难避免的共同之处。千村调查,正是上财莘莘学子将青春绘就于祖国大地的生动体现,必将在新的时代表达历久弥新的价值与意义。大学的理论与洞见,应当扎根于中国实际,为中国的发展带来贡献,通过千村调查,我们更应该努力地将自己所学的知识,运用在对乡村的考察中,最后将扎根中国大地的经济学反哺乡村的未来建设之上。

相遇千村、读懂中国、感悟时代。中国的地域辽阔、各地风俗不一、风景各异,描绘出中国乡村的全貌,或许也是一个永无止境的过程。或许这也是上财坚持十余年千村调查,让无数学子走出校园的方寸之地,参与到对广袤乡村的探索与调研中去的重要原因。作为有幸参与其中的一员,千村调查带给我的感受,也不仅仅局限于一次对一个村庄短短几天的探访,更让我明白,仰望书本中知识的同时,更要脚踏实地、勤于捕捉、勤于追寻。相遇千村,不负韶华,也希望上财能够坚持大兴调研之风,将千村调查的火种历历赓续。

数字金融打破村庄"围墙"

卡德丽娅·库尔班江[①]

上海这座充满现代气息的大都市,让人们常常沉浸在高楼大厦、拥挤的街道和喧闹的生活中。然而,当我踏入位于上海浦东新区航头镇沈庄村时,发现这里也有令人惊叹的现代化变革。金融技术正如一股清泉一样流向这些乡村。

当我一早和千村调查的小组成员们一起从18号线的上海财经大学站坐到鹤涛路站,再一路看着地图走向村委会的路上,注意到了正在建设的高楼,看到了涓涓溪水,看到了郁郁葱葱的农田。我发现在这里生活的农民有着更多的机会和渠道去发展经济。在过去的几十年里,中国政府投入了巨大的资源来改善乡村的交通、电力、水源等基础设施。沈庄村道路宽阔、平整,便于农产品的运输和销售;电力供应稳定,农民可以使用现代农业机械提高生产效率;乡村自来水系统让人们告别了曾经的取水难题。这一切都让我感受到了中国政府在改善乡村生活质量方面的决心和努力。

我也注意到沈庄村里学校和医院的建设不仅让孩子们能够接受更好的教育和医疗服务,而且吸引了城市居民返乡发展,带动了乡村经济的增长。我在乡村小学看到了一群充

[①] 卡德丽娅·库尔班江,女,经济学院2021级劳动经济学专业本科生。

满活力的孩子,他们的笑容和渴望学习的精神让我深深感动。这也让我想起了杜牧的名句:"乡村四月闲人少,才了蚕桑又插田。"如今的乡村已不再是"闲人少",而是充满了活力和希望。

我们进入了村委会,见到了村支书,他很热情,我以为说服他帮我们介绍村庄和村民是一道难题,但没想到的是,村支书听到我们是从上海财经大学来调研的学生,便十分痛快地安排人来对接和介绍。我和组员们拿着问卷去让村民们填写,并向他们了解了情况,村民大多是"60后""70后""80后"的人,他们在沈庄村生活了多年,对这里的变化有着深刻的感受。在填写问卷的过程中我们也了解到,农村现在几乎每家每户都有无线网,村民们都会使用手机等电子工具。有些村民也会通过直播、电商平台来增加收入。听着他们的描述,我想起钱锺书先生在《围城》里的一句话:"封建时代的城墙愈高,看得清楚的地方就愈少。"这句话似乎与数字金融的发展息息相关。传统金融体系曾经像城墙一样将农村地区困住,让村民难以享受到金融便利。然而,数字金融的到来仿佛突破了城墙,让农村地区的人们能够看得更远、走得更远。通过问卷调查的形式,我还了解到数字金融企业在沈庄村里设立了金融服务点。这些服务点为农村居民提供了更加便捷的金融服务。这一举措有助于解决传统金融机构覆盖不足的问题,提高了农村居民的金融约束力。

我走出去观察周围村民的生活时,遇到了一位叫李明的农民。他通过数字金融平台了解了市场需求,开始培育特色水果,并通过电商渠道将产品销售到全国各地。李明告诉我:"数字金融改变了我们的生活,让我们不再局限于传统农业,开拓了新的商机。"

以前农村居民可能要花费一整天的时间前往最近的银行办事,现在,他们可以通过手机轻松支付、存款和贷款,不仅提高了金融效率,而且减少了交通成本,从而有更多的时间和精力投入其他有益的活动中。数字化的普及不仅为农村居民提供了更多的销售渠道,而且为他们提供了获取市场信息和商机的机会。手机支付和电子银行也让农村居民能够方便地进行金融交易和管理财务。

走进沈庄村,我了解了数字金融发展对乡村的影响之大。这是一个令人震惊的经历,乡村地区正以惊人的速度发生着翻天覆地的变化。政策支持和数字金融技术的普及,不仅提高了乡村居民的金融吸引力,而且激发了乡村居民的创新精神和创业活力。农村不再是与现代化脱节的地方,而是一个充满活力和机遇的地方。正如钱锺书先生所言:希望"围城"的城墙已经被打破,让乡村焕发出新的生机。

中国的快速发展,不仅令国内人民惊叹,而且为世界提供了充满希望的范本。数字金融不仅改变了乡村的面貌,而且为上海乡村的可持续发展提供了新的道路。在这个数字化时代,乡村地区不再落后于城市,而是成为现代化和创新的代表之一。正如上海的一位金融人士表示:"数字金融为我们打开了新的大门,要抓住机会,共创我们美好的未来。"这种乐观和积极的态度让我对中国的发展前景充满信心,也让我相信,数字金融将继续在乡村地区创造更多的机遇和财富。

步行阡陌，心履大道

涂江妍[①]

2023年暑假，我有幸参加了上海财经大学的千村调查项目，前往上海市金山区枫泾镇北部的中洪村进行为期两周的社会实践。在这段时间里，我深入了解了中洪村的农民画、农业、教育、旅游等方面的情况，也感受了中洪村的乡村振兴之梦。中洪村是中国农民画的发源地，有着悠久的历史和丰富的文化。中洪村的农民画以江南水乡、风土人情和现实生活为主要题材，构思质朴、用笔酣畅、着色鲜明、对比强烈，有着浓厚的生活气息和艺术表现能力。

一、笔画禾下乘凉梦

在实地调研期间，我们偶遇了一位骑着电动自行车的阿姨热情地为我们领路前往村委会。在路上，我们有幸得知她是中洪村一位不知名的农民画家。她虽然年纪大了，但是仍然热爱画画，每天都会在自己的小屋里用最简单的工具创作出美丽的画作。她说，她从小就喜欢画画，但是没有受过正规的美术教育。她只能靠自己摸索和实践，用最简单的颜

[①] 涂江妍，女，公共经济与管理学院2022级公共管理类专业本科生。

料和纸张,画出自己心中的美好。她说,她画画不是为了赚钱或出名,而是为了表达自己对生活和祖国的热爱。她说,她最大的愿望就是能让更多的人看到中洪村的农民画,了解中洪村的风土人情。

阿姨的话深深地打动了我。我想,这就是中洪村农民画最真实和最动人的魅力所在。它不仅是一种艺术形式,而且是一种生活态度和精神追求。它不仅反映了农民的幸福和理想,而且体现了农民对社会和国家的关注和责任。

二、数字赋能新征程

然而,在当今社会,农民画这种传统艺术面临着消亡的危机。一方面,随着城市化进程的加快和农民子女的外出打工,农民画的传承和创新受到了影响;另一方面,随着互联网和电子商务的发展和普及,农民画的市场和消费者发生了变化。如何适应时代的变化,保护和发展农民画这一民族文化遗产,是中洪村面临的一个重大挑战。

在这个挑战中,中洪村并没有放弃自己的梦想,而是积极地寻求新的机遇和突破。

在千村调查期间,我们发现中洪村利用了一些数字化技术,对农民画进行了创新和推广。我们有幸参观了中洪村的农民画院园区,欣赏了金山农民画的精品新作,也与当地负责乡村振兴的村委进行了交流。他告诉我们,他们正在利用数字化技术对农民画进行创新和保护,通过与科技公司合作,将部分农民画作品版权进行数字化发行和销售。每一幅数字藏品都对应特定的数字化作品、艺术品和商品,拥有区块链上独一无二的序列号作为唯一所有权凭证,这样不仅可以保护农民画的知识产权,防止盗版和仿制,而且可以拓展农民画的市场和消费者,提高农民画的经济效益。他还说,他们通过视频介绍、在线咨询等方式,向全国乃至全世界展示和推广中洪村的农民画。同时,他们还与阿里巴巴等电商平台合作,开设了自己的网店,通过线上销售和物流配送,拓展了农民画的市场。

这些数字化技术的运用,不仅为中洪村的农民画带来了新的生命力和发展空间,而且为中洪村的经济发展和乡村振兴做出了重要贡献。据我了解,中洪村的农民画年产值已经达到数百万元,为中洪村的人均收入增加了不少。中洪村的农民画也在国内外多个展览会上获得好评和奖项,吸引了众多的游客和收藏家。

除了农民画之外,中洪村还通过数字化技术的赋能,让农业、教育、旅游等方面也获得了显著的提升和发展。据我们统计,中洪村的人均年收入已经超过1万元,中洪村的幸福指数也达到90%以上。中洪村已经成为一个富裕、文明、美丽、幸福的新型乡村。

三、情牵乡间万家村

在千村调查期间,我深刻地感受到了中洪村人民对乡村振兴之梦的执着和努力。他们不仅保留了自己独特的文化和生活方式,而且积极地接受了新的技术和理念。他们不仅为自己的生活和发展努力奋斗,而且为社会的进步和国家的富强贡献力量。他们用自己的行动诠释了乡村振兴的真正含义。

在千村调查的最后一天,中洪村的村民为我们准备了一顿丰盛的午餐,用自己种植的蔬菜和养殖的鸡鸭鱼肉，为我们烹制了一道道美味的佳肴。他们说，这是他们对我们的一点心意，感谢我们来到中洪村，关心他们的生活和发展，也希望我们能够把中洪村的情况和声音带回去，让更多的人知道中洪村的故事和梦想。他们说，他们把我们当作自己的客人和朋友，随时欢迎我们再次回到中洪村，见证他们的变化和成长。

中洪村村民的话让我感动得无以言表。我想，这就是千村调查最宝贵的收获。它不仅让我了解了中洪村这个特殊的乡村，而且让我结识了中洪村这些可爱的人们；它不仅让我学习到了知识和技能，而且让我体验到了情感和人生；它不仅让我看到了乡村振兴的希望和可能，而且让我感受到了乡村振兴的责任和使命。

在离开中洪村的那一刻，我心里充满了不舍和感激。我想对中洪村说：再见，故乡。加油，梦想。期待，未来。

记徐谢村千村调查

王慕尧[①]

我心中的千村调查,是一场寻觅的征途。那个隐匿于世人眼底的乡村,被千丝万缕的数字编织成一个微妙的画卷。它既不同于繁华都市的喧嚣,也不同于荒芜边陲的孤寂,而是一种在数字与土地交融中生发出的新奇气息。在我踏入这千村之一的徐谢村时,仿佛踏上了一段更为广阔的旅程。每一个数字都承载着乡村的历史和故事,如同一本扑朔迷离的书籍,等待解开其中的奥秘。这些数字逐渐在我心中勾画出一个个生动的画面,将乡村的过去与现在连接起来。而这数字背后所隐藏的,正是人们的生活方式、文化特色以及社会变迁。每个数字都像是种子,深埋在土地中,最终生根发芽,演绎出乡村的独特韵味。透过这数字的展现,我仿佛看到了勤劳的农人、闻到了田野的清香,感受到岁月在这片土地上的沉淀与积淀。这场千村调查不仅是数字的呈现,而且是心灵的洗礼。在数字编织的背后,是一片恬静的土地,是淳朴人们的生活。正是在这种融合中,寻觅的征途变得丰富多彩,不再只是冰冷的数据,而是充满情感和共鸣的人文探索。

在数字科技的温和滋养下,徐谢村的面貌逐渐浮现于人们眼前。数字科技的足迹犹如夜空中的繁星,闪烁于乡村的每一个角隅。数字支付的微弱声响渐次响起,取代了传统

[①] 王慕尧,男,统计与管理学院2021级数据科学与大数据技术专业本科生。

的金钱流通方式;互联网的氛围弥漫,唤醒了乡亲们的日常生活。虽然这不是一场惊天动地的剧变,却是一种微妙的浸透,不经意间悄然地改变着村子的容貌。在这个数字化的时代,徐谢村不再是与世隔绝的存在,而是与全球相连的一个微小节点,融入更大的网络。这种变化既是一种必然,也是一种势在必行。数字科技的涌入为村庄带来了便利与机遇,让村庄的脉络逐渐连接到更为广阔的世界中。数字支付的便捷,使得村庄的经济交易更加高效,人们的生活也更加便利。而互联网的普及,则将信息与思想带入了每个角落,让乡亲们能够更加及时地了解外部世界,也有机会展示自身的文化和特色。这种微妙的转变,正是数字科技融入乡村生活的真实写照。

  数字科技的蓬勃发展正为乡村带来前所未有的改变。通过与村民们的交流,我聆听了他们对数字时代的各种观点。他们轻轻诉说着数字技术在他们生活中扮演的角色。从使用微信和支付宝进行交易,到在社交媒体上分享生活,数字技术的存在已经渗透了这个曾经宁静的角落。然而,并非所有人都能轻松驾驭这些新技术。有些人面对数字世界的变化感到困惑,就像是在黑夜中迷失了方向的旅人,试图摸索前行。这种不确定性带有一种人性的温暖,引发了我对数字时代的思考。

  千村调查揭示出,数字技术在乡村振兴中的角色并非一帆风顺。这并非一场急功近利的进程,而是一个逐步积累的过程。数字技术的光辉照耀着乡村的未来,但数字技术鸿沟的存在也不容忽视。年长者的步履蹒跚,对数字技术的抵触感,都在向我们传达着数字赋能需要更多的关爱与培育。虽然数字技术在乡村中扮演着越来越重要的角色,但我们也不可忽视其中的挑战。尽管数字化可以为乡村带来发展机遇,但在推进的过程中,我们必须认识到这并非一蹴而就的过程。数字技术的应用需要时间和耐心,需要逐步积累和不断优化。尤其是在老年人中,对数字技术的接受度可能相对较低,他们可能面临步履维艰的困境,甚至对数字技术心存抵触。这就需要我们更加关注这个群体,为他们提供更多的培训和支持,以便他们也能够适应数字化的时代,并从中受益。我们需要共同努力,让数字化的未来不仅是一场技术的革新,而且是一个让每个人都能够平等受益的社会进步。

  千村调查,仿佛是一场数字技术与土地之间的心灵对话。在数字技术时代的洪流下,乡村静静地融入了数字技术的涟漪。虽然这并不是一个能够立刻扭转乡村命运的神奇策略,但它以温暖而持久的方式融入了村民的日常生活。这是一种微妙而真实的互动,不带有任何极端的赞美或批判,而是在深入描摹数字技术与乡村融合的过程中,还原了其真实面貌。在数字技术时代的浪潮下,千村调查宛如一次心与技术的交融。乡村并没有因数字技术的涌入而失去其独特的风采,反而在这个互联世界中静静地展现着自己的魅力。尽管数字技术并不能够迅速改变乡村的命运,但它以温和而持久的方式,悄然地渗透到了村民的生活中。这种微妙的互动并不带有浮夸的赞美,也没有苛刻的批评,而是在真实地描绘数字技术与乡村融合的过程中,呈现的一个个鲜活的画面。

  千村调查,让我瞥见了数字技术与乡村的交会之处。数字技术虽不是唐突而至的疾风,徐谢村的乡村振兴也并非瞬间的繁荣。然而,数字技术的痕迹无处不在,轻轻地滋养着乡村的土地。这是一场真实的考察,一次深刻的沉思,以及对未来的谨慎展望。

数字技术赋能乡村振兴,千村调查创造育人路径

邬心怡[①]

党的二十大勾勒出了以中国式现代化推进中华民族伟大复兴的宏伟蓝图,广大上财青年学子在党的指引下热情参与学校大型社会调研项目"千村调查",用脚步丈量祖国大地,用知识助力乡村振兴。

我国脱贫攻坚战已取得全面胜利,在致力于巩固伟大成果和推进乡村振兴的历史节点,我们应当充分利用新一轮的科技浪潮,运用数字技术加快农业农村现代化。

在上海市崇明区建设镇虹桥村,数字技术是助力产业发展的利器,也是提升人民生活幸福感的来源。虹桥村的支柱产业为"民宿+"产业链,通过在抖音、微信公众号等线上推广平台发表图文、视频等宣传信息,"顾伯伯民宿群"等民宿经营者可以更加高效地获取营销流量,将自己的房源信息传播给更多的潜在客户,吸引更多的游客入住。这不仅为民宿经营者带来了更多的收入,而且为虹桥村整个民宿产业的发展注入了新的活力。此外,数字技术也在农副产业中发挥着重要的作用。政府搭建的小程序平台"住建设·买崇明"为农副产品的线上销售提供了便利渠道。农民可以通过小程序平台直接与消费者进行交流

---

① 邬心怡,女,金融学院 2022 级金融专业本科生。

和销售,消除了传统销售渠道的中间环节,降低了成本,提高了效益。这不仅为农民提供了更多的收入渠道,而且为农副产业的发展提供了新的动力。

除了助力产业发展,数字技术也为人民生活带来了更多的便利和幸福感。村委会通过搭建数字化财务系统,实现财务管理的自动化和数字化,提高工作效率,为村民提供更加便利的服务。村委会还可以通过微信聊天群等数字化软件与村民实时便捷沟通,及时了解民生需求,解决问题,增强了村民的参与感和获得感。这些数字化的服务和沟通方式,让村民感受到了更多的关怀和温暖,提升了他们的生活幸福感。

但是,在农业农村还未到达完全现代化的当下,数字技术于乡村而言,还有很长的一段路要走,但这也让人看到了振兴乡村的宏伟前程。在启程前往虹桥村之前,我在各个线上推广平台上浏览了各家民宿的营销宣传信息,虽是琳琅满目、图文信息应有尽有,但是整体的排布略显凌乱,文案内容也有些平淡,无法第一时间抓住浏览者的眼球。到了虹桥村,我顺着热心村民的指引,找到了"顾伯伯民宿群"负责人陈女士。这才发现,原来大部分民宿的推广运营是村民个人负责,质量也因此良莠不齐。陈女士一边小小地得意于自己在运营过程中学会的图片编辑、视频剪辑等多媒体技能,也感慨缺少拥有过硬的专业水准和丰富的知识储备的专业人才的苦恼。"哎呀,这也没什么办法,我们毕竟就是一个小村子,薪水也不高,大学生都不愿意来的。"我刚想张开嘴宽慰她两句,却又无从说起,只好笑着道谢。由着她的话语,我们来到村委会,有幸受到了村委书记的热情接待。当问及人才问题时,他同样是长叹一口气,表示乡村振兴需要投入资金的方面太多,人才的薪资问题始终无法得到妥善解决。幸好村内在外上学工作的青年在寒暑期回乡总是能来村委会帮衬上一些,以后有机会让他们来解决数字化难题也不失为一种办法。

数字化的浪潮之下,新兴技术成为助推乡村振兴的一大不可或缺的力量,在虹桥村也逐渐成为民宿产业发展的未来方向。尽管数字技术在乡村推进中受到种种客观因素的阻碍,但大势仍不可挡,随着一批又一批的青年学子带着专业知识,怀揣热血和希望走入乡村,走入基层,为乡村振兴注入年轻的血液,数字技术终将因地制宜,在广大乡村助力百姓走上脱贫致富的道路。

千村调查不仅是广大上财学子走进乡村担负调研使命,为乡村振兴注入青年力量的实践活动,而且是一个以"实"育人,以"情"动人的主题教育项目。

《关于在全党大兴调查研究的工作方案》指出调查研究是中国共产党的传家宝,在理论学习、调查研究和问题处理上都应从实际出发,突出"实"的力量。千村调查便是以此为理论基石,以"实"育人,让调研精神深入学生的科研和学习生活之中。在虹桥村进行问卷调研时,为对乡村整体发展情况有更为全面的认识,我们专程拜访了在村子长期居住甚至是不了解网络的老人。在数字化专题的背景下,这样的问卷调查开展得尤为艰难。在发现了问题后,我们立刻着手思考解决方案,根据老人的实际生活情况,我们选择了对部分用词专业化问题进行简化复述协助作答,同时在数字化问卷板块通过向老人演示各个软件的操作方法,询问其真实感受进行作答,以此来规避问卷答案不真实、不全面的情况。每个时代都有每个时代需要解决的问题,在数字化蓬勃发展的当下,一些老年人深受数字化困扰的问题不容忽视,因此在这样的问卷背景下,我们更应以"实"为导向,从实际出发,发现问题解决问题,真正下足调研功夫,做实千村调查。

而采用"大方向小聚焦"的千村调查,并不仅仅引领学生简单地去往乡村采集数据,更是鼓励学生在以"实"为本进行调研后,以"情"为导向发现乡村"小问题",以小见大撬动乡村振兴的发展。我们在走访了虹桥村各个民宿户主和部分居民后,发现村民大多真切地惊叹于虹桥村民宿产业如今的发展,更是对其未来助推全村经济发展有着满腔的希冀。这样的感情我们虽在网络上听过、见过,也对自己的家乡拥有过,但真正面对如此澎湃热烈的感情时依旧受到了震撼。村民满怀期盼的笑容让我们在高质量完成调研工作的同时,以"情"为锚,找到了虹桥村发展的问题所在和未来方向,以自己的青春力量,助力村镇的未来发展,与村民一道期盼未来更美丽的中国。

在希望的田野上,共绘乡村振兴新画卷

庄 易[①]

车墩西南有一村,黄浦江畔名长娄。
千亩良田涌金浪,千户民宅诉变迁。

听过交响乐的华丽,听过胡笳声的悲凉,我却愈爱这筝音的清澈。看过俄罗斯文学的忧郁,看过日本情结的物哀,我却再度审视着回归中国乡土的独有魅力。

社会的发展,让长娄村从传统走向现代化美丽新农村,围绕"乡村振兴",长娄村以生态农业为基、以产业项目为翼、以文化传承为魂,不断探索着乡村振兴发展的新格局!乡村振兴的美丽画卷正徐徐铺开……

将"一方水土"变"世外桃源"

千村调研期间,走进奥德农庄,育红颜草莓、白沙枇杷、太秋脆柿等水果作物映入眼

---

① 庄易,女,会计学院 2022 级财务管理专业本科生。

帘，农庄还有提供蔬果采摘的悠闲活动与亲子娱乐。村内还有阳光果园、紫园葡萄等农产品基地，盛产不同类型的水果，一年四季足以让村民们大饱口福。在村支书的介绍中，我了解到长溇村正全力推动高标准农田建设，提质增效，补齐农业基础设施短板，把农田基础设施建设与农村生态环境改善有机结合起来。

始终致力于绿色发展，以质量兴农、品牌强农为目标，长溇村打造品牌塑造乡野新景观，面向社会提供野趣横生的环境体验，让乡村成为一解乡愁的"栖息地"。

变"一弯明月"为"众星揽月"

在香地艺术中心，你可以体验一场艺术的感官之旅，沉浸于不同的艺术情境去追寻专属于自己的想象；在非遗木作体验馆，你可以以木为材润色生活，营造自然的意境；还有一条"葛宇路"，用"户与树"回忆曾经在这里的时光，感受生命的时间尺度……不同于以往花费巨大精力制定出行攻略，后疫情时代以"临时决策、本地探索、小众玩法"为特征的"即兴度假"成为出行新趋势。

家门口的风景焕发新色，老地方也有新玩法，牧野失控玩家农场以不同的视角探索被忽略的美景，沉浸式新玩法使其成为都市人的精神乌托邦，"微旅行露营＋"也足以疗愈工作和生活带来的精神内耗。

这一路我见识了长溇村着眼于乡村自身产业的发展，以产业振兴带动乡村振兴，通过产业导入逐步掀开长溇村的神秘面纱。

从"一花独放"变"百花齐放"

优秀的乡村文化是乡村振兴的精神内核，也是乡村文化振兴的内在要求。长溇村深知传承乡村民俗、民风、民情，注重现代要素与乡愁文化相结合，通过塑形铸魂不断促进乡风文明建设，在文化传承中活化乡愁，通过健全公共文化体系，夯实乡村法治文化建设基础，融入中医康养文化，使文明乡风劲吹广袤田野。

调研中，我还参观了长溇村中心卫生室成立的"上海市中医药特色示范区卫生服务站"，服务站通过打造"一站一品牌"，在中医传承的基础上创新发展，把中医养生健康文化融入社区家庭和每个人的生活之中。村支书向我介绍长溇村今年还将打造乡村影院，使其成为唤醒乡思、满足乡愁的精神寄托；深入建设农耕文化，对王冬冬农机服务站进行优化升级，提升场馆厚植农耕文化的特色底蕴；下一步还将打造村史馆，铭记历史、留住乡愁，打造丁娘子布艺馆传承弘扬布艺文化，让手艺扎根在乡村土壤里。

> 美丽乡村漫步行，当年旧貌换新颜。
> 小桥流水风景美，畔草生绿花绽红。
> 垂髫花甲天伦乐，幸福生活沐春风。
> 乡村振兴在路上，喜逢盛世耀光芒。
> 在希望的田野上，

一粒粒种子
正在蓄积向上生长的力量，
一个个奋斗的身影
正在绘就乡村振兴的美丽新画卷。

数字东风 技术联丰 智慧民生

班子欣[①]

"风好正是扬帆时,不待扬鞭自奋蹄",数字技术这阵东风吹遍了中国的神州大地,千千万万个村落借着这阵东风扶摇而上,浙江省丽水市缙云县壶镇镇联丰村也不例外,数字技术的发展与联丰村智慧民生服务的变化实现了同频共振。

各类数字化治理技术向我们翻涌而来的时候,也是数字化时代呼之欲出的时候。只有借着数字东风扬帆启航后,才能让中国在乡村振兴的道路上激发出无穷潜力,在大国博弈的游戏中发挥出无限可能。煤炭时代催生了英国,油气时代成就了美国,数字时代机遇与挑战扑面而来,旧秩序灰飞烟灭。

反思过去,困难重重

过去的联丰村:村庄内只有一所小学,存在师资力量不足等教育服务问题;村民在村庄附近无法享受到专业的医疗服务,存在药品供应不足等医疗服务问题;村庄的供水系统和电力系统不稳定,存在水电供应不足等基础设施问题;村民面临麻烦时无法得到及时有

---

① 班子欣,女,公共经济与管理学院2022级公共管理专业本科生。

效的帮助与解决方案,存在一系列社会保障问题;村民将垃圾随意倾倒对土壤和水源造成污染,存在各类环境治理问题……

无疑,中国正处在一个数字技术变革的时代节点上,但"岁月不居,时节如流",我们能否把握住时代节奏变迁的那一刻?有人看见了壁垒,也有人看见了从壁垒缝隙中透过的光。联丰村村干部们借着数字东风打造技术联丰,他们将数字化技术引入智慧民生服务中,以往种种困难都不足为惧。

我们正处于"百年未有之大变局",数字技术迅猛发展,与其随着数字东风任意东西,不如"于变局中开新局",用成熟的眼光去洞悉表象背后的纵深,用当下的奋斗去战胜变幻莫测的未来。当我们找到正确的乡村振兴目标并利用好数字技术这阵东风时,或许就能飞得比别人更高更快些。

立足现在,脚踏实地

数字技术如同弯弓搭箭的力量积蓄,使联丰村智慧民生服务发展在全国乃至世界范围内遥遥领先。毋庸置疑,数字技术的发展和人民幸福生活的保障之间的关系并不是此消彼长,而是共生发展。

习近平总书记指出:"要把增进人民福祉作为信息化发展的出发点和落脚点,让人民群众在信息化发展中有更多获得感、幸福感、安全感。"联丰村在"科技为人,以善天下"的科学价值观指引下,利用数字技术迅速发展智慧民生服务,全力赋能乡村振兴。

现在的联丰村:村子里大部分的政务审批是在相关的数字技术平台上完成的,打造了一体化的政务服务。例如"浙政钉"App、"清廉丽水"公众号等,通过数字技术提高了各行各业的工作效率;利用普及的多媒体技术开展线上课堂,为教育服务提供了更丰富的资源和渠道;患者可以在家中远程咨询、在线预约、自我诊断等,为医生和患者都提供了医疗服务的便利;开发特色网页进行乡村治理,便于本村村民和外来人员获取村子信息,社会保障取得显著提升;二维码支付几乎无处不在,很少有人出门再带现金了……

联丰村在数字化智慧民生服务领域以不可估量的速度迅猛发展着,上述在实地调研过程中了解到的例子,无一不是"唯有把握当下,以求无愧未来"的生动体现。

创造未来,行稳致远

跨越历史长河,纵览全球发展:流水不争先,争的是滔滔不绝。史铁生先生在《务虚笔记》中曾说:"过去并未消失,而未来已经存在。"吾辈青年正逢其时,也重任在肩。"对于怯懦者,这是最坏的时代;而对于进取者,这是最好的时代",迎接我们的必将是最好的时代。

时代画卷沿途展开,历史华章持续演进,书写宏伟新篇的巨笔已悄然传递到了吾辈手中。吾辈定能以青春之我,逐华夏之梦。正如习近平总书记所说:"中华民族伟大复兴的中国梦终将在一代代青年的接力奋斗中变成现实。"在青年村干部们的带领下,不断精进数字技术以发展智慧民生服务进而全面赋能乡村振兴的联丰村便可以宣示:它又一次走在正确的道路上,把命运掌握在自己手中。

我们在时代面前既渺小又伟大。渺小在,我们几乎无法对抗历史的潮流,逆势而为;但伟大在,我们可以发挥主观能动性,顺势而为。

未来的联丰村:建设电子商务平台,直接将产品销售给消费者,省略中间环节,促进农村经济增收;构建全面高效的农村物流和配送系统,降低农产品的流通成本和损耗;开展全方位数字技术应用的远程教育和培训,提高农民的种植技能水平和知识素养,提高生产经营效率;利用大数据和人工智能技术对农业进行大数据分析,实时监控气象信息、土壤条件、作物生长等数据;建立数字化农村金融服务平台,方便村民进行支付和贷款等,提高数字金融服务的普及度;建设农产品溯源系统,利用区块链技术记录和追踪农产品的生产加工等信息……如果数字化对集体是希望的河,那对具体的个人来说就是润泽的雨。联丰村还将在特殊人群的治理工作中实现数字化转型。例如,对独居老人的生活进行实时监测,添加跌倒报警装置等,为本村村民提供最坚强的后盾和最有力的保障。

过去、现在、未来,我们一直在风里,我们一直在路上。中国青年不只在感慨、思考,更在行动。这是一个属于中国青年的时刻,我们定能不负前辈之光。

乘上数字东风,冲上云霄之巅,等待突围的主角早已换成中国。穿过旧秩序,是一片新的星辰大海,那里充满着机遇与挑战,还有等待书写的新故事。毫无疑问,我们都将是这段历史的书写者和见证者。

在调研中重新认识故乡

陈舒怡[①]

作为返乡调研小组的组长,我将我爷爷奶奶所在的村子设为我们的调研地点。在我很小的时候,父母工作繁忙,所以我和爷爷奶奶一起在村子里生活过几年。后来我去了城里,由于学业等原因,很少有时间回村里看望爷爷奶奶。此次千村调查活动给了我一个契机,让我回到小时候居住的地方,重新认识这片在我记忆里已经模糊的土地。

在开展调研之前我翻阅过入村问卷和入户问卷的具体内容,对于村民们是否愿意回答我这么多问题,心里其实是有点打鼓的。于是我最先拿我爷爷"试手",他是我的第一个采访对象,通过采访爷爷,我确定了每份问卷大概需要的采访时长,了解了哪些问题对于老年人来说理解有困难、需要用口语化的方式表达,这为后续问卷调查的顺利展开做了铺垫。

费孝通先生在《乡土中国》中提到,中国的乡村多是"人情社会",此次调研中我深有体会。入村和入户问卷都是爷爷奶奶带着我和组员去做的,村里街坊邻居多半互相认识,因此村民们虽然一开始看到我们几张面生的年轻面孔有些许狐疑,但是在和爷爷奶奶简单聊了几句之后便明白了我们的来意,于是都欣然接受了采访。

我采访的多是中老年人,虽然到了假期,但还是能在走访的过程中明显感受到村里老龄化严重,年轻人多半已在城里定居,只有过年的时候才会回村里待上几天。我们村的土

---

① 陈舒怡,女,金融学院2022级金融学专业本科生。

地基本是每户1~2亩,不同于很多农村中的村民多数务农。我是温州人,村里的村民们很多是兼有务农和经商经历的,因此土地虽分到了每户,但事实上很多人家已经不种地了,田间地头看不到很多作物。也正因如此,我在问关于农业种植的相关问题时有些不知从何问起,毕竟很多村民已经对种地不熟悉了。

很多基本问题村民们的回答都大同小异,大家对养老部分的一个问题的回答令我颇感惊讶。平时长辈们常说"养儿防老",但对于问卷中"以后主要靠谁养老"这一问题,很多村民几乎是毫不犹豫地选择了"靠自己""靠养老保险"。我想,虽然父母长辈总是期望孩子能有所成就,但其实并不曾真的想让孩子给予自己多少回报。

2023年千村调查的主题是"数字技术赋能乡村振兴",我原本以为处在较为发达的地区,村里应该也是比较先进的,结果通过与村民的对话才了解到村里农业发展状况一般,几乎没有引进先进的技术和设备。这一方面是因为拨款偏少、相关宣传不到位;另一方面是因为村民们不会用、不想用。事实上,村里的老年人只会操作家中的空调、冰箱等基本电器,手机用得都很不熟练,因此对于高科技的农业技术、设备,如果缺少相关培训,村民们即使购买了也不知道如何使用。针对此情况,我想应当加大扶持力度,政府提供资金引进高端农业技术设备并指导村民们使用。

我们小组的调研主题是农村养老产业现状研究,结合2023年千村调查的主题,我们试图在调研中总结出将互联网与农村养老产业结合的可行性与措施。我认为村里爷爷奶奶们面临的养老困境不是没有钱去享受,而是有钱也难以买到高质量的娱乐、医疗等服务,因为村内事实上缺乏基础养老设施,也未引进相关网络技术。我们认为将互联网与农村养老产业结合可以有效打破农村老人的信息壁垒,充分提高老年人的生活质量。

入户调查使我对村里乡亲们的生活有了更多了解,入村调查则重塑了我对村子的认识。村里年轻一辈多在外经商,不乏较为富裕者,他们事业稳定后便会出资重新翻修村里的老房子,因此村里的别墅并不少见。然而,我们村子总体并不富裕,据村会计说,我们村是周边几个村子中最穷的一个。每年上级给村子的拨款不多,村里一些寺庙、道路的修缮常常是靠村民们出资,我很小的时候上幼儿园是去旁边的镇里上的,这么多年过去,村里还是没有建起来任何学校——但这其实也可以理解,毕竟现在留在村子里的孩子越来越少了。对于问卷中"有没有"类的问题,村会计的回答多是"没有",问到最后我感到有些无奈——原来我们村子算落后的。有时我感到"乡村振兴"像是一个难以寻找答案的难题,要振兴乡村就要有青壮年人力和资金的投入,可是乡村还没振兴的话,又有多少青年人愿意回到村子里来呢?

我想,"千村调查"的意义并不只是在于让我们拥有一次下乡调研的社会经验,它事实上还给了我们看到社会另一面的机会。我们常年生活在繁华的都市,被浮躁与功利心包围,有时难免感到迷惘,不知道自己学财经是为了什么、出路又在哪里。而通过走千村、访万户,我们直观地看到了乡村与城市相比之下的落后程度,如何缩小城乡差距、振兴乡村经济,是我们年轻一代亟须思考的问题。如校训所言:"厚德博学 经济匡时。"希望我能在学习和成长的过程中秉持初心,肩负起社会责任,不负母校与社会的期望,为国家经济繁荣与社会进步贡献自己的力量。

用脚步丈量乡野　用实践书写青春

黄嘉诚[①]

　　余叔是一位守着四时更迭、物候轮转而劳作的农民。明明是和我父亲相仿的年纪,却显得比我父亲苍老许多,而他的子女就像远行的候鸟,只能遵循着一年一度的振起和返回,只有他一人在如火烈日下、雨水滴答中的乡村田野上,头戴一顶草帽,手握一把镰刀,脚穿一双劳动鞋,用他那坚实却难以直立的后背,撑起了并不广阔的一片天地。初见他时,夕阳刚刚躲进了老树的背后,余叔穿着他那被汗水湿透的廉价汗衫,露出一截黝黑的胸膛,踏入了村委办公室的门,我急忙起身微笑着迎接他。混杂着汗水的味道,我恍惚间也闻到了稻田和泥土的气味。

　　"您多大了?"我问道。

　　"52岁了。"

　　"那可以麻烦您填写一下我们的问卷吗?"

　　"我不识字唉。"他面露尴尬地笑了笑。

　　"啊,没关系的,那我就问您几个问题吧。"

[①] 黄嘉诚,男,国际教育学院2020级商务会计专业本科生。

"您家孩子呢?""在外头上班呢。"

"那您妻子呢?""年轻时候穷,跑啦。"

我心生不忍,越发小心翼翼起来。我望着他雾蒙蒙的眼睛,长期的日晒雨淋让他的皮肤失去了从前的光彩,他的额头上也显露出一条条皱纹,这一条条皱纹上烙印了多少艰辛、多少疲劳。

"您会用智能手机吗?""有,但是不大会用。"

"那有车吗?汽车?电瓶车?""有个电瓶车,儿子给买的。"

"您家一年收入多少?""8 000元。"

我张了张嘴,8 000元,在我们这些城市长大的孩子眼里,不过是一台电脑而已。

初到浙江省淳安县枫树岭镇下姜村,从小在平原城市生活的我只觉来到了一处世外桃源,这里的一切对我来说都是新鲜的、美丽的。我望着夕阳悬挂在西天边的山上,那山水交接的地方,晕染开一层一层红晕。我举起相机记录这些静谧的美景,和网络那端的好友们分享我的所见。可随着调查的进行,我开始明白,我相机里那些动人画面的代价却是不为人知的孤独和贫苦,上天留给村民们一片山水,却也让他们长期扎根于土地。然而对于生活简单安稳、扎实宁静的村民们而言,这也是幸福的、令人满足的,土地给他们最可靠的安全感,他们与土地血脉相连,土地滋养着他们,也束缚着他们。信息时代无处不在的触角并没有太多地伸进这乡野角落里,而几千年以来的小农经济却依然深深扎着根。但这正是我们的根、我们的血脉,中国人的根、中国人的血脉。他们在这个繁荣世界的小角落里守着根。

但个人的生活和社会的发展必然是要向上走的,我们来调研时,村民们都比我们想象中的更加积极主动,甚至有名额不够、访谈不到而苦苦等待、急切要求的。纵然这一方天地里有着那么多让我们想要流泪的病痛和孤独,他们仍然以淳朴至善的个性面对每一个到来的人,也平静满足地叙述着自己的生活——越来越好的生活,也称得上是落后的生活。他们也是想要看见、体验外面的世界的,开着汽车的、高楼大厦的、精彩纷呈的世界,于是那么主动地配合着我们的调查,他们明白且信任着,这是他们迈在幸福繁荣的康庄大道上的其中一步。

7天,200户人家,200份问卷,我们不厌其烦,也不厌其详地探访、询问。儿子远在他乡、独自带着孙子生活的余伯伯,子女在身边、却是重病在身的江婆婆,四口人都以土地为生、鲜少踏出村镇的王叔一家……他们的不幸以一种坦诚赤裸的方式呈现在我们面前,我才知道,扶贫并不是一串串冰冷的、没有生命的数字符号,而是一个又一个鲜活、完整的生命。人们总惯于以整体印象代替个体的不幸——以集体的名义遮蔽最真实的生命单位。繁荣世界的真实面貌并不只有江浙沪、北广深,而我在这里找到了"贫困"的"现场感",找到了真实的个体归属,找到那一个又一个数字的载体。我相信我不会只记住那些数字,我会把他们留在自己的生活视野和情感领地里,哪怕作为一个学生,无力改变这现状,但也要作为他们生活的叙述者,向世界传达他们的人生故事,描绘这个角落,乃至一个个角落。

我们此次调研的目的是调查下姜村的养老情况,调研的实际情况告诉我们,下姜村具备一些基础的养老设施,但仍然不太完备。考虑到年纪大的留守老人们不便做饭,村里有老年食堂,70岁以上的老人吃一顿饭3元,80岁以上的老人只要2元;路边也有一些健身器材,但使用的人并不多。除此以外似乎也没有太多老人受益的基础设施了。田埂上时常可见歇坐着的头顶草帽、汗流浃背的老人们,脖子上挂着一条毛巾,他们干裂的手抚去顺着脸颊流下的汗珠,这又是谁的孩子谁的父母?询问后得知,他们的子女或是远在他乡或是残疾或是卧病在床,他们靠着劳动努力撑起一个家。我常想,如果这是我的父辈祖辈,我挣扎不忍的心又该何处安放?《礼记》中写道:"故人不独亲其亲,不独子其子,是谓大同。"此刻我站在这里,有能力、有机会借着学校和政府的平台站在这里,是多么幸运,希望这七天来我所做的一切、书写出的文字,能够在未来的某一天,给他们带来更加安稳幸福的生活。

"走千村、访万户、读中国"这样的口号,是用真正的"走"实现的,用实践实现的。超越千千万万个数字之外,我们用自己的双眼去看见,用自己的双手双脚去抚摸,去书写,才能真正地读懂中国的完整画卷。时间从指缝中溜走,离开下姜村,还有一年,我也要毕业了。岁月因青春慨然以赴而静好,世间因少年挺身向前而更加瑰丽。在未来的日子里,这次的千村调查将是我脚下的基石、前进的基调,深深地影响我乃至成为我灵魂的密码。生命之间、命运之间,其实很近,我将抓住更多的机会去见一见那些欢笑和泪水、安乐和困苦,以不会动摇的道德和价值标尺,成为我想成为的人,做我力所能及的事。

走进华堂，走近乡村

梁金晶[①]

王羲之后代一脉定居于浙江省嵊州市卧狺山麓，其子孙善书画，宅有"画堂"美称，这也就是华堂村村名的由来。2023年8月上旬，本小组对浙江省嵊州市华堂村进行了实地走访和调研，收获颇丰。对于华堂，我的印象由耳听变为眼见、亲历；对于乡村，我也有了更深、更远的体悟和思考。

一、初识华堂

我们并没有直接前往华堂村，而是先前往其所属的金庭镇政府，向农业办、旅游办和财务会计人员了解金庭镇和华堂村的相关情况。在访谈交流中，令我印象最深的有两点：一是低估了部分宏观经济数据的统计难度，二是低估了农村产业扶持政策的推进难度。在基层一线做农村工作，远没有我们想象的简单和清闲，反而极其需要对"三农"问题症结的了解和与村民沟通的社交智慧。就拿2021年开始试点的桃形李气象指数农业政策性保险来说，参保面积逐年增长，分别为1 419亩、4 137.4亩、6 116.8亩，虽然在短短三年内

[①] 梁金晶，女，公共经济与管理学院2021级财政学专业本科生。

取得了很大的进展,但仍然有很多缺乏信息渠道的村民不认同、不愿意参加保险,认为这是诈骗。

而后,我们前往华堂村下的观下村,偶遇一位热心村民大姐,她不仅认真填写了入户问卷,而且担心我们被村民误解,打电话让儿子陪同我们进行入户调查。在烈日炎炎的夏天,大姐的帮助让我们感受到了村民的淳朴善良和党员的奉献精神,我们顺利地完成了几份入户问卷的填写。

二、探访农行

我们还有幸联系到嵊州农商银行金庭支行的裘行长,他带领我们简单参观了金庭支行,并结合实物给我们生动讲解了支行对于农村桃形李产业的各种扶持措施,例如特色农副产品共富展示窗、"越美·桃李贷"、"越美桃李 共富工坊"、"行长有李"抖音平台。金庭支行不仅从金融上支持桃形李农,给予他们低息贷款的专属优惠,而且鼓励员工下乡帮助农民解决生产生活难题,折价为李农提供农商"共富"李箱,等等。分行网点不大,但还有专门的照片墙,上面大大小小的照片都是助农惠农的美好瞬间,也号召着、引领着更多的农行人加入共富为农的大家庭。

在与裘行长的谈话中,我们了解到桃形李的产量并不是越多越好,这也是不深入农业工作的人会陷入的一个常见误区。单株桃形李的李数过多,如果疏果不及时、不彻底,就会导致最终结果太多,小果占比多、采摘费力,且产量过大会导致市场价格下降,虽然总体产量提高,但农民的总收入下降明显。

三、与村共思

华堂村的基础设施并不差,有党群服务中心、文化礼堂,省道、乡道的铺设也没落下;此外,由于是王羲之故里,村落里还有一定的文化旅游资源。走在石板路上,我们像普通游客一样在雨中踱步,静静地感受着村落的呼吸。村外还有一条商业街,开些小卖部,有些果农就在路边一坐,售卖新鲜采摘的桃形李。中小果价钱多为一两元一斤,低至五毛;大果则五元左右一斤。通过闲聊,我们还得知很多散户农民欠缺线上售卖的经验,而线下售卖,要么如前文所说,只能低价卖给中间商。桃形李对于果农,是不能割舍的孩子,明知不会取得太高的收入,但更不忍心让成果腐烂。

大多数果农已步入中老年,他们的孩子也并不从事这个行业,子女最多也就是在朋友圈里卖力宣传,借以将优质桃形李出售给亲朋好友。这样的客源虽然稳定,但终究供过于求。客源不足的困境促使我们不断地思考如何进一步打开桃形李市场,其中一个绕不开的话题就是物流。桃形李果肉采摘后易腐,物流运输成本不免提高,就算存在五湖四海的订单,其运费也是一笔不小的开支。

借这次千村调查的机会,我走进了嵊州的华堂村。虽然我并不是嵊州人,但通过这几天的调研,我同样深入农村的一线,感农民所感、想农村所想。我也曾在农村长大,对于传统农村的生活模式有一定的了解。但生活者和生产者面临的农村大不相同:我只是身在其中,感受田园清净;而农民需要面朝黄土背朝天,日复一日地辛苦劳作。农村有自己的呼吸和节奏,政策和措施一定是去贴合农村的现状、农民的生活、农业的发展,而不是凭空降落,这样起不到理想的效果。乡村振兴战略,共有产业兴旺、生态宜居、乡风文明、治理有效和生活富裕五个总要求,需要统筹推进农村经济建设、政治建设、文化建设、社会建设、生态文明建设和党的建设。所以,让我们回归乡村、融入乡村、洞察乡村的发展潜力和当下痛点,将宏观的发展目标和每家每户的发展需求相结合,推动乡村向现代化奔跑。

访山高水长,知岁稔国强

邵一诺[①]

"有了你们大学生来做调查反映真情况,我们的生活肯定会越来越好的!"一位一开始将我们当成诈骗犯的奶奶在做完整份问卷后如是说,我与同组的成员相视一笑——这次千村调查定是来对了。

党的二十大擘画了以中国式现代化全面推进中华民族伟大复兴的宏伟蓝图。全面建设社会主义现代化国家,最艰巨最繁重的任务仍然在农村,必须坚持不懈把解决好"三农"问题作为工作重中之重,举全党全社会之力全面推进乡村振兴,加快农业农村现代化。利民者,天下利之,"三农"问题是关系国计民生的根本性问题。"仓廪实而知礼节",中国的种子起于乡村,我们的根扎于乡村,没有农村的现代化,就没有国家的现代化。

于是,我们一行11人不畏酷暑难耐,走在浙江桐乡各镇各村小路上,深入田间地头,访山高,走水长,以目之所及观今日之乡村;我们不惧各式拒绝,将问卷发进千家万户,在一次次访谈中悟数字化发展于乡村振兴的重要性,也知岁稔方能国强,强国必先强农。

而千村调查之于我,首先是一次充满人间烟火气的经历。当我们一行人远离城市的喧嚣,踏上那宁静的乡村土地,感受到的是一股浓郁的人间烟火气息——身处广袤的乡野

---

① 邵一诺,女,会计学院2021级会计学专业本科生。

之中，耳边萦绕的是风的轻唱，眼前展现的是生命的繁茂。不同于传统乡村，桐乡农村产业多元，老龄化严重的村庄却饱含生命的韧劲：我看到石门乡村全力发展数字农业，将新兴数字技术与传统耕读精神相结合，破除传统农业困境，以数字技术赋能农业振兴；我看到洲泉镇利用旅游资源，用文化共富带动乡村共富，在传统农业、制鞋业衰败后，利用文化优势助力乡村转型，发挥乡贤助力社会治理，走出一条新路来；我看到崇福镇在面对疫情冲击时利用电商直播改善销售环节，将传统的育种收获、养蚕缫丝卖出了新花样。他们都在困境中利用数字福利探寻新的出路，而我则在袅袅炊烟里看到乡村向上蒸腾的韧劲。

带着任务来到桐乡，这次千村调查也是一种发掘。来之前，对着"数字技术赋能乡村振兴"的主题不知从何下手，总觉得乡村还未跟上数字经济时代的步伐。而来到桐乡，我在探访濮院"时尚化、数字化、国际化、品牌化"的羊毛衫市场时，惊叹于其利用电商直播转变销售渠道从而做出的大突破，也深深感受到"开天辟地、敢为人先"的创造精神。而在拜访石门镇数字化农业企业时，我在华腾集团看到了一个以生猪养殖为基础，集生产、加工、养殖、种植、观光、休闲、旅游、研学、文化为一体的生态农业庄园，也始终不敢相信全程智能化的生猪饲养管理会出现在一个小小的村庄……在短短七天的调研里，我们并肩而行，发掘着"敢为人先、实干奋进"的桐乡精神，发掘着可敬的村干部们奋战在推广数字化技术、乡村振兴一线的干劲，发掘着一群乡贤能人饱含热情、情系家乡的联结，发掘着不同类型的企业运用不同的数字技术进行转型的创造。

千村调查结束，每每回想起这七天里的所见所闻，更觉得这是一份"为农民立命"的责任。宋代大儒学家张载曾写下"为天地立心，为生民立命，为往圣继绝学，为万世开太平"的气吞山河大愿，这是古往今来中华民族最深沉的精神追求，而以民为本则是其最鲜明的特色。"民为邦本，本固邦宁"，从共产党走农村包围城市道路，到安徽凤阳小岗村的"揭竿为旗"打响改革路，再到如今"生态农业，观光农业燎原之势"的惊人发展，正是中国作为一个农业大国，为农民立命的担当。如此大方向下，时代也赋予我们大学生相应的责任，千村调查则给予我们担起责任的机会。在本次进村入户发放问卷时，许多爷爷奶奶在问卷结束后表达了对本次调查的期待，希望我们的调查能够给他们更好的生活。诚然，在政府的支持下，许多农村小微企业已运用数字化手段走出困境改变现状。但对很多村里的老年人来说，本身贫瘠的知识水平和生活现状让这种数字福利成了一条难以跨越的数字鸿沟，而关注农民诉求、改善农村现状也正是数字经济时代我们应该努力的方向与责任使然。

千村调查赋予我们机会融入乡土中国，看"三农"问题，悟乡村振兴。数字经济时代，在调查中，我们看到各式各样数字赋能行业转型的案例，但也看到了大多数村民所面临的数字困境。因此，时代将画卷交予青年人绘制，以我之青春融入振兴路。不管是作为千千万万青年人之一，还是作为千千万万聚焦经济的财经学子之一，躬逢盛世，我们领略过书海浩瀚的魅力，倾听过时代的呼声，拥有着象牙塔的纯真和成熟的思想，也更懂得乡村振兴之于时代的意义，站在时代关口，更应充满信心，担当重任，以"经济匡时"的财经工作者情怀到祖国需要的地方去，推动共同富裕，助力乡村振兴。走山高访水长，亦知岁稔方能国强，少年没有乌托邦，心向远方自明朗。

预见数字化下更好的未来

沈葆祺[①]

在千村调查项目中，我前往浙江省杭州市富阳区春建乡春建村进行了实地考察，深入了解了春建村的数字平台建设和运行情况，采访了不同层面和角色的村民和干部，观察和体验了数字平台对乡村治理的影响和作用。在此，我想分享一些在调研中的所见所闻所思，以及我对数字赋能乡村治理的认识和感悟。

一、数字平台提升了乡村治理的水平

春建村作为先进典型，建设有网格系统、网上公务平台、一网协同平台、智慧农业平台等数字平台。这些平台通过信息化、数据化、智能化等技术手段，为乡村治理提供了有效的工具和支撑。

首先，通过网上公务平台、一网协同平台等数字化服务管理系统，春建村实现了乡村治理的透明化、程序化、高效便捷化。这些系统将政务服务、民生服务、社会服务等各项事务在线上办理，实现了"一网通办"，方便了群众办事。同时，这些系统也将政府决策、执

[①] 沈葆祺，男，外国语学院2022级商务英语专业本科生。

行、监督等各个环节在线上展示,实现了"阳光政务",增进了群众监督。通过这些系统,春建村提高了政务服务的质量和效率,增强了政府公信力和社会信任度,促进了社会和谐稳定。

其次,通过智慧农业平台等数字化监测管理系统,春建村实现了农业生产过程的数字化监测和智能化管理。这些系统利用物联网、互联网、大数据等技术手段,对农业生产环境、资源、设备、产品等各个要素进行实时采集、分析、预警、控制等操作,实现了"智慧农业"。通过这些系统,春建村提高了农业生产的质量和效率,降低了农业生产的风险和成本,增强了农业竞争力和可持续性。

二、数字平台优化了乡村治理的结构

除了提升乡村治理的水平外,数字平台还优化了乡村治理的结构。通过数字平台的建设和运行,春建村打破了传统的乡村治理模式,构建了新的乡村治理体系。

一方面,数字平台促进了乡村治理的协同化。通过数字平台,春建村实现了政府、企业、社会组织、村民等各方的信息共享和资源整合,形成了多元主体、多层次、多渠道的协同治理机制。在这个机制下,各方可以充分发挥自身的优势和作用,相互协作和配合,共同推进乡村发展。

另一方面,数字平台促进了乡村治理的创新化。通过数字平台,春建村实现了对乡村治理问题的深入分析和科学诊断,提出了针对性的解决方案和措施,形成了具有特色和效果的创新治理模式。在这个模式下,春建村可以根据自身的实际情况和发展需求,不断探索和实践,不断改进和完善,不断创造和突破。

三、数字平台激发了乡村治理的活力

数字平台在优化乡村治理的结构外,还进一步激发了乡村治理的活力。通过数字平台的建设和运行,春建村增强了乡村治理的动力源泉,即村民的参与意识和能力。

数字平台提高了村民的数字素养。通过村民数字素养与技能培训等数字化教育培训活动,以及相关政务系统的宣传。春建村正在致力于提高村民使用数字平台的能力和信心,使村民能够熟练地利用数字平台获取信息、享受服务、表达诉求、参与决策等。

在可以熟练使用相关平台的基础上,村民的村务参与意愿也提高了。通过村民满意度调查、投诉建议反馈、民意征集征询等数字化沟通交流活动,春建村提高了村民对数字平台的认可度和满意度,使村民能够主动地利用数字平台参与乡村治理,为乡村发展贡献力量。

四、采访感想

除了对数字平台的调研,我们还采访了许多人,从村干部到路边卖菜的大娘,看到了乡村群像。村干部在为了村里的产业规划费神:村里有大规模的茶田,村干部在致力于发展更好的智慧农业。大娘则是苦恼于疫情带来的损失和身体健康的问题以及人情开支——虽然当下开放了,但是身体多有不适,看病也费钱费力,而与此同时,村子里的人情礼金还上涨了,来来往往都是支出,收入却不及往日,让大娘很是忧愁……实际上,不管身处何地、身处哪个位置,每个人都有要发愁的事情,人是万物之灵,却也相应地被百感忧心,万事劳形。而数字化的进程,乡村振兴的进程,每个人努力的进程,也正是带来希望的进程,给人间减少些苦痛,多一些欢欣。至少当下来看,这是有成效的路。

在千村调查项目中,我深刻地感受到了数字赋能乡村治理的巨大潜力和价值。我认为,数字平台是乡村治理的重要支撑和推动力,是新时代下乡村发展的有效途径和手段。希望在不久的未来,可以看到更有幸福感、获得感的春建村。

请等一等,"他们"还在后面

王思哲[①]

发展是国家摆脱贫困,实现富强的必由之路。改革开放以来的四十余年,发展成为时代的代名词。无数摩天高楼拔地而起,一座座城市举起现代化、工业化的大旗,成为经济发展的中心,成为助力改革开放的推进器。更丰富的工作机会、更优越的生活条件、更完备的社会保障让许多人背井离乡成为农民工,来到城市为生计打拼,越来越多资源的倾斜和注入让城市发展不断加速。但是,那些农民工所避之不及的地方、那些高速发展政策下被遗忘的角落——遍布华夏大地角角落落的农村,"空心化"越发严重,经济发展举步维艰。在发展的路上,"他们"还在后面。

从"三农"问题成为党和政府工作的重要任务,到乡村振兴战略如火如荼地开展,走进乡村不仅是顶层设计上的政策导向,而且是吾辈大学生担当时代重任的重要路径。响应学校"千村调查"的号召,上财学子深入乡镇,将自己的身影留在田间地头,拓印在这个意义非凡的盛夏。我也有幸跟随下梁老师带领的定点调查队伍来到桐乡开展调查研究。

走出课堂、走进乡村,是为了更好地了解农村的发展现状、农民的生活现状,这是我们

---

① 王思哲,男,统计与管理学院2022级统计学专业本科生。

为乡村振兴贡献力量的先决条件。进一步地,对一方水土的认知,会因为视阈的不同而发生改变。此前,从一名游客的视阈出发,我对桐乡的印象只局限于乌镇的青墙黛瓦和小桥流水。作为此次千村调查的一员,我既是一名参访者,也是一位调研者。身为参访者再游乌镇,当地旅游业的发展现状让我惊叹:全新的游客中心和互联网大会会议厅;菜品统一价格、原料统一运输的景区餐厅;商家"一店一品"的严格准入门槛;完备的景区产品、用品追踪和评价反馈体系……通过对品质的严格要求和细节的严格把控,如今的乌镇已然成为旅游景点建设的样板和典范,世界级的旅游产业也彻底改变了周边城镇农村的发展面貌,成为当地经济社会发展的强力增长引擎。

飞速发展的乌镇旅游,作为一面透镜,折射出近年来桐乡从乡镇到农村发生的天翻地覆的变化,而这也是只有从调研者视阈才能看清的图景。首先,从人居环境来看,桐乡的美丽乡村建设卓有成效。在洲泉镇的马鸣村和众安村,一条清澈的河道串联起周遭的石桥、荷塘、芦苇荡和柳树,也为各类动植物提供了栖息的场所。两个村庄在治水方面颇有成就,众安村的"五水共治"综合整治工程展示馆展现了河道从富营养化显著、鲜有动物到碧波荡漾、生态良好的过程。其次,从产业发展和生活水平来看,桐乡已然形成"一镇一品""一村一品"的产业发展格局,而这也是其农村富裕、农民富裕的根本保障。濮院镇的羊毛衫产业、洲泉镇的制鞋产业都已经形成成熟的交易市场和协会组织,其产品走向全国乃至全世界,并用巨大的经济效益和丰富的就业岗位反哺当地乡镇,崇福镇的农创产业园引入众多高新技术小微企业,为当地农业提供从种植到销售全方位的数字技术支持,实现了转型升级。再者,从村民社会保障和乡村治理来看,桐乡也取得了斐然成绩,如众安村建设的长者食堂和健康中心着力为老年人这一村民主体提供保障,议事堂和调解室也在被调研的众多村庄中均有设立,构筑畅通的民意反映渠道……各个方面凝聚形成合力,共同谱写了乡村振兴的桐乡篇章。

然而,调查者较参访者的视阈更富有广度和深度,向外迎客和政绩斐然的图景是乡村振兴路上走在前面的部分,也是宣传资源着力投入的部分。"'问题意识'是解决中国问题的钥匙",而这也是笔者认为调查者视阈的独特优势所在——它能帮助我们透过宣传,看到乡村里那些备受忽视而落在后面的"他们"。事实上,由于各种资源的不足,"他们"在乡村振兴过程中成为落后的部分,而落后又反过来加剧了被忽视的程度,进一步诱发了资源的不平衡分配,而这也是笔者理解的"千村调查"的意义——让"他们"不再被忽视,让乡村振兴路上成就斐然、走在前面的部分等一等落在后面的部分。

记得在城南村调研时,笔者曾遇到一对夫妻,他们举全家之力供女儿读书、在杭州安家立业,让她走出破旧昏暗的小平房,实现了赶超式的跨越。然而,他们自己住在简易的家中,吃着简单的食物,过着朴素的生活,精打细算着女儿寄来的钱,夫妻俩甘愿牺牲,当落在后面的"他们"。面对这样的"他们",飞速发展的时代不应该袖手旁观。

"他们"是那些一辈子留守在乡村,与农田和畜舍相伴一生的普通村民。随着城乡差距的不断拉大,不论是家庭条件优渥的人,还是有劳动能力和改变命运梦想的人和他们所在的家庭,都渐渐与原来的农村切断了联系,融入了大城市。留下来的村民,或是年事已高,没有外出打拼的身体素质;或是被时代所抛弃,不具备融入城市的基本技能。比如,在桐乡调研过程中我们发现被各类"鸿沟"所困扰的老年人不胜枚举,在这个购买、支付、理财、社交、获取资讯、办理政务等日常事务已经高度依赖数字设备的时代,许多村民却还没有数字设备或不会使用数字设备,日常生活颇有不便,也有村民不会讲普通话、不识字、一辈子没出过村,与时代脱节。"他们"是在城市化、现代化的飞速发展下被遗忘的那一批,在乡村振兴的路上,请等一等落在后面的"他们"。

"他们"是那些所在地区比较贫穷,资源禀赋和先天基础落后,振兴困难的无数村庄。桐乡所在的浙江省是"千万工程""两山理论"的开拓者,也是共同富裕示范区的先行者,而改革开放以来蓬勃发展的民营经济和对外贸易更是创造了巨大的经济效益,让浙江的乡村振兴工程有充足的资金支持,乡村建设在全国也是独一档的存在。而中西部地区的无数村庄,或是交通不便,或是资源匮乏,或是环境恶劣,既留不住本村的村民,也难以培育推动本村发展的产业,对"他们"来说,乡村振兴是一条充满障碍和挑战的道路。经济发达地区的农村在乡村振兴的道路上取得了斐然成绩,而"他们"却落在了后面。在支持发达地区乡村振兴事业建设的同时,请等一等落在后面的"他们"。

如同前文所述,作为"千村调查"项目的一员,借助这次活动给予我的调查者视阈,我看到了桐乡市乡村振兴的斐然成绩,以及其背后在乡村振兴路上落在后面、在高速发展政策下被忽视的角落中,需要被等一等的"他们"。进一步地,作为一名新时代的大学生,我深感以调查者的视阈和问题意识的思想深入乡村调查研究的必要性,也深知我们面对这些落在后面的"他们"的责任感和使命感。这既是我理解的"千村调查"的意义所在,也是"千村调查"带给我的宝贵财富。

因为有那么多的"他们",所以需要这么多的"我们"投身乡村振兴事业,向着国家富强、民族振兴、人民幸福的伟大目标共同前进。

从"田野"中学习,在"田野"中成长

应越云[①]

在农村调研,可以说是一项既新奇又富有挑战性的工作,同样是一个磨炼心性的过程。我在千村调查中,不停地寻找着自己的不足,并不断地在实践中增进自己对农村发展状况的认识,使自己在实践中不断地总结和积累。我认为,要做好千村调查,必须有坚定的信念、平和的心态、勤奋的精神、务实的作风。

一、坚定的信念是成功之径

在千村调查中,我深刻体会到了自己的不足,但也收获了许多。如何在短时间内赢取村民的信任?如何在琐碎的介绍中深挖出村庄发展的治理机制与潜在不足?我常常遇到一些很难处理的问题,但我总是以自己坚定的信念去面对,让自己时刻保持清醒的头脑,做到头脑冷静,有条不紊地去解决问题。正是因为有了坚定的信念,我才能在千村调查中始终保持清晰的思维和高昂的热情,用辩证的思维方式思考问题、分析问题和解决问题。也正是因为有了坚定的信念,我才能克服内心对于和陌生人交流的尴尬和恐惧,走出自己

[①] 应越云,男,会计学院2021级财务管理专业本科生。

的舒适圈,使自己的表达能力和社交水平在千村调查中得到提升。

二、平和的心态是压舱之石

千村调查从来不是坐在空调房里就能完成的,它要求我们亲身到基层去、到农村去、到祖国的大地中去。夏日的天气烈日当头,晒得人心焦,午后又转瞬下起了暴雨。田间小路靠导航也容易走错,偶尔还会遇到气势汹汹的村犬。没有平和的心态,是很难坚持下来的。由于调查的问题细致、内容涉及隐私,在调研过程中可能遇到一些群众的不理解甚至是刁难,这时就需要我们以平和的心态来面对。要经常提醒自己,在调研工作中遇到困难时,不能把它当成一件烦心事,要把它当作对自己能力和素质的考验。只有这样才能克服困难、战胜困难。

三、勤奋的精神是致远之帆

在褪去了最初的新鲜感后,千村调查枯燥与单调的一面便显露出来。寻访对象、自我介绍、表明来意、填写问卷、表达感谢的流程,如果一遍是新奇,十遍便是"折磨"了。问卷题项密密麻麻晃人眼,操着塘栖方言的老爷爷老奶奶时常听不懂我们用普通话转述的内容,时常又需要我们解释"保险""贷款"等名词的含义。要想做好这一工作,首先必须有足够的耐心和勤奋的精神,同时,还要善于总结经验和教训:下次是不是应该在见面时把学生证向对方展示?在正式询问之前,是不是可以先聊几句家常拉近与访谈对象的距离?只有不断地总结经验教训,才能在接下来的调查中少走弯路,不断提高自己的工作水平。其次还要善于发现问题。这一户的访谈有哪些地方做得还不够好?询问问题是否过于急躁?问问题的方式是否激起了访谈对象的防备之心?只有发现问题才能解决问题,只有善于发现问题才能使自己更加成熟,才能使千村调查更加顺利地开展。

四、务实的作风是效用之基

"求真务实、实事求是"是我在这次调查中总结出来的又一个关键点。千村调查固然需要我们将目光放在高楼上,用全局的观点发现和总结村庄发展的整体状况和治理体系,但更重要的是要让我们的双脚踩在泥土里,用事实而非臆想来说话,让当事人而非旁观者来评价。调研工作是一个不断发现问题、解决问题的过程,也是一个不断总结经验、积累经验的过程。我们在调查时要注重细节,要善于发现问题,及时掌握第一手资料,以便尽快地发现问题、解决问题。要求真务实,坚持一切从实际出发,不搞形式主义,不做表面文章。村干部的介绍与村民的反映存在出入,怎么办?需要在实践中进一步求证。访谈中了解到某些举措在村庄治理机制中没有落到实处,不能听听就过,必须深挖背后的原因。是宣传工作不到位?还是村民的积极性不够?又或者方案本身还有可以改进的余地?可行的改进措施又是什么?只有保持务实的作风,我们的调查工作才不会沦为浮于表面的空中楼阁。

五、总结

通过此次千村调查实践,我们团队学到了很多。这是对我们能力的一次全方位锻炼,不仅是收集信息、分析问题的能力,而且有沟通交流、人际交往的能力。我们充分了解了农村现状,进一步增强了自身对农业、农村和农民问题的认识,提高了团队协作能力和整合能力;更重要的是让我们看到了将自身所学用于社会实践中的巨大威力与价值。实践之路并不平坦,有荆棘坎坷,也有艳阳高照,但我们每一个人都以饱满的热情、务实的作风、坚强的毅力在前行。这次实践经历使我们受益匪浅,不仅锻炼了我们各方面的能力和素质,而且让我们增长了见识和才干。在今后的学习和生活中,这次千村调查的经历将使我们受益匪浅。

躬身沉潜，方解千村

袁歆砚[1]

事后回想起来，或许那些村里人起初也是这样看待我和千村调查的：一个懵懂无知、天真愚蠢、脱离实际的学生娃子，一场形式主义、敷衍了事、作秀性质明显的调查。因此，在这种凝视下，他们也回馈我一份份随意填写、前后矛盾、故意隐瞒的问卷。第一次回收问卷时，我粗略浏览了所有回答，心中气愤有之、委屈有之。我甚至在某一刻产生了些许怨言，埋怨村里人只想占便宜收礼物，却不好好填写问卷；埋怨他们文化素质不够高，看不懂"跳转""至多"，分不清"多选""单选"……非理性的思维浪潮仅仅激荡片刻，又冷却下来，重归自省的河床。我强迫自己反思：村里人对待这份问卷的态度，难道不是我自己对千村调查态度的映射吗？看不懂，分不清……这么多问题，难道在调查前，我就不曾考虑过吗？我此刻收到的糟糕问卷，也不过是我先前侥幸、懒惰、敷衍态度的苦果。

回顾整个过程，在千村调查开始之前，我确实是怀着认真的态度准备的。我在心中做了种种困难预设，反复给自己积极的心理暗示，可谓是做足了思想准备。我已经准备好迎接村里人对陌生外来者的敌意、抵触，准备好用最温和无害的态度，动之以情、晓之以理，

---

[1] 袁歆砚，女，会计学院2022级财务管理专业本科生。

和住户一起填写一份真实完整的问卷。我甚至特地练习了一下我那半吊子的方言,以防万一调查对象及其家人都不会说普通话……怀着忐忑的心情,7月5日,我联系了岭下村村委会一位年轻的干部,向她提出次日来岭下村调查的请求。她是清华大学的选调生,被分配到岭下村从事基层工作,热情爽朗,行动力强。收到我的消息后,她立刻表示欢迎,并在第二天将我介绍给其他村委会干部,还带着我在村里转了一圈,向我简单介绍了村子的情况。转完后回到村委会办公室,我向学姐简单说明了千村调查事宜,告诉她我要找12户人家填写问卷。我本意仅是想请教她是否能提供一些意见,如果还能更近一步,牵线搭桥,将一些住户介绍给我,那再好不过。岂料,我话语未毕,坐在学姐对面的一位阿姨突然抬起头来接话:"你要找人填问卷呀?那你问卷给我,我来找人帮你填吧。"

我听到这句话的时候,仿佛是获得了一张从天而降的中奖彩票,整个人陷入一种晕乎乎的狂喜中,几乎是下意识地就想答应。事后再次剖析我当时的心路历程,只能说偷懒真乃人之常情。阿姨的这句话经过大脑的转译编辑,给了我一个充满诱惑力的暗示:只要答应她,你便可免受言语不通之难,尴尬受气之苦,只需要在家里舒舒服服待上几天,就可以获得12份填写完的问卷。

当时,我虽心动了,却没有立刻答应。凡事皆有代价,有人无缘无故就愿意帮助你,哪有那么好的事?或许是因为她错把入户问卷理解成了那种几道题就可以解决的小调查,以为很快就可以填好。于是,我向阿姨解释了该问卷的复杂性,谢过她的好意,并委婉拒绝了她的帮助。令我没想到的是,阿姨在知道问卷很长后,依然热情地表示愿意帮忙,让我有些受宠若惊。她说,她认识很多人,可以叫他们来填写问卷,如果看到不会填的地方,她可以去找老书记帮忙,也可以去问学姐。她是如此热情,如此可亲,以至于我本就受"偷懒"诱惑的心防轰然倒塌——我接受了她的提议,向她连连道谢,自觉轻松地离开了村子。

第二天,我带着12份礼物再次来到岭下村,将它们交给阿姨,拜托她分发给填写问卷的住户,又向阿姨表示感激。阿姨再次以热情的态度回应了我。离开村子的时候,我只觉一切都不能再好——刚打瞌睡就有人送枕头,我的千村调查竟有一个如此美好的开端。

然而,这种顺遂如梦幻泡影,不过数日,便悄然破碎。

最先打破顺利表象的是不得不按捺的焦虑。虽然我恨不能第二天就收到所有的问卷,却也深知太频繁的过问只会激起阿姨的反感。况且是阿姨主动帮我在先,我也不好意思逼得太紧。大概过了三四天,我斟酌着措辞小心翼翼地问了阿姨问卷进度如何,阿姨只回答我这几天在应付上面的检查,还没来得及找人填,等到周末再找人填写。我先前为了表达对阿姨的感谢,在她面前好话说尽,包括"我不急""慢慢来"之类。如今纵使心中有些许迫切,也只能装着不急的样子礼貌退场。周日我再次询问,所幸得到阿姨问卷完成的肯定答复。但她那天有事,让我下午去找学姐拿。

在我从学姐那看到12份问卷后,顺遂的表象彻底破碎成齑粉,直白的现实给了我当头一棒。学姐私下告诉我,阿姨把好几份问卷分给了她的亲戚,甚至阿姨和她的丈夫各填了一份几乎相同的问卷。学姐还向我透露,有一次她碰巧遇见阿姨在发问卷时同别人说:"随便填填好了,不会填就空着,没关系的。"

我嘴上说着回去再看看,心中已信了大半。依次翻开那 12 份问卷,确实不乏认真填写的字迹,但也有许多问卷留下大片刺目的空白,其中,家庭收支部分空得最多,或许是受访者懒得回忆计算,或许是担心个人信息泄露,也或许仅仅是出于警惕与不信任。除了空白以外,还存在大量提示"单选"却勾了多个选项,以及隐藏更深的信息前后矛盾的现象。这 12 份回收到我手里问卷,可谓漏洞百出、惨不忍睹。

然而,我又能怪罪谁呢?怪罪阿姨吗?可她本就是主动伸出援手,我得了人家的便宜,麻烦人家帮自己做事,难道还有脸抱怨人家做得不好吗?怪那些受访者吗?但是平心而论,谁又乐意填写一份又长又复杂的问卷呢?归根到底,只有我自己才是罪魁祸首。因为我自己想偷懒,只愿坐享其成,不愿挨家挨户地采访,才没有拒绝阿姨的帮助。在我将问卷交给阿姨之时,我内心当然浮现过对问卷质量的担忧,只不过我那悄然蔓延的"懒惰"刻意蒙蔽了我进一步的思绪,让我怀着一种自我麻痹的侥幸心理,心安理得地等待任务完成。人的情绪与态度是会相互感染的,我几乎不曾与他们面对面接触过,不曾用友善的态度、诚挚的眼神、认真的话语向他们传达这份问卷的重要性,他们又何以无师自通地理解千村调查?我这个"不存在的调查者"又何德何能收获一份份高质量问卷呢?

况且,当我委托阿姨帮我找人填写问卷之时,我就已经彻彻底底失去了主动权,这在调查实践中是大忌。我本可以自由地决定调查的时间、内容、对象,自由地掌控调查的进度,但我接受了他人的帮助,也向她让渡了调查的自主权,自此我的调查进度要仰仗他人是否有闲暇垂怜我的项目,调查结果也要寄希望于他人是否认真自觉。我不再是这场调查的主导者,我和调查都沦为了没有实权的"客人"。

学姐后来同我浅聊过这位阿姨。平心而论,她也不过是个普通农村妇女。她的热情与可亲是真的,她的好面子、贪小便宜也是真的。她的所作所为——无论是最初热情揽下填问卷的活,还是把好处先紧着自家——都没有跳脱出人性的框架。我的问题不在于错信了人抑或高估了人性——她不过是一个普通人的缩影,在中国的农村里、小镇里、城市里,还有许许多多和她相似的人,这是人再普遍不过的性格之一,普遍到连"错信""高估"这类词都不至于用上。我的错处在于,我虽然在做需要客观理性思维的社会实践调查,却主观感性地相信了一位受访者。感性当然重要,相信也不是什么错事,但实践调查中的相信应该是综合多种资料与信息分析出的"可信",而非毫无了解情况下就先入为主地相信。

以上种种,皆是我在初次调查中所犯的错误。但最重要最根本的错误,则是我脱离了实践。千村调查应该是用自己的双脚丈量大地,亲眼所见人生百态,亲耳所闻人民的故事与心声。我若真的要认认真真完成这次调查,那从一开始便应该摒弃所有假他人之手的选项,坚定且义无反顾地选择亲自上阵,而不是把问卷扔给别人自己当甩手掌柜。这是懒惰、是敷衍、是侥幸、是讨巧,绝不是千村调查该有的模样。

因此,我下定决心,选择在部分有效问卷的基础上从头来过。我向阿姨要了受访者的联系方式,剔除了部分重叠问卷,寻找了新的问卷对象,然后,我与他们联系,询问什么时候可以再做一个上门调查。第一次,问卷上冷冰冰的受访者侧写,通过直接的接触而变得鲜活了起来。有的受访者和蔼可亲,知无不言;有的则向我表达了明显的不耐烦与警惕,死活不愿意透露家庭收入（我最后也没能使他松口，只能无奈选择新的对象填写问卷）；还有的受访者当时不在村里，直接通过网络填写了电子版问卷……不得不承认，与陌生人面对面交流，特别是当你敏锐地感受到来自他人的情绪压力时，对于一个性格内敛、心思敏感的人而言，是一项挑战。然而，若我不曾直面这项挑战，我永远也不会收获如此之大的情绪价值与自我认同。正是因为最终选择了原始的面对面询问的方式，我才更深入地理解了千村调查的意义。

我最初的行为之于千村调查，就像高浮于浅水表层，没有密度，也没有质量。只有真正亲身沉潜入乡村这片水域，才会惊讶地发现，水下世界竟是如此广阔，有灵动的游鱼，也有淤泥。止于表层的社会实践调查也不过是形式主义的变种，只有躬身沉潜，方解千村真义。

千村调查 3.0
Village Investigation Program

华南：广东省、海南省、广西壮族自治区

鸟 叔

梁铠麟[①]

"鸟叔"梁华坤是一位典型的广东中年大叔，乍一看没人觉得有什么特别。

我们刚到"鸟叔"的湿地公园时，门卫说他正忙着，我们便在湿地间漫步等待。湿地不大不小，有一个好听的名字，叫"鹭鸟天下"，听说是"鸟叔"一人出资承办的。久久待在城中的我们，在这片湿地中觅得了片刻宁静与写意。这里飞鸟们盘旋在上空，穿插于林间，我不太认得种类，只觉它们丝毫没有在意我们的存在，专心过着它们的生活，展现着都市中少见的自然的生命力。不时地，一阵阵孩子的嬉笑声从各处传来，不像在游乐场中那般"撕心裂肺"，反倒和林中鸟鸣挺是音韵和谐。

漫步片刻，我们在亭中等候"鸟叔"。他刚结束早晨对一群城市孩子们的科普讲解，从人工湿地里回来，瘦高的身材，脸被长期户外工作晒得黝黑，岁月的皱纹未能磨去他眼中的锐利，戴着一副学生时代的粗黑框眼镜，穿着工作服，戴着防晒袖和麦克风，看得出他还没怎么休整。逐渐走近，我们被"鸟叔"的热情与眼神中独特的睿智所吸引，他一一和我们握手，表达"大学生能来三板看看"的谢意。坐下片刻的寒暄，他的眼神含着笑意投向我们

[①] 梁铠麟，男，数学学院 2022 级数学与应用数学本科生。

每个人，让我们感觉这次交流会是自然、顺利而收获满满的。

三板曾是一个不起眼的小村庄，"鸟叔"是村里第一个走出去的大学生，也是第一个回家的大学生。毕业后"鸟叔"自己创业，凭智慧与机遇闯出了一番事业，却也得知在他离开的时间里，家乡仍艰难地在困境中前行：土地破碎贫瘠，受到污染，物资匮乏，人口外流，房屋破败。正逢市里发出"美丽乡村"的政策，将在全市选择十个模范村，资助亿元级别的改造补助。"鸟叔"毅然决定回村支持家乡建设，他拿出积蓄2000万元，提供改造方案，为家乡争取模范村的头衔。他深知获得资助的意义，这是家乡走向振兴的出路。

"鸟叔"知道珠海的农业中心不在家乡所在区，也深知土地情况无法支撑三板发展种植业，于是"鸟叔"前瞻性地提到了"品牌特色"。在他的建议下，村中第一产业朝着水产养殖业发展，建起了成片的鱼塘，同时生态农业的意识也在此得到实现，蔗基鱼塘得到广泛应用，"小林草皖"的名声也一度在省内闻名。"鸟叔"成功帮助三板村成为珠海市十大示范村之一。

这还远远不够。没有底蕴的村庄，没有产业结构的村庄，发展始终如同走独木桥一般靠天吃饭，提高村民的结构性收入是"鸟叔"的又一想法。当时第三产业与第一产业的融合尚未普及，农家乐的发展还未如现在般火热。于是"鸟叔"向村委提供了两个方案：岭南渔村文化和乡村旅游。于是，三板村的村容村貌得以逐步改善，村里铺上了沥青路，房屋得到了统一的修缮，赋予了温暖的色调。村里还修建了广场、钓鱼点、皮划艇体验点等体验设施。在出发去见"鸟叔"前，我们也曾在村中漫步：阳光下，村中映出令人舒心的暖色，房屋依小河两岸而建，人们在河边屋旁修建露台，挂着小艇，栽着鲜花，每隔一公里便有一座小桥系着两岸，这种舒心和整洁让我神往；"鸟叔"的湿地基地也逐渐建立，他自嘲"不要脸"地奔走各地邀请专家前来考察，提供专业建议，并与专业科研基地合作，逐渐建立起"鹭鸟天下"生态保护基地，并通过生态旅游、自然科普教育吸引了一定的客流。"鸟叔"的智慧帮助了三板的发展，也使三板获得了一批又一批的资助与关注，村民逐渐站稳脚跟，生活质量也逐渐提高了。

这一帮就是二三十年，就是"鸟叔"的整个青春。"鸟叔"也曾有过自己的成功事业，也经历过创业的失败。他曾在香港取经，在广东开创了物流的先例，曾经大获成功却又最终破产，他把剩下的钱捐给了三板村。"鸟叔"说他其实是一个想享受的人，喜欢听听古典乐，吃西餐，住城里的高层住宅，但始终放不下的是他与三板村的联系，以至于曾经已经退守二线，住回城中的他，当发现三板村在2016年遭受台风"天鸽"[①]重创后又搬了回来。我们问他为什么不去当村干部，甚至有可能成为村支书。"鸟叔"笑笑，说自己只适合建言献策，不适合成为领导，他只想当一个普通人，一个热爱自己家乡的普通人。

"鸟叔"的前瞻性不断帮助着三板村成长，他心中的浪漫主义却在被现实打击。他总说做事不能怕困难，要敢于提出意见，敢于做第一个吃螃蟹的人，尽管有些举动在旁人看来可能就是天马行空。"鸟叔"正是在一次次所谓"天马行空"的想法中为三板村建言献

---

① "天鸽"台风，2016年在广东珠海正面登陆，造成人员伤亡和严重财产损失。

策,最终将许许多多的"天马行空"转化为前瞻性的建议。然而"鸟叔"也有失望与焦急,因为他老了,三板村始终未能发展成他理想中的样子。随着时代的更迭,他仍然有许多想法和计划,可接受他"天马行空"想法的人也已不在,他也迟迟未等到下一个敢于提出"天马行空"想法的人。我想,也许是竞争的加剧和种种的不稳定性使人们总是安于现状吧,又或者惰性始终还是创造的阻碍,而攻破这惰性的或许只有那些充满信念与赤诚的浪漫主义的人。

  我们从早上谈到午后,不愿停止半刻。分别时刻,"鸟叔"看我们的眼神中仍充满着光。他深知知识改变命运,改变的可以不只是个人的命运。我们一起穿过湿地,"鸟叔"一一向我们介绍着一切,就像对刚刚的孩子们科普一般。在"鸟叔"和大自然的眼里,我们何尝不是孩子。走至门口,"鸟叔"驻足。他说他还会等,等到哪天越来越多的青年回到村中,撑起村子的发展,他就会将湿地捐出,并成立基金会,这样他就可以真正放心了。

  车子逐渐远去,回首,"鸟叔"仍未离去。远处,飞鸟们盘旋在上空,穿插于林间,我不太认得种类,只觉它们丝毫没有在意我们的存在,专心过着它们的生活,展现着都市中少见的自然的生命力。不时地,一阵阵孩子的嬉笑声从各处传来,不像在游乐场那中那般"撕心裂肺",反倒和林中鸟鸣挺是音韵和谐。

走千村万户，绘家乡蓝图

翁　悦[①]

作为一名土生土长的潮汕人，我曾以为自己对家乡十分了解——了解它那慢悠悠的生活节奏，了解它那凝聚了几千年的古城文化，了解它每一方土地的美食，了解它的每一颦、每一笑……我曾以为乡村生活是"茅檐长扫净无苔，花木成畦手自栽"，是"梅子金黄杏子肥，麦花雪白菜花稀"，是"种豆南山下，草盛豆苗稀"……然而这次千村调查，让我重新认识了这座古城，也让我对家乡的发展有了新的思考。

我从未见过这样的一面。

初入潮汕普宁的农村，村干部带领我们走进了一户人家。家不大，也就三四十平方米，是自己盖的小房。人不多，仅两名老人而已。我问老人家："家里的孩子呢？"他们叹了一口气，说："村里太穷，能走的都走咯！""那他们平时回来吗？"我接着问，老人家摇了摇头，扭过头面对着沾满了蜘蛛丝、灰尘的墙壁，空间里只剩下无尽的寂寥。村干部见状，帮忙解释说："这村里几乎没啥年轻人啦。村子里没有产业，大家也都没钱，谁要在这里发展呢！"看着两位老人瘦弱的身躯，我的鼻尖突然间有一些发酸。我意识到：虽然物质上脱贫

[①] 翁悦，女，公共经济与管理学院2021级财政学专业本科生。

了,但是很多人心中的"贫瘠"还没有消除。这些留守在村中的老人,由于村里难以发展经济,留不住年轻人而失去了享受儿孙绕膝的幸福。他们的心中就像门前那片土地,没有人精心浇灌,没有人打理,一年又一年,长满了荒芜的野草。

或许是因为久居城市,我对家乡的印象始终定格在它那繁华的街市、清新的海滨以及美味的牛肉火锅上。我从未见过这样的一面——带着些许破败,但依旧坚强地生存着。像是偶然瞥见了这位百岁老人身上衣服的补丁,先是惊讶,而后只剩无尽的心酸。

从第一个村子转到第二个村子时,我满心希望刚刚所见的只是个例。然而在第二个村子,我悲哀地发现与那两位老人境遇相似的人还有许多。很多老人没有儿孙陪伴,每日埋头耕田,但由于没有数字化技术的支持,所种的田营收并不好,只能满足自己家的三餐补给,因此他们的经济状况也没有得到根本性的改善。由于年轻人不多,因此村里几乎没什么人会使用电脑,老人们使用手机主要就是为了与子女联系,打打电话,或是刷短视频软件来消磨时间。数字化技术在这些较为落后的农村地区并没有得到很好的普及与应用,也没有最大化发挥其功能。

我从未想过这样的事。

太无力了,这是我们一行人的真实心声。在回酒店的大巴上,大家一致保持着沉默。或许是劳累了一天,一些人眯着眼睡着了,而我仍不知疲倦地清醒着。车窗外一轮明月悬在天边,月光洒在村落的田地上,我想起博尔赫斯的那句诗:"我用什么才能留得住你/我给你瘦落的街道/绝望的落日/荒郊的月亮/我给你一个久久地望着孤月的人的悲哀。"我从未想过这样的事——年轻人少,留守老人多,没有产业,数字技术尚不发达,每家每户只能依靠做小手工或种点菜才有经济收入的这些村子,到底能有什么样的未来?发展经济与数字化的落脚点又在何处?

第二天,我们又走访了几个村子。虽然每个村各有各的样貌,但我总感觉实质上并没有什么不同。很多老人跟我讲述着儿女不在身边的日子——每天早上四点钟起来耕地,却只能赚十几二十块钱。有的老人说自己久病缠身,每当病重时儿孙才会赶来看望……

面对此情此景,再多的话语都显得苍白无力。我们究竟能做些什么呢?直到来到了一个村落,我们才找到了答案。

这个村子名叫"老方村"。顾名思义,村子里面的人多数姓方。走进这个村的村委会,我们全都惊呆了。与之前那些村子不同,这个村子有许多的年轻人,整体氛围非常青春洋溢。我问其中一个与我年龄相仿的男生:"你们村子怎么这么多年轻人呀?"他告诉我,原本他们的村子也是比较贫穷的。大概在10年前,有位当地的富商来村里投资建设,将流经此地的南溪河及沿岸进行开发,打造成一处乡村特色旅游景点"南溪水乡"。随着环境的改善和各类设施的开发,来村里玩的游客越来越多,大家的钱包鼓起来了,村子里的年轻人也大多回来发展了。

调研结束后,一位正在读初中的妹妹还拉着我去逛了村子。漫步于此,内心瞬间融入这里的宁静,让人不由自主地放空身心,放下世俗的缠绕。沿途风景优美,空气清新,绿化苗木与斑驳的古屋交相辉映。微风拂过,将我心中堆积了两天的阴霾也吹散了。她带着我来到了"南溪水乡",它实际上是沿南溪河打造的乡村特色旅游景点,途经南溪村、北溪村、宝鸭村、老方村等。他们在河边建了一座"大港码头",游客可以在此上船,顺流而下欣赏沿岸几个乡村的优美风光。妹妹告诉我:村子里现在发展得越来越好了,不仅有这些游船,他们还开拓出夜市、烟花秀、啤酒节等新的经济业态。她一边蹦跳地走着,一边手舞足蹈地向我描述着每月的烟花秀上烟花绽放的场景。我望着她的笑容,心里连着升起了好几朵绚烂的烟花。

我从未如此地充满希望。

回到酒店后,我们就展开了激烈的讨论。大家对于老方村发展经济的模式都很感兴趣,但对于该模式是否能应用到周边其他村落仍存在疑虑。我们上网搜索"南溪水乡",了解到它其实是普宁市南溪镇通过深挖本地自然资源和人文资源优势,采取串点连线成片的建设思路所打造的一个特色精品旅游项目。我们发现,目前老方村乡村旅游的运营模式主要以网红营销为主,比如在小红书等新媒体平台进行营销推广等,但并没有建立专门的线上服务平台,也没有依靠更加高端的数字化技术如智慧农文旅技术等进行转型升级。不过,我们心中都有了一个大致的方向,那便是可以借助"南溪水乡"这个特色乡村旅游景点拉动周边村落发展乡村旅游,提升经济实力,改善村民们的生活状况,并引入数字技术提升整体的生活质量及服务水平。

自那天起,我们在调研的过程中不断地寻找和发掘各个村落发展乡村旅游的可能性。我们惊喜地发现,周边这些村落大多具备足够的地理优势及资源优势。一些村落仍完好地保留着具有潮汕特色的民居,一些村落有大量未被开发利用的耕田。因此我们想到,可以在此基础上利用数字化技术进行保护和开发,发展农家乐、民宿、耕田体验等新经济模式,这样既能实现产业发展,又能提升乡村的经济状况,促进年轻人返乡建设,形成经济发展的良性循环,最终促进乡村振兴。

想到这些,我似乎已经看到了一片繁荣的村庄。南溪水乡作为旅游业的中心向四周辐射,周边原本落后的村落根据各自的优势发展旅游业——一些村落将多余的田地整合起来,改造为"耕田体验园",来自城市的游客们在此能体验种菜、栽花等项目,甚至能包下一片属于自己的田地,种下自己喜欢吃的蔬果交由村民来打理,等到丰收时前来收割即可;一些村落运用数字化技术对闲置的民居进行修整,改造为能供游客休息的独具潮汕特色的民宿;一些村落将能烧好菜、会做饭的村民们组织起来,发展农家乐,让游客们在这里吃到美味的潮汕小吃和佳肴……这些村落甚至引入了先进的智慧农文旅技术,通过移动终端 App 或微信小程序等推广他们村的旅游导览、VR 全景、语音讲解等服务,搭建了一个涵盖票务系统、零售系统、特色电商的数字乡村管理和服务平台。游客们方便了,村子发达了,村民们的经济状况得到了改善,越来越多的年轻人选择返乡建设……我从未如此充满希望——或许,如果真能实现的话,那些留守老人也就能享受属于他们的天伦之乐了;或许,如果真能实现的话,他们内心那片荒芜的土地也会再添新绿,鲜花怒放……

屋子里的谈话声把我拉回现实。老人们说着蹩脚的普通话,一位同学听不懂,让我帮忙翻译。我意识到:要想发展乡村旅游并不是那么容易的。普通话的普及应用是发展乡村旅游的必经之路,对于这些说惯了潮汕话的村民而言,如何使用数字乡村服务平台,如何掌握普通话以便更好地接待外地游客都是很大的挑战。我们后期整理的问卷数据显示:在198位受访者中,只有48%的村民表示自己普通话水平高,其中有36%的村民表示即便村里有条件开展普通话培训活动,自己也不愿意参加。有位老人告诉我:"人年纪一大呀,学东西也就慢了。"他们一直生活在村子里,根本用不到普通话,自然就更不愿意花时间学了。另外,尚未发展旅游业的这些村落老龄化程度也偏高,许多调研者的子女都外出打工去了。对于老一辈人而言,他们大多偏安一隅,不愿意再折腾,也不愿意接受新事物,这为乡村旅游业和数字化发展带来了不小的阻碍。

"江头未是风波恶,别有人间行路难。"哪怕升天隔宵,渡水无桥,天地仍畏那愚公移山,精卫填海。为了少一些留守老人,为了村民们不再辛苦地生活着,为了家乡更好的未来,我们也应努力前进。调研结束后,我们调研小组一行人聚在一起,对数据进行清洗、整理和统计并撰写了调查报告。我们仿佛又回到了那段日夜奔波却不知疲惫的时光,又回到了那片土地上,看着它越变越好……我默默告诉自己:一定会的!

走千村万户,绘家乡蓝图。如果没有这次千村调查,或许家乡在我心中永远是霓虹闪烁,车水马龙,市井繁华……我第一次见到家乡最真实的模样,第一次接触到乡村的生活,第一次感受到自己所学的知识原来真的能发挥力量。我想,我们不仅要学习书本上的专业知识,而且要走近生活,了解真实的社会,才能精准把握中国发展的痛点,助推乡村振兴,将论文写在祖国大地上……我会永远记得这次千村调查,并将它化为我不断前行的动力。

在解构重建中阅读中国大地上的千村万户

吴欣谣[①]

"走千村、访万户、读中国",初次看到这句话时,我大抵是心存些许轻蔑和抗拒的。为什么非要选择农村作为考察对象,从城市难道就读不出中国吗?在文献研究触手可及和电子问卷平台完善的当下,又为什么非要费时费力地去实地入户采访和调研?隐隐自恃着对知识和研究方法的有所思考,说实话,一开始的我对学校的千村调查项目的开展并没抱有什么格外的期待。

黝黑发皱的大手掏进口袋,摸根烟,斜斜地叼在嘴上,头朝着打火机一歪点着了,操着一口潮汕话嘟囔几句——我们在南澳走马埠村进行千村调查的入户调研时,遇到的大多是这样五十多岁的中年阿叔。带着一种传统乡土的简朴,又因为是海岛渔村,他们周身散发着海水般咸涩的粗粝。

在烟雾朦胧中,我压住喉底的不适,操着不那么娴熟的潮汕话在调查问卷的基础上开始发问。采访的过程并不如想象中那么简单和顺畅。首先,在一来一回的问答中我发觉,如果只是简单地把问卷的问题读出来问一遍,村民们由于大多没有什么文化水平,实在是很难快速而准确地把握问题的意思。我试着和他们谈天,用更加流动的方式在对话中了

[①] 吴欣谣,女,会计学院 2022 级会计学(ACCA 方向)专业本科生。

解他们的生活和想法,"您平常是上村里合作社还是大银行存钱"比"您常去的金融机构有哪些"的问法明显要更容易理解。只有真正面对那些赤着脚实打实地踏在农村土地上的村民时,我才意识到那些学术严谨的白纸黑字在民众面前有一种如此明显和强烈的脱离感,甚至可以说是和现实之间有一种"文绉绉"的拉扯感。其次,虽然村民们文化程度普遍不高,但是在谈到日常生产作业的经验时,他们显得格外充盈和丰富。例如,一位家中从事牡蛎养殖的伯伯热情地为我讲解了生蚝从育苗到成熟的全流程,还指着屋外的那片海域上就是他们家养的牡蛎的浮标。在得知伯伯说在牡蛎长大后就要去添加浮标时,我脱口而出地问了句:"为什么不一开始就加多点浮标,浮力够大就算牡蛎长肥了不也不会沉下去了吗?"叔叔仰着头笑了,"一开始加太多浮标,浪一来了绳子摆得一猛,那生蚝不都掉了!"暴露出无知的我羞赧地点了点头。原本我以为自己掌握的知识已经足够解释和回答这些看似简单的问题,但生活体验和深入实践的缺乏让我认识到原本的自以为是和高高在上的盲目。

走千村,因为乡村是读懂中国社会发展一个不应忽视的重要横切面。中国在历史长河中从土地和乡村走来,无论是流淌在血液里那农耕劳动的基因,还是近现代农村包围城市的革命道路和家庭联产承包的改革步伐,"三农"问题一直是关系中国国计民生的关键议题。对于许多并非出生于农村的学者和学生而言,农村是一个相对陌生和疏离的远方。我们便不能将目光仅仅聚焦在城市和城市中的人,尽管针对这些主体的研究可能相对而言更熟悉和清楚,否则就无法通过勾勒和细描来还原一个中国最真实的面貌,重视乡村,亲自踏上乡村的土地,关注乡村和村民的发展,是了解中国的必经之路。走千村,意义在此。

访万户,因为切身深入的实地调研才能让知识与生产生活的实践融为一体。于我而言,从小至今的学习更多是纸面的理解计算或是理论分析的思考,而这些知识往往带着一个"理想环境"的预设。而在实际的生活生产实践中,我们会在现实问题里遇到无数与"理想环境"设定冲突的条件,因而带来更多元的变量和暴增的不确定性。就好比我对能不能一次性加大量浮标的疑问是从物理浮力的角度进行受力分析,却忘记关注在实际情况中风浪因素对浮标带来的潜在影响。倘若我们不能根据实地调研了解到的具体情况,对已有知识进行调整和条件分析,就很有可能囿于理论的短视和偏见,从而得出与实际大相径庭的分析和谬论。在入户调查中我们与不同的村民进行一对一的深入交流,了解那些我们陌生的生活方式和生产细节。访万户,意义在此。

正如著名社会学家项飙所言:"社会不是一个各自分散个体的无机组合,而是一个超越个人之上的事实。"在千村调查中我们走入农村,了解并记录下每个不同的个体,又基于村的整体单位,试图将这些个体进行有机整合和分析,提取概括出关于一个社会,乃至一个国家的事实。对于我们大学生而言,千村调查就是一种对中国的阅读,也是一种更加贴近现实大地的提醒。我们需要学习印在书本上的知识,但身处于中国百年未有之大变局中,无论是高校学生还是研究者,我们更需要的是一种解构后再度重构的心态和研究思维——将已有的知识和想法掰开、揉碎,和细腻的泥土混合在一起,让它们成为乡土大地这个庞大母体全新的一部分,像烟融入空中,像水溶于水,终至难舍难分。

走遍千村,读懂社会

韩 露[①]

在入村的路上,我坐在轿车后座,看着蜿蜒的石子路旁葱茏的玉米地,迎面骄阳,思索着:走千村,是为了什么?

村口的榕树下是一片喜人的绿荫,再往东边走 50 米,就是围着铁门的村委会。还未走进村委大院,就已经能听到办公室里传来的此起彼伏的人声,有说有笑。我心里顿时感到一阵轻松,迈着大步走进了办公室。这是一间大厅,中间是围起来的会议桌,靠墙摆着工位,零星摆着几台电脑。有人坐着办公,站着的人不时走动查看电脑页面。想必这位站着的女士是个小领导。我看看桌上的一篮荔枝、一箱水,吞了吞口水。

有说有笑原来并不为外人所准备。在我们说明来意后,随即被"没有文件不办事"给打发走了。甚至手上的工作都不曾放下,甚至不多一句的问候。那么如何获取文件呢?需要走程序。怎么走程序呢?去镇政府找相关负责人。至此,我感觉周身的清高书生气被打散在炎热浑浊的乡土空气中,灰飞烟灭了。我一开始觉得不甘,后来想想,便觉得,无论是怎样的社会角色和社会身份,身处社会,如果要做成一件事情,必然遵循一定的社会

[①] 韩露,女,金融学院 2022 级金融学(中外合作)银行与国际金融专业本科生。

规则。深入基层更是如此。

同行的同学是本地人,坐上他们的电瓶车,我们在镇政府、村委会、家里来回跑了好几趟,又在企业微信上和老师联系了好多次,终于拿到了证明。我还记得在镇政府大院里,有一颗巨大的芒果树,七月正是芒果丰收的季节,青绿色的桂七芒一个接一个地往下掉,裂开了,蜜蜂扑上去,空气中漫溢着香甜。我坐在石凳上,不时注意着头上有没有突降的芒果。同学跟我说,他小时候经常来这里捡地上掉落的芒果,很多年过去了,芒果树还在,与10年前无异。也许这就是家乡。村落是中国人的精神家乡。即使生于城市,我们也总有一块向往着乡土的心田,自然和土地,构造了一个民族的精神血脉。我看向镇政府办公楼,目光柔和起来。我想认识农村,那便要用基层的方式,来走基层的路。

等我们进入村落,已经是下午了。这是一个发展了旅游业的村落。种植园、民宿、餐馆给了我一种发达的错觉。之所以说是错觉,是因为我在后来的经历中深深认识到认知不同而带来的鸿沟。我们拿着厚厚的问卷,迷茫地寻找着可能的被调查者。我们先拜访了一位壮年男子,迈进他的小院,里面是两个正在玩乐的小孩。我们说明来意,他笑;我们跟他寒暄,他笑;我们说填问卷有回报,他突然变脸了。我们被赶出去了。一路上,我们的着装引起了众多村民的注意,那眼神,我说不出是什么味道。在凝视之下,我们找了一位老伯。正当他在填写姓名的时候,前面所说的那位壮年男子突然出现,在不远处大声呵斥着老伯,警告他不许填问卷。他只是大声呵斥,但并不往前走。渐渐地,聚集的村民多了起来,我感觉双颊发热,怒火中烧。我想不通,我们是善意的学生,入村做有益的调研,为什么不能被村民所接纳?

我拨通了父亲的电话。父亲对我说,中国农民虽憨厚温良,但他们更有一颗想保护自己的亲人和土地的心。我又想起来调研前的讲座上曹老师说的话,你要做好调研,就要让村民相信你,要想让村民相信你,你就要用他们的方式跟他们相处。

我冷静了下来。我们回到村委会,有了证明文件和镇政府领导的打点,村支书表示很愿意配合我们的工作。于是我们邀请他一同入户调研,并学着他的为人处事方式,尝试跟村民沟通。终于,在我们的共同努力下,完成了任务。

在返程的车上,我又陷入了沉思。这次调研的过程中,我们遇到了许多麻烦,难道这就是一次不顺利的调研吗?不。我认为解决困难本身就是社会实践调研的一部分,而正是因为有了困难与阻碍,实践调研的价值才如此宝贵,如此有意义。千村调查更是如此。在我们民族的历史上,有多少时代是从农村兴起的?有多少繁荣是从农村造就的?有多少道路是从农村探索的?大学生,身处大城市的高等学府,接受着最先进的知识、最神圣的教育。泥泞满身的千村调查,究竟给我们带来了什么?难道就是一篇可能获奖的调查报告?一次能够写入简历当中的实践经历?我认为,这样的认知是狭隘的。千村调查其实就是社会探索的缩影。社会是有规矩的,是由不同的阶层组成的,我们不应该只局限于眼前的同质化的道路规划、人生圈层,更应该看到中国社会的另一面,更基层的那一群人,拓宽自己的认知和眼界。

如此千村,千村如此。我们应用脚步丈量土地,努力读懂中国,读懂社会。

钟灵毓秀鸟语花香,吾当心系大国乡村

黄 可[1]

一缕朝阳倾洒乡村的绿毯,夏日的风拂过青涩的麦浪,花香鸟语动人心弦。远处山峦起伏,青翠欲滴,仿佛大自然对这片土地尤为钟爱。乡村的巷道纵横交错,鸡犬鸣声交相呼应,河流穿梭于乡村中,日光下澈,波光万千。

值此夏日,我来到了这座人们口口相传的村庄。坐落在国道边,川流不息的车声不时与老农劳作时的高歌遥相呼应,合成一幅画卷,描绘着大国的现代化与乡村风采。

作为一个坐落在城市边缘的村庄,它长期以来面临着被城市吞并的局面。近年来,城市化进程带来了大规模的人口流动和资源配置的改变。乡村并入市辖区带来了许多益

---

[1] 黄可,男,金融学院 2022 级银行与国际金融专业本科生。

处,农民子女的教育得到进一步保障,医疗资源也趋向丰富。然而合并乡村却是一把双刃剑,许多乡村逐渐失去了常住人口和劳动力。同时,一些传统村落也面临被趋同的风险。随着城市化进程加速,农田、森林和湿地等自然资源正遭受破坏。大规模的城市建设和工业化活动引发了土地与水源污染、耕地退化以及生态系统崩溃等环境问题。此外,乡村被并入城区进一步减少了农田面积,导致农业产能下降,农民赖以为生的田园被钢筋水泥所包围。当前经济形势下,农民面临就业困难,需要向城市迁徙,然而这部分原先以耕作为生的农民的受教育程度普遍不高,强行进入城镇就业的难度相当大,从而引发了城市工作岗位压力和其他社会问题。

回到"人"的层面,农村传统的生活方式、价值观和社区关系可能受到冲击,这恐将导致农村的乡土文化逐渐消失,从而成为城市化的标准化、程序化生活方式和价值体系,这对于乡村居民的身份认同和社会凝聚力可能造成负面影响。对于乡村经济问题,乡村被并入城区,可能导致城乡差距进一步扩大。城市的发展机会、就业岗位和经济资源更加集中,而乡村地区则面临资源匮乏、产业结构单一等问题,从乡镇到城区管辖的变化可能导致年长的村民难以适应。

这种现象引起了社会的广泛关注,政府和学者们开始积极探索乡村振兴的路径。

我校开展并完善的千村调查 2.0 调研活动,呼吁上财学子用脚步丈量乡村的广袤土地,正契合"厚德博学,经济匡时"的宏伟之笔。犹记得费孝通先生在《乡土中国》中曾言,"我们的民族是和泥土分不开的"。回望共和国发展历程,万丈高楼平地起,我国的农村人口多达 6 亿,只有发展、建设好乡村才能保证泱泱大国的长足发展。

做好了充足准备后,我们径直前往村庄。来到村委会一番介绍后,我便开始踏入村户中进行走访。映入眼帘的是一片砖瓦平房,屋前一位老妪静坐门口。她身穿一件朴素的布衣,表面无数次的水洗痕迹已经融入了布料之中。她的白发斑驳而干枯,像一棵古老的树木,历经了风雨的洗礼与岁月的磨砺。她面容沟壑纵横,似乎有关她的故事难以言说。身旁路过的乡亲都向她问好,与她亲切交谈。她总是用睿智的眼神和温暖的话语鼓励着大家,时不时露出欣慰的微笑。

与她的交流格外困难,村民们大多说的是少数民族的方言,基本不会说普通话,我与她的交流很多时候还要互相打手势。一番询问后得知她是 20 年前的村主任。我原本以为老村主任的生活应该是比较顺意且富足的,而一旁的中年人操着一口很勉强的普通话告诉我,老村主任的配偶早年走了,育有一儿一女,都移居城市了,一年也就回来一两次,家里原有的三层小洋楼被儿女出租给商贩做小卖部了,十几年来她一个人就住在这样的砖房里。曾经的岁月不再,她唯一的精神支柱也许就是这群善良且朴实的村民们。至此,我看到她眼神中流出一丝无奈与伤悲,也许她的脑海又回忆起从前的时光。

通过老妪,我对这个地方又多了一番认识和见解,于是又产生了深入了解的欲望。下一站我来到了村口小巷子尽头的一户人家,这家有着瓷砖装饰的外墙,有"雕栏玉砌",院前更是有假山池沼和两辆轿车。我走到门前,轻敲大门后俯身探望,只见一位老汉带着三个孙辈在愉快玩耍,听到我敲门后老汉急忙起身查看。我直接交代,我们是上海财经大学的学生,在此做个简单的调查。未待我说完,老汉便转头挥手示意我离开,并顺势把门带上。那时我定在原地,疑惑地回想着我的言语是否有冒犯,但还是不解,便前往下一家继续尝试。向外走了一段,我心怀好奇地回头看向刚才那户人家,发现那老汉正倚门俯身看我,似乎把我当成了危险分子。

不解之际,我想起一位前辈曾经说的一句话,"下下人有上上智"。初听这句话我觉得有些不解,因为长期在城市生活的我们早已习惯用硬性指标去衡量一切,我们武断地认为格局和智慧与学历和经验正相关。当我们进入村庄进行调查时,是以一个大学生,一个受高等教育者的身份去和当地村民交流。殊不知我们所自诩的骨子里的"博学多才"在外人眼中更像是一种自恃功高。此中道理也极简单,两边重量不一的跷跷板永远也不能保持平衡,人的交互也是如此,平等与尊重是建立深入沟通的先决条件。

正如二十四节气,广大劳动人民拥有无穷智慧与对世间万物的见解,他们对事物的理解与思考也可能与我们略有差别。为了实现有效沟通,应设身处地思考对方的顾虑,考虑对方的真实所需。

我顺着小巷前往下一户人家,他们的房屋老旧破败,门口也没有交通工具,院里唯一的私有财产仅仅是地上的一排玉米。于是我用学校垫付的钱款去路边的水果摊贩处买了两袋水果,然后前往拜访。当屋主应门时,我一边表明来意,一边把水果递给他。老汉脸上洋溢着真诚动人的笑容,热情地招手示意我进屋歇息。这印证了上述的道理,家境殷实的人家思想未必开放,而相对穷困的大众却感人至深。我深刻领悟到,"交流"的本质是人之情,而非人所言,一切的交流都建立在人的基础上,故而体会人的情感,成为交流的关键。

夏日的阳光炙烤着大地,温度攀升到接近40℃。眼前这片广阔的农田里,一位老汉正在晒谷。我站在田埂外远望,看到老汉的背已经被晒得黝黑发亮,两只手仍有力地拆着谷方。见此情形,我突然想去帮他一把,即便仅是绵薄之力。

整齐的稻谷摊在由老汉用稻草搭成的晒谷场上,时有微风吹过,稻谷发出沙沙作响。我蹲在地上,认真地将一把把稻谷铺展开来,使其与太阳充分接触。他时而用手指翻动着谷粒,检查是否有秕虫或杂草混杂其中,时而拍打着稻谷,使它们更好地晾干。

老汉边忙活着,边默默地看着我工作,目光中流露出一丝赞赏和欣慰。一番尝试之后,老汉向我走过来,说:"这种粗活你们城里的娃做不来,做不来,我来吧。"他是个勤劳而真诚的务农者,也有着对后生人的爱护与关照。晒了20分钟,我顿觉后颈一阵火辣,应该是在烈日暴晒下晒伤了,走前我又回头看了看田里的老汉,他用手扶了扶头顶的草帽,便继续弯下腰去劳作。

周围的农田景色美丽而宁静,碧绿的稻苗随着微风轻轻摇摆,仿佛在诉说着即将到来的丰收季节。

"一粥一饭,当思来之不易;一丝一缕,恒念物力维艰。"在城市里的有些人,对生产成果没有一丝敬畏之情,随便浪费粮食、生活用品的现象屡见不鲜。试想,广大劳动者知道这一切后将是何种心酸。作为一个拥有着6亿农民的泱泱大国,农业是经久不衰的源动力,故而对辛勤的劳动人民,我们时刻需要保持关怀与崇敬。

日落时分,我们一行人向外走,遇见一群人正朝着村庄的方向归来,仔细一看应该是老人带着小朋友放学回家。据我了解,村内是有两所幼儿园和一所小学的,要给适龄儿童提供教育应该是绰绰有余,然而许多人选择送孩子到城镇里上学,而家中青壮年在务工或务农,只能麻烦老人接送孩子。夕阳倾洒路面,老人们本就瘦小的身影更显得孱弱不堪。

乡村教育资源匮乏是农村地区面临的一个严重问题,始终是实现共同发展的一块心病。由于农村地区经济相对落后、基础设施相对薄弱等原因,乡村学校往往面临师资力量不足、教育设施简陋、教育资源匮乏等挑战。虽然能够基本容纳适龄儿童,但随着社会进步,教育的质量越来越被人们所重视。

究其原因,一是因乡村教育资源匮乏而导致农村学校的师资力量不足。相比城市学校,农村学校往往面临着吸引和留住优秀教师的困难。由于薪资待遇、职业发展机会等方面的差距,有能力的教师往往选择去城市从教,这使得农村学校无法拥有足够数量和高素质的教师队伍,对教育质量有着极其严重的影响。

二是乡村学校的教育设施和条件相对简陋。农村地区的学校往往缺乏现代化的教室、实验室、图书馆等基本教育设施,甚至缺少基础的电力和网络设备。这使得农村学生无法享受到良好的学习环境和体验,限制了他们的学习潜力。农村学校的教材、教辅资料、科研设备等方面的资源相对有限,很难提供与城市学校相媲美的教育资源。

针对乡村教育资源缺乏的问题,必要政策亟待上台。首先,政府应加大对乡村教育的投入,增加乡村教师编制,并提高其薪资待遇,吸引和留住优秀教师。同时,要加强对乡村学校和教师的培训和支持,提高他们的教学水平和专业素养。

其次,需要加强农村学校的基础设施建设,提供良好的学习环境。政府应增加资金投入,改善乡村学校的教室、实验室、图书馆等基础设施,并推广使用先进的教育技术手段,提升教学效果。

教育是人之根本,泱泱大国是每一个人才用辛勤汗水与智慧结晶汇聚而成的。论教育之重要,似是养分之于树木,钢筋之于大厦。未来某天,当所有乡村的青少年都能受到良好的指引与教育时,则乡村振兴之时指日可待。

每个乡村都有其文化与风韵,用双脚丈量每一寸土地自然难以实现,但作为上海财经大学的一名学生,我心中的炽热火焰鼓动我投身建设祖国的事业。千村之行,这次遇见是一个美好而温情的开端,让我从此心系大国乡村,更有了未来投身建设乡村,为实现中华民族伟大复兴而奋斗的坚定思想。

扎根于广袤大地的村民,还有心怀经济匡时的我们,共同感慨着这块神奇土地的恩赐,心中都怀着对未来坚定的热爱。

读懂千村,根植祖国

农宁桢[①]

七月,我来到茶香氤氲的布央村,茶香四溢,清新芬芳,令人心旷神怡。在这里,我第一次参与千村调查,读懂她,并描绘中国当代农村的真实面貌……

去往布央村的过程并不顺利。我们唯一庆幸的是三江县开通了动车。一下火车,热浪滚滚,闷得让人喘不过气。明明出发前已经做好了攻略,下车后我们只需要找到大巴专线就可以去往布央村。可是我们在广场兜兜转转,不少拉客的司机朝我们吆喝,简直热昏了头,最终都没找到正确的上车地点。我们只好放弃这一路线,选择"重金"打车前往布央村。

山路蜿蜒,一路颠簸,加上天气炎热,车内皮革的气味让我作呕,任务都还没开始人已经疲惫不堪。从三江县动车站乘坐轿车到布央村需要一个多小时。时间一点点消磨着我对此次调查的热情。最开始,在我的想象中,千村调查是一个轻松又高级的活动。我们只需要走到村子里询问就好了,村民们听到我们是大学生,会露出新鲜又赞许的神情,最后我们掌握一手数据,满载而归。区区 13 份问卷能有什么问题!但是,直到我们终于踏上

[①] 农宁桢,女,信息管理与工程学院 2022 级电子商务专业本科生。

征途,我开始重新思考自己心目中的千村调查。我坐在闷热的车里,汗流浃背,头晕目眩,我为什么要来受这个苦?千村调查是否只是为学校的资料库充"水"的玩意儿?是否只是为了让我们走走形式?选择布央村时,我拒绝了父母的帮助,选择前往这个陌生的地点,而不是父母熟悉的、能直接走通关系让村支书配合我们的村子。我开始怀疑自己当初是不是过于高傲自大了,以至于现在还没到布央村就遇到了困难,打起退堂鼓。人在这样低落的情绪下总是会引发不安的遐思。村支书会不会根本不待见我们这些大学生,村民们会不会冷冰冰地不愿意配合?

脑袋昏昏沉沉,在胡思乱想中我迷迷糊糊地睡了过去,醒来时终于抵达了布央村。我们的第一站是星空木屋。这是当地有名的民宿,因此我们慕名在此留宿。民宿的大姐热情地接待了我们,还向我们介绍了不少布央村的茶文化特色,这让我一下子振奋了很多。"你们看这山上呀,是'四季红枫林',从这里可以俯瞰咱们村,晚上亮了灯,可好看嘞!"大姐听说了我们的来历,笑眯眯地说:"往那走,就是茶马古道,走进去就是广场,村委会就在那里。""谢谢大姐!我们听说布央的星空木屋在当地很有名,可以详细说说吗?"于是我们的第一个任务竟完成得如此顺利,在与民宿大姐的畅聊中我们进一步了解了星空木屋的发展历程。这是当地政府与旅游公司合作推进的扶贫项目,凝结了全体布央村民的心血。隐藏在山林之间,遇见童话小屋,兼然悠心处,院里满茶烟。木屋结合苗族特色和现代房屋特色,同时将住宿与民俗活动相结合,布央星空木屋项目把握住了三江自然产业的强劲实力,与自然融为一体,吸引了不少游客,促进了当地乡村经济的发展和进步,在茶山中努力响应国家关于乡村振兴和旅游发展的政策。庭院里整洁温馨,我听着大姐娓娓道来,感受到村民的智慧和奋斗的力量,他们凭借着智慧和努力,让这个曾经贫困的村子重新焕发生机,变成一个"小桃源"。

之前心中的疑虑一扫而空,星空木屋的故事给了我一些触动,我开始重新思考千村调查的意义。千村调查不仅仅是去收集一个个数据,它还将农村的故事娓娓诉说,描绘出当代农村发展的模样。在一个个故事的背后,是农民脱贫增收的喜悦,是祖国改革发展的伟大成就,是打赢脱贫攻击战的伟大胜利。这些故事给予我们启迪,不仅是农民坚韧顽强的精神让我们敬佩,而且有这些成功发展的案例,又给中国广大农村以示范和引领,中国乡村面貌会越来越好。

"我送你们去广场,那里人多,你们要填问卷呀,他们会乐意帮助你们的,"大姐乐呵呵地说道,"我们布央村茶叶很有名,很多村民是以卖茶叶为生,你们可以到村民家里喝茶呀!"我们和大姐道了谢,顺利来到村委会。在我们表明来意后,村支部副书记和办公室一众干部很热情地接待了我们。他们非常和蔼,似乎也很习惯有学生进入布央村,因此一点也不端着架子,没有因为我们只是大学生就甩脸色、敷衍了事,而是对我们有问必答。我们之前的顾虑全被他们的热情消除了。村支部副书记向我们介绍了布央村的茶文化:这里的茶文化有着悠久的历史,起源清代,最开始人们主要种植的是野生油茶树,用于自家饮用。随着时间的推移,布央村的茶文化也在不断发展。近年来,在党员们的带领下,其他村民陆续加入茶叶种植,于是,茶叶种植成为村民的主要经济来源,村民们的生活水平也得到显著提高。此外，布央村的茶文化还与侗族文化紧密相关，在这里，茶叶不仅是一种饮品，而且是一种文化象征，代表了侗家人对自然的尊重和生活的热爱。但是，布央村的茶文化发展依然有未解决的难题。村民文化水平不高，不知道怎么充分利用互联网电商平台进行销售。村支部副书记坦言道："前两年有一家住户知道怎么直播卖茶叶，倒是吸引了不少村民，就是后来去城里了，之后再也没有人做电商直播了。一些村民会用微信群贩卖，不过客户都是来到我们这里旅游，了解才购买的老客户。"我们和村干部们畅聊，非常顺利地完成了问卷，还进一步了解到布央村的情况。

我们还在村干部们的带领下去了广场，那里都是质朴的侗族人家，广场上嬉闹的儿童、蹒跚的老人，公共舞台上挂着的五彩斑斓的侗族饰品，路口飘着清香的茶叶摊，一切都让这个小村庄增添了几分恬淡，仿佛能隔绝一切的不安与焦虑。我们走进一家家村户，与村民攀谈，他们都很善良且耐心。到村主任家的时候，村主任还请我们吃西瓜；隔壁的大哥请我们品了许多种本地茶叶，还为我们一一介绍。我们真的就这么简单地在村民家里品起了茶叶。沸水注入，茶叶在壶中翻滚，茶汤在杯中沉淀。天黑了，月色如水，花香潜影，一壶清茶，静静地煮。茶香飘溢，如女子之发髻，悠悠然，让人心醉。

我们走千村、访万户，实地考察，深入了解了当代农村现状。我们聆听农村的故事，记录村民的诉求，然后总结、反思。我们的征途虽有跌跌撞撞，但也能亦行亦歌。千村调查是我参与的第一个社会调研项目，它同时是一场试练，帮助我成功向社会迈出了一步。这一次还是幸运的，如果没有千村调查，或许我还是那个蜷缩在父母庇佑之下的"00后"小孩，但现在我已经有独立前往一个陌生的村庄完成项目调研的经验了。千村调查同时是一面镜子，反映出中国当代农村的丰富多彩，它让我们能够更好地把握各地农业发展的特点和问题，从而为乡村发展的现代化进程指明方向。

读懂千村，才能描绘祖国广大乡村的真实面貌；根植祖国，才能在实践砥砺中认识真理，在时代奋斗中创造价值！

两处桃源

张陈可兰[①]

在开展千村调查之前,我并不曾预料到,自己有一天会真的遇见一个宛若世外桃源的村落。

尽管不在农村长大,但是故乡在乡下的我对农村并不算陌生。在我为数不多的记忆和认知里,现在的农村无外乎两种:一种是新闻上偶尔出现的模范新村,洁白高大的村门下延伸着崭新的柏油路,村民们操作着各式专业的机械,忙碌于建设规模宏大的特色产业;或者,像我的家乡一样,古旧的木屋和新建的平房间是满溢的泥土气息,在经营着农务或其他不大的产业之外,人们三三两两地聚集在一起侃大山,手机屏幕里滚动着不间断的短视频。

不论哪一种,我相信人们的生活已经深刻地打上了现代的痕迹。所以当我来到一向贫困的广西壮族自治区桂林市灌阳县,却见崭新的宣传栏和被阳光照得雪白的水泥地面映入视野时,我也很自然地将此行的目的地归为已经华丽转身的前者,并为它的崭新与井然有序而惊喜不已。

[①] 张陈可兰,女,信息管理与工程学院 2022 级数据科学与大数据技术专业本科生。

穿过曲折的水泥小道,我们伴着身侧绿意繁茂的连天稻田走向村口专设的特色油茶小屋。我们将在这里展开几段采访,完成入户问卷的一部分内容。

在书记的帮助下,小屋里陆续来了三四位村民,他们大多脸上纵横着浅浅的沟壑,如果在城市中,应该是正退休在家、颐养天年的长辈。我负责帮助完成问卷的是一位笑容腼腆的阿姨,身边跟着一个蹦蹦跳跳的小女孩。阿姨向我表示自己能够识字和书写,我瞬间感到轻松了许多。想来也是,生活在这样崭新的村子里,应对一个区区问卷肯定不成问题吧。

抱着这样的想法,我任由自己放松了注意力,很自然地被一旁活泼的小女孩拉去参观油茶小屋。逛完一圈回来,只见阿姨手握着签字笔,满脸认真,问卷却仍停留在最初翻开的一页。我忙上前询问阿姨是否遇到了什么困难,阿姨笑着摆摆手,低头兀自微皱着眉头,一边用手指一个个点过问卷上的文字,一边又一次地重读题目——我顺着她的手指看过去,这是一道关于儿童教育的情景假设题,开头的两个字是"如果"。

想了想,我尝试用方言尽可能直白地为阿姨解释了一遍题目的意思。阿姨听得仔细,末了却似懂非懂地温柔反驳我:"但是我家并没有小孩在读书呀。"

这显然是意料之外的回答。我试图将"如果"一词替换,无奈换来换去也不过是"假如""您想象一下"这样相似的表达。尽管阿姨最终在我手忙脚乱的解释下做出了自己的回答,但我明显感觉到,阿姨对于"如果"这种表述,仍保留着疑惑,而这也在之后情景假设题再次绊住阿姨时得到了印证。我曾经预想,这次调研可能遇到诸如闭门羹之类的各种困难,却不想一帆风顺中,第一次无力感出现得突然,竟只为解释一个司空见惯的"如果"。

而阿姨并非唯一被"如果"二字困住的受访者。在我刚为阿姨解释完不久,一位与阿姨年龄相仿的伯伯也对此发出了疑问。又是一番搜肠刮肚的解释,我渐渐发现,阿姨和伯伯确是将日子过得极其务实而简单的人。不同于喜欢畅想未来与可能的我们,他们的生活在于眼前的一蔬一饭,在于现在已经拥有的或是清晰可预见的。这是生活在这一方田地里的他们,从过去的俭朴生活里积累下来的最真实的经验。

在后来的访谈和问卷整理中,我有些意外地发现,尽管这座村庄崭新的门面给我一种现代化的印象,但居住其中的人们依旧过着非常简单甚至原始的生活。这个村落的常住民以中老年和小孩为主,他们大多不使用网络,一家可能只有一部手机,很少有电脑。旅行和出远门对他们而言是有些遥远的场景,因为他们的生活早已与自家的那几亩土地紧紧相连。回想着那里的土地和人们,我很难不联想到曾经在书本上读到的《桃花源记》,在这个看似一切四通八达的时代,这座村子却如桃花源里的人们一般,过着几乎与世隔绝的日子。我想起那天我们走在田野间雪白的水泥小道上,谈笑间向身侧远眺,稻荷尽头是连绵的起伏青山。尽管水泥地面顺着山路一路延伸到了田埂之间,但群山的围抱像一道天然的屏障,护佑也隔绝着这一方小天地。在这里,我感受到了最纯粹的善意和热诚:就算是在最炎热的夏日中午耽误了将近一个半小时来填写问卷,他们依旧会满脸笑容地招呼着为我们盛满热腾腾的油茶汤。这里的景色、民风和与世隔绝都不断接近着我对"桃源"的想象——那留存于世外、民风淳朴的处女地。

而当我真的试图以"桃源"视之,那段发生在我和那个活泼的小女孩之间的对话又屡屡响在我的耳畔。

"姐姐,姐姐,桂林有幼儿园吗?"

"有呀。"

"那桂林也有小学吗?"

"也有呀。"

"哇,桂林不愧是大城市!"

我一时哑然。

不论以哪种评判标准,桂林这座普通的南方小城都暂时算不上什么"大城市"。但是在小女孩闪闪发光的眼里,我能强烈地感受到,尽管只是说拥有幼儿园和小学,桂林已然成为她现在的小小世界之外的一片桃源。这片桃源不关乎与世隔绝,而是一片象征着先进与无限魅力的希望之地。这是她的世外桃源。

我不禁思考,对于现代的社会而言,我们所向往的桃源究竟应该是什么模样呢?而俗世之内的桃源,又该是什么模样呢?以我目前浅薄的知识,一时之间,我并不能想出答案。但我想,至少现在的人们,依旧身处在两片相连而相异的桃源。我们站在彼此的桃源中,切身感受着周遭的兴衰。或许当我们努力着感受彼此、走向彼此,相会的那一天就是问题的答案。

而此刻,我正处于这场追溯之中,思绪纷繁。

布央村茶文化之旅与数字技术赋能布央发展的可能性

周昱彤[①]

一、布央茶旅

布央村坐落于广西壮族自治区柳州市三江县西南部,是一个以茶叶种植产业为主的侗族村寨。

20年前的布央村还是一个远近闻名的贫困村,人均收入不足3 000元,而如今在国家扶贫和乡村振兴的政策支持下,摇身一变成为令人艳羡的"仙山茶园"。

朝阳初升,明亮的晨光穿透层叠的云海,为连绵如碧波的茶山镀上了一层金辉,宛若梦中仙境。短暂告别了城市的摩天大厦,初见的布央,的确给人留下了深刻的印象。

布央村傍山而依,沿山而下便来到了村中心的居民广场。广场上零星有售卖茶叶的小摊,几个村民守在摊边说笑,一派悠然自得之景。广场边是一排富有侗族特色的木质居

---

① 周昱彤,女,信息管理与工程学院2022级数据科学与大数据技术专业本科生。

民楼,大多是民宿和餐馆。我们走进了其中的几家,当地的居民了解到我们参与的千村调查项目,大多乐意配合,也有热情的居民主动向我们推荐自家生产的茶叶,甚至邀请我们免费品尝。布央的茶叶种类多样,口感富有层次,一口清茶下肚,微苦后的回甘令人联想到布央茶山的新绿。

我们和几位家中经营茶产业的村民进行了交谈,发现他们对于布央的茶文化有很深的认同感,每每谈及本村的茶叶,语气中都带有自信与骄傲。大多数居民的家中备有茶桌、茶壶、茶碗等用茶器具,一位民宿老板还让自家女儿展示学来的制茶技艺,可见其茶文化的氛围之浓厚。

一片小小的茶叶,似乎成为人与村之间难舍的羁绊,成为茶山子民扎根大山的基石。

临走前,村子里将举办一场教育科普讲座,村民还热情地邀请我们参与,可惜因为时间关系并没有去成。短暂的一两天相处,村民对我们调查小组的包容与热心令人动容。调查问卷中提到了村民对于外来户的态度,答案基本是乐意接纳且积极的。人口适当地增加确实有助于当地茶产业与旅游业的发展,这一点得到了大多数村民的认同。

但吸引外来人口并不是一件易事。实际上,因为布央村只有幼儿园和小学,村里的青少年只能到外地读书;而又因为村里缺乏就业机会,青年们大多选择到外地务工,布央村实际仍处在人口流失的状态。

那么如何改变这一现状?我想,关键还是在于那小小的茶叶。村民们都对布央的茶文化有深深的认同感,也愿意为当地的茶产业出力,振兴本地的茶叶产业和旅游业定是发展经济的关键。

然而布央村当地的产业影响力实在不大,连我这个来自距布央村最近的城市的人,此前都对布央的茶产业闻之甚少。且即便在暑假这样的旅游旺季,布央村内的游客流量仍偏小,其原因也在于大众对布央景区几乎完全不知晓,甚至闻所未闻。由此可见,布央村现在亟须提升的是其大众传播度。而作为现当代传播的重要手段——数字技术便闪亮登场。

二、数字技术赋能布央发展

布央村总人口2 364人,其中高中以上学历者为175人,仅占约7.5%。人才匮乏是村委会提到的制约经济发展的一大问题,也是在振兴产业中运用数字技术所遇到的阻碍。

为解决这一问题,我们首先要对村民进行网络与数字技术的普及。可以在村内开设相关的培训课程,或者建立一个数字化培训平台,为村民提供技能培训和职业发展机会。平台可以包括在线课程、实践项目、职业咨询等功能,为村民提供全方位的技能提升服务。

而针对布央村茶叶种植与旅游经济结合的特色产业,可以从以下几点着手融入数字技术:

(1) 建立数字化营销平台:建立一个数字化营销平台,包括网站、社交媒体、电子商务平台等,以便更好地推广布央村的茶叶和旅游业。通过这些平台,可以向更广泛的受众传达布央村的品牌形象和特色,吸引更多的游客和客户。

（2）推广数字化旅游：数字化旅游可以引进在线预订、虚拟旅游、数字化导游等功能，通过提高游客的体验和满意度，帮助布央村吸引更多的游客，增加旅游业收入。

（3）利用大数据分析：通过大数据分析，可以更好地了解布央村的客户需求和市场趋势，以便更好地制订营销策略和产品开发计划。同时，大数据分析可以帮助布央村更好地管理和优化其生产和供应链，提高效率和质量。

除了村集体自身的努力，要实现这些构想，自然也不能缺少政府和社会的帮助，只有将各方面的力量汇聚，才能将数字技术赋能布央村振兴的设想变为现实。

三、尾声

几十年来的发展变迁，或许依旧不变的是布央茶山的万顷碧海。再过几十年，那小小的茶叶上会是蒙尘抑或生辉？我坚信是后者。布央不该是那十万大山中隐没烟尘的璞玉，而应是与初升晨光交相辉映的宝玉。这里有蓬莱仙境的绝景、有青涩甘甜的茶水、有热情质朴的人民、有世代传承的信仰。这里是布央，一颗尚待雕琢的璞玉。我相信数字技术的到来，有朝一日会将布央的茶香带到无数的远方。

征途漫漫，唯有奋斗

李若曦[1]

2023年暑假，带着命题，在海南各地村庄跑着调研、参与千村调查的经历，如珍宝般在我的回忆中闪烁，散发阵阵光芒点亮夏日，予我无限感动，久久难平。浮舟沧海，立马昆仑，每一个扶贫人、乡村振兴人的生命中都有些东西值得记录。

踏进永德这个小乡村，处处山青水明；荔枝花海产业园区，游人如织，特色农家乐与民宿生意兴隆，一派欣然景象。见到王湘翔部长之时，正值永兴荔枝采摘淡季，浮生偷闲，村民其乐融融，乐乎畅谈。谈笑风生之间，见我们一行来访，热情邀我们几人入座，待我们说明来意后，王部长带我们参观了永兴电商服务中心。其位于永兴镇荔枝花海产业园区内，于2017年6月正式运营，是海南省首个镇级电商扶贫中心。服务中心的房子共计五层，设立了服务前台、农产品展示展销区、多功能会议室、会客洽谈区、积分超市、电商直播间、永兴就业驿站等功能区，服务齐全、空间合理。

我的思绪，也就随着王部长的介绍而流动纷飞：她说，这是一个就业驿站，2023年帮助解决了两个社戒社康人员（社区戒毒康复人员）的就业问题；她说，这是一个积分超市，

---

[1] 李若曦，女，商学院2022级工商管理类专业本科生。

通过积分制的方式鼓励村民参与乡村治理;她说,这是展销区,村民所种植的荔枝、黄皮等都会包装好在这里进行展销;她说这些年,通过永德村全体人的努力奋斗,依托当地火山区域的文化和土壤,打造了以"火山"为品牌标识的区域性果蔬农产品的品牌矩阵,推动和丰富以"永兴火山荔枝"为领航的火山特色农产品不断提升产业化水平,开拓了电商＋N的模式……我犹记得王部长说到这些年决战脱贫攻坚、推动乡村发展的风风雨雨,过往如昨,眼底有光;我隐约感受到永德村和美与共的背后似乎有着一些让人动容的故事,与王部长的一来一往之间,她向我们讲述起那样一段不灭于时光而熠熠生辉的过往……

这楼的产权属于永德村陈槐柏书记——那是七八年前的夏天,国家脱贫攻坚战仍然艰巨,由于镇政府土地不足,村里发展电商时,槐柏书记主动将整栋楼免费给政府使用,后因运营团队撤回,槐柏书记就把楼体重新装修,自己设计,这才有了现今我们所看到的扎根于农村的电子商务综合服务平台。这是我第一次带着使命走进基层乡村,了解村民的生产生活情况,倾听村干部的乡村振兴故事。就在这里,我又和王部长促膝长谈,深入交流。"我们这里有一个最大的问题就是冷链包装问题,因为荔枝很容易坏,比较娇贵,所以运输就不方便,价格也存在一定波动……"为了解决因产量波动、天气变化等造成的损失,槐柏书记对接了许多经销商,签订了战略协议,在荔枝季时与村民签订最低保价协议,每斤11块钱收。当时有一段时间荔枝丰产,价格降到10块钱以下,正因着槐柏书记与公司合作签订的保底价11块钱,村民才没有损失太多。"这样的话,那对于村民可就差远了啊！你11块钱(一斤)跟10块钱以下五六块钱每一斤差很远是吧？你像我们村民产量都是几万斤的……""2014年威马逊台风时,也是恰逢荔枝丰收季,那时候有台风啊！为了减少损失,他(槐柏书记)坚持收购了村里的荔枝,但由于台风荔枝运不出去,或者运到半路上坏了,那一年他自己为村民垫上了很多钱……"

为了让老百姓全面步入小康,实现乡村振兴,槐柏书记敏锐地发现了当地地处火山区域,大石多、泥土少的特点,以荔枝种植作为主要的产业依托,在最困难的那几年坚持以自己的力量,一点点推动着永德村、永兴镇的电商发展。经过多年的探索和总结,永兴电商服务中心通过开展"七进八销"多元渠道、建立扶贫爱心集市、建立线下消费扶贫馆、举办电商培训、孵化本地网红、建设永兴区域公共农产品品牌等方式和举措,形成了"互联网＋农产品"的发展模式,有效帮助农户增收,带领村民走上了一条产业兴、生态美、百姓富的乡村振兴路。截至2020年,通过电商平台带动线上线下销售额累计超2.1亿元;成功帮助永兴镇建档立卡脱贫户百分百覆盖地开设个人网店,帮扶脱贫户、监测户农产品销售额超过1042.2万元;并孵化出了林贻松、吴清河等直播达人。

对于这位因事出差、素未谋面的书记,在王部长的描述中他的形象也便渐渐清晰于我眼前:槐柏书记健谈、人实在,对于事物的发展很有自己的想法与见解;性格平和、善良纯朴、乐善好施、情系村民,以一村书记之肩,扛起千家梦想之担,村里日子也过得越来越殷实。我仿佛看到了一双宽厚结实的臂膀,往前走,嘴里念叨着大事小事,重重行行在美丽乡村规划里,而这宽厚的背影也深深地烙印在我的心底,让我调研回来后的日子每每想起乡村振兴的未来,都是当天结束时的日落余晖、星光点点,那些披洒在身上的灿烂和温暖,以至我走过的曲径幽深和历经的人间雨露,都觉得是美丽的风景如诗和对美美与共的憧憬向往……

槐柏书记带领一村人走过脱贫攻坚的故事,让我想起一些人来,如黄文秀、张华、吴应谱等。2020年中国现行标准下农村贫困人口全部脱贫,创造了人类减贫史上的伟大奇迹,世界上没有哪一个国家能在那么短的时间内帮助那么多人摆脱贫困,而伟大成就的背后,超1800人将生命定格在扶贫战场,他们腿上有泥,心中有党,手上有劲,脑里有方,身后有光。他们一直在努力,一直在奋斗,一直不负自己的那份使命与责任,终至化为春雨阵阵润物无声,化为繁星照亮了脱贫攻坚乃至现今进行的乡村振兴伟大进程。

我们一行人就这样看着、听着、走着,走过了永德村的莽莽果林、走过了儒张村的沐心石屋、走过了冯唐村的半亩方塘、走过了梅联村的椰风海韵、走过了三更村的百果飘香、走过了荣邦乡的牛油丰收……一路上受到了许多人的照顾,也以我那年轻而懵懂的生命、青涩而稚嫩的眼睛,见证了许多镇干部、村干部,不平凡的、孜孜以求的乡村振兴之路。喜悦与幸福,也可以是微风吹稻苗的阵阵绿浪、是朝阳沐大棚的闪闪金光、是瓜果乐丰收的笑颜盈盈、是渔歌唱晚的目光炯炯,这片祖国南海之上的热土,乘着自由贸易港建设的东风,正孕育着属于它的全新篇章,"千万工程"经验在这里一步步不断地由曾经所向往的图景走向美好现实。难忘遇见的人与事,似夏日暖阳、田园清风,点点滴滴萦绕心头,必将四时开花。

2013年以来,在这场波澜壮阔的脱贫攻坚战场上,每一个扶贫人都栉风沐雨奋战在一线,尽锐出战在昼夜,用赤诚书写峥嵘,用青春描画愿景,而如今踏上乡村振兴的新征程,他们秉持乡土情怀、为民之心,践行一代人又一代人的使命,走好一代人又一代人的长征路,纵岁月如流,斗转星移,不改的是一如槐柏书记等人的无悔奉献与担当。作为在城市里长大的孩子,对于农村我总有种挥之不去的好奇,随着离开故土来沪求学的渐渐成长和阅历拓展,我越来越懂得,要知道农村的秘密和农民的隐情,唯有到乡下去听听心声,抚摸烟火。就像习近平总书记在中国人民大学调研时说的那样,"用脚步丈量祖国大地,用眼睛发现中国精神,用耳朵倾听人民呼声,用内心感应时代脉搏",千千万万如永德一般的小山村,在悄悄流逝的时光中,总有人要深深地触摸到这里一草一木的悄悄变化,我希望自己能够始终有这样的情怀,有这样的感知,有这样一而再、再而三、三而不竭的热忱。

上海财经大学千村调查自2008年启动,迄今走过的十余年春秋,覆盖着两万余名学子在祖国广袤大地上留下的足迹。离不开的乡村,解不完的乡愁,进得去的乡村,出不来的乡恋——费孝通在《乡土中国》一书中写道,"我们的民族确是和泥土分不开的了",家长里短、人间喜乐、山海远阔、市井欢歌,那样的故事,怎么也说不完……

在广阔的土地上开出多彩的花

林依蕊[①]

近年来,"乡村振兴"成了热点词,国家指导,地方出台政策,村干部因地制宜,争相为农村谋发展。在各大媒体的报道下,在电视影片的宣传下,在一个个成功的案例中,我们懂得了乡村发展不是只能也不能只是依赖土地、大力种植,更可以依赖乡村景色、特色文化,而尤为关键的是依赖人才技术,例如当下最热的"数字化"。在炎热的暑期,在上海财经大学千村调查组的指导下,我和两个好朋友组成一队,返回家乡海南,去往海口市秀英区石山镇昌道村进行调查。

一、"最美乡村"昌道村

尽管我已经看过很多乡村发展的报道,也在出发之前初步了解过昌道村。然而当我真正走进它时,它还是带给了我很多惊喜。

刚到昌道村时,我先是被村庄中央的"苍天大树"深深震撼到了。粗壮的树干上是一片又一片大大的叶子,一层一层地,将阳光死死阻挡在外,给坐在树底下的村民带来阴凉。根据资料显示,这是琼北最大的见血封喉树,覆盖地面一亩多。当地村民都说这是一棵神

---

① 林依蕊,女,信管学院2022级数据科学与大数据技术专业本科生。

树,能在经常打雷的区域安然无恙地存活数百年。我将视线从树上移开,又看到了美妙的社会主义核心价值观壁画。不同于其他村把社会主义核心价值观写在墙上,昌道村在宣传核心价值观时,融合了当地的建筑风格,精心设计出一幅核心价值观壁画。我和两个同学站在壁画前,久久不愿离去。一路走着,有时还能看到村民在修剪花草,一眼望去,路上整洁干净,旁边是许多修剪整齐的花,走在这样的路上,心情非常愉悦。

二、热情善良的当地人

我们很幸运,遇到了一位非常热情的当地村民。她在和别人聊天时,看到了我们,就冲我们笑。在认出我们是学生,而且是在做实践活动后,她主动询问我们需不需要帮助。我们三个感到惊喜,眼神简单地交流过后,十分默契地拿出问卷想让她帮忙填。几句开场过后,我们了解到她在本村教书,正要回家做大扫除。我们怕问卷太长,耽误她的时间,影响她原本的计划,便提出寻找新的人,她却十分热情地说,大扫除可以一会儿再做,可以先帮我们填问卷。长达几页的问卷,她耐心地回答了我们一个又一个的问题。讲到特别之处,她还能滔滔不绝地展开说。填完了问卷后,我们问她村委会在哪,她讲了怎么走之后,又意识到有些复杂,看着我们似懂非懂的脸,她提出带我们去。多亏了她的帮忙,我们的工作才能顺利地展开。临走时,她还教我们去哪里打车。除了她以外,我们找的其他填问卷的村民,也都很友好,非常有耐心地填完了几页的问卷,还有一个外地来这里定居的村民送我们到村委会去。

三、蓬勃的生机

这个坐落于火山口的村子,有着天然的土地优势。根据当地村民描述,这里盛产荔枝、黄皮。早在"互联网+"还没有热的时候,村民们就靠售卖荔枝、黄皮,开发"农家乐"维持生活,相比其他村,也属于"高收入"了。然而近年来伴随着网络的发展,"互联网+""数字化"这些技术为昌道村的发展注入了新的活力。例如数字经济便利金钱交易,村里现在人均线上支付,"手机银行"成为村民生活中必不可少的软件;建成在村里的民宿,采用线上预订方式,有来昌道村旅游想法的游客可以随时上网查看房间并进行预订,便利了旅游业的发展……旅游业、农产品加工、农业多个产业齐头并进,数字化技术有着深入应用的趋势,这个小小的村庄焕发出前所未有的蓬勃生机。

四、和它说再见

我们的调查工作用了一天就结束了。但是这里淳朴善良的村民、景色如画的村庄都给我留下了深刻的印象,也让我喜欢上了这里。我在心里暗下决心,以后有机会还要来这里游玩。

"乡村振兴"从来不是一句虚无的口号,而是实实在在的行动。千村调查项目给了我们一个走向农村、了解农村的机会。"纸上得来终觉浅,绝知此事要躬行",千村调查让我们不再仅仅拘泥于网上查找资料,而是学会到实地中去获得第一手资料、第一手数据。期望我们将来还能有机会走向农村,或为农村发展贡献自己的绵薄之力。

千村调查 3.0
Village Investigation Program

华中：河南省、湖北省、湖南省

千村调查·在路上

陈黎菲[①]

2023年7月上旬，我们跟随老师前往河南省洛阳市偃师区，开始了千村调查的旅途。这是我人生中第一次参与大规模且正式的社会调查，心里有着无限的期待，也有一丝忐忑。7月8日，我们一行人顺利会合，正式开始千村调查。

走千村，我看到了乡村的变化。

不必说一望无际的农田、朴素的农舍、弯曲的小路、潺潺的小河；也不必说鸟儿在枝头歌唱，胖胖的小狗伏在家门前，玩闹的孩童突然成群结队地窜到我们眼前。每进入一个村子，还未开始调查，就能不断看到新的变化，感受无限趣味。与印象中农民"面朝黄土背朝天"的形象不同，村庄中的人们大多过着悠闲的生活，乡村也不是大家想象中的脏乱，整齐的农舍、笔直的水泥路，无处不在展示着乡村的巨大变化，只有乡村展览馆里的老农具还在诉说着过去的故事。在进行调查问卷的访问过程中，我们也明显感受着村庄的巨变。集中排水系统取代了往日的污水池，垃圾的集中处理淘汰了旧时的焚烧，家家安上了电脑、通上了网络，广场上设置了崭新的健身器材，各种文化活动下乡也在丰富着村民的生

[①] 陈黎菲，女，经济学院2022级数量经济（中外）专业本科生。

活。乡村的变化使我惊讶,也使我欣喜。

访万户,我了解农户的生活。

在千村调查的过程中,我们走访农户,深入观察了解农户生活。我们发现,现在留在村中的大多为幼儿及老人,大多数农民已不再以种地为生,土地多由集体负责,进行流转。农民大多留在农村养老,或是帮助在外打工的孩子照顾儿童,生活简单而闲适。随着乡村的发展建设,村民的生活也有了一定程度的改善,在进行访问调查时,许多农户笑着和我们讲述生活的变化。进行千村调查,我与人沟通的能力有了进一步的提升,也对农户的生活有了更进一步的了解。

读中国,我书写千村的故事。

为期一周的千村调查工作,我收获颇多。虽然每年都有很多次去农村游玩、体验生活的经历,我却从来没有这样了解过农村。我第一次以大学生的身份,与村民们沟通,了解他们的生活,填写一份份问卷,仔细录入每一个数据。2023年调查的主题是"数字技术赋能乡村振兴",因此,在调查的过程中,我们重点关注了各乡村数字技术的发展情况。我们看到一些以制造业为主的乡村,电商经济发展欣欣向荣,乡村重点培育电商人才,乡村的工厂中,自动化机械生产的嗡嗡声令人欣喜。同时,我们看到一些地理位置、经济条件不那么好的乡村,其数字化发展远不及其他村庄,却也在寻找着改变和出路,发展文化旅游产业。看到村庄的对比,我突然感受到千村调查的意义,明白我们所收集的数据可能对乡村发展有着举足轻重的作用,我越发感受到身上的责任。

调查过程中,我们也有着其他的收获。在兰庄村,我们看到大片大片的黄杨树,了解了黄杨树的培育;在岳滩村,我们参观村庄的机械化制造车间,看到电商产业在乡村的喜人发展;在圪当头村,我们探访商都遗迹,参观附近的商都二里头遗址博物馆,寻找"最早的中国";在崔河村,我们走进大棚,体验西瓜采摘工作,那天的晚餐多了一盘水灵灵的西瓜,夏日的西瓜也因我们的劳动而变得更加美味起来;在山张村,我们在夕阳西下时分登上牛心山,一路上欢声笑语,这是我们一起进行千村调查的最后一天,夕阳染红了天,也染红了我的眼角。几日的调查工作宛若短短一瞬,在我的生活中匆匆走过,却给我留下了无限的记忆。我们小组10人,在牛老师的带领下,在偃师进行了一周的调查,每天早早出发,午餐、晚餐时进行总结,队伍中的学长学姐也让我学到了许多东西。几日的工作让我们越来越默契,我们合理分工、一起努力、互帮互助,每天的目标都可以迅速高效地完成,一起相处、一起工作的时光令我十分珍惜。我热爱这样的千村调查,也热爱这样一群可爱而热血的人,更热爱这段充实的时光。

千村调查的队伍走遍中国,千村调查的问题深入中国,千村调查的成果发展中国。我无比期盼着,我们所收集的数据能够反映问题、助推乡村发展。我们这些从中原大地走出来的孩子,能够运用所学的知识,为自己家乡的发展贡献一份力;我更加期盼着,未来,千村调查的足迹可以踏满祖国的万里河山,千村调查的成果可以在这片美好的土地上遍地开花,乡村的明天因我们的努力而越发美好。

走进"千村",助力振兴

陈怡静[①]

2023年7月8日—13日,我有幸参与了以"大兴调研担使命,数字赋能促发展"为主题的定点千村调查活动,回到家乡洛阳深入了解社会主义新农村的建设情况,在田间地头了解最真实的中国,跟随村支书和村民的步伐了解数字乡村的发展概况。不仅如此,我和组员们还在牛志勇老师的带领下接受了爱国主义教育和劳动教育,参观了二里头夏都遗址博物馆,攀登了牛心山等。我在走进"千村"中增长了学识,磨炼了意志,可谓收获颇丰!

一、聆听农户心声,探访数字乡村

调研过程比我所预想的要顺利,这得益于政府和村委会工作人员的帮助和村民们的积极响应:10个村庄的工作人员都对上财师生的到来表示了热烈欢迎,并从当地的历史底蕴、发展概况、乡土人情等方面进行了详细的介绍,还耐心解答了我们提出的诸多问题。大多数村民是第一次参与千村调查,他们愿意抽出时间接受学生们的采访,介绍自己家里

---

① 陈怡静,女,会计学院2021级国际注册会计专业本科生。

的情况和生活中的酸甜苦辣。我衷心感谢他们的积极配合与老师的耐心指导,在实践中坚定了将个人发展融入国家发展,始终与祖国同行的决心。

在回到家乡洛阳和农户们交流的过程中,我感受到了数字技术给村委会开展工作和村民生产生活带来的极大的便利。例如,村民们常常通过微信群了解村务,下载抖音等社交软件丰富生活,用手机银行查账转账等。但是,在智慧农业、数字生态等方面,部分村委会和村民的认知较少,也缺乏相关技术和资金的支持。因此,乐于创新、敢于创业的青年人才返乡对于乡村振兴有着重大意义。农业农村现代化是中国式现代化的必然要求,习近平总书记说过:"只有把农业农村搞好了,广大农民安居乐业,他们才有充足的获得感、幸福感、安全感。"走进农户,深入了解数字化乡村发展现状,才能促进政策落地,因地制宜走好乡村振兴之路。

二、传承红色基因,汇聚奋进力量

在岳滩村,村支书带领我们参观了刘应祥事迹展览馆。刘应祥是全国闻名的小麦专家,因研究小麦高产栽培技术获评全国劳动模范,被村民们亲切地称为"麦大夫"。他长年累月地蹲在田里观察、研究麦苗,不惧艰辛,无私地帮助村民培育良种、开辟试验田,总结种植经验并向全国推广,最终让群众吃上了白面馍、过上了好日子。通过参观学习先进党员的精神和事例,我坚定了传承红色基因的决心,要不负习近平总书记嘱托,牢记初心使命,坚定人民立场,在躬身实践中助力中国式现代化的实现。

在顾县,我们在村支书和牛老师的带领下前往任西和烈士纪念碑缅怀先烈。任西和,这位勇敢爱国的青年战士,在抗美援朝战争中义无反顾地用肩膀支撑起重机枪筒直至壮烈牺牲。他不怕牺牲、敢于胜利的英雄主义精神万古长存。崇尚英雄才会产生英雄,争做英雄才能英雄辈出,习近平总书记指出,和平年代同样需要英雄情怀。以任西和为代表的英烈精神将持续感召后人培植家国情怀,汇聚奋进力量。

三、探访夏都遗址,溯源中华文明

除了走进乡村了解当下,我们还在偃师区农业农村局的工作人员和带队老师的带领下,踏入博物馆回望历史。以"华夏之源,最早中国"为基本理念而设计的二里头夏都遗址博物馆,是国家"十三五"重大文化工程项目之一。它利用丰富的藏品和先进的数字技术全方位展示了夏代历史、二里头遗址考古成果、夏文化探索历程、夏商周断代工程和中华文明探源工程的研究成果。在"厥土生民"和"世纪探索"展厅中,我借助全息投影、互动触摸屏、音频和视频播放等多媒体数字技术"穿越"到夏代都城,看到古代劳动人民生产生活的智慧和图景。我从讲解员的介绍中学习到二里头文化是中国乃至东亚地区最早的"核心文化"。因此,发现它、研究它、学习它、传播它,是彰显中华文化自信、发扬河洛文明、增辉华夏智慧的重要举措。

四、走入农田,品味生活

在本次千村调查中,我们不仅有机会走进农户的家中了解情况,而且在村民的带领下深入田间地头学习农作物种植,深刻体验到一餐一饭来之不易。在偃师区崔河村,我们学习了西瓜的生长特性、种植和采摘技巧、大棚种植的作用、病虫害防治难点等课本里鲜见的内容。在开阔见识的同时还品尝到了鲜甜的西瓜。看到烈日下辛苦劳作的农户、了解到瓜农每年不到3万元的家庭收入,还有天气等不稳定性给西瓜销售带来的诸多风险后,我意识到发展数字农业来提高劳作效率、整合种植和销售信息来帮助农户生产生活的重要性。

五、山山而川,征途漫漫

结束了对10个村庄的调研后,我们用爬上山张村旁的牛心山来为本次活动画上一个圆满的句号。不同于都市的繁华喧闹和鳞次栉比的高楼大厦,山里的空气清新,一碧如黛。清风吹拂中、薄雾笼罩下,我们说说笑笑,沿乱石而上,看羊群在林地上悠闲地进食,望山脚下错落的农庄和整齐的农田……

结束了为期6天的千村调查,我在躬身实践中对自己的家乡有了更加深刻、全面的了解。我认为,本次实地调研的结束也是担当青年之重任的开始。我愿以此为契机,在日后的学习生活中,知行合一,思考如何从自己所学专业的角度助力数字乡村建设,积极践行"厚德博学　经济匡时"的校训,为家乡的繁荣发展提供上财智慧、上财方案!

走访千村万户,绽放希冀之花

管苏豫[①]

初次听闻"千村调查"这四个字,是在大一开学时的课程介绍中,那时觉得千村调查只是一项作业,一项为了毕业而不得不完成的作业。甚至于在千村调查进行之前,我仍然不认为这是一项具有多大意义的项目。然而千村调查的出征仪式在2023年的夏天第一次推开了我的心门,上财学子整装待发,聚是一团火;上财学子立着走千村访万户的宏愿遍布中国乡土,散作满天星。而后千村调查的开展进行,也真正让我对乡土文化、对基层民生有了触及灵魂的感动。

我生在河南——其人口数量庞大且算不上繁华。我从小到大在心里对于这片土地的感情其实都是"逃离"。家长老师也不断地叮嘱我们"一定要走出河南""一定要到大城市去"。不同于寒暑假回家单纯的快乐感,这次向下扎根的千村调查唤醒了我对河南这片乡土的认知与埋藏在内心深处的情感。7月29日,我以上财学子的身份,进入了河南省信阳市固始县刘营村,去探访这片孕育我的土地。

这是一场漫步之旅,踩在乡村的泥巴地上,用双脚丈量土地,一走便是数十公里。那

[①] 管苏豫,男,金融学院2022级保险精算专业本科生。

天正是台风来到河南之时,全省其他地方都在下着暴雨,唯独固始县不曾落下半点雨水。我想,这何尝不是这片土地冥冥之中给我的庇护呢? 在这般闷热的天气里,我走在田埂上,认真审视着肥沃的黄土地,这片18年来未曾仔细了解过的黄土地,感慨颇多。是这片土地生我养我,从这里一步步走出来的少年却一直以走出这里为梦想。在日常娱乐与工作的劳累日子里,我们是否丢失了什么?此刻脚下踩着的仿佛不是厚重的土,而是给予自己无穷动力的肌肤,坚硬却柔韧,撑起万千生灵生活下去的决心。

这是一场探心之旅。刘营村内的年轻人也早已离开了这里,留下的都是老人以及村干部。由于前几年疫情带来的影响,近年来的收成也不算好。而不同的老人也有着不同的生活态度与生活条件。我很享受和村民填写问卷的过程,用着地道的方言与他们交谈,仿佛这不是在进行校方要求的调查,而是在与他们聊天,在与他们谈心。家里几口人、在哪里工作、有几亩地、最近生活怎么样……作为一个河南人,在问这些问题的时候,我感受得到村民们内心是怎么样的心境。有苦涩、有心酸、有无奈,也有着家人健康平安的满足、有着波澜不惊的淡然、有着对未来生活的美好期望……是呀,纵使眼前的生活不是那么尽如人意,但无论我们的处境有多差,都要抱着一点对生活的爱与希望呀!

2023年千村调查的主题是"数字技术赋能乡村振兴",但是在调查的过程中我发现,由于村子里剩下的住户多是老人,因此基本没有人使用电视、电脑、手机等数字产品。虽然老人们享受不到数字服务为生活带来的便利,但他们也不会被网络所束缚,他们可以每天漫步在星空之下,走在厚实的黄土地上,用每一寸肌肤感受乡土文化的魅力,这些是我们身处科技化城市中永远感受不到的魅力。

这片我生活了18年的黄土地孕育了太多我所看不见的、真真切切的生命与文化,我从未体验过如此真诚的乡土文化。感谢这次的千村调查,让我体会到了真正的土地气息。俯下身子去倾听,我想这就是千村调查的意义,这可能就是走千家、访万户、读中国的意义所在。

我心目中的千村调查

刘泰昊[①]

早在大一的时候我就听说了"千村调查",第一次了解后就对该项目产生了浓厚的兴趣。千村调查是一种让我走进田野,感受乡土气息,探索农村变迁的方式。在这个项目中,我不仅要进行社会调研,收集农民的生活情况和意见,而且要通过数据分析,深入了解农村经济的现状和趋势。作为一个信息专业的学生,我在千村调查中收获了很多宝贵的知识和经验。

我有幸参加了由康姣姣老师带队的南阳市卧龙区千村调查团。南阳是一个历史悠久、文化灿烂、人杰地灵的地方。作为一个河南人,我对这片故土有着特殊的感情。虽然很小的时候就从农村搬进了城里,但是我对农村的记忆依然清晰。我想知道南阳的农村和我的家乡有什么相同和不同之处,农业发展水平如何,农民生活怎样,经济发展状况怎么样,等等。带着这些问题,我开始了千村调查之旅。站在南阳的田间地头,我看到了河南农村独有的风景:翠绿的玉米地、碧蓝的天空,还有那一片片月季花海。在这里,我感受到了农业生产的丰收和欣欣向荣,也感受到了农民们朴实无华、勤劳善良的品质。他们对

---

① 刘泰昊,男,信息管理与工程学院 2022 级信息管理与信息系统专业本科生。

我们的调研非常热情和支持,他们不仅耐心地回答我们的问题,而且主动地告诉我们他们家庭和村子的情况。在与村民们交谈的过程中,我感受到了农村的魅力,是那种与淳朴的农民一起交谈时的欢乐,是听到村里儿童欢笑时的开心,是闻到阵阵麦香时的愉悦。

在几天的千村调查中,我们走访了南阳市不同地区和类型的村庄,从发达富裕的达士营村、杨营村,到偏远贫困的潦河坡村、榆树庄村等。在这些村庄中,我们看到了数字经济给农业产业带来的巨大变革和影响。无论是在生产、管理还是销售方面,数字技术都为农业提供了更高效、更便捷、更智能的解决方案。比如说,在生产方面,智能化的农机设备、数字化的监控系统、高素质的新型农民等都提高了农业生产效率和质量;在管理方面,电子化的档案管理、信息化的政策宣传、网络化的服务平台等都增强了农业管理水平和效果;在销售方面,电商平台、直播带货、社交媒体等都拓宽了农产品销售渠道和市场。通过这些数字技术,农业与市场更加紧密地联系起来,也更加适应时代发展的需求。除了数字经济在农业方面的应用之外,数字经济在乡村养老方面也让我们大开眼界。我们参观了南阳市内的康宁养老产业和卧龙区养老院,看到了新时代的养老模式和技术。在这里,智能手环、智能呼叫、智能床等都为老年人提供了安全、舒适、便利的生活环境,老人们在这里生活得很开心。为了让老年人能够负担得起养老费用,南阳市政府也给予了大力的补贴和支持,使得养老产业成为一种有前景的朝阳产业。我由衷地感到:农村的未来一定是数字经济主导的未来,未来的农村一定是高科技驱动的农村。

在南阳调研期间,我们还有幸跟随习近平总书记的脚步,参观了南阳市月季园。园区里红艳似火的月季,似乎在象征着南阳市农村的发展正在如朝阳般欣欣向荣,我们在花海中漫步,赞美着月季的美丽,也感受着河南特色产业的发展潜力。看到习近平总书记参观时留下的照片,我们仿佛穿越了时空,和当年的总书记一起见证了南阳的变化和进步。

南阳的调查之旅毫无疑问是我人生中难忘的记忆之一,每当想到起这5天的奔波,我都会回想起村民们脸上那幸福的笑容,队员们的辛勤工作和那一望无际的花海。我相信,这个承载了中华千年历史的古都,在政策和数字经济技术的加持下,终将会变得越来越好。

既感烈日夕阳,又见红艳曙光

裴宇翰[①]

　　用匆匆的脚步在正午经过南阳千家万户的农忙,傍晚又看到村里郊外的老人各有所养,一次次调研中不断追寻体会习近平总书记红色印记的指示,才查明一切发展复兴都是红色的智慧和劳动的坚持。我们穿过麦田乡间,在烈日下调研;我们走过养老产业,看见夕阳的静好;我们追随着习近平总书记的昨日脚步,看见党的每一个伟大指示都为那些老旧产业带来焕然一新的希望曙光。

　　踏上南阳乡村的土地时,烈日炎炎,阳光炙热,仿佛在诉说着这片土地的辛勤。我们去的第一个村是个不错的开头,因为那里已经有了产业支撑并建成文明乡村,土地平旷、屋舍俨然,村民收入也不错,当地村民生活感觉惬意而自在。河南老乡的热情好客,爷爷奶奶们总有无数的话想跟眼前 20 岁的孩子说。这也反映着一个问题,即使在这样相对富裕的村庄,或者说正是为了这些看着漂亮的收入,农村的孩子们务工进城,村里大多是留守的老人和孩子。而不进城务工的农民家庭,往往是靠土地吃饭、靠天吃饭。我们第一天来到的南阳北郊的农田大多是土壤条件好的平原,收成可观一些;而往西北方向走的村

---

① 裴宇翰,男,经济学院 2021 级经济学基地班专业本科生。

落,更多的是丘陵农地,在早年更是收成困难,我们得知后很不是滋味。

虽然已经全面建成小康社会,农民们基本的生活资料绝对可以得到保证,但是不怕绝对,就怕比较。在丘陵农田上生活的村落亩产和收入明显低于平原,这种自然环境的差距也造成村民的生活水平、生活幸福感等一系列表现的差距。但我们在相对不富裕的村子能听到更多这样的故事,无论生活多苦,家里多不宽裕,邻里之间有困难大家都会拿出压箱底的几万块钱相互接济。一位阿姨在填问卷时给我讲着她家的事情,她平淡而乐呵着说:"家里老伴死了,儿媳身体有病,儿子前段时间刚出车祸,小孩还要上学,家里都是靠我养着,我一个人就能种十几亩地养活一家人,每天下地,看看厉害吧。"她轻松的语气让我第一次都没听明白她的故事,回味起来总是苦涩。她还跟我说旁边另一个做问卷的大哥是他们生产队的,干活可利索了,为人特好,就是之前的伤病导致很难独自生活,他们邻里便有忙帮忙,还问我们来了能不能帮忙照顾。

我们只是能力不够尚在学习的大学生,但我答应了,只不过答应的是以后或是未来。她在苦中仍然惦记别人,我就无法不在学校惦记着他们。村民们总是以朴素乐观的心态坚持着最沉闷的生活劳动,他们掌握着太多我们不会的东西;而数字化的相关知识使我们离得更近些,我们需要且必须通过这些学成之识来答复这些坚强的声音。尤其我们也在实地考察中看到了数字经济在地方农业上的积极表现,通过实际调研更能从实际出发,思考如何为了土地和土地上的人贡献自己的力量。每到不同的村,我们总能感受到它的相同与不同,不同的是自然情况和资源条件,相同的是大家都积极响应乡村振兴的政策,为国家也为自己更好的明天砥砺前行。

此外,我们也参观了一些乡村中的产业复兴项目,领略到了明艳曙光的希望。习近平总书记提出的乡村振兴战略为农村经济发展注入了新的活力。在我所到访的部分乡村中,农民们通过发展特色农业、农村旅游等产业,实现了增收致富。数字科技的应用也让这些产业更加高效和智能化,提升了农产品的质量和市场竞争力。但总的来说,从实际出发来考量,很多地方的实际产量和经济状况不足以直接快进到数字经济,仍需一步一个脚印地发展。

而数字科技在养老院的管理和服务中确实发挥了重要作用。我们在每天的乡村调研中会穿插安排参观养老院和日间照料中心的行程。通过智能化的管理系统,养老院可以更加高效地进行床位管理、医疗护理等工作。老年人的健康状况可以通过电子健康档案进行实时监测,医护人员可以及时做出反应和干预。此外,数字科技还为老年人提供了便捷的生活服务,比如在线购物、在线支付等,让老年人享受到了现代科技的便利。

数字科技还为老年人提供了更多的社交和娱乐方式。在养老院中,我见到一些老年人正在使用智能手机和平板电脑与家人进行视频通话,通过社交媒体和在线社区与其他老年人分享生活经验和感受。这种数字化的社交方式让老年人感到很快乐,缓解了他们的孤独感和退休后的空虚。记忆犹新的是一位老奶奶个头不高,看我们乌泱泱地站在走廊,便在房里探出一个脑袋:"咦,都是大孙子大孙女,你们进来坐会不,咱们一块打打麻将,别的我可能比不过你们大学生,但打麻将咱可不一定呢。"看见美丽的夕阳我是发自内心地感慨,"老吾老以及人之老",总希望能通过自己的努力让夕阳的光芒再暖些、再久些。

通过这次乡村调查,我深刻认识到数字科技对养老产业的发展和乡村产业复兴的重要性。然而,我们也要看到数字科技在乡村发展中所面临的挑战。一方面,数字鸿沟的存在导致一些老年人无法享受到数字科技带来的便利;另一方面,数字化带来的社交变化可能加剧老年人的孤独感。因此,我们需要在数字科技的推广和应用中注重包容性和普惠性,让每个老年人都能够受益。

我们的调研还有一条线索便是踏着红色足迹,追寻习近平总书记的步伐。我们看到地方积极响应习近平总书记的重要指示,建设颇有成效,是一种不断学习进步的过程,也感叹于新时代伟大思想从上到下的领导作用。最后一天,我们参观了习近平总书记来南阳时参观的月季博览园,在这处处能看见总书记的伟大指导和重要指示,让我们受益良多。有底蕴、有思想、能切实、能吃苦,南阳的乡村振兴工作一定会在数字赋能中越发兴旺。

既观烈日夕阳,又见明艳曙光,这次乡村调查之旅让我对乡村发展和老年人养老问题有了更深刻的认识。数字科技为养老产业带来了便捷和改善,乡村产业复兴的道路也让我们看到了明亮的未来。让我们共同努力,听党指挥,为乡村发展和老年人的幸福生活贡献自己的力量。

扎根绿野　向阳而生

钱熠琛[①]

习近平总书记曾经强调"希望广大青年用脚步丈量祖国大地,用眼睛发现中国精神,用耳朵倾听人民呼声,用内心感应时代脉搏",于是在蝉鸣漾入云间的七月尾,我们调研小组踏上了千村调查之路,与乡村和土地直接对话。

调研期间,我们用脚步丈量一个个村落,沃野千里乡村振兴的画卷在我们的面前徐徐展开。我看到绿树成荫,蔓草芳苓。乡村间路与路畅通交错,东西相通,振兴的土壤孕育出蓬勃的希望,流转着盎然的生机。

一、深入阡陌人家,感受人间烟火

朝暮更替,寒来暑往,我们的行路在旷野,心中始终会有归处和故乡。乡村是许多人感情寄托的基石,是人们精神的原乡。我们入户进行调查,和形形色色的人交谈,感受无处不在的生活之美。有把握住时代机遇和社会发展红利过上富足生活的村民,也有在温饱线挣扎踟蹰的村民。但是在交谈的言语之间,我可以清楚地感受到每个人对生活的热

[①] 钱熠琛,女,信息管理与工程学院2022级数据科学与大数据专业本科生。

爱,尽管世事好坏参半,大家却都在用自己的方式追求幸福。村里以老年人居多,和爷爷奶奶们交谈,我的内心柔软得像一摊水。我听他们感谢社会政府的各种补贴政策,我听他们笑着提起在外奔波的儿女,我听他们讲述对科技发展的欣慰和好奇,我听他们叹息生活的种种苦难。老年人和孩子永远是民生保障的重点,实现老年人的"老有所养、老有所依、老有所乐、老有所安"永远是一种高回报的文明储蓄,珍惜老年人的经验和知识积累,可以实现老年人和社会共赢的良好局面。

在调查中令我印象最深的是两个相同年龄的受访者,但是他们有着天差地别的生活水平和眼界认知。岁月用同样的方式经过每个人,每个人却以不同的方式经过了岁月。我们背负不同的责任,有着不同的梦想,但命运永远掌握在我们自己手里,靠自己的力量一步步穿过沟壑荆棘,想要的未来才会越来越近。在潦河坡镇潦河坡村,我认识了一个名叫晴晴的小女孩,我们短暂地成为朋友。她小心翼翼地给我分享她珍贵的小礼物,陪我聊天,给我讲她的生活学习。她很善良、很努力、很开朗,我想她所期盼热爱的明天一定阳光万里。

调研期间,我们受到政府的热情接待,吃了好几顿精心准备的农家饭,看了袅袅的炊烟。"人生忽如寄,莫辜负茶、汤、好天气",我会记得这许多感动的瞬间,并从中汲取人间烟火里好好生活、努力奋斗的力量。

二、考察农田工厂,体悟科技富民

有句拉丁谚语是"穿越逆境,抵达繁星",我想这么多年乡村的农业发展和智能化变迁也是这样。我们步入农田考察,参观玫瑰园,走访石榴基地,观察青菜长势,乡村的风貌已经焕然一新,农业产业时序日渐。农耕劳作里融入了生态文明,放眼望去都是千里沃土,绿野桑田。村民们因地制宜,充分利用地区的资源优势,发展果蔬业、玉石行业和林下经济等。同时数字经济和科技发展促进了乡村农业的升级和转型,农民以农业为基础,通过引入智能农机、充分利用大数据等技术手段,将传统的种植业与现代科技相结合,实现农业生产的高效化和精准化。我很惊喜有些村民选择通过电子商务平台开展自己的农业经营活动,各种电商网络渠道使得农产品的销售量大幅增加,农民的经济收入也明显提高了。

走进工厂,也处处彰显着村民们的智慧和政府的支持。创新的预制菜生产、品种改良的软籽石榴、越发成熟的艾草产业……每一项产品产业都有自己的生产链,并在工厂里划分出许多特色产区。光伏发电设备随处可见,智能生产机器也在稳健运行,这些智能化运作体系推动农业生产产业链的改造升级,实现农业的可持续发展。

南阳乡村将休闲农业和旅游观光结合在一起,吸引了不少游客,给乡村经济创收。我看着人们驻足欣赏馨香的玫瑰和娇妍的月季,感受到乡土文化和民族风情的融合,这里有鸡犬相闻的闲适安详,蓬勃着乡村经济发展的力量。

三、开展劳动教育,传递温暖真情

爱老敬老一直是我国的传统美德,也是流淌在我们血脉里的文化基因。在调研期间,我们来到敬老院和养老机构进行参观，并进行了劳动教育课程。我很喜欢和老年人相处，他们和我的爷爷奶奶年纪相仿，给我一种满满的亲切感。在老年人身上我可以看到清晰的岁月痕迹，或是优雅或是苦楚的人生年轮。他们的身上总是有一种温柔安宁的力量。

在潦河坡敬老院，我们被一派安静的氛围所包围。院子里有老人在悠闲地晒太阳、看报或者聊天，屋内有老人在休息娱乐。老人对我们的到来表达了热烈的欢迎，他们眼睛里的惊喜和期盼让我动容。调研小组打扫了敬老院的卫生，陪老人们聊天谈心，整个院子里其乐融融，被爱和温暖包围着。我遇到一位精神矍铄而健谈的老奶奶，她的衣着干净整洁。她热情地询问我的生活，给我讲述她的人生经历。从她的言语之间，我感受到一种历经千帆的通透和乐观。她给我分享一张张旧照片，记忆留在过去，每一段热烈滚烫的时光都被收藏。跟一群老年人接触，我深刻地体悟到老去并不悲凉，内心丰盈的人从不畏惧衰老。周晓枫说过："蝴蝶的晚年没有什么可怕，它意味着更强烈的闪耀。"我们的一生都在成长，每个时段都有它的风景。老年人需要陪伴和关爱，也有自己的精神追求，渴望实现自身的价值意义。

我们还参观了新西南社区日间照料中心，深刻感受到科技对养老的赋能。照料中心建立了智能化的社区系统和信息中心，为老年人提供各种信息，如医疗、照护、休闲娱乐等。机构内部有许多智能化设备，如智能床、自动化餐厅等。同时该机构覆盖智能监测设备，关注老年人的具体动向，保证老年人的身体健康。远程医疗服务则通过视频电话、在线咨询等方式大大提高了老年人就医的便利性和效率。我国的科技不断发展，并且为养老事业带来了诸多便利，科技的应用不仅提高了老年人的生活质量，而且为养老事业注入了新的活力。随着科技和数字化的不断进步，我相信未来老年人能享受到更多的科技红利，拥有幸福安适的晚年生活。

四、重温书记足迹，厚植爱国情怀

调研期间，我们跟随带队老师重走习近平总书记的足迹，探寻城市每一个角落蕴含的文化秘密和内涵。第一站我们参观了南阳市的医圣祠。医圣祠是为了纪念东汉末年著名医学家张仲景而建的。进入医圣祠，我就被那庄严肃穆的氛围所吸引。医圣祠内的建筑风格充满了古代的气息，雕梁画栋、石雕瑰宝让我仿佛穿越到了古代。我仔细观察了医圣祠内的文物和展品，这些丰富的历史遗迹让我对古代医学的发展和贡献有了更深入的了解。在医圣祠里，我还参观了一些医学展览、听了讲座，了解了更多关于中医药的知识。这次参观让我深切感受到了中医药文化的博大精深，也让我更加珍惜和崇尚中医药文化。

我们还前往了卧龙岗。卧龙岗是习近平总书记探访过的地方，这里因为有一条形似卧龙的山脉而得名。一路上，我欣赏着周围的美景，呼吸着清新的空气。到达卧龙岗后，我沿着蜿蜒的山路向上攀登。山顶上的景色让我惊叹不已，四周的山峰连绵起伏，云雾缭绕，宛如一幅宏伟的画卷。站在山顶，我感受到了大自然的伟力和美妙，也深刻体会到了习近平总书记对山水之美的热爱。卧龙岗的参观让我明白了保护自然环境的重要性，我们每个人都应该积极参与到保护环境的行动中。

最后，我参观了南阳市的月季园。月季园是南阳的一大特色，这里盛产各种品种的月季花。我穿行在花海中，感受到了花朵的生命力和美丽。在月季园的参观中，我还了解到了月季花的栽培和养护知识，这让我更加热爱花卉园艺。月季园的参观给了我一种喜悦和平静的感觉，让我明白了生活中的美好。

通过本次主题教育参观，我不仅欣赏了南阳的历史文化和自然景观，而且深入地了解了中华优秀传统文化的魅力。这些文化凝聚了穿越千年的微光，点亮了万家灯火的辉煌。同时，习近平总书记的探访也让我对他的领导力和勇气有了更深刻的认识。习近平总书记通过参观这些地方，向我们传递了保护传统文化、重视自然环境的重要信息。我相信，在他的引领下，我们一定能够更好地传承和发扬中华文化。

用脚步丈量祖国大地

王振宇[①]

每年的五四青年节,习近平总书记总会用寄语来激励广大青年。在2022年5月中国共产主义青年团成立100周年之际,习近平总书记指出,"希望广大青年用脚步丈量祖国大地,用眼睛发现中国精神,用耳朵倾听人民呼声,用内心感应时代脉搏",这番寄语令我颇受触动。我认为,作为新时代的新青年,每天在校学习理论知识、终日"蛰伏"在象牙塔内是远远不够的。在数据爆炸的时代,似乎一切信息都唾手可得,我们所需要做的只是坐在电脑前动一动鼠标。可是,一串串刻板的数字难以充盈空虚的内心,一张张优美风景的图片也只是手掌中的浮华,一篇篇拼凑的论文更不能解决实际问题,我们真正需要的,就是实地调查。当双脚踩在或是松软或是干裂的泥土上,当耳中听着农人亲切的乡音,才能真正开始了解这片土地的另一面——高楼大厦林立的城市背后无尽的乡野与无数的平房。于是,我开始静静聆听这座村庄的故事。

我们小组的调研地点是河南省新乡市长垣县丁栾镇官路西村,与印象中杂乱破败的农村不同,官路西村给我的第一印象是整洁美观。走到官路西村的村口,目之所及便是木

[①] 王振宇,男,经济学院2022级数量经济专业本科生。

质的牌楼和一台很有年代感的老水车。由于村里每家每户的房子都采用了仿古建筑的造型,因此从外面看上去,这里甚至像是一个传统文化主题的旅游景点。不同于一些传统村落的"阡陌交通,鸡犬相闻",村内的小路规划得井井有条,街道看上去也非常整洁,电线杆在一条直线上有规律地分布着,每座房子的大门都是整齐划一的木梁、灰瓦、飞檐,门前用红灯笼装饰。朱楼碧瓦与道路两旁排列有序的电线杆和汽车构成了一幅独特的官路西村风景图,在乡村现代化进程的浪潮当中,官路西村仍保留了一抹古色古香。

随后,我了解到这座村庄的历史之悠久。北宋时期的一条官道自长垣县穿过,此村在官道的西边,故得名"官路西"。从一进村我就发现,村中地面上的青石板雕刻着村子和镇上一千多年来的风云变幻,自宋代到明代,从土地改革到改革开放,一幕幕景象仿佛就在眼前。历史在静水流深的小河中缓缓淌过,墙边的古石见证了百年的沧桑。

我从村支书的口中得知,官路西村是明代十大尚书之一——崔景荣的故乡,因此村庄发展至今仍旧保留着"尚书故里"的古朴气息。同时,由此也可见村民们和镇政府重视传统文化的保护和乡村文旅的发展。

我坐在古雅的房屋中,望着村外卫生材料厂的高楼陷入了沉思……

望山见水知乡愁,作为土生土长的郑州人,我对河南的乡村知之甚少,印象中的农村只是奶奶口中的"穷乡僻壤"和手机电视上的青山绿水。而此行彻底改变了我对乡村的刻板印象。小时候我常听姥姥讲述她早年在农村时的穷苦生活,每天起早贪黑养活几个孩子,每月只休息三天却只能顿顿吃红薯……那时的乡村仿佛是一片人人都想逃离的"诅咒之地",被深深地打上了"穷"的烙印。姥姥后来也离开了村子,随子女进入城市生活。这些年间,她再也没有回到过村里,只是听说过"农村土地改革""乡村振兴"这些陌生的名词。殊不知,她的家乡在数十年间经历了翻天覆地的变化。从家庭联产承包责任制到深化农村改革,从农村全面脱贫到数字乡村建设,在政府政策的扶持下和农民的不懈努力下,农村渐渐富裕起来。2023年8月,我第一次踏上了河南农村的土地,而眼中所见的乡村完全颠覆了我原先的认知。官路西村以生产卫生材料为特色产业,在疫情防控期间积极响应国家号召,加大卫生材料和医疗器械的生产规模,在满足人们防疫需求的同时让村民们富裕了起来。目前,官路西村着力打造乡村文旅,力图实现农业、制造业、旅游业等产业的融合。同时,村子也积极贯彻数字乡村的政策,投入乡村振兴新一阶段的建设当中。

唯其艰难,方显勇毅;唯其磨砺,始得玉成。官路西村的发展是河南农村乃至中国农村发展的一个缩影,数十年来村民不畏劳苦的精神与坚持不懈的努力造就了今日的辉煌成就。乡村的巨变深深震撼并激励了我。通过此次千村调查实践,我不仅真正了解了基层农村的现状,重新审视了我国乡村,而且深刻体会到了劳动人民的磅礴伟力。"一代人有一代人的长征",作为大学生,我们必须与时代脉搏同频共振,以永不褪色的进取精神承担好青年一代的使命,在时代洪流中坚守本心,建设祖国,建设家乡。

以千村调查解读扎根乡村,走入广阔天地的"树孩子"们

杨丰瑜[1]

> 它往上,想明白那阳光;
> 也往下,想守护这土壤。
>
> ——题记

"你有多久没看过漫天的繁星,城市夜晚虚伪的光明遮住了你的眼睛。"一个人在上海求学,想家时总会抬头看天,透过繁华都市的霓虹,"夜空中的萤火虫、麦香远飘的田野、清澈见底的溪流"时常萦绕心头。这是典型的乡村场景,是我生长的故乡。

没错,我是从村里走出来的孩子。

而今,我带着上海财经大学千村调查项目调研员的身份再次踏上这片熟悉的土地,这片梦开始的地方。

---

[1] 杨丰瑜,女,商学院2022级商务分析专业本科生。

这片不大的质朴土地啊,哺育了我,滋养了我。我这颗种子,不断汲取营养,终于拔地而起,成为一棵参天大树,繁盛而纤长的枝叶不断抽节,向上生长去拥抱更明媚的阳光,触及更大更远的天地;然而,一棵树的持续成长,注定了我更要往下扎根,在这片土壤中,把根扎得更深更广,"为有源头活水来"。

我带着使命和希冀回到了我的乡村——正如无数同我一般的上财青年回到中国的千村。也正是当我把眼光投射到无穷的远方、无数的人们,我才深刻领悟到千村调查背后"走千村、访万户、读中国"的丰富内涵和珍贵价值。

倘若,山河大地为舞台,那人民就是主角,中国式现代化正火热进行。我们应踏入舞台深处、站在时代前沿、深情融入人民之间。

传统乡村痼疾如何拨云见日?当代乡村年轻人的思想境况如何理解?如何引领乡村数字化建设?这一系列问题需要我们俯身大地,向人民请教,深入追溯,一一解开疑团。

此时此刻,是昨日与明天的交会。在时间的交接处,历史与未来相互交融。我们不忘初心、汲取外来智慧,迎着未来而行。

既是启程,也是延续。大学生们带着专业知识踏上大地,与时代的脉搏相牵。

既是一个,也是千百个。水滴汇聚成浩瀚,一村映照出家国大义,透过一隅,领略中国社会的宏伟全景。上财学子通过千村调查将智慧与担当的触角伸向无数角落。

既是迎难,也是破难解难。激流险滩充满挑战与急难,我们青年直面问题,在对困局的深度剖析中,不懈寻找出路。

习近平总书记在信中谈道:青年人就要"自找苦吃",厚植爱农情怀,练就兴农本领,在乡村振兴的大舞台上建功立业,为加快推进农业农村现代化、全面建设社会主义现代化国家贡献青春力量。对此,作为土生土长的乡村人,我,更有一种使命在肩的动力,我要用自己的力量去书写不一样的东西。

我负责的"乡村振兴背景下乡村数字化困境探究与思考——以河南省平顶山市滍阳镇周庄村为例"课题组于 2023 年 7 月 16 日开始对我的家乡数字化建设情况展开深入调查。我们小组研究发现,在"数字乡村""乡村振兴"等话题大热的如今,我的老家却成了"被忽视的角落",它正经历着数字化进程的阵痛。相比其他同学调查乡村的"乡村电商模式成熟""乡村数字基建蒸蒸日上""乡村解锁蓬勃发展数字机遇"等的案例,我的平凡传统的乡村似是远远落后,无法掀起任何波澜。

在为此感到伤心和遗憾的同时,我并不想虚无地为了项目而在这片诚实的土地上建起一座数字化"海市蜃楼",既然是平地,那我们要做的便是为它松土治病,成就未来的"平地起惊雷"!调查研究本质上就是在实践过程中把通过实践得来的材料进行去粗取精、去伪存真、由此及彼、由表及里的分析和总结,最后找出事物的规律性,提出解决问题的办法。这一刻,我看到了自己投身千村调查项目的初衷和价值。

评价调查研究的好坏并不取决于其规模和时间长短,也不仅仅看调研报告的写作质量,关键要看调查研究的实际效果,看调研成果是否能够解决问题。调查研究在拓展决策信息来源方面起着重要作用。

为了做好调查研究工作,我们小组建立起了联系的"五条线"。首先是接通"天线",加强思想理论修养,紧跟理论研究前沿,全面深入地理解和把握调研中发现的问题。我们阅读了近3个月的共计47页的光明日报"乡村和数字化"报刊文摘,用知识武装自己的调查思路;其次是接通"地线",虚心向村民学习,深入了解民情民意,从人民群众中汲取智慧,与村口摇椅上乘凉的大爷大妈们用方言亲切交流。同时,还接通"内线",积极借助村委的力量,通过和村支书等管理人员的全面沟通,实现各类决策信息的整合。此外,还接通了"外线",善于集思广益,在决策过程中发挥智库作用,集结上财老师、相关专家智慧,拓宽我们的调查视野。最后,还接通"网线",利用现代科技手段进行调研,通过网络了解社会舆情和民意,在数据库中抽调我们需要的统计数据信息。通过一系列努力,在上述"五条线"接通后,我们的调研报告最终出炉,团队成员也收获颇丰。

我们认为,当前,发展乡村数字产业并赋能农业现代化需要聚焦"土特产"这个关键词。首先,要将"乡土资源"数字化,以解决乡村产业发展中的要素组合困难问题。通过数字化转型,将数字技术与农业产业相结合,创造出多种新型乡村业态,如智能化生产大棚和农产品电商平台等,促进乡村文化、旅游等领域的发展。

其次,应注重"特色优势"的数字化,挖掘乡村产业的新价值。为了实现农业发展的质量和品牌效应,需要培育具有区域竞争优势的乡村特色产业。通过加强研发和推广关键农业技术,利用数字技术赋能乡村特色优势产业,将乡村资源、生态和文化优势转化为具有市场竞争力的产品产业,提升农业现代化水平。

最后,要完善"产业融合"的数字化,构建现代乡村产业体系。推动互联网、云计算等数字技术在农业各个环节的应用,促进现代服务业、制造业与现代农业的深度融合,构建全链条升级的现代乡村产业体系。通过数字网络平台推动产销衔接和农产品营销,发展乡村生产性和生活性服务业,促进相关行业的协同发展,实现乡村振兴和农业现代化。

为确保上述目标顺利实施,还需完善乡村基础设施建设。投入乡村道路、供水、供电和物流等方面的资源,同时加强乡村数字基础设施建设,提高5G基站密度和网络信号质量,为乡村数字产业提供更好的支持和环境。

也就是说,要紧紧围绕"土特产",正确引导乡村数字产业发展,赋能农业现代化,为乡村振兴和农业可持续发展带来积极影响。

以上的发现和结论对我和我的家乡来说,意义非凡。

我记忆里的家乡有田园生活的惬意,有乡村劳动的欢愉,有乡土情怀的回忆……

这是我第一次发现家乡正经历着它的苦痛,而我,要尽我所能,用我所学来抚慰和治愈它。

这一次,换我,来保护你,我的乡村,我的家乡。

作家三岛由纪夫曾说:农民只有通过"土地"这种形式才能理解拥有的概念。此言不谬!一个人,尤其是从这种艰苦和平凡地方走出的人,更要明白自己的根在哪里,才会有踏实的感觉,才会在个人进步和回报家乡的进程中稳扎稳打,做出更好的成绩。曾经的我,面对周围家境殷实的城里同学,经常有从农村走出的自卑感,仿佛提到自己的来处是一件很羞耻的事情；然而现在的我明白，重要的不是你成长的环境如何，而是你通过感恩和正视，用自己的力量去改变和去赋能那些一路走来的风景，那片存在缺陷但十分温情的土地。于是我有了向其他人宣告我的家乡的勇气，把两位团队成员带到乡村，也足以证明我的释怀和成长，这是千村调查给我的一个特殊且意义重大的里程碑。

乡村振兴需要的人才有很多，包括"土专家""田秀才"和"乡创客"等。这些人可以在城市里找到好工作并取得成就，但他们出于责任感和情怀选择回到农村。他们深知乡村更需要他们的才华，并且在那里能够更好地施展自己的才能。

如今，越来越多的大学毕业生选择走向乡村，他们具备"土专家"的专业知识、"田秀才"的才华以及"乡创客"的创新能力。他们勤奋踏实地投入工作，为乡村振兴贡献自己的青春和才华。正因为他们的加入，乡村振兴的未来将变得更加美好。

他们都是乡村的"树孩子"。

我这棵扎根乡村，走入广阔天地的"树孩子"，也终会开花，结果，飘香万里。这一切的背后是积年累月的土壤的供养和阳光的孕育。

我将往上，想明白那阳光；亦将往下，想守护这土壤。

期待有朝一日，数字乡村的建设在这方土地上如火如荼地开展。

彼时，
春风至，万物兴。
绣成安向春园里，引得黄莺下柳条。

"我心目中的千村调查"当然是数据和事实搭建起来的调查研究，更多是理性驱动，这一点在小组的调研报告中已经尽最大努力去呈现了。因此，在这篇个人征文里，我更想讲讲我自己的千村故事，没有跌宕起伏的情节，但是寄托了我深厚的情感。相信在广袤中国的千万乡村，有着一批批同我一样的"树孩子"。

通过《树读》，
我不仅在读我，
更在读——"我们"。

——后记

数字之梦,乡野绽放:我眼中的周庄村

钟 一[①]

在当今数字化时代,乡村的发展也迎来了新的机遇和挑战。数字乡村既是乡村振兴的战略方向、建设数字中国的重要内容,也是实现乡村全面振兴的重要举措之一。作为大学生,我们有责任为乡村的数字化发展做出贡献,为乡村的繁荣和美好未来努力奋斗。

在本次调查中,我前往河南省平顶山市滍阳镇周庄村,探索该村的数字化发展现状,并了解数字化对乡村治理、产业发展和增加村民收入方面的影响和意义。通过这次调查,我希望能够深入了解数字化乡村的挑战和机遇,为乡村的数字化发展提供有益的建议和支持,为乡村的数字化振兴贡献自己的智慧和力量,为乡村带来更加美好的未来。

周庄村位于平顶山市城乡一体化示范区,随着城乡融合的不断进步和建设,村附近的基础设施建设已经相对完善。然而,我们在调查中发现,周庄村的数字化应用水平整体滞后。各种数字化和智能化的信息在村里较为闭塞,村民对数字乡村建设的认知程度较低,更缺乏对数字技术潜在好处的认识。此外,乡村治理和产业发展的数字化应用水平的滞后,也进一步限制了周庄村数字化发展的进程。在调查过后,我们认为只要能够提高村民

[①] 钟一,男,商学院2021级工商管理专业本科生。

对数字乡村建设的认知,加强乡村治理体系的数字化建设,推动产业发展的数字化应用,就一定可以激发周庄村数字化乡村建设的潜力,让周庄村焕发数字化乡野的绚丽光彩。

在乡村治理方面,周庄村目前还在沿用公告栏等方式公开信息,效率较低、覆盖率较小。村民之间也在通过微信聊天群等方式,互相传递信息。而通过微信小程序、政府线上平台等方式,数字化技术可以提升乡村治理的效率和透明度。通过建立数字化的管理系统和平台,可以实现信息共享、数据分析和决策支持,从而提高乡村治理的科学性和精准性。如此一来,还可以促进政务公开和民主参与,增强村民对决策过程的参与感和满意度。

在产业发展方面,数字化技术可以推动农业现代化和产业升级。通过智能农业系统和精准农业技术,农民可以实现农田的精细管理和智能化种植,提高农业生产效率和产品质量。通过线上直播、宣传等渠道还可以促进农产品的溯源和品牌建设,增加农产品的附加值和市场竞争力。除此之外,还可以推动乡村旅游、文化创意产业等非农产业的发展,为乡村经济注入新的活力。

在增加村民收入方面,数字化应用可以提供更多的机会和便利。通过电商平台,村民可以获得更广阔的市场渠道,实现农产品的线上销售和跨境贸易。除了普及线上课程和各类辅导资源之外,还可以为村民提供农业技术指导和培训,帮助村民提升生产技能和增加收入。此外,线上教育资源和医疗服务也可以更快地让村民享受到与城市居民同等的教育和医疗待遇,提高生活品质和幸福感。

综上所述,尽管周庄村目前的数字化发展水平相对滞后,但数字化发展的前景和潜力仍然巨大。通过加强数字化应用在乡村治理、产业发展和增加村民收入方面的推广和应用,周庄村可以迎来更加繁荣和美好的未来。数字化的好处和方便将为周庄村带来更高效、更智能、更富裕的乡村生活。

习近平总书记曾指出:"调查研究是谋事之基、成事之道。"为了全面真实地了解当前数字乡村建设的现状,调研起着不可或缺的作用。

这次千村调查的经历也让我认识到了作为一名大学生的社会责任和使命。在我国数字乡村建设的过程中,对基层情况的了解和数据采集仍存在一定的缺口。青年大学生通过实地调研的方式,可以充当国家的眼睛,通过问卷、访谈和亲身体验,帮助上层更好地了解乡村数字化建设中的瓶颈,为数字乡村的建设提供帮助和建议,为乡村振兴战略贡献一份力量。

此外,千村调查还能提升我们的学习能力和创新能力,将理论知识与实践相结合,运用科学的方法和技巧收集、分析、解决问题,培养观察、思考、表达、沟通和协作等综合素质,培养我们的创新意识和创新精神。通过千村调查,我相信每个人都能够获得宝贵的经验,并将这些经验应用到学习和工作中。

数字之梦,乡野绽放。周庄村的数字化发展是乡村复兴的一个缩影,也是我们对美好乡村未来的向往。让我们共同努力,关注和参与乡村数字化发展的事业,让更多的乡村焕发光彩。

一堂生动的社会科学实践课

曾昶旸[①]

敲下调研报告的最后一个字符,抬起头,图书馆内已然亮起了暖黄的灯光。4 个月前,在同样的座位,一份报名 2023 千村调查的个人简历被发出。邮件的正文处,附着一段回答:"我想参加今年的千村活动,并不是为了获奖或者说加分,更多的是想真正做一个研究。去亲自收集一手的信息和数据,发现基层真正存在的问题和现象,去完成一份真正属于自己的分析报告。"4 个月后,近万字的调研报告虽略显拙陋,但确实是我对这一场难能可贵的社会科学实践课献上的敬意。

一、学会和村民聊天

我向来是一个内向的人,取得陌生村民的信任,让他们愿意填一份需要一个小时才能完成的问卷并非易事。我们徘徊在陌生村民的家门口,怯生生地问道:"我们是来自上财的大学生,您愿意做一份调查吗?""待会再说。"20 分钟过后,村民说:"你怎么还站在这里?"我们继续发问:"您愿意做一份问卷吗? 我们真的不是诈骗和推销,我们和村委说过

[①] 曾昶旸,男,信息管理与工程学院 2021 级信息管理与信息系统专业本科生。

了。"村民却说:"我们要出门了!"原本以为,清澈单纯的眼神是我们获取信任的利器,但在屡次失败后我才明白,村民们似乎不太愿意和陌生的我们接触。

我尝试放下问卷,装成路人随处闲聊,或是问路,或是借个洗手间,就这样与同在散步的村民攀谈起来。村民也并非时时怀着戒备之心,有些村民甚至愿意邀请你到家里喝茶,甚至会在你流汗时悄悄拿起扇子给你扇风。

敞开心扉,悄无声息地走入他们的生活。或许是农村日复一日的单调劳作生活,他们其实非常愿意袒露心声,而我只是作为他们经历的忠实记录者,就已经十分满足。放下问卷和电脑,与村民聊天,整个调研过程也在欢笑中结束。

村民家中的聊天虽然快乐,但机会并不常有。在后续若干村的调研中,部分村也给予了我们极大的支持:村干部会安排好若干户村民等待我们的到来,让我们的调研效率得以大大提高。但是,这种方式也让调研失去了一些乐趣——受访的村民对于本村的评价大多呈现积极的态度,"流水线作业"式的调研、"一问一答"让我们错失了一些精彩的故事。"聊天"是我心目中调研应有的样子,通过聊天可以了解村民的真实想法,了解他们的真实生活。这样的调研才有意义。

二、看见发展中的乡村

如果让我谈谈改变乡村的数字技术,我或许不会提及各类智能化农业机械或是智慧乡村平台,但是我不得不提及"抖音"这类短视频平台。短视频平台在农村的覆盖率远超我们的想象。一位奶奶将自家的莲花池塘短视频上传到抖音上,就收获了大量求购莲蓬的回复。村民在视频平台上直播自己的日常生活,直播间的收入对她来说足以补贴家用。一方面,"抖音"这类短视频平台突破了传统淘宝网店流程烦琐的限制,让普通农户的特色农产品也能走出农村,获得较高的曝光量;另一方面,由于农村文化生活稀缺、农民文化程度较低,因此刷"抖音"成为农民消磨时间最好的方式。直播间里看似平平无奇的日常生活分享,满足了农民自我表达的诉求。抖音为农民打开了一扇通往外界的窗户,也让外界认识到了农村的生活图景。第一次见证到数字技术在村内的普及,让我感受到了数字技术赋能乡村振兴的前景广阔。

三、如何看待问卷数据

在调研过程中,我碰见了各式各样的受访者——有被村干部精心安排的村民,回答问题时总是正面肯定村内的各项指标。在村委会蹲点时,也不乏内心有波澜的村民,在调研中不停地道出内心的苦水。在收集问卷的过程中,一些较难回答的问题,也常常让我和村民陷入尴尬。参加千村调查前,我曾使用过其他的社会科学数据,其中的数据一度让我怀疑问卷的准确性,但在真正参加过千村调查后,我对这些数据的产生有了自己的体会。村民一般不会轻易透露自己的真实信息,态度类的问题他们的回答也往往十分谨慎,不同调查员对于问题的理解和解释不同、村民的表达方式不同,也会影响问题的答案。在调研过程中,同行的一位博士生也多次指导我"不要对着问卷抠那一两个字的字眼"。数据只是辅佐研究的一种手段,不是研究的全部。要批判性地、有的放矢地看待数据。

四、写在最后

这次的千村调查对我来说已经接近尾声。在调查中,我第一次真正地走入农村,第一次亲眼看到了农村的发展,也第一次感受到了数据的珍贵。尽管这次的千村调查仍有许多遗憾,自己撰写的调研报告仍存在诸多不足,但这次从研究主题策划,到数据收集,到最后数据分析和论文撰写的整个过程,对我来说是一堂重要的社会研究启蒙课。离开书本看见真实的中国乡村,在调查中了解农民的真实生活,在数据中验证自己的观点,便是这次千村之行最大的收获。

守住青山,掘出金山

曾映红[①]

一、跋山涉水,初访巴东

千村千貌,实践方知。我从小生长在南方丘陵平原地带的农村,记忆中的乡村是大片的稻田,村落是被小山峰环抱的一方平地,房屋沿着平坦的道路延伸,聚集分布在河流沿岸。历经24小时的跋山涉水,我们到达此次千村实践的目的地——湖北省恩施土家族苗族自治州巴东县溪丘湾乡白湾村,刚下车便倍感新奇。几小时大巴在层层叠叠的山峰中穿梭,对于长期生活在丘陵平原的我本身就很新奇,下了高速竟还别有一番天地。落差数百米的巨大天坑、星星点点的房屋、高低错落的玉米地、蜿蜒的梯田、万里绵延的云雾、层层叠叠遮住或近或远的山峰,这一切都在诉说这座小村庄与我印象中的农村的千般不同。

二、云海茶乡,致富小康

种茶制茶,发乎神农,始自巴蜀。地处5A景区神农溪畔,"神农发现茶的地方",白湾

[①] 曾映红,女,金融学院2022级金融学专业本科生。

村属于古老的制茶之地,有着悠久的种茶历史和丰富的茶叶生产经验。地势起伏大、水源充足、土壤肥沃、冬暖夏凉的气候条件十分适宜茶叶生长。几千亩茶叶梯田绵延于山峦之中,清晨拂晓雾气升腾,云海茶乡的美景波澜壮阔,点绿成金,绘就了当地茶农致富奔小康的美丽图景。春茶、夏茶、秋茶三季滋味,让村民们品出了勤劳致富的香甜。实地调研当地种茶制茶基地,几千亩茶田集中分布于几座山头,距离茶农居住地有平坦便捷的道路,多数茶农步行即可前往,实现在家门口就能增收。当地茶企同时布局了茶叶加工基地,能够实现茶叶自产自销,解决了茶农们采、卖的难题,一年集中采茶一两个月的收入就能够覆盖多数茶农一年基本的生活需求消费,"一块茶田就是一张养老存折",自给自足的安心让茶农与我们交谈时露出了开心的笑容。

三、农旅融合,助力振兴

白湾村地处沪蓉高速出口,被誉为恩施州的"北大门""后花园",国道穿村而过,距离乡镇、神农溪5A风景区均较近,为发展农旅综合体提供了天时地利人和。高速路口的民宿、农家乐一条街,半山腰的水果农旅园,山脚的莲花池、垂钓园,都为村庄提供了丰富的发展机遇。地势起伏较大除赋予天然茶乡的禀赋之外,也让村民们面临着耕地较少的窘境,但当地泉水优质、土壤肥沃,勤劳的村民们在山间开辟出级级梯田,种植的玉米、水稻、蔬果绿色健康、色味上乘,米、茶、果、菜"四香经济"让乡村振兴之车跑得更稳、更快。村里从事农业生产相关的农民年龄结构较为集中,主要是中老年人,大多数年轻人外出务工,寻找更多发展的机会。有一家的大伯令我印象很深,夫妻二人在家从事农业生产,同时经营一家作坊式的小型木材加工厂,平均每月收入几千元,生活很满足。一双儿女都考取了大学,在大城市有稳定的工作和收入,经常给家里添置生活用品、家电等。大爷感叹道:"我们在家种田采茶供出两个娃娃上大学,现在的收入也够我们生活开销,不要他们操心。但还是要靠读书改变命运,有更大的作为。"另一家农家乐的老板是回乡创业,生意虽小但经营得不错,家人朋友都在身边,生活感觉很安逸。他说高速路、国道给家乡带来了发展的机遇,现在生活比原来要好很多,即便在村里生活外出也很方便,供娃娃外出读书也没有很大的负担,日子越过越好。基于农村生活成本较低、消费结构以衣食住行为主的情况,农旅融合惠及了一部分积极参与的农户,有效实现了增收,年轻人外出务工汇款回乡也改善了农民整体的消费水平,村民们的生活越来越好,乡村振兴的步伐在不断迈进。

四、易地搬迁,谱写新章

巴东原属武陵山区国家级贫困县、省级特困县,其中白湾村所属的溪丘湾乡贫困户众多,全乡四万余人中有五千余户共计一万五千余人属于贫困户。我们这次专程前往茶桂苑易地搬迁安置小区进行入户调研,了解易地搬迁群众的生活。茶桂苑坐落于溪丘湾地势较高的一个山坡上,远远就能看到大片清新的薄荷绿刷漆,共有502户贫困家庭入住。易地搬迁群众有许多世代生活在核心保护区中,依靠耕种、伐木为生,满足基本生活需要都很困难。为确保自然保护区生态安全、守住绿水青山,同时改善当地居民生活水平,在精准扶贫政策的指导下,政府为众多保护区贫困户建档立卡,纳入低保,根据国家政策易地搬迁,住进了环境舒适的安置小区。接受调研的廖大伯家说,每年耕地、林地保护的国家农业补贴算下来就有几千块,不用像以前一样伐木赚钱,对核心保护区是好事,对他们这些保护区的原住居民也是好事,除此之外还有一部分贫困户补贴,他一个人每年从事农业生产能赚取一万余元,家里五口人的吃穿不愁。他说搬进安置小区后生活便利了很多,邻里关系和睦,参与农业生产可以拿到稳定的收入,孩子上学也比以前方便。当地政府还积极鼓励农民开展水果种植、参加就业技能培训,政府还指导脱贫家庭勤劳致富、巩固脱贫攻坚成果。家家户户现在都有电视、智能手机,能够便捷地使用互联网。但根据村民反映,当地网络状态有时候不稳定,会出现网速较慢、卡顿的情况,且多数村民文化水平较低,对于网络以及智能设备使用和故障处理的能力很弱,这对村民们生活的幸福感有一定影响,迫切需要网络运营商、村委会等相关部门和人员的响应。

  调研的过程中,我们也看到了很多不一样的东西。比如,农村生活消费主要以日常的吃穿为主,而村民的蔬菜和粮食基本自足,整体上开销不大;穿衣较为节俭,换新需求和质量价格要求都相对较弱,整体上生活消费较少;教育以公立义务教育为主,花费较少;旅游、娱乐等消费几乎没有,因此普通农户年入万元左右就能够满足生活需要,多数家庭不具备抵御重大疾病、主要劳动力发生意外的风险能力,很容易因疾病、意外返贫。与此同时,我们也惊喜地发现,绝大多数中老年村民能熟练掌握使用一些购物软件进行网购,且由于价格实惠,许多日常的食品、衣物甚至是米粮蔬果等都会优先选择网购,很多老人的儿女给家里添置物品也多借助电商平台,消费形式和场景早已发生翻天覆地的变化,每户每月网购的消费在总支出的占比甚至可以过半。然而,村民们辨别力较差,不懂得退换货等操作,造成了许多资金的浪费和物品的闲置。一方面,在产业发展方面,当地根据气候、地形、交通等探索出的发展路径覆盖范围相对较窄,年龄结构偏向中老年、总体文化水平较低的村民们对于新事物的接受能力较弱,村委会的相关宣传力度仍要加强,需要更多的"敢于第一个吃螃蟹"的村民提供范例,让乡村振兴的道路越走越宽。另一方面,要进一步加大对农村学龄儿童的教育投入,鼓励更多家庭投资教育,树立读书改变命运的价值理念,摆脱农村传统思想桎梏,从根本上拔除穷根。

  千村万户,风貌各不相同,在祖国大地上书写着不同的振兴故事。从农村走出来,我见证了乡村数十年的变迁,记忆中的一栋栋土砖房变成了漂亮的小洋房,泥泞狭窄的乡村小道变成了宽阔的柏油路、水泥路,农用板车变成了舒适的小汽车,夏日停电的夜晚永远留在了童年的记忆之中,琳琅满目的商品、丰富多元的娱乐方式、便捷实惠的网络购物深刻地影响并改变着传统农村的生活。这次深入巴东的乡村调研,让我看到了另一种乡村振兴的尝试成果,与村民们的深入交流中了解了不同的生活状态下农民的生活面貌,他们都说现在的生活是几十年前想都不敢想的。但我想,乡村振兴仍有很长的路要走,农村的发展潜力巨大,面临的机遇与挑战并存,走过千山万水,几十年后的今天,农村的面貌定然也是今日你我难以想象的。

乡村振兴路,万象始更新

方馨瑶[①]

2023年5月,习近平总书记在给中国农业大学的回信中写道:"希望同学们志存高远,脚踏实地,把课堂学习和乡村实践紧密结合起来,厚植爱农情怀,练就兴农本领。"当时听到这段话,我深受启发,乡村振兴从来就不只是农业专业学生和乡村的责任与目标,更是我们新一代青年应肩负的责任。作为一名大学生,我们不仅要在课堂上学习,而且要把论文写在祖国大地上。抱着这样的信念,我报名了2023年千村调查——来到湖北省公安县,走进乡村,去探索她最真实的模样……

是谁,葡萄架下,探索农业增效"新公式"?

王大伯是金岗村的葡萄种植户,见证了金岗村从种植红提到种植"阳光玫瑰"的蜕变。想着王大伯已经在村中从事果品种植多年,我决定前往他家进行调查。到达时,大伯已穿好装备准备前往葡萄种植园,正当我不好意思再去打扰时,大伯直接带着我来到种植园,向我介绍情况。大伯说,2018年以前村子主要种红提,但没有特色,销量也不好,收入并不

[①] 方馨瑶,女,信息管理与工程学院2021级信息管理与信息系统专业本科生。

高。许多青壮年依旧选择外出打工。说到这里,大伯深深地叹了一口气,带着些许无奈,告诉我也因为这个,那段时间村里大多是留守儿童和空巢老人。后来引进了"阳光玫瑰"这个品种,种植户由最初的 5 户发展到如今的 205 户,种植面积已达 2 200 亩,越来越多的家庭选择回来种葡萄。大伯越说越兴奋,言语中都是对生活与未来的向往。当问起村子是如何想到要种植"阳光玫瑰"时,大伯自豪地说是村里的刘叔叔在几年前看到"天价葡萄"的新闻,下定决心试一试,成功之后便推广开来。后来村里的果农们都养成了关注财经和农业新闻的习惯,十分注重市场动向和种植技术。

完成这户调查,我陷入沉思。农民们外出打工不得不留下孩子和老人的无奈让我心酸,而刘叔叔敢于打破桎梏,做第一个吃螃蟹的人让我十分钦佩。农民们对于自己面临的各种困境从来不是无动于衷,他们在用自己的方式来走出新的发展道路。农民也从来不是因循守旧的代名词,他们也是创新发展的力量来源之一。当大家都坚定地追寻幸福的目标,勇敢地迈出每一步时,那看似遥远的梦想也不再是不可触摸了。

是谁,荷花池边,激活经济发展"新引擎"?

郝大婶是郝岗村莲蓬产业的坚定追随者,经常在抖音平台上分享夏日荷花的美景,也通过在线直播销售自家莲蓬,是村里的"时尚人物"。她向我介绍道,整个郝岗村有两百多亩荷花,每年夏天竞相绽放,是远近闻名的美景。大婶谈到莲蓬时,一股自豪之情油然而生。她告诉我这采摘的莲蓬也不是一般的莲蓬,因为种子上过太空,也叫"太空莲"。这种莲蓬适合在淤泥田种,结出的莲子个大品质好,多数种植户会在莲蓬驿站进行销售,而大婶每年通过直播也能卖出许多莲蓬,获得了丰厚的经济收益。

看到大婶淳朴的脸上露出满意的笑容,我感受到了乡村产业发展带给农民的沉甸甸的幸福感。分析纸上的数据和现场体验乡村发展的感觉大为不同——我可以通过数据看到经济的快速发展,却看不到数据背后的美景与丰收;我可以通过数据猜测农民的生活质量有所提高,却体会不到农民切实的幸福感。数据终究是冰冷的,滚烫的是农民们拼搏的心。我们可以从课堂上学到知识,提升能力,拓展思维,却很难找到心灵真正的归属和我们愿意为之奋斗一生的事业。但千村调查给予我们走千村、访万户的难得机会,让我们走出"水泥丛林",走入一个不一样的世界,感受他们的喜怒哀乐。这种从实践中带来的所思所想,会伴随我们一生,告诉我们作为中国梦的承载者,我们究竟应该做些什么。

是谁,"水岸人家",打造人居环境"新面貌"?

李姐姐是关流咀村的一名大学生村官,积极响应国家号召,来到关流咀村已经 5 年。刚见到她时,她正在同一户村民聊天,亲切而热情。那张脸庞虽然年轻,双手却有了一些沟沟壑壑。这是我第一次如此近距离地观察大学生村官这个群体,内心涌上了一种难以言说的情绪。在与李姐姐的交谈中,我得知关流咀村前些年的环境状况并不好,甚至在整个镇子中都排在后面,2022 年完成开发以后,才以生态旅游闻名周边。看到路边修剪得整整齐齐的花草,白墙灰瓦与清澈小河遥相呼应,再次想起入村时大家齐声感慨"真美啊",

我才体会到今日访问者的赞叹中蕴含了多少村民与领导者的辛苦。我不由得出声询问："一定很辛苦吧？"村民张大婶咧开嘴，用感激的眼神看了看李姐姐："多亏了村委，现在咱们村子环境越来越好了，村子的年收入也上去了！"李姐姐也绽开了笑容，又对我说："知屋漏者在宇下，知政失者在草野，我很幸运能来到关流咀村，也很高兴看到它在成长。"

这一刻，我终于知道那种难言的情绪是什么了。在李姐姐身上，我看到了大学生村官独有的魅力，他们虽然年轻，但是有热情、有理想，敢于付诸实践，愿意到基层经历困难，增长才干，投身于中国建设。我再次想起了习近平总书记在中国共产主义青年团第十九次全国代表大会中提到广大青年要立足本职岗位，在乡村振兴等各领域中争当排头兵和生力军，展现青春的朝气锐气。我想在这一刻我才真正明白千村调查的目的是什么——它不仅是完成访谈收集数据，也不仅是依赖数据发表多少学术论文，更重要的是——无论如何，我们与村民们都有一颗追求幸福的心，我们与大学生村官们都想为乡村振兴奉献自己的青春力量，我们都有一个共同的中国梦！

在调查的过程中，我看到了农村发展与乡村振兴面临的种种困难：农村青壮年劳动力不足、小规模种植销路难寻等。全面乡村振兴不是一条康庄大道，而是一条需要创新和探索的道路。值得庆幸的是，已经有越来越多的乡村在探索之路上了——在我调查的乡村中，金岗村通过种植"阳光玫瑰"实现致富道路，每亩能达 40 000 元收入；郝岗村抓住直播风口，利用"抖音"平台销售荷花产业农产品，提高了全村的收入；关流咀村挖掘当地旅游资源，整治生态环境，开展农家乐等，生态与经济共同发展，迈上新台阶。

我发现，经济上发展良好的乡村，往往是找到了适合发展的产业，并且实现了规模化的乡村；在实现经济发展的同时，乡村的文化、生态等都在向上走。但找到适合在本村发展的产业，似乎并不是一件容易的事情，这条寻找的道路上还需要更多的创新、更多的探索、更多的愿意在乡村发展的青年人才。作为一所财经院校的学子，我们会继续奋斗，将扎根于中国大地的经济学知识反哺乡村，为乡村振兴持续发力，贡献青春力量！

以青春之名,奏千村之歌

万函菲[①]

"千村调查"——初闻何其壮阔!走千村、访万户、读中国。一个人要走多少里路,才能走遍千村?一个人要用多长时间,才能访遍万户?而今上财青年,风华正茂,书生意气,挥斥方遒,纵无岁月打磨,亦少阅历积累,却毅然担起走村串户的任务,用汗水挥洒青春,以行动诠释担当。一个人虽难走千村、难访万户,然而万千个上财青年站出来,挽起袖子,走进乡野,便有万千个学生共同书写的千村调查,便有万千个上财学子共同交付的青春答卷!

这并非夸大其词,也非信口胡诌,而是真真切切发生在上海财经大学校园中的故事。每年初夏,骄阳方炙,一个又一个上财学子怀抱"匡时济世"的信念,脚步坚定地来到学校体育礼堂接受专业的培训教育,为即将开始的暑期实践厉兵秣马、蓄势待发。这里是上海财经大学第二课堂的落实之地、是上财学子实践的机会契机、是青年价值的现实体现——这里是上海财经大学千村调查。

2008年,一个名为"千村调查"的社会实践项目悄然落户上海财经大学;此后的十余年

[①] 万函菲,女,信息管理与工程学院2022级电子商务专业本科生。

间,这颗创新实践的种子不断生根、发芽、抽条、成长,年复一年长出绿叶、绽开花苞、结成硕果。数以万计的上财学子将理想信念种进实践的沃土,用行动浇灌理论的幼苗,让结论经受社会的打磨,以创新修剪问题的枝丫,跟随着"千村调查"项目的发展不断进步。而今千村项目已行十余载,参与的学生已逾两万名,他们正如那飘飞的种子,从千村这棵根深叶茂的大树出发,徐徐飘向千万个乡村,在那里落地、扎根,以一孔之见洞察全局,以微薄之力助推中国改变。

君莫笑那少年狂,少年有为气自豪。千村调查硕果累累,成效卓著有目共睹。学校师生共努力,上下一心谋发展,使"千村调查"先后入选全国高校思政工作精品项目、国家级一流本科社会实践课程、全国高校"礼敬中华优秀传统文化"示范项目和上海市高校"三全育人"示范案例,荣获高等学校科学研究优秀成果奖二等奖、国家教学成果奖二等奖等奖项,获得了国家和社会的肯定。上财校方积极引导、全力支持,广大学子躬耕实践、潜心调研,学校学生相互成就,共同打造"千村调查"的金字招牌。

临渊羡鱼,不如退而结网。只是遥遥艳羡千村调查的伟绩,依然无法走出井底的桎梏。2023年暑期,我第一次参与"千村调查"暑期社会实践活动,与众多同学一起深入农村,与基层百姓一道感受社会。

我选择的调查地点是"将军故里"——湖北省恩施土家族苗族自治州巴东县石桥坪村。对于这小小的、不起眼的小山村,我有着十分深厚的感情,不仅仅是因为母亲出生于这里、外婆生活在这里,而且因为号称"将军故里"(辛亥首义元勋邓玉麟)的石桥坪村并没有沉溺于过去的灿烂安稳,也正在充分利用自己的资源,一点一点地寻求改变,踏踏实实地迈步前进。我并不常住于这个使我魂牵梦萦的小山村,但每次到这里,总会感慨这里的广场变得多开阔、这里的农家乐开得多和乐。在我眼里,正是石桥坪村潜移默化的变化汇聚成了我所体会到的日新月异的改变。

2023年7月,当我再次踏上这块厚重的土地,我已拥有了一个崭新的身份——上海财经大学"千村调查"研究员!怀抱着13份问卷,心中的责任感从未如此强烈。入村户、做介绍、填问卷、表感谢,入户调研的具体过程其实不必多言,更为难得的是我在其中的体会。每走进一家农户,便是接触到一个新世界。不同的世界里也许是一家几口其乐融融、小孩追逐嬉笑打闹,抑或是枯藤老树空洞寂寥、老人垂暮独守晚年;也许是外出谋生、拮据平稳,又或者是躬耕农田、辛勤富足。每一次入户,就好像是在敲碎一层蛋壳,蛋壳之内的风景,都是我未曾体验和接触到的。而我和这一个个从未体会过的世界又真真切切联系起来了,也许是通过乡里邻间的熟识,也许是通过父母辈甚至外祖父母辈积累来的人脉,又或者仅仅是一次千村调查的机会,让我与这些人紧密相连,从此便再也无法视而不见。

调研的过程中,我也曾遇到一些挫折。有缺乏阅读能力的村民要求我为他朗读题目,有不懂术语的村民需要我为他进行名词解释。然而遇到最多的问题,还是来自村民们的提问:"姑娘,搞这个有什么用啊?"刚开始被问到这个问题,我总有些发蒙,只是笼统地回答这是我们上海财经大学为了做好"三农"工作而进行的暑期社会实践活动,旨在促进乡村振兴、为研究者提供数据。久而久之,村民的提问变成了我心中的疑问,心中那个声音开始向我发难:"你为什么要参与'千村调查'?"

说是为了学分显得过于功利,说是为了乡村振兴又显得太好高骛远。我在两种想法间摇摆,给不出一个自己的答案。终于有一天,我走进了一个精准扶贫搬迁户的家里,主人以乡村振兴没有任何体验感为由拒绝了我的问卷调查。那时的我失望透顶,想不通竟有如此不通情理之人。失望走出屋门之时,我终于明白了我参与此项活动的意义:提高自身沟通能力、观察能力、理解能力,使得自己能够说服沟通应对所遇到的人,这是我的目标之一;通过调研体会农村生活,感受劳动实践,使心有所悟、行有所感,这是目标之二;面对我深深喜爱的小山村,发现她的问题、了解她的不足,想尽一切办法去帮助她,让其中落后的观念醒悟过来,使其中困难的家庭幸福起来,这是目标之三。

心系远方寻梦路,矢志目标踏征程。搞清楚了目标,我的脊背更加挺直,我的步伐更加坚定,我的声音更加洪亮。之后的调研过程里,我不再是以往无知机械的采访状态,而是积极主动地去贴近农户,和人家交谈;遇到的村民也都十分理解支持,认真倾诉,毫不应付。这一趟返乡之旅,不仅填满了我的调研问卷,而且填满了我的心尖。

而后在书桌面前坐定,回想整个实践过程,心中有无限感慨,嘴边有千语难言。有一个细节令我印象深刻:有一户人家,只有一位老人在家里。老人很热情,连忙招呼我坐下喝水;老人很和蔼,听说我是大学生,填写问卷的补贴推脱着说不要。可是当我询问老人是否参加合作医疗,缴费多少钱,老人摇摇头,说不知道;我问家里有没有电话和智能手机,老人摇摇头,说没有。访谈进行得不算顺利,我的心情也跌落到谷底。不为这份完成度不高的问卷,而是为这位什么都不甚知晓的老人,以及他背后千千万万同样一无所知的老人。他们只是因为不会使用信息产品,就这样被现代世界抛在脑后了。这不是他们该有的境遇,我想,这对于他们并不算公平的待遇。

于是满怀一腔激情,我对照调研数据,依据村庄案例,写下了《数字乡村背景下有关农村数字素养问题的分析与对策——基于湖北省巴东县石桥坪社区的调研数据》,希望能以自己的发现和思考,为我心爱的小山村、为无数同样处境下的乡村提供一点微不足道的、浅显的发展意见与建议。

"路漫漫其修远兮,吾将上下而求索。"千村太多,一人难走遍;中国很大,个体难以丈量。然而来自上财的青年人聚少成多、以小见大携手共进,去往千村的研究者砥砺前行,在调研途中就能奏响高昂的青春之歌,描绘出美妙的青春画卷。我期待着有更多人参与千村调查。

寻访千村：乡野故事与心灵触动

徐辰林[1]

清晨，我踏上了寻访之旅，踏入了千村调查的目的地，一步一景，一心一路。风拂过，掠过山川，点亮了我内心深处的火花。这是一场心灵的漂泊，一次与大地相拥的感受，一段跌宕起伏的心灵之旅。于千村万景中，我漫游、倾听、记录、感悟，每一次入村入户、每一次与人交流，都在我的心海中激起了涟漪，让我更加深刻地领略了千村百态背后的真实。

蓝天下，田野如海，麦浪起伏，映衬着农民辛勤的身影，他们的背影，是一曲无言的诗篇。或许，正如贝多芬的《田园》交响曲，每一颗心跳，都是一声清脆的音符。正如高尔基所言："农村是根，城市是花。"他们，是乡村的奇迹，他们的付出，如暖风拂过，如细雨滋润。

---

[1] 徐辰林，男，金融学院2022级国际金融专业本科生。

与村民的交流中,我聆听了他们的故事,感受到了他们朴实生活的温馨与幸福。那些纯真孩童的笑声、老人智慧的目光,都如清泉一般,润泽了我的心田,让我更加珍惜生命的美好。

每一次的入户调研,都是我探索人文的旅途。古老的村庄,静谧的街巷,那些极简的建筑,都透露着岁月的韵味。如同雨果所言:"时间是一个伟大的作家,她能够写出最美的诗篇。"我聆听着村民的叙述,仿佛穿越了历史的长河,与先祖共鸣。有一次,我遇见了一位村民老张,他带我参观了他的老宅,那古朴的庭院、那厚重的门楣,都是他家族的历史见证,他深情地说:"这是我们的根,我们要守护好它。"一个个感人至深的故事,在我心头绽放,"时间飞逝,但情感永存",这让我更加明了乡村文化的传承之美。

与村民一起参与活动,使我更深切地融入了他们的生活。在他们的带领下,我亲手体验了传统手工艺,感受到了手工艺之美。在农田里,我劳作着,感受大地的馈赠与回报。这些亲身经历,让我更加尊敬农民的辛勤努力、更加感悟劳动的意义。我还结识了村庄的年轻农民小李,他运用现代科技手段,将乡村农作物生产推向了新高度,他深情地说:"乡村也可以美如画。"这些挥洒汗水的身影,如同乡村的明灯,在黑暗中闪烁,照亮前行的方向。

然而,这片美丽的土地上,也难免面临种种挑战。随着时代的变迁,乡村人口逐渐外流,村庄只留下老人与孩子,村庄面临着衰败和"空心化"的危险。同时,农村基础设施建设滞后、环境保护任务繁重。然而,正是这些困境,催生了村民们的智慧与拼搏,在这片村庄中,我看到了一群乐观积极、充满智慧的人们。我结识了一位村干部小王,他积极推动农产品加工,将乡村振兴进行到底,他坚信:"未来的乡村,将因我们而美好。"这些努力奋斗的身影,如同乘风破浪的航船,驶向光明的远方。

千村万景,每一次的调研都让我受益匪浅。走出千家万户,我看到了乡村的美丽与希望,也更加明白了乡村发展的重要性。这次的寻访,让我更加坚定对乡村的热爱,更加珍视乡野生活的真情与美好。我将继续关注乡村的发展,用文字记录下更多的乡野故事,传递乡村人民的智慧与坚韧,让这片土地上的美丽继续绽放,让乡村的未来更加光明灿烂。在未来的日子里,我期待再次踏入千村万户,用心感受乡野的真情与美丽,与这片土地深情相拥。

生命平凡而伟大

赵璟源[①]

七月的烈日把每一寸土地都炙烤得发烫,而被誉为"华中屋脊"的湖北省神农架林区却因远离城市、地势高耸,漫山遍野郁郁苍苍,享得这酷暑中罕见的幽静与凉爽。沿着通往神农架的公路行驶,绿荫掩映、草木葱茏,偶尔看到崖间飞湍瀑流,又见得谷底银溪如练,给宁静的山林平添一分生趣。相传,神农架林区深处有野人出没,谁也不知道这个故事是不是真的。但我来到这个全国唯一以林区命名的行政区,并非为了找寻传说中的野人,而是要去探寻另一个故事。

听闻我们学校开展的千村调查,希望采访当地有代表性的人物,熟悉当地情况的刘叔叔立马想到了一个合适的人选:"有一位老大爷可以给你们介绍一下。他一辈子的精力都用来经营他的茶园,没离开过这片地方。"说完又感叹道,"那可真是个了不起的人物。他虽然从未离开村子,但他的很多想法让我非常敬佩。"

身为居住在大城市的孩子,总是自认为见了些世面,对于农村的印象只有落后,村民则是不与外界紧密联通的人们。在这片林区深处的村庄里,能诞生什么令人敬佩的人物

[①] 赵璟源,女,公共经济与管理学院2022级税收学专业本科生。

呢？我不禁好奇起来。

当时的我并没有想到，这一次采访会彻底颠覆我对农村、对村民的认知。

从木鱼镇中心出发，驶过一段向山顶蜿蜒的狭窄公路，便来到了青天袍村。与之前进山时看到的林木溪涧不同，此处可以居高俯瞰神农架，这面山坡的树木也被一排排茶垄所代替，犹如巨型的指纹。这里就是老大爷用毕生心血浇灌的万亩茶园。

茶庄里走出来一位男性，头顶一个草帽，面色红润有光泽，身体壮实，手腕处扎着一条蓝色汗巾，步伐稳健，声如洪钟，一副地道的农民打扮，看着竟像五十来岁。再走近一瞧，浑浊的眼球暴露了他已71岁的事实。积年累月在田间地头的劳作非但没有压弯他的身体，反而使他整个人容光焕发、精神矍铄。

安顿我们坐下来时，他还拿着一份刚从别人手中接来的文件，正准备翻阅浏览。我瞟了一眼红色的抬头——神农架国家公园管理局文件，内容大约是有关生态保护与产业规划的。看到他仔细阅读文件的模样，我已然有些惊讶：我想象中的农民应当是面朝黄土背朝天，两耳不闻窗外事的。可这位大爷古稀之年，干着农活的同时还会认真研究政府文件，以政策为导向打理茶园，的确过于常人之处！采访尚未开始，我就已经对他的故事充满期待。

为我们斟上他自己种植的"林红仙茶"，老大爷开始将他的经历娓娓道来。

老大爷年轻的时候就开始种茶。得益于神农架得天独厚的自然条件，在高海拔地区种出的"高山云雾茶"口感佳、营养好，唯一的缺点是制出的茶叶形状不好看，而许多外地游客对于茶叶的色香味有很高的要求。很多当地的种茶人并不在意这一点，还是按部就班地种着茶叶。但他为了迎合市场需求，决定对茶叶进行改良，于是通过互联网平台，请恩施的农业专家远程教学，再反复实践，学习红茶制作工艺。学成后，将制茶技术投入运用，种出的一片茶叶有之前的两片厚，且表面光滑了不少。他一直在琢磨如何做出更高品质的茶叶。而他现在掌握的制茶技艺也让他成为非遗传承人。我想，若无学无止境、精益求精的态度与永不停息的思考，他的茶叶也不会像现在这样品质高、口碑好。

此外，他特别积极地响应国家生态保护的政策。

对于神农架这个国家级森林公园、世界级文化遗产，国家非常重视当地的生态建设。老大爷支持生态保护的第一步就是坚持原生态种植——不打农药、不施化肥、追求自然共生。但他本人对于生态建设还有更深的理解与更多的巧思：他特意在茶园中引进了国家一级保护植物——红豆杉。虽然珍稀的红豆杉产物不允许被直接采用，但老大爷解释道："红豆杉也是一种生态环保物种，它和高山云雾茶交叉栽种时，种植处周围的土壤根系紧密相连，都能吸收它独特的有益成分，从而促进整个生态系统和谐共生。"他的说法令人耳目一新，我也惊讶于一位农民在生态循环方面的见解与智慧似乎抵得上一位专业的生物学家。

除了茶园本身的生态价值，老大爷也致力于给茶庄附加一些文化价值。

他从政府处得到经费支持，花费95万元打造了全国唯一的红豆杉与茶混合种植示范基地以及科普体验馆，陈列了许多制茶机器供游客们进行实践，还自己编写了一本茶园采摘加工工艺课程教材，让茶园成为中小学生进行劳动教育研学的不二之选。每年长假期间，他都要从"农民"摇身一变为"老师"，带领孩子们体验采摘、制茶、品茶的完整流程，还会一起做游戏、比赛，寓教于乐，让他们流连忘返。对于游客们，他会请他们坐下来免费品茶，又化身导游讲述神农的故事、《本草纲目》以及茶的起源，希望茶资源、茶文化能够声名远扬。他正是以这些喜闻乐见的方式，让每一个游客从物质到精神上都满载而归。

聊了许久，茶杯见底，香茗的清甜滋味却仍萦绕舌尖。于是他带我们进体验馆进行参观。

走至深处，我看到一面不起眼的木板墙上竟挂满了奖状与红绶带！"湖北省劳动模范""木鱼镇生态保护模范""致富标兵""农村经济发展'十大王'"，还有湖北省农业厅授予的"湖北省休闲农业示范点"……我何其荣幸，竟采访到了湖北省劳动模范！我激动的心情已经溢于言表，而老大爷却只是微微一笑，仿佛这些荣誉都是身外之物，脚踏实地经营好这片茶园才最重要。

他说："我之前当过这个村的第一任村支书，当时农民种的茶很难卖出大山，这个村也很贫困。我一直在研究怎么用农家乐带动旅游业，也就是现在说的'茶旅融合'。后来我的茶园做起来有了经验，我就和村主任一起在村里推广农家乐的模式，后来就通过农家乐这种方式带领我们村致富了。"然后又打趣道，"以前我们村33户人家，有36个是单身汉，女儿也都是往外嫁；现在村子富起来了，都是从外面招女婿进来呢！当地村民开农庄，也是从外面雇员工，因为当地人都有钱了，不会给别人家打工了。"听罢，我们都哈哈大笑起来，对于贫穷村子坎坷的致富之路也生发出无限感慨。

尽管产业如今欣欣向荣，但老大爷还是颇有危机意识："我们现在的宣传还是靠口口相传，但是现在互联网这么发达，我很怕自己和时代脱轨了。虽然有资源，但我们缺少人才来进行市场变现，怎样对我们的茶进行宣传推广、走出农村呢？很多懂营销、会策划、能讲故事的人才缺少实践，不了解茶叶本身，所以很多时候我们还是得亲力亲为。"谈及今后的规划，他说还是得掌握游客心理，紧抓市场需求，准备建造一个富有原生态气息的特色树屋民宿，现在民宿可火了。我再一次被他的商业头脑折服。

"李强总理说了，说到困难，大家都有困难，但是什么时候没有困难呢？我们从来都是在克服困难中不断发展的。"

"你们学校千村调查这个项目真好，这么多有知识的大学生到村里来实地考察，倾听村民的声音，能给国家反馈村子的真实状况，帮我们讲出需求，我们村民还得感谢你们呢！"然后他又拍拍我的肩膀说："你这次调查完了，回去可要好好宣传我们这里，为家乡湖北代言呀！"我连忙点头。

下午省旅游局要来验收他的工作，他还有事得去处理。望着他骑着电动车下山的背影，我心里久久不能平静。

谁能想到这一方隐于山林深处的农村，竟孕育出了这样杰出的人物？你可以说他只是一个一辈子都根植于自家茶园的全国千千万万农民中的普通一员，但你也可以认为他是一位了不起的实干家——永远抱着谦虚的态度去学习、打磨技艺，时刻根据市场的风向标来调整经营策略,响应国家号召走在生态建设的前列;也可以说是一位卓越的梦想家——续写神农的传奇,让茶文化走出乡村、走出神农架、走出中国。怪不得世人言:荆楚大地钟灵毓秀,惟楚有才。

这也是千村调查的意义所在。让我们走出象牙塔,走进真实的农村,去感受时代变迁给乡村带来的变化,去见证村民在乡村发展史上写下的浓重的一笔。那些陈旧的对乡村的偏见早该被摒弃,乡村自有数不清的自然资源与人才资源,亟待我们挖掘。我们更应该去了解乡村、振兴乡村,共建美丽中国,实现共同富裕!

铮铮湾里红，悠悠家乡情

段 淇[①]

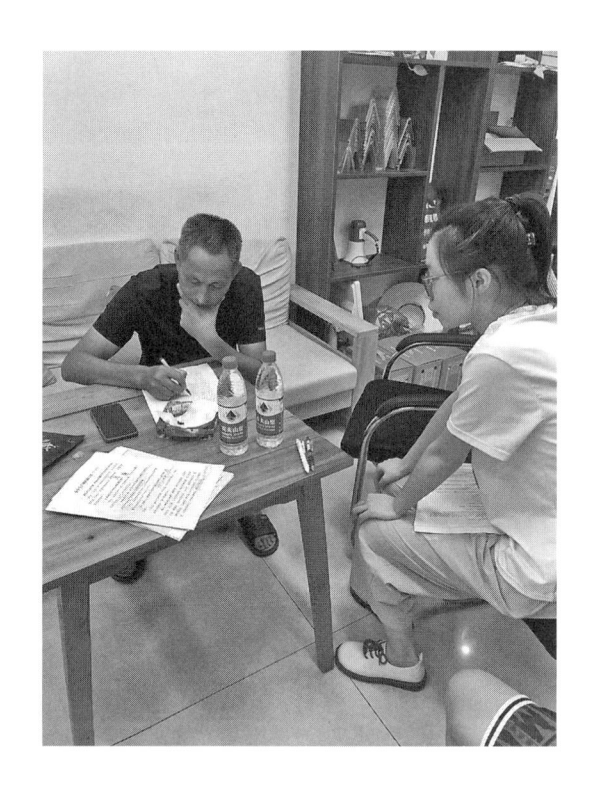

"红旗猎猎满山岗，和尚山上摆战场。鸟枪火铳松树炮，打垮茶陵挨户团。保卫工农苏维埃，红色政权万年长。"位于湘赣边界的"中国湾里红"红军村，在新时代依然闪耀着独特的光芒。

八月，我回到外婆的家乡——湖南省株洲市茶陵县严塘镇，开启了人生首次千村之旅。一个人的乡村调查多了几分挑战，但也获得了真切的成长与收获。

一、初遇：宜人风光新风貌

湾里村素有"柴近水便好家乡，又种桑麻又种粮"的美称。驱车前往的路途中，我已然

[①] 段淇，女，会计学院2021级财务管理专业本科生。

被湾里村的乡村建设所折服：村口"中国湾里红"的红色大字在阳光的照射下熠熠生辉；沿着红军桥向前望去，路边都飘扬着印有"中国工农红军"的旗帜，瞬间能将人带回红军星火燎原的年代。过了红军桥，红军广场映入眼帘，广场四周都矗立着革命前辈的铜像，让人肃然起敬。红军广场过后，本想向当地村民询问村委会的具体位置，但向前望去，村民综合服务中心就紧挨着茶陵县苏维埃政府旧址。村里的湾里小学也紧邻此处。这让我的内心莫名涌起一股情绪，全心全意为人民服务的根本宗旨穿越时间由一代又一代共产党员接力传承。光影变幻，无论是革命年代的县级苏维埃政府还是新时代的村民综合服务中心，以民为本的精神赓续不变，我们的党来自人民、扎根人民、造福人民。初遇湾里村，我便已被村中众多的红色旅游资源所震撼，村内留存了湘赣苏区第一个县级苏维埃政府以及政治保卫局、中国工农红军独立师办事处等红色旧址。如今旧址前小小的池塘中荷花盛开，点点粉红更添夏日生机。除此之外，湾里村在政府旧址附近依势修建了湘赣革命根据地红色文化园，展示了工农革命的发展历程。走在乡间小路上，时常能够发现仿制的革命武器，旁边还配有详尽的背景介绍，红色革命文化早已融入湾里村的乡间角落里。

二、互动：产业融合新发展

湾里村作为被中宣部、文化和旅游部确定的中国第八条红色精品旅游线路"井冈山—株洲"的重要节点，近年来正在大力发掘并提升红色旅游资源。在调研过程中，村支部副书记告诉我，湾里村的发展离不开所有的村民，2018年全村上下齐心协力，在1个月之内拆除了488间空心破败房，后来又在3个月内建成15个项目，最终成功获评"2018年省级美丽乡村示范村"。湾里人常常提及我们是红军的后代，应大力发扬红军精神。目前湾里村的定位是"红色沃土，绿色崛起"。在之后的入户调查中，通过与村民的家常交流，我对湾里村的"红绿产业"融合发展有了更深刻的认识。

第一份入户调查我走进了陈奶奶的家里，陈奶奶不识字，独自一人在家中带幼孙。我用家乡话和奶奶聊着家常，奶奶热情地拉着我的手，和我讲起祖辈的故事。她的祖父是村里登记在册的96名革命烈士中的一名，当时跟随中国共产党加入革命队伍，最终不幸在长征途中牺牲。"我们湾里人都是红军的后代，村子后面便是将军山嘞。这几年村子发展得越来越好了，来村里旅游的人也变多了。"陈奶奶自豪地向我介绍湾里村的一切，从陈奶奶的言语中我能够切实感受到她的幸福与惬意。谈起自己的一儿一女，陈奶奶说孩子们都到外面的大城市闯荡，也在外面买了房子。现在她帮忙带带孙子，也想帮儿女减轻负担。听到这我不由得被触动，陈奶奶说村里的老人基本上和她一样，家里的年轻人大部分在外务工。不过这些年开始有人回来创业发展产业了。"进村的时候那一大片荷花地就是这几年搞的新产业，村民都可以选择参加。"与陈奶奶交流的时间不长，我却能从陈奶奶质朴的语言中感受到湾里村的建设与发展。美丽乡村建设不是空谈，"乡村振兴"战略也切实在湾里村扎下了根。

千村调查让我切实体会到"走千村、访万户"的重大意义所在。在和村民的交谈中，我能够感受到乡村建设带给他们的幸福感与成就感。村民的笑容映照着如今安逸美好的生活。曾经的我对于乡村建设、乡村振兴战略的理解仅仅停留在纸面上,并未去细细理解其中的精神内核。而这次作为千村调查的一员,我开启了人生的第一次田野调查。一家一户地拜访与调研,尽管过程艰辛,但确实开阔眼界。我第一次实地调研了解村委会的组织形式与工作内容,当看到湾里村的村委会里已涌现出许多年轻力量时,我深感振奋。乡村振兴战略的实现需要如我们一样的年轻力量共同奋斗与建设,唯有中国青年"能做事的做事,能发声的发声。有一分光,发一分热",才能托举出一个健康强大的中国!

三、展望:振兴重任仍在肩

"夫农者,国之本,本立然后可以议太平","乡村兴则国家兴,乡村衰则国家衰"。"三农"问题关系国计民生,乡村建设与振兴发展是新时代下社会主义现代化建设中的重要内容,是实现中华民族伟大复兴的必由之路。万千村落汇聚成为华夏大地的底色。走进乡村,去感受古老民族千年文明的传承,乡土社会的独特与厚重,新时代新力量的汇聚。在调研过程中,我发现湾里村的整体游客数量较少,村支部副书记提及目前村里已经和县里的部分中小学共同打造红色研学基地,未来希望依托红色研学基地进一步扩大知名度。湾里村的发展建设还需未来长久的规划与建设。千村调查让我深刻感受到了乡村建设者对家乡的深厚情感与赤子情怀,他们大多是本地人,都想着如何才能把家乡建设得更好,调研过程中,村支部副书记的一个细节让我深受触动:当村支部副书记临时接到村民的电话时,他非常有耐心地回答着村民,并立即赶往村民家中帮助解决问题。确实只有办实事、不讲空话的干部才会受到村民的爱戴啊!铮铮湾里红,悠悠家乡情。湾里村可以说是中国红色革命乡村振兴发展的缩影,以红色文化为基底,乡村振兴发展任重道远。

"路虽远,行则将至;事虽难,作则必成。"千村调查汇聚你我的力量,用脚步丈量黄土大地,用文字记录点滴发展。未来我希望能够以自身所长,为祖国的乡村建设贡献自己的力量!

探寻乡村振兴之路

陆睿恺[①]

在旺盛而又蓬勃的八月,我作为一名上财学子,投身于千村调查项目的实践工作中。这次调查让我深刻认识到,作为国家发展的基本单位,村庄的发展和变迁对于整个国家的进步具有重要意义。通过与村民的交流和对村庄的观察,我对中国乡村发展所面临的挑战、机遇和前景有了更深刻的认识,也深刻感受到在这个科技和数字经济快速发展的时代,数字技术正逐渐成为乡村振兴的重要推动力。

我在调查中最直观的感受就是乡村发展的速度和成果。在过去的几年里,我国政府大力推动乡村振兴战略,取得了显著的发展成果。许多村庄发生了翻天覆地的变化,破旧不堪的房屋被现代化的建筑所取代,村民们的生活条件得到了极大的改善。我前往的村庄令我印象深刻:砖房林立,道路宽阔平整,与我认知中的村庄截然不同。除了经济发展,我还留意到乡村文化的保护和传承也得到了重视。在调查过程中,我参观了一些传统手工艺品工坊。政府对于乡村文化保护的支持,让这些文化宝藏能够得以传承和展示,也为乡村发展注入了独特的文化氛围和魅力。这些实际的变化让我感受到了国家乡村振兴政

---

① 陆睿恺,男,金融学院 2021 级金融学专业本科生。

策的实际成效,并对未来乡村发展充满信心。通过乡村振兴战略的实施,我相信我国的农村地区将取得更加显著的发展成果。政府将继续加大对农村地区的投入力度,加强基础设施建设、技术支持和资金扶持,持续推动乡村振兴步伐。

2023年的千村调查以"数字技术赋能乡村振兴"为主题,因此,我着重调查了数字技术在乡村中的应用。虽然乡村没有像大城市一样广泛应用数字技术,但在调查中,我也深刻感受到数字技术对村庄的巨大影响。

数字技术改善了乡村治理,为乡村发展提供了新的动力和机遇。数字技术使得信息传递更加快速高效,借助互联网和移动通信技术,政府可以在乡村建立数字平台,实现信息共享和公共服务的扩大。在我调研的村庄,当地的村委会就通过互联网平台,实现了许多事务的网上办理。村民可以通过手机或电脑轻松查阅政府政策、公告等信息,也可以通过在线申请相关证件和福利补贴。这不仅提高了政府工作效率,而且方便了村民的生活。此外,数字技术还改善了村民的生活便利性。例如,通过数字支付平台,村民可以在不需要现金的情况下进行缴费。他们只需进入相关的手机程序即可完成水电费、物业费的缴纳工作,避免了排队等待和交易的不便。这种数字支付方式既节约了时间,也提高了支付的安全性。

另外,数字技术改变了人们的生活方式,为乡村带来更多可能性。数字技术推动了乡村旅游和农家乐等文化产业的快速发展。互联网的传播提高了乡村的知名度,数字技术的应用为游客提供了更多便利和个性化的服务,吸引了更多游客的前往。此外,数字技术也催生了新的农产品销售模式,如线上农产品直播销售、农产品电商等,将农产品与消费者快速连接起来。通过数字技术的赋能,乡村经济得以全面开放,吸引了更多的人才和资金投入乡村发展。

然而,在调查中,我也发现了数字技术在乡村的应用面临着一些挑战。在与很多村民尤其是老年人的交谈中,我发现他们对数字产品的使用并不娴熟,也没有意识到数字技术的巨大价值。如何推动数字技术在这些人群中的普及,是一个值得思考的问题。此外,数字安全和隐私保护问题也需要重视。随着互联网的普及,诈骗案例也越来越多。因此,在数字化的过程中,个人信息的泄露和网络安全威胁是令人担忧的,需要注重数字技术的安全可靠性和隐私保护。

乡村发展是国家发展的基础,乡村振兴战略的实施为乡村带来了巨大的变革和机遇。通过这次千村调查,我深刻认识到乡村发展在中国未来发展中的重要性,并确信乡村振兴战略将会为广大农民提供更好的生活条件和更多的发展机会。同时,我也意识到数字技术在乡村发展中所带来的巨大影响已经被证明是不可忽视的。它不仅提升了乡村治理的效率,而且为乡村经济的发展创造了新的机遇。尽管存在一些挑战,我仍对乡村数字化发展的前景感到乐观,并期待未来数字技术在乡村振兴中的更多应用。

这次千村调查锻炼了我的调研能力,拓宽了我的眼界。我将继续保持对乡村发展问题的关注,并致力于为乡村的发展和建设贡献自己的力量。同时,我会把这次调查的收获分享给身边更多的人,希望能够唤起更多人对乡村发展的关注和参与,共同为实现美丽乡村的梦想而努力。

  亲自到乡村中走一走,感受着祖国的大好河山,在锻炼了实践能力、了解了乡村发展的同时,激发出报效国家、建设祖国的热情,我想,这就是千村调查最大的价值。

乡土与数智：东安县乡村振兴的双重奏

蒙泉州[①]

我曾读过费孝通先生的《乡土中国》，在"乡土本色"一章中，他将中国社会的基层定义为"乡土性"：一是"乡下人离不开泥土"，二是靠农业谋生的人是"黏着在土地上"。带着对乡土的眷恋，饱含对中国式现代化新时期农村发展的展望之情，我报名参加了2023年上海财经大学以"走千村、访万户、读中国"为主题的千村调研活动，来到了离家乡不远的湖南永州。

五天的调研时间在荏苒中消逝，许多经历就如过往云烟，但是，又总能从细节处带给我许多触动与深刻的思考，当驱车返程时，我侧着头，望着窗外，开始整理这些时间碎片。

这几天湖南省永州市东安县可以说是酷热难耐，带队老师与队员们就算有遮阳帽提供些许清凉，但也阻止不了那涓涓细流般的汗水流淌。在烈日的炙烤下，他们没有一丝抱怨，相反，我看到了他们奔赴目的地时坚毅的目光，看到了以他们为代表的上财师生身上那种"走千村、访万户、读中国"的调研精神。正是有着这种执着，数十个定点调查任务接连圆满完成；也正是这些为了兴趣、理想所努力的青年们，让千村调查有了它的意义与定

[①] 蒙泉州，男，人文学院2022级新闻学专业本科生。

义；也让上财学子领悟到了上大学前后的区别。把所学应用到现实中，为国家社会发展添砖加瓦才是人生真正的成年。

在东安调研时，我深刻感受到了乡村发展的不平衡和不充分。一方面，我见证了一些村庄的蓬勃生机和创新活力，他们利用国家政策和市场机会，发展集体经济，改善基础设施，加强乡村治理，展现了新农村建设的典范。比如我们调研的第一站"蒋家村"，就是一个让我印象深刻的例子。这个位于湘江源头的村庄，以其朴实纯粹的"吃得苦、耐得烦、霸得蛮"的精神，打造了一个美丽富裕的家园。我不禁为他们感到骄傲和敬佩，也希望他们能够继续发扬优良传统，影响更多的乡亲。另一方面，我也看到了一些村庄的落后和停滞，这些村庄缺少发展机遇和资源，村民对未来缺乏规划和信心，空巢老人和留守儿童的问题仍然突出，乡风文明建设滞后，农业生产方式落后，村干部作为平平，新农村建设成效甚微。这些现象让我感到焦虑和困惑，想着想着，我不自觉地望向远方起伏的丘陵，思绪在心中起伏波荡：为什么同样是东安县的村民，就有如此大的差距？为什么有些村的产业缺乏创新和竞争力？中国农村如何应对时代巨变？这些问题困扰着我，想要找到能够解开东安农村发展难题的钥匙。

"部分的功能及其变化会影响整体的功能，关键部分的功能及其变化甚至对整体的功能起决定作用"，我深信着这句话，换句话说，村民作为主体构成村落整体，村干部在其中作为关键部分，所以，村民所展现出的生活、精神上的面貌与村干部的作为总有着千丝万缕的联系。我见过不少的村干部，就如费孝通先生所说的那样，"乡土性"决定了绝大多数的村干部是本村产生的，他们扎根农村，是与农民联系最为紧密的服务群体。在调研之前，我也询问过很多农民的看法，他们认为真正和农民群众打成一片的基层工作人员，身上往往有种独特的"土味"，这种味道是在山野、田园里留下的。必须强调的是，调研的10个村的村干部中党员占大多数，作为党员，要充分发挥各自的先锋模范作用，给其他村干部树立好榜样，一起管理好村集体；在农村发展过程中也要紧跟中央最新指示精神，紧抓物质与精神建设两方面，扎实解决好人民"急难愁盼"等问题，让村民真真实实致富，踏踏实实享福。

乡村振兴不只是决策者的事，也是千家万户的大事，村民在致富道路上始终扮演着主角身份。我们有幸身处这个年代，没有战争，没有压迫，社会给予机会，国家提供政策，为我们每个人的发展提供了广阔平台，村民要善于借力，结合实际，行为上有所作为，生活上有所突破，做一个不平庸的人。

在东安调研中，我遇到了许多精明的人。他们能够有效把握时机，在国家提供的农业专项贷款的资金支持下，通过土地流转方式租小农户的土地，采取现代化种植管理方式生产，发挥规模效应提高产量，利用先进技术提高质量，为供给端实现高质量发展贡献了一份力；由于湖南地形总体以山地丘陵为主，因此他们想到了合理运用土地资源，平坦土地在保证粮食生产足够的情况下选择流转，山地外包给公司种植柑橘、茶等经济作物，既保护了生态，又能在流转、参与生产等多方面得到收益，充分实现了"绿水青山就是金山银山"的绿色发展理念。

这是东安人民的生财智慧,值得借鉴,如今的东安上下充满活力,这是好现象,"国以才立,政以才治,业以才兴",引导人才返乡为区域发展注入新鲜血液更是长久之计。说到这,我又不得不提起一个令人痛心的现实:在外务工的村民仍占较大比例,留守老人、儿童群体虽有缩小之势,但规模依旧庞大,所以,要从根源上解决问题,就要多措并举引导人才返乡。就业是最大的民生,在调研过程中,村民们对农村的餐饮物流、养老娱乐等方面的改善都抱有极大的期待,所以,要提供相关就业服务平台,建立长效就业保障机制,以实现"聚才""留才";领导干部更要有"慧眼",开"格局",让"能有所为"的人才"大有可为",实现"识才""用才"。大江南北,大学生、志愿者、专家等一批又一批有为人才正活跃在乡村各个角落,相信不久的将来,东安县所有农村能够开得新篇。

人能开天辟地,技术助力腾飞。东安一行,我的认知得到了充实。数字化正描绘着农村发展的新蓝图,通过"云会议"提高政务工作效率、"智慧管护"服务乡村治理;足不出村,便民利民数字化服务得到落实,令我惊讶的是,这里许多村建立了"便民金融自助服务点",小额取款、话费、社保等金融服务能够轻松办理,极大地方便了村民日常生活;东安县大力发展智慧农业,调研过程中,我们参访了位于东安县的上海华维(湖南)公司,在智慧灌溉与ACA可控农业研发、智造领域有所成果,这家公司提供的农业器械、节水灌溉科技推动了东安县农业自动化、精准化发展。这些例子,向我们生动地展现了"数智化"发展助力乡村的真实写照,为了乡镇在数字农村新征程上行稳致远,当地政府要积极引导,发挥市场机制作用,让科技改变生活、让科技促进发展。

乡村振兴,不是一朝一夕就能实现的,亲身来到农村,更加真切地感受到这项任务的艰巨,也充分认识到只有村民、村干部挖掘骨子里的潜力,国家、科技等外部因素持续发挥效能,让内力借助外力,外力激发内力,形成强大合力,才能契合时代发展大潮,让社会主义农村焕发新颜。

穿过隧道,我已然回到了家乡境内,看着挎包里的调研问卷,突然感到格外沉甸,我背负着的是责任,是担当,我,也是乡村振兴队伍中的一员!

道阻且长,行则将至

周婧宁[①]

衡东地方,丘陵居多,村镇散布,土路绵延。车辊辘辘转过一个又一个山头,景色各异,时而绿林密布、罕见人际,时而一碧万顷,嘉穗盈车,又或是湖光如鉴,荷叶田田。偶尔在路边还有嬉戏的孩童、放养的鸡鸭,因此时不时要减速礼让,往往两个村之间的车程要将近一个小时。我们却完全没有焦急的情绪,习惯了快节奏城市生活的身躯已经沉浸在独属乡村的恬然自适中,只有背包里沉甸甸的问卷提醒着我们这不是一趟郊游,而是一次别具意义的调查之行。

调查之路,道阻且长。出发前我曾预想过许多可能遇到的困难,在提前做好准备以及

[①] 周婧宁,女,数学学院 2021 级数学与应用数学专业本科生。

大家的配合协作下，大多数困难被顺利化解，只有为数不多的问题实打实地阻碍了我们调查的脚步，比如语言障碍。我们一队加上带队老师共11人，尽管都属湖南籍，但毕竟"十里不同音"，只有一位在衡阳土生土长的同学能听懂当地方言。又因留守农村的大多是普通话水平不佳的老年人，其中还有许多人视力衰退、缺乏阅读能力，只能靠我们口述问卷。令我印象深刻的是在衡阳话里，"亩"的发音与"百"接近，第一天我问到"承包土地面积有多少亩"时，总会先因听到的答案太大而迟疑，后来才逐渐习惯。像这样的语言障碍常常导致我需要一个问题换方式问几遍才能确定答案，而千村的问卷体量相当大，将近40℃的高温蒸得人汗流浃背，我不免产生担忧的情绪，担忧受访者们会不耐烦地半路走人。但幸运的是，在整个下乡调查的过程中，我遇到的受访者都相当有耐心，他们或仔细地阅读问卷，或耐心地听我提问，这也给我吃了一颗定心丸。总之，即使是语言不通的阻碍，也在调查的过程中得到适应与解决。道阻且长，行则将至。

调查之路，追思寻迹。红色经典遍布湖湘大地，人杰地灵的衡东也不例外。调查的间隙，我们参观了柴山洲特别区第一农民银行旧址与罗荣桓元帅故居，寻访红色足迹，学习先辈精神。百年前，衡东的山路远比现在崎岖，人民远比现在贫苦，但根植在人民心中的精神从来都是自强不息、顽强拼搏。衡东的土地算不上富饶，腹地的闭塞也难以跟上时代的浪潮，但人们仍在以自己的方式生活着。这一行我们结识了几位青年干部，他们都是通过自己的努力走出乡村，学有所成后回报家乡，带来先进的管理模式和科学技术。这一辈的衡东人正走出新的振兴乡村的道路。

调查之路，且行且学。读万卷书，行万里路。不足一周的乡村行给我们带来的成长是学校无法教给我们的。我作为组里的财务，这次学到的尤其多。比如，对于受访农户发放的津贴，我们预估错了对现金的需求量，许多老年人仍习惯于使用现金支付。可当我们到零售店和村委提出兑换现金的请求，却得知他们也没有多少现金储备。这一方面反映了农村在这方面需求的割裂现象，另一方面是我们没能准备充分。若还有下一次机会，我就会在这方面做好准备。除此之外，我的沟通能力、协调能力、适应能力都得到了充分的磨炼。回首这次千村调查，受益匪浅。

"没有调查就没有发言权"，我深刻体会到了这一点。虽然中学课堂上就涉及过"三农"问题，可只有真正深入农村，与农户面对面交流，才能排除刻板印象与偏见，得知当今农村的真正面貌。有了这些一手数据，我们才能更好地、更有针对性地实现乡村振兴。

千村调查 3.0
Village Investigation Program

西北：
陕西省、甘肃省、青海省、宁夏回族自治区、新疆维吾尔自治区

"千村调查"之于康县，数字技术之于农村

关　心[①]

"我家老汉（父亲）走了后我就回来了，不打工了，就只有自己住……"当我在问到他是做什么工作、过去有没有外出务工时，他平静地诉说着自己的故事，我才知道比我爸爸的年龄还大的他至今仍无儿无女，前些年他的父亲作古后，他也没有了奔头，便不想出去打工，回到了父亲在农村的老房子，只靠低保度日。他用不太标准的普通话面无表情地讲述，在旁倾听的我内心却感到一阵恍惚甚至羞愧于向他询问家庭情况与过往经历。他为什么可以如此平静地、简单地说出自己后半生的经历，仿佛在转述别人的故事。

这是我在参与千村调查实地走访时亲身经历的事。千村调查项目由上海财经大学发起，旨在通过专业的社会调查获得我国"三农"问题的数据资料，形成调查研究报告和决策咨询报告，供国家相关部门决策参考。千村调查也不只为国家相关研究提供数据，我们作为实践者更会从中有所感知、有所体悟。初识千村调查，作为西北地区的孩子，我对该项目产生了极大的兴趣；现在，我终于有幸成为千村调查队伍中的一员，可以亲历我未曾深入接触的基层。我们走千村、访万户、读中国，用自己的双脚丈量祖国基层的土地，用自己

---

① 关心，女，数学学院 2022 级数学经济双专业本科生。

的亲眼所见、亲身所感书写基层的故事。

在本次千村调查中,由1位老师带领我们10位同学,用4天的时间走访了甘肃省陇南市康县的10个村庄、200家农户,得到了210份问卷数据。其中,由我负责的问卷有20份,同样的问卷,我向村民们逐字逐句读了20遍,但我听到了20个不同的故事:一家5口人只靠一个中年男子外出打工的收入生活,又因担心家中年迈的老人和年幼的小孩只得在村周围打零工;曾与丈夫一起在外打工的女人为了照顾孩子只能回到农村做家庭主妇,丈夫最近却因为车祸又在家休养,不仅失去了收入来源,而且要支出大笔医疗费;年纪不到四十的女人却不识字,只能去工厂做一些重复性工作;我们认为稀松平常的看电影和旅游,在向他们提及时,只能得到一句尴尬的回应:"哪有闲钱做这些事啊,哈哈……";村民们的存款可以少到没有必要存进远在城里的银行……但我也在提出"与城市相比,如果村里有同等教育水平的学校和更好的生活条件,您会选择让自己的子女留在农村还是去城市生活"这一问题时,听到了村民们对城市的坚决向往;也在提出局限的问卷问题之余听到了老一辈知识分子对农村发展、乡村振兴的深刻见解和殷切希望……20个故事,似乎让我理解了那位叔叔为什么可以很平静地讲述自己的后半生,他们都是在真实地"生活"的人,他们只是在自己这一隅之地接受现实、接受命运、接受生活并努力向前看。不同的故事,不同的生活,都发生在这同一片康县土地上。

本次调查主题为"数字技术赋能乡村振兴",问卷内容除家庭基本情况外,与数字技术普及问题相关较多。经过4天调查,我们发现康县的数字技术普及率真的很低,少部分人甚至还在温饱线挣扎,更不用说数字技术可以为他们带来什么益处了。大家关于数字技术如何促进生活向好、经济发展的了解与体验可能仅局限于手机支付(微信支付、支付宝)、手机购物(淘宝、拼多多)和视频娱乐(抖音)。我作为一名大学生,一名从相对贫困地区考入发达城市的学生,此时面对更加贫困的人群,去倾听他们的经历、感受他们的生活时,免不了心中思绪万千。在农村的长辈们生于数字时代到来之前,后来又限于家庭因素在农村长期生活,未能深刻体会数字时代的到来,如今大多数年龄已大,也没有了跟上数字时代的热情。我们在城市享受数字技术带来的无限便捷时,他们却对智能手机里花花绿绿的图标望而却步,对花样繁多的电信诈骗手足无措,但他们不应该是被数字时代抛弃于"数字鸿沟"对岸的人,他们也应享受"数字红利"。千村调查项目目前可能仅仅是收集数据、分析数据,但是我们同样可以依靠这些数据为一些相关研究提供帮助并帮助相关政策的推行实施,我相信将来也会影响他们的实际生活,推动一些相对落后地区数字技术的普及与发展。只有基层的人民同样享受到数字技术、数字经济时,我国才能变成真正的数字经济强国!

康县美丽乡村：乡村振兴的壮丽画卷

何 源[①]

2023年暑假，我有幸作为定点调查的一员，回到家乡甘肃省陇南市康县开展主题为"数字技术赋能乡村振兴"的定点调查。在这次调查中，我深入了解了家乡美丽乡村建设的成就和经验，也亲身感受了家乡人民的生活变化和幸福感。我想通过这篇文章向大家分享我在千村调查中的所见所闻所思所感，以及我对康县美丽乡村建设和乡村振兴的看法。

"朗朗神州，祚传千载；漫漫丝路，泽遗百代。叹兴亡于千载，论沉浮于竹帛。"在调查的过程中，我不仅看到了家乡美丽乡村建设多年的成果，而且亲历了数不胜数的"第一次"，真真切切地感受到了家乡人民的努力奋斗、热情好客、勤劳朴实、敢于创新、自强不息，他们用自己的智慧和汗水谱写了一曲曲动人的乡村振兴之歌。我想用我的笔墨，为他们唱一首赞歌。

[①] 何源，男，统计与管理学院2021级经济统计专业本科生。

赞歌之一：绿色发展

第一次深入家乡的农村,我就被眼前的景色惊艳了。远处是连绵起伏的青山,近处是郁郁葱葱的林木,沿途是清澈见底的溪流,路边是鲜花盛开的田野。这里没有工业污染、没有城市拥堵,只有纯净的空气、只有宁静的氛围。这里是一个生态天堂、是一个绿色宝库。

这是康县人民用 10 年时间打造出来的成果。坚持生态优先、绿色发展,大力推进退耕还林还草工程,恢复了生态系统的平衡和稳定。坚持因地制宜、因势利导,发展了特色农业和乡村旅游产业,实现了经济效益和社会效益的双提升。坚持科技支撑、数字赋能,引进了智慧农业和电商平台等新技术新模式,提高了农业生产和农产品销售的效率和质量。

我深深地敬佩这些扎根在贫苦农村地区的劳动人民与党员干部对生态文明建设的坚持和贡献。他们用实际行动诠释了"绿水青山就是金山银山"的发展理念。他们用自己的努力证明了绿色发展不仅是一种必然选择,而且是一种可持续之道。

赞歌之二：文化传承

第一次深入美丽乡村的农家院落,我就被眼前的建筑风格吸引了。这里没有高楼大厦、没有钢筋水泥,只有木质结构、只有灰土墙面；这里没有奢华装饰、没有现代家具,只有精致雕刻、只有传统摆设；这里没有喧嚣嘈杂、没有浮躁急躁,只有安静祥和、只有悠闲自在。这里是一个文化宝库,是一个历史博物馆。

这是康县人民用数百年时间积淀出来的成果。坚持传承保护、创新发展,大力弘扬康县独特的民俗文化和建筑文化。坚持因地制宜、因时应变,发展了康县特色的手工艺和非物质文化遗产。坚持教育引领、文化惠民,培养了康县优秀的人才和文化品牌。

我深深地敬佩他们对民族文化传承的坚持和贡献。他们用实际行动诠释了"不忘本来、吸收外来、面向未来"的文化理念。他们用自己的努力证明了文化传承不仅是一种历史责任,而且是一种创新动力。

赞歌之三：幸福生活

第一次深入与村里的农民伯伯交流,我就被眼前的笑容感染了。他们热情邀请我们入住自己的农家乐,为我们准备了自家种植、养殖、加工的绿色食品；欣然向我们介绍他们的生活变化和幸福感受,展示了他们自己创作、演出、欣赏的文艺作品。一位奶奶笑着跟我讲:"2008 年我们就住上了楼房,现在还能摆摊做生意赚钱嘞。"家家户户住上了宽敞明亮的大房子,"红色乡村旅游"联动特色名宿与服务行业解决了就业问题,使村民不再只能依靠种地换取微薄的收入,真正实现扶贫工作的可持续化；一座座农家书屋应运而生,一个个休闲健身广场拔地而起……这里是一个幸福家园、是一个梦想舞台。

这是康县人民自汶川大地震后打造出来的成果。康县政府坚持以人民为中心、以幸福为导向,大力提升了农民群众的物质生活和精神生活水平;坚持公平普惠、共建共享,大力完善了农村基础设施和公共服务体系;坚持自主选择、自力更生,大力培育了农村内生动力和发展后劲。他们用实际行动诠释了"人民对美好生活的向往,就是我们的奋斗目标"的发展理念,他们用自己的努力证明了幸福生活不仅是一种美好愿望,而且是可实现的。

赞歌之四:创新发展

第一次体验家乡的智慧农业,我就被眼前的科技感震撼了。智能水稻田郁郁葱葱、管道联网的排水风车徐徐旋转、特色猕猴桃田一眼望不到头……这里没有落后萧条、没有停滞不前,只有先进创新、只有进取发展;这里没有单一单调、没有重复复制,只有多元多样、只有特色鲜明;这里没有闭门造车、没有自傲自满,只有开放合作、只有学习借鉴。这里是一个创新高地、是一个智慧之城。

这是广大父老乡亲花费近5年打造出来的科技成果。他们坚持科技引领、数字赋能,大力推进了农业科技创新和智慧农业建设。他们坚持市场导向、需求驱动,大力发展了农业产业创新和农产品品牌建设。我深深地敬佩他们对创新发展的坚持和创造。他们用实际行动诠释了"创新是引领发展的第一动力"的发展理念;用自己的努力证明了创新发展不仅是一种战略选择,而且是一种竞争优势。

赞歌之五:奋斗精神

第一次进入康县博物馆听奋斗故事,我就被那些鲜为人知的历史奋斗故事深深感动了。康县精神是千年茶马古道上的筚路蓝缕,是长征路上中国工农红军在康县留下的英勇悲壮的革命痕迹,更是精准扶贫发展道路上的你我他……

无数革命先辈用坚强的意志,克服了贫困和困难。他们用勤奋的劳动,创造了财富和价值。他们用追求的梦想,实现了自我和社会的提升。他们用奉献的精神,服务了家乡和祖国。这里是奋斗的家园,更是英雄之地。

他们坚持不等不靠、自主自强,大力培育了农村内生动力和发展后劲;他们坚持实事求是、求真务实,大力提升了农村治理能力和水平;他们坚持立足本土、放眼全球,大力拓宽了农村视野和格局。

我深深地敬佩这些英雄对奋斗精神的坚持和传承。他们用实际行动诠释了"幸福都是奋斗出来的"的发展理念。他们用努力证明了奋斗精神不仅是一种人生态度,而且是一种时代风范。康县精神作为长征精神的具体体现,一直滋养和照耀着这片热土,并将永远伴随着我们奋勇前行!

结语

这里没有停滞不前、没有故步自封,只有改革创新、只有奋进有为;这里没有盲目跟风、没有随波逐流,只有因地制宜、只有独树一帜;这里没有自满自足、没有骄傲自满,只有不断完善、只有永远进步。这里是一个美好未来的筑梦者、是一个乡村振兴的领跑者。通过这次千村调查,我不仅收获了知识和技能,而且收获了感动和启迪。我为家乡美丽乡村建设的成就和经验感到钦佩和自豪,也为人民的精神和风貌感到敬意和喜爱。我相信,康县美丽乡村建设不仅是一次美丽的变革,而且是一次历史的创造。我希望,康县美丽乡村建设能够继续发扬光大,为全国乡村振兴提供更多的经验和启示。我祝愿,家乡能够继续奋勇前行,为实现中华民族伟大复兴的中国梦贡献更多的力量……

"雄关漫道真如铁,而今迈步从头越。"在乡村振兴的广阔舞台上,新时代青年应有大作为,应该牢牢把握乡村振兴的时代机遇,用年轻又充满干劲和闯劲的心,争做新时代的弄潮儿,为家乡谋发展,为家乡人民谋幸福,为实现乡村振兴注入强大的青春能量。

吾心系彼心,心心相印

黄铭洁[①]

鲁迅先生的那句话"无穷的远方,无数的人们,都和我有关"总是能引起我的反思,鲁迅先生在病重时仍心系百姓疾苦、心系社会发展,在大学校园里快乐生活的我们更应该向他学习。私以为,只有见过世界的方方面面、了解社会真实的场景,才能更好地立志成才。怀着上述两种心情,我愉快地报名了千村调查活动,渴望能够更了解乡村、更了解社会发展,成为一个完善的人,能为社会发展尽自己的一份力。

"我见青山多妩媚,料青山见我应如是。"初到哈达铺是兴奋的,远离大山的孩子第一次离青山这么近,抬头看着山顶的云雾别提多开心了。稍微休息过后,便让朋友带着我上了邻近的一座山,站在山顶看哈达铺,它纵向分布,处在两座山之间的峡谷中。山中空气清新,心无杂事,很享受这种感觉;云雾缭绕,仙气飘飘,如置身仙境。接着令我更加兴奋的是这里的出租车起步价竟然只要2元,虽然司机师傅会中途停下接另外的客人一起走,但是小城长条形的分布,基本顺路。散步完去尝了当地特色,心里美滋滋,对这座小城的好感度又上了一个台阶。酸爽味辣的酿皮、口感筋道的炒摩擦,更少不了鲜美的羊肉

[①] 黄铭洁,女,信息管理与工程学院2021级信息管理与信息系统专业本科生。

汤……没错！打下这串文字的同时，我在不停地咽口水，回味那般滋味……沉溺在哈达铺的"美貌"中，无法自拔，站在山头眺望这座小城的时候，我心里默默喊道：哈达铺，我来了！千村调查我来了！

"世界上最遥远的距离是理想与现实。"想象中的调查该如第一天对于这座小城的好感，不过这只是我个人的臆想罢了。现实是这座小城有她的"妩媚"，也有她的"疮痍"。在前往村庄的路途中，兴奋感被磨去，取而代之的是疲惫颠簸。用当下流行的网络用语来说便是："家人们，谁懂啊？去个村庄做调研，竟然要翻两座山！累死哥了！"雨后的山里是大片的云雾，若单纯是赏景，则确实绝佳。但是赶路的人就苦了，山路十八弯上下颠簸，脑子被摇得晕乎乎的，看不清路，雨刷窸窸窣窣，车里人迷迷糊糊但又睡不着。这样难受了两小时左右，终于到达了此行的目的地——好梯乡。下车之后未站稳就有一种腰酸背痛的疲惫感，我转身四顾周围——破旧而空旷的街道。恰巧对面是一家小饭店，我抬眼望去。小店一楼压根没有门楣，里面没开灯，昏暗而又杂乱，地是土地，不是水泥地，也没有瓷砖；正对着店门的地方放着一张木桌，桌上放着盆盆罐罐和各种食材，店里有两个人，一人在桌边切菜，一人蹲在地上洗大概是刚杀好的鸡。我真切地意识到这和我先前的想象出入很大，在未全面了解事物前，我不该先入为主地给小城抑或任何一件事物主观地下定义。我很快地接受了这一切，我知道这也是千村调查的意义之一，不断地观察、不断地发现、不断打破自己、不断建立新的自己。在后面，我们陆续见到了村民们养的黑猪、积水的泥坑、村民们自己修建的旱厕、屋里老式的衣柜，那种衣柜我记得初中时在奶奶家那边有很多店家回收，说是会升值。当然也有很好的地方，比如每户人家门口有个可爱的门牌，上面写着一些基本信息；通往各户人家的路是重新修过的；有个文化基地建设得很漂亮，村民们对于我们的到访都很欢迎，让我们吃水果喝水，他们对于大学生的爱护令我印象深刻……在重新认真了解小城后，我和她"和解了"。她的"妩媚"我爱，她的"疮痍"我也爱，但更多的是心疼和怜惜。

由于有熟人帮忙联络村支书，因此我们组很容易就见到了村支书，一路上都是意想不到的顺利。他安排了两个负责人陪我们入户，所有人都对大学生很友善，这与其他组同学在调研过程中遇到的种种困难形成了鲜明的对比。不得不感叹一句人际关系活络的重要性，以前对于"走后门"这种行为非常厌弃，现在想来只是自己对于社会的了解太少了，对于中国的乡土文化或者说社会关系网络没有足够的理解。每一种事物的存在都有其必要性和存在的合理性，"熟人牵线好办事"不是告诉我们做事要投机取巧，而是办事需要灵活，掌握对的方法比闷头努力有用得多，更是教会我们要善于维护和运用人与人之间的关系。这种变通的思想不仅能用在类似运用人际关系的场合，而且在无数的学习和生活场景中都是适用的。动手做事之前想一想自己的方法对吗？有没有更好的途径呢？怎样变通一下呢？这或许就是那句"方向比努力重要"的等同解释吧。

"道阻且长，行则将至。"我想通过这次活动，我才更加深入地了解了国家下派大学生村官的意义。乡村是单纯的，或许用"单纯"这词来形容乡村不太好，但我想你肯定懂我的意思；乡村生活是平静和单一的，甚至说是单一地平静地维持着贫穷的现状；村民的想法是有一定的局限性的,但这不是他们的错,在限定环境下的每人都会是这样。大学生村官便是打破这潭死水的一块石头。大学生村官有跳出限定局限的眼光,外加与年龄相符的热情执着和想干出一番事业的志向,无疑是带领乡村发展和进步的绝佳人选。在调查时,在好梯乡见到了一位大学生村官,我由衷地敬佩他。能够在这种手机信号不是很好、环境相比城市差很多的地方坚守几年,坚持为村民办实事真的很难得。在调查中观察到,乡村在某些方面真的是需要进一步提升的,比如:对孩子的教育一定要严厉抓紧,很多家庭由于父母缺少一定的视野,子女上大学的很少(不是说只有上大学才能过上好生活,只是通过知识改变命运算是一条捷径);扶贫不应该只是每年或每月往贫困人员银行卡中打可以勉强够生活的固定数额,而是要因地制宜、因材施教、循循善诱,找到适合每个家庭的可持续发展的策略,鼓励他们通过自己的劳动实现价值,扶志和物资帮助要两马并驾;"要想富先修路",交通方面也需要大力发展……这些问题不是立马能解决的,需要政府和村民们一同努力,经过长期的努力才会有进展,但请相信"胜利的光芒终会照在理想的彼岸"!

　　我回眸,想把小城装在眼睛里带走。我同样没有出声,只在心里开口:小城再见了!不过再见又是何时呢?

感受农村生活的真谛

魏克兴[1]

八月,我们来到了甘肃省陇南市康县,近年来一个依托自然生态优势得到快速发展的西部小县城。初来乍到,就被这里的绿树青山、溪流涓涓所吸引,也打破了我对西部的刻板印象。

在近一周的调研中,我们不仅是简单地让村民填填问卷,得到一堆用来分析的数据,而且在与大家交流的过程中,见到了许多村民和村干部,与这些最淳朴善良的人交流后,自己也感触良多。

在第二天的调研中,我们来到了一个以乡村旅游为主要产业的村庄,其坐落在碧绿的群山之间,一条清澈的溪流从村中蜿蜒而过。沿溪而上,村中民居民宿颇具当地特色。而最令人感兴趣的,便是一座大宅院。乍一看,并无特别之处,但之后该村管理旅游的负责人给我们讲解了其中的奥秘。他首先从房子的各处细节开始介绍:九级台阶,三过门,帝王之象征;窗上又雕刻着左龙右凤;却又在院中花盆上刻画苍龙跪问凡人等景象。这座宅院处处彰显着帝王之气,但又好似一个落魄的帝王。最后,这位负责人告诉我们,通过查

---

[1] 魏克兴,男,法学院 2022 级国际金融法专业本科生。

阅家谱,查到这座宅院最早的主人叫朱统通,与建文帝朱允炆有些关联。宅院中的九阶三门、左龙右凤可以印证这一点,苍龙跪问凡人的刻画,也可以解释为燕王朱棣夺位之后,建文帝下落不明,也许他在民间看到燕王的治理比自己更加优秀,发出自己真龙天子的天下交给他人治理的感慨。这个故事的真实性尚且不知,但至少给这个旅游村带来一丝神秘色彩。之后,负责人又带我们去了他的一家民宿参观。其间,不时有电话打来询问旅游相关事宜,他都一一耐心解答。最后,他给我们讲述了自己是如何投身到乡村旅游、如何提高该村的收入,等等。现在,这位负责人已经负责整个乡镇的工作,却依旧身体力行,工作在第一线,为乡村建设出谋划策。

之后几天,又去了几个以生产农产品为主的村庄。其中采访了一位尹大妈,令我印象深刻。

尹大妈是一位土生土长的农妇,小学没读完就去干活,但这并不影响她成为一位通情达理、勤劳善良的贤妻良母。刚进家门,尹大妈就拿着两根洗好的黄瓜从厨房里出来迎接我们。腰里围着围裙,臂上套着护袖,一副常见农村主妇的形象。我们问问题,她都逐一耐心回答。当问到教育相关问题时,她便兴致高涨,说她的女儿前几年刚考上西安的大学。我问是哪所大学,她说好像是西安交通还是什么,记不太清了。我再次确认是不是西安交通大学,她最后让我看了一下照片,确定是。我顿时惊叹她是如何教育出这般优秀的女儿的?她回答没怎么教育,就是从小跟着我一块干活,该上学上学,该干啥干啥,或许她就明白了,读书可以带来不一样的生活,就很简单的道理。

突然,我感觉我读书总是想得太多。从小到大,中考要考好高中,高考要考好大学,到了大学又想着去读个好的研究生。不能否认,我们现在上学,功利心占很大部分。我问尹大妈怎么看待这个现象,她说,为什么要想那么多呢,只要按部就班地做就好了。我女儿即便没考上这个学校,上个其他一般的学校,依旧是我的女儿,未来总归有一口饭吃,你们也一样,不要想那么多,只是多学学,以后多点本事。

确实,尹大妈消除了我的一些焦虑与担忧,有时候不用为了目的而用功,在过程中就已经受益良多。只要按部就班地做,不必过分内卷,船到桥头自然直。

在一周的调研中,我们深入村户,与这世上最淳朴善良的人交流,不仅是收集客观的数据,而且对我们彼此主观上的思想观念是一种转变教育。农村生活的真谛,不只包含在农村生活生产方式中,更在于对简单淳朴的思想观念的了解。

以青年之力,丈量脚下大地

朱志南[①]

像一枚弯弯的月牙,又似一柄莹莹的玉如意,东西相距1500余公里,最窄处却仅有25公里,如此狭长独特的地形赋予甘肃省最为复杂多样的美景,既有"大漠沙如雪,燕山月似钩"的壮丽景色,也有"烟柳画桥,风帘翠幕"的旖旎风光。正如我出生在黄沙弥漫的黄河河畔兰州,而此次千村调查的目的地却是名副其实的陇上江南——陇南。

一下高铁,我便被眼前的景色吸引得挪不开眼。郁郁葱葱的树木镶嵌在城区之间,高楼背后的远山隐隐可见,低垂的棉花糖般的云朵像是给山顶盖了顶帽子,空气中弥漫着恰到好处的温暖和湿意,这一切都与相隔三小时路程的我的家乡截然不同。

由于我们住宿的地点在康县县城内,而调研的地点则位于其他乡镇的村子里,因此每天早晨我们都坐车从县城赶往村子。每当县城的繁华掠于车后,迎面袭来的便是笼罩在云雾之中,高大巍峨、树木青葱的群山。我们绕着弯弯曲曲的山路前行,一旁清澈的小溪好像也在跟随我们流淌。随着司机师傅的一声轻唤,我们一行人便知道又是新鲜的、充满干劲的一天的开启。

---

① 朱志南,女,信息管理与工程学院2021级数据科学与大数据技术本科生。

西北：陕西省、甘肃省、青海省、宁夏回族自治区、新疆维吾尔自治区

费孝通先生在《乡土中国》中说过，"中国社会从基层上看去是乡土性的"。中国人对泥土的亲近也是与生俱来的。虽然到访的村庄的风土人情与故乡相差甚远，但每当我踏上泛着泥土香气的村庄的小路时，内心对于这片土地的缱绻和依恋之情便油然而生。从与我同龄的大学生到已近耳背的爷爷奶奶，从慈眉善目的妇人到而立之年的一家之主，个个都是我的访问对象。在他们的描述中，一个村庄的模样在我眼前渐渐清晰。我了解到野猪泛滥对于他们的农耕产业造成的巨大破坏，退耕还林之后尚存的几亩地只能眼睁睁地看着逐渐荒芜。我也了解到三年疫情对于一个农村家庭来说有着巨大的影响，壮劳力空有一身力气却无处可去，昔日热闹的农家乐也无人光顾。

好在康县人民对生活始终充满信心和希望，虽然乡村振兴的道路并不如想象般顺遂平坦，但是他们利用康县的文化底蕴建设农家书屋，打造书画写生基地；利用康县的生态资源打造 4A 级景区，发展景区生态产业链。并且为了响应国家数字乡村建设的号召，康县以何家庄村为代表，大力发展农村电子商务，利用直播卖货来销售木耳等特色农产品。可以说，康县近几年的发展在甘肃省内都是独树一帜的。虽然在这些贫穷落后的西北农村，数字乡村建设仍有相当长的一段路需要走，但是我相信，在政府的大力扶持和数字技术快速发展的今天，数字乡村建设累累硕果的收获定是指日可待的。

在村委会的小小二楼会议室里，我曾见过这样一幕令我印象深刻的场景：大学生领着小学生上课做作业，旁边整整齐齐地贴着暑假的课程表。这种互帮互助、团结友爱的画面是出自村委会的主意。对于农村的父母来说，寒暑假是最犯愁的时候。因为他们还要干活养家，并不能及时照看好孩子。村委会的这一举动不仅帮助这些家庭解了燃眉之急，而且为大学生提供了暑期实践的机会，让他们懂得将知识回馈于社会。

这样令我印象深刻的场景不在少数。我的访问对象中有一位是退休的村支书。在退休之后，他除了继续为家乡的发展积极建言献策之外，还针对当地的需求开了一家保洁公司，不仅将自己的退休生活经营得有声有色，而且为当地很多失业的村民提供了工作岗位。还有当我和同学一起去公路边上的一户人家调查时，家里的阿姨热情地将洗好的菜瓜往我和同学怀里塞。要知道，阿姨的丈夫是聋哑人，家里只有他们与孙子做伴，那是他们能拿得出的招待我们最好的东西。虽然屋子里的苍蝇一直嗡嗡地飘来飘去，但是阿姨始终认真地回答着我们的每一个问题，还时不时因为不了解一些新事物向我们道歉。

每当我结束一次访问时，我都暗暗下决心，要抓住这次千村调查的机会，要让更多人了解到乡村发展的现状，要好好记录所有的数据和我的所见所感，为这些村庄的数字乡村建设尽到哪怕是水滴般微小的力量。因为我知道，虽然我一个人的力量只是一颗小小的水珠，但当它与千万颗水珠汇聚在一起，它们就能化作涓涓细流来滋养这一方土地。这也是我当初参加千村调查的初心。我一个人的力量是微小的，但当它与所有参与千村调查的同学的力量结合在一起，当它经年累月，不断持续，量变终究会成为质变。

5 天的时光转瞬即逝。当我在回程的车上闭上眼睛，这 5 天的每一个瞬间都历历在目：伫立在村委会旁的千年银杏树，上面挂满了村民的希冀和祝福；比我家乡正宗得多的川菜和火锅，10 个人每人一筷子瞬间就光盘了；位于白云山高处的康县纪念馆，鲜活的革

命历史让原本爬山爬得气喘吁吁的我们顿时沉静了下来;村民们粗糙却又真诚的笑脸,让我们每一次交心的谈话都更加深入。

如果不是千村调查给予我这次机会,我可能一辈子都不会到访康县的这些村庄,也就不会意识到我们青年一代身上肩负着怎样的责任与使命。在学校的学习固然重要,但是我们不可能一辈子与书本打交道。对于一个尚未步入社会的大学生,对于一个首次进入田野调查的参与者,这次千村调查是我迈向社会的一大步。

塞上江南"风景"变"丰景"

康嘉馨[①]

  一方水土养育一方人,我出生自塞上江南——宁夏,大西北独特的地理环境为我们带来了丰饶肥沃的土壤、源远流长的黄河之水、旷野沙漠与连城小湖的特色地貌,而微微干燥的空气带来了泥土的芬芳。

  "稻花香里说丰年,听取蛙声一片。"本次千村调查,我与项目组成员走进了宁夏银川市贺兰县的四十里店村,这座贺兰山脚下的小小村庄,却生动呈现了稻丰水美的江南风光。2020年习近平总书记来此考察稻渔空间乡村生态观光园时曾说:"天下黄河富宁夏,黄河长期以来润泽着这里的百姓,这是个好地方。"与此同时,他要求农业要节水化,通过

[①] 康嘉馨,女,会计学院2021级财务管理专业本科生。

调整种植结构来保护好珍贵的水资源,进一步提高产业附加值。四十里店村正是结合数字技术和稻渔共生模式实现了这一目标。

来到四十里店村委会,我们首先与村支书进行了交流访谈。张书记为我们介绍了村子里的主营产业,四十里店村带领党员群众发展立体水稻种养、设施蔬菜产业、特色适水产业,实现种植、观光、休闲、体验农业融合发展,走出了一条乡村富民的新路子。之后我们又邀请了村民一起做问卷调查,针对村民不会的问题耐心解答。而当问起村里数字农业发展情况时,张书记热情地邀请我们去参观科海渔业的数字农业与乡村振兴示范基地。

进入基地,映入眼帘的是一个个大小不一的白色圆柱形罐体,当我好奇地走上前去,才发现罐中养殖着各种各样的鱼,分别按不同生长期在罐中"安家",旁边还有详细的科普介绍和各种鱼的价目表,说是小型水族馆也不为过。来往的游人带着小孩,兴奋地转来转去,我们也不例外。走到二楼,是黄河流域生态保护和高质量发展先行区渔业创新中心。这里介绍了科海渔业的经营理念和5G赋能的区域布局,通过农业生产社会化服务大数据系统,用实时数据与图表展示农机作业情况、托管地块面积汇总,这些技术都使用了中国电信5G的北斗+位置服务。在5G示范区内,还有VR设备以供体验,使科普介绍更加轻松有趣。最后,展厅内还摆放着当地特产,品类丰富,大大推广了四十里店村的特色农产品。

走出基地,紧接着就是塞上渔乡生态观光园,这是宁夏首家以渔文化为主题的观光园。观光园内有鱼塘抓鱼区,可以和孩子一起体验游玩。园内还遍及"渔菜共生"种植区,向游客展示其技术创新。除此之外,还有自助烧烤、餐饮垂钓、团建会议等融合发展的新产业。

时值中午,我们拜访了一家农户,家里正好在包饺子,我们主动提出帮忙做饭。会擀饺子皮的我立即大显身手,与大家协作完成了一盘盘香喷喷的饺子,饱餐一顿。村民们非常热情好客,我问一位大姐平时干些什么工作,大姐笑着说就在村子里的稻渔空间上班,说完便要领我们去逛逛。

盛夏的阳光挥洒在稻田上,稻田的河道里隐约传来鸭子此起彼伏的叫声,工作人员告诉我们水里还养殖着鱼和稻田蟹,这样就形成了"稻-蟹-鱼"互利共生的生态循环系统。穿过栈道,走上高塔,就能360度俯视巨大的稻田画。不同颜色的麦子组成五彩斑斓的画笔,一个个老少咸宜的形象显现出来,有孙悟空、葫芦娃等,异常壮观。

这是一趟让心灵回归土地的旅程,能感受家乡大好风水;这是一次了解乡村振兴现状的契机,要发展数字技术赋能现代农业;这是一个倾听广大村民心声的渠道,知他所想,忧他所忧。将论文写在祖国大地上,我会结合所学所思,继续深入体察这个民族赖以生存的根基。

科技创新助力水产养殖

孙文硕[①]

  宁夏回族自治区，地处黄河流域中上游，是中华民族远古文明的发祥地之一，自古便有塞上江南的美称。但因其地处黄土高原和内蒙古高原交界处，远离海洋，又从属温带大陆性气候，干旱少雨，因此传统农业以畜牧业和耐旱作物种植业为主。但是，受制于畜牧业场地面积过于广袤、科技投入的成本过高，我诧异地发现宁夏在畜牧业上的科技创新微乎其微。为此，我们调研了四十里店村探索智慧渔业的情况。

  传统印象中的渔业，一直是东南沿海各省的"专利"，是东南沿海清晨而出，日落满载而归的渔船；是大洋岸边绵延不绝的十里蚝排；是阳澄湖边肉肥膏腻的大闸蟹。而宁夏气候干旱，地形以高原和山脉为主，是我国最缺水的省份之一，二者之间怎么看都无法联想到一起。怀着这样的好奇，我和我的组员于2023年暑假，走进了这个地处宁夏平原深处的鱼米之乡——四十里店村，并探索在利好数字农业的政策下，四十里店村这个曾经的农业发展陷入困境、传统农业入不敷出、年轻人外流的"空心村"，是如何一跃成为农业发展、乡村旅游重点村，并实现村民人均可支配收入巨大飞跃的。

[①] 孙文硕，女，会计学院2022级会计学专业本科生。

在村支书的带领下,我们一步一步揭开了四十里店村神秘的面纱,映入眼帘的成片绿色构成了一幅广袤的稻田画作。村支书告诉我们,由于四十里店村的土地属于盐碱地,在纯农作物种植的情况下,土地亩产相较优质土地存在一定的差距,而种植成本也远远高于正常水稻种植标准,因此才有了向水产养殖和水稻种植的混合农业模式发展的方向,而四十里店村的水产养殖业也不是空中楼阁,通过水稻种植和水产养殖的水资源循环利用,不仅可以最大限度地节约水资源的使用,而且能最大化地利用水资源中的营养物质,使资源收益最大化。根据生态农业的发展方式,在水稻种植和水产养殖的协同发展下,农业生产的效率获得了显著的提升。

除此之外,科学技术在智慧渔业的建设发展上也起到了很大的作用。在村支书的讲解下,我认识到了原有农业方式的弊端,在传统的一户一田的耕种模式下,受制于有限的土地面积,无法进行大规模的机械化耕种,且各个村民之间的农业生产模式难免存在差异,无法保证农业生产的产出最大化,遏制了四十里店村的第一产业的发展。因此,在贺兰县的大力支持下,四十里店村创新采用"企业+基地+标准化"的生产经营模式,在标准化和农机化的帮助下,四十里店村实现了水产养殖的从无到有,在增氧机等设备的帮助下,建立起一座座智能水产养殖温室,智慧渔业的画卷正在宁夏平原徐徐展开。

当今世界,科学技术是第一生产力,如何利用科学技术服务于最古老的产业——农业一直是困扰我们的问题之一。在此次千村调查中,通过深入探索四十里店村的智慧渔业,我收获良多,科学技术的最终目的便是提供给人们更幸福、更便利的生活。我想,农村产业的迅速发展、村民生活质量的显著提升,便是科学技术带给我们的最大福祉,而本次千村调查的意义也在于此——鼓励我们走入农村,深入农村,探索数字技术给农村带来的便利并深入思考,为新时代农村发展思考新的出路。

道阻且长，行之将至

洪 璐[①]

有位学者曾经说过："只有让人愿意回、回得去、留得下，乡村振兴方有希望。"对于从小生活在城市的我来说，农村是除了旅游去农家乐以外我很少触及的地方，我一直明白我所触及的农村是片面的、不完整的甚至带有部分幻想的成分，然而我也一直憧憬着可以真正地了解农村，我想去看看底层农民面对未来美好生活的需要和不平等物质条件之间如何平衡，我想听听大山孩子对不平等教育资源和现实生活真实的渴望，我也想通过直接深入的沟通去看看中国将近4年的脱贫工作对农民生活确切的影响。十分幸运的是学校有这次千村调查的活动，我怀揣着无数的问题和满腔热情与我的组员们来到了麻什藏村。

来到村庄，首先和我们进行交流的是村支书。村支书对于我们的采访十分热情，在沟通中我们发现村支书对村子中各项基本情况都非常了解，我们的调查也十分顺利。为了更加了解村庄数字赋能的情况，我们去了海沃公司参观调研。海沃公司是一家在村庄附近的结合当地特色农产品以及畜牧业进行二级加工并对外进行网络销售的公司。在与公司负责人交流的过程中，我发现这家公司虽然表面光鲜亮丽，但是当我问到企业辐射带动

[①] 洪璐，女，信息管理与工程学院2022级信息管理与信息系统专业本科生。

周围农村就业人口的情况时,负责人的回答明显含糊不清,最终说有9个人在这里工作。这不禁让我产生疑惑,为什么这么大的公司在发展势头不错的情况下只带动了周围村民9个人的就业,带着疑惑和问题,我们组开始分头行动去做入户调查。

我开始了与村民们的交谈,在与村民的交谈中,了解到了他们的家庭状况、生活状况。因为是暑假,村民们都在家中休息。当我们和村民交谈时,可以感受到他们对乡村振兴战略的支持和拥护,他们也希望能够早日实现乡村振兴,让自己生活得更加美好。但是几乎所有村民都对数字赋能这一话题极为不解,他们不太明白互联网及其相关平台除了诈骗居然还能有很多发展机会,在我询问有没有使用网上银行的时候,村民们都面带惶恐并且毫不犹豫地说没有,可以感受到几乎所有人都对线上的活动十分不信任。在询问有关海沃公司的相关事宜中,我们发现海沃公司的财务状况并没有负责人说的那么好,在海沃公司务工的村民时常无法按时拿到工资,这更加加深了村民认为线上平台相关公司不靠谱的刻板印象。海沃公司由于信用不高以及发展不完善导致公司不受当地人民信任,从而使其劳动力和原材料都不足,严重影响企业后续规模扩大,而村民们看到海沃公司发展不好便更加抵触数字赋能乡村振兴的计划,如此恶性循环,使我有种深深的无力感。由于政府的大力扶持,我认为海沃公司是非常具备发展潜能的,但是劳动力的缺失以及村民们的不支持严重阻碍了麻什臧村的数字化赋能。

我虽然顺利完成了调查,但是我仍然在被无数村民的命运深深牵动着,我知道我无法改变什么,但是我希望我所经历的和看到的能被我写成一篇有用的报告,将我思考的问题被更多人看到,并且从根源上解决问题。张晓风有言,如是"千百年来,我们的前辈或肝脑涂地或胼手胝足,在无数个日夜里皓首穷经,就是为了让我们这一代可以穿过美丽的花径,到杏坛前去接受教化"。作为新时代中国青年,我们身上背负着复兴中国的使命,我希望我们可以做到十年寒窗不改一腔热血,少年青春不染昏昏暮色,通过各类实践活动更加深刻地认识世界,最后通过自己的努力改变世界,让我们以智慧为笔、以汗水为墨,在时间的画卷上记录赤子深情,在历史的苍穹下书写中国腾飞!

东边日出西边雨,道是无晴却有晴

苗沛青[①]

在青藏高原的夏末时节,我们小组三人来到了青海省大通县东峡乡的元墩子村进行千村调查。这是我第一次参加学校的千村调查项目,但并不是我第一次走近乡村、走进农户。虽然从小生在城市长在城市,但是我也曾在乡村度过不少假期,我在"粮食大省"——河南的田地里捡过花生,也在青海山区的梯田上挖过土豆,听过夏日村庄夜晚无休止的蝉鸣,也见过山村夜晚满天的繁星。我想,我对乡村是不陌生的。

因此在这次千村调查开始前,我自认为能够顺利完成任务,但事实证明我还是太过自以为是。虽然我们很顺利地联系了元墩子村,进行了入村问卷调查,但是在入户调研时就开始遭遇困难。我们本来认为完成12份入户问卷是一件很容易的事,我们可以速战速决入户调研以后再去走访调研村子的集体经济。但实际上我们为这12份问卷花费的时间和力气远远超出了预期。因为村子里的年轻人大多在外打工,受访村民几乎全为老年人,他们有很大一部分人文化水平较低,问卷的许多内容对他们来说难以理解甚至闻所未闻。因此,在填写问卷时我们就要花不少力气去解释名词,或者换一种表达方式提问;有时遇到完全不识字的村民,我们就需要一个一个问题念给他听;还有的村民不会普通话,只会

[①] 苗沛青,女,金融学院2021级保险精算专业本科生。

讲青海方言,让只能听懂一部分方言的我不知所措,不得不求助其他村民向我解释。我和同伴分头同时进行采访调研,结束一场调研后就马不停蹄地赶往下一家,完成所有问卷花费了整整一个下午。在做完所有问卷以后,我们已经口干舌燥、精疲力竭。而且,在调研过程中,我们发现问卷中的问题设置还是不够实际,有时存在表意不明或者逻辑问题,这是我们在开展调研前并没有注意到的。在开展调研前,我们每一个人都已经熟知问卷内容,但是在调研时我们发现受访者在实际生活中可能并不会留心问卷提出的问题。比如:我们调研的12户村民中没有一户对自己一年的花销有确切的数字记录,更别提分类每一项的消费。因此在调研时就只能获得大概的数据,降低了数据的准确性。

在完成了入村问卷调查后,我们想向村委会调取一些关于村子经济发展等方面的文件数据,但由于村委会信息化程度太低,竟没有什么文件可以提供给我们,村委会村务公开栏上也仅有2023年青苗戏会收入及支出公示和"元墩子一村人居环境整治红黑榜",我们只好将当下能够收集到的零碎资料拍照留存。

调研到这时候,我就已经为我的自以为是感到懊悔,我似乎对我们国家西部村庄的现状有些预期过高了。我们走访的每一家的厕所都还是旱厕;大部分家庭的年总收入只有一两万元,只有两户在10万元左右;农田虽然在耕种,但也仅供自给自足,大部分年轻人还是选择外出打工。元墩子村属于浅山村庄,它的地理位置在青海省众多村庄中来说可以谈得上是比较好的,村口便有一条公路,但还是不可避免地陷入发展的困境。我更难以想象,如果我和调研小组的伙伴们在备选的另一个远在海北州海晏县金银滩乡的村庄调研,又会是怎样一种情况?

但是在调研过程中,也有很多小小的细节触动着我。我们进行入户调研的每一家都热情欢迎我们,积极详细地回答我们的问题。他们家家户户小小的院子里都种满了三四种花正在盛开,门口大多停放了一辆自己家的轿车,小孩子在村庄的道路上自由地玩耍。在从一户人家走去另一家的路上,下午独有的柔和温暖的阳光照耀着我们,村庄又回到我心里的印象。受访的村民们在被问到对当下的村庄生活环境、生活质量是否满意时,无一例外地都回答了"是",并且都认同在国家"乡村振兴"战略的支持下,生活还在继续变得越来越好。阿奶说,虽然生病了,但是医药费国家报销了大半,再也不会为看不起病发愁;阿姨说,村子在慢慢发展集体经济,因地制宜建设了沙棘茶厂,在家门口采摘野生沙棘叶就可以获得收入,年底还有分红,在本地工作也不用担心照看孩子的问题了;大伯说村子今年的青苗戏会吸引了好多人,周边村庄的人也都来观看,总共收入八万多元除去支出还结余两万七千多元;叔叔也说,村子还吸引了外地的大学生留下来,出去读书的孩子们也都愿意回来为自己的村庄做贡献。

虽然村子还有很多不足,也常常遇到各种发展的困难,但在乡村振兴的背景下,元墩子村人民的幸福生活正在添砖加瓦。

回程的路上,我们的汽车在雨中向着傍晚火红的夕阳奔驰,侧面车窗外是一道跨过夕阳下金灿灿的大山的彩虹,我们一边感叹如此奇妙的美景,一边说起大通位于山谷,常常是山半边下雨半边晴,就好像我们今天调研的心情,真是"东边日出西边雨,道是无晴却有晴"。

数字奋进施于乡，以才做桨开新篇

时 添[①]

我经由光阴，经由山水，经由乡村和城市，同样我也经由别人。

——题记

星海横流，岁月如歌。一代代中华儿女手捧红心、热血滚烫，将渺小的自我汇聚成巨人的臂膀，以"洪荒之力"托举起华夏之璀璨，催生了一个个闪烁于时代夜空的"新常态"。

千村调查是一个很有意义的活动，它为我们在校大学生提供了了解农村发展、服务农村地区的机会，实地深入农户，用脚步丈量大地。感谢学校给予我们这些甚少接触土地的大学生这样宝贵的机会，通过千村调查，亲身调研农村现状，感受当今农村的数字化发展进程。这次的千村调查，不仅是对个人能力的历练，而且让我更深入地了解了祖国农村的发展和改变，从与以往截然不同的视角，重新认知农村地区的重要性和潜力。

"纸上得来终觉浅，绝知此事要躬行。"只有亲自深入农户家中，与农民面对面交流，才能真正了解他们的需求、体悟他们的困难和期望。通过实地调研，我们获取了质量更高、

[①] 时添，女，会计学院2022级会计学专业本科生。

更真实的数据,从而有能力为农村发展提供更有针对性的解决方案。让大学生走入农村,与农民建立密切联系,了解他们的真实情况——我想这正是学校开展千村调查项目的价值所在。通过这样的走访,我们才能更好地掌握农村发展的状况,以及乡亲们在数字化方面所面临的挑战和需求。也是真正的实地调查,让我们具备了足够的底气和发言权,为农村发展提供更加合理和切实可行的建议。

贫困,是中华民族迈向伟大复兴之途必须粉碎的巨石;脱贫,是中华民族实现世纪宏愿的壮丽征程。唯有脚踏坚实大地,才能筑起抗争贫困的坚固壁垒。自党的十八大以来,我们以空前的力度、广度和速度,迎难而上、扎实践诺,缔造了一连串震撼世界的"脱贫奇迹"。我所在的红柳村正是这样,在当地村支书李国善同志的带领下,创立仁达合作社。没有耕地就改良沙地,买枸杞苗、买水泵、修水渠……在他的不懈努力下,红柳村一跃成为人均可支配年收入达 22 000 元的先进村,人均收入翻了 7 倍之多!种植枸杞、发展种养殖业之余,他还大胆尝试,建立温室大棚,种植无公害瓜果蔬菜,设立采摘园形式,吸引众多游客前来沉浸式体验农趣。

"我们的发展眼光要放长远,不能把鸡蛋放在一个篮子里。"李国善如是说。为了践行对乡村振兴的承诺,他带领村民搞起了多元化的"循环农业",修鱼塘、盖鸡舍、养"八眉猪",让村民的生活发生了大变样。每家每户分了 400 平方米的农家小院,自给自足,变旱厕为水厕,维护了村里的生态环境,幼儿园、小学纷纷建起,家家户户都可以去"幸福食堂"吃饭。在食堂开设"红黑榜",监督每个人节约粮食、珍惜资源。现在红柳村大力发展农家餐饮旅游服务业和乡村旅游项目,在村子里建起了农家乐,创立"大头哥"品牌,将我们当地的特产通过互联网传入千家万户。值得一提的是,暑期仁达合作社在格尔木开设首家"供销社+专业合作社"农产品直销店,采取"直采+直供"模式,以助农、惠民为出发点,让市民以最优惠的价格在家门口买到最新鲜的蔬菜。

在调研过程中,我曾遇到许多面朝黄土背朝天的农民伯伯,尘土沧桑,却不曾埋没他们对生活的积极。也许他们的收入不尽如人意,但他们的淳朴与踏实深深地映入我的心中。我也遇到了许多"95 后"的姐姐,她们未过而立之年,却早已嫁做人妇,被孩子与家务琐事包围,岁月在她们的脸上早早留下了皱纹。看着他们的生活,我被深深地触动,也心怀感恩,十分珍惜自己拥有上大学、接受优质教育的机会。

那几天深入乡村的调研实践,让我不禁想到史铁生先生的一句话,"我经由光阴,经由山水,经由乡村和城市,同样我也经由别人"。

我看到,随着乡村建设的不断推进,农村基础设施的飞速建设,道路、桥梁、水利设施种种的"崛起",使得农村地区的交通更加便捷,农民的生产生活更加高效。我看到,乡村教育越发优化,学校的教学设施越发改善,教师的素质越发提高,可爱的小朋友终于每天都能领到牛奶、酸奶、鸡蛋,点点滴滴的日常浸润,茁壮着他们的成长。我还看到,农业生产方式更新迭代,无人机灌溉使得农业生产更加高效、科学、环保。同时,人力的节省解放了农民的双手,使他们获得了更多领域的就业机会——可以选择在家务农谋生,也可以选择去村里的工厂打工。乡村旅游、农产品加工、生态农业等产业在一双双巧手与智慧的作用下迅速崛起,推动着乡村经济的迅速发展。

屠格涅夫曾言:"没有祖国,就没有幸福。每个人必须根植于祖国的土壤里。"故而我们的奋斗不应止于个人梦想的实现,将"洪荒之力"融于社会"新常态"的发展完善,新事物的欣欣向荣反映着时代的更迭与国家的繁盛。日月忽其不淹兮,春与秋其代序。以我辈战贫攻坚之志,许君华夏盛世!

倾听农民故事，领悟调研真谛

郑闻慧[①]

七月底，我们一行三人来到了柴达木路的盐庄村，在这充满生机与热情的地方首次进行千村调查。

农村的生活是多姿多彩的，是一道绚烂的彩虹、是一幅连绵不断的画卷、更是农民伯伯绽开笑容的地方。在崎岖不平的小路上，远离了城市的喧哗，踏入了乡村的世界里，没有任何的空气污染、喧哗，泥土里散发着一阵阵芳香，隐约有一阵风吹过，令人心旷神怡。

进入盐庄村，乡间的田野十分开阔，庄稼是绿的、河流是绿的、村庄是绿的、人的精神也是积极向上的，淳朴的古老风情在乡村代代传承。

[①] 郑闻慧，女，商学院 2022 级工商管理专业本科生。

走进村庄,扑面而来的是那清新的空气,吸入口中、融入血液,整个人就充满了新的力量。此时有位老爷爷坐在健身器材旁的长椅上,感受着晨曦气息的同时,似乎在思索着什么。我上前,问爷爷是不是这个村子里的人,他轻轻点点头,并介绍自己姓林。表明来意后,林爷爷便邀请我同他一起坐在长椅上。我问爷爷家里有几口人,爷爷说家里有他的老伴,儿子出去打工只有周末的时候偶尔回来,孙子由儿媳妇照管,家里坐着有点闷,便出来晒晒太阳。林爷爷今年69岁,年轻时修建大坝,这里附近很多大坝的修建都有爷爷参与,谈起这些事的时候,林爷爷的眼神里充满了自豪感。但不幸的是,5年前的一天,林爷爷出了严重的车祸,视力急剧下降,听力出现严重障碍,脑部也受到了严重损伤,记忆力下降,当时的具体情况已经记不清了。听到这里时,我极力忍住泪水,问爷爷有没有及时去医院,医生怎么说。爷爷回答道,市里的医院并没有检查出什么详细结果,只检查出来视力和听力严重受损,脑部受损和记忆力下降还是自己发现的,住了一段时间的院,没什么作用,就出院了。这是事实,家乡的医疗设备落后、专业程度不高、政策落实不到位,尽管是市里最好的医院,有时候却连病因都查不出来。想来,我的爷爷也是因为一直查不出病因,延误了病情,等去更好的医院检查时已经来不及了,只能用药物暂时延长寿命,并于7年前去世。我听着林爷爷娓娓道来的时候,泪水早已浸湿了眼眶。林爷爷说,市里的医院没检查出什么来,就只是不停地缴费,家里条件不好,付不起这大量的医疗费用,刚开始天天吃药,这几年药都吃不起了,也就没去过医院了。说到这里,林爷爷哽咽着,强忍着泪水。我问爷爷有买医疗保险吗,爷爷点点头,但是报销的比例不高,大部分医疗费用还是得自己出,出不起就只能停止治疗。当时的我感觉是在揭林爷爷的伤疤,顿时心里十分愧疚,无比难受,但仔细看他的眼神,发现林爷爷还是很想找人倾诉的,说出来总比憋在心里要好很多,于是我继续倾听着林爷爷的故事。我对林爷爷说,现在有一个好心态比什么都重要,心态好,身体自然慢慢就变好了。自己也帮不上爷爷什么忙,我感到很无力,只有国家政策尽快一步步落实下来、医疗机构更加完备、提高技术,农村发展才会越来越好。

我相信,和林爷爷有相似情况的人还有很多,他们由于高昂的治疗费用不得不延误病情,因此病情恶化,一生都在与病魔作斗争。唯愿我的家乡将来能有先进的医疗技术和设备,有越来越多的专业医疗人士,让村民不出省也能够得到很好的医治。

走千村、访万户,感谢遇见千村。在每位农民的口中了解到了他们的故事,他们的心声。"一粥一饭,当思来处不易;半丝半缕,恒念物力维艰。"我们幸福美好的生活离不开农民在田地里的日夜辛劳,离不开他们在炎炎夏日里的辛苦劳作。此次的千村调查,是我人生中弥足珍贵的记忆。

走进乡村 贴近土地 读懂中国

侯博翔[①]

作为一个长在西北的孩子,我对西北的山、西北的土地一直有种特殊的情感。西北的山像西北汉子的脊梁,绵延、挺拔;西北的土地像西北汉子的胸膛,厚实、宽广,西北的人儿总是对乡村怀有独特的依恋。家在宁夏,调研地点在陕西,高铁去,高铁回。一路上听着与家乡固原相通的陕西方言,被熏陶了一年的"上海耳朵"像冲向水面的鱼,珍惜着同行乘客的闲聊、拌嘴,大口呼吸着充满生命力的空气。

入村前夜,我再次阅读厚厚的千村调查工作手册,长长的问卷、具体的问题、详细的注释,我深刻体会到我们此次深入乡村的工作绝不只是作为问卷的"搬运工",更需要我们充分了解每个问题的含义,组织自己的语言,用最平实、最容易理解的方式与老乡交流,并从中获取信息。

调研过程中我逐渐意识到,我们面临着两个需要追求的平衡点。首先是理论问题与实际样本之间的平衡。问卷中涉及的方方面面十分广泛,其中不乏一些与数字经济相关的新型金融活动,但各地发展情况不同,千村调查走向全国也一定需要与不同地区的实际

---

① 侯博翔,男,经济学院 2022 级经济学专业本科生。

情况相结合。如果问卷中所提问题难以获得有效的样本,其他相关的产业就需要我们更加关注。此次去渭南蒲城,从广泛收集到的数据来看是难以找到网络电商平台发展的典型事例的,但此地针对酥梨种植的农业保险虽不属于问卷具体涉及的问题,我们却绝不该忽略,反而要大力挖掘,把实际调查到的当地优质产业与问卷所涉及的相关问题相结合,找到最合理的方式将本地的优质产业与典型案例在问卷中展现出来。

接下来则是正式调研与私下交流的平衡。我们作为学校的代表队深入乡村,和当地政府事先对接是必要的,但这样一板一眼的调研所获取的样本具有同质化的倾向。让我记忆深刻的是其中一个村庄,我们到达的时候接近农忙时节,有空余时间接受调研的老乡不多,我就由村支书介绍去往卫生所采访那里的卫生员。那次采访就在卫生所的一个侧面的隔间,那里就是他们一家的简易住所。我坐在床边的小板凳上,卫生员阿姨指着墙上她儿子的奖状与我说起家常。那次访谈没有一板一眼的问答,更多是通过闲聊家常的交流,了解他们的成长经历、生活状况,感受这几年村庄的变化、发展,并从生活状况了解家庭收入、消费支出,从孩子的成长经历了解乡村教育与劳动力流失,从卫生所近几年的工作状态了解疫情对村民的影响、疫情前后乡村医疗卫生情况的变化。这些话题相关的背后信息很难一句一句问出来,更多地需要深入而发散式的交流,让老乡感到轻松自然,他们才能在放松的状态下提供更真实的信息。所以我的感受是,问卷访谈的私下交流也需要考虑方式方法,正规地与乡村政府对接、正式地向老乡说明来意这些都是必需的,其他的环节需要更多地考虑平衡,尽可能地获取具有乡村气息、带有人情温度的数据与信息。

此次的乡村行,让我对乡村生活有了全新的认识,距离上次去西海固已有7年之久,乡村崭新的变化、改善的环境都在打破我对乡村古老、陈旧的刻板印象。与老乡交流中,我也感悟到地区之间、城乡之间发展的不平衡仍然是需要调和的矛盾。走进千村万户、贴近祖国大地,正是我们了解实情、调研实际的重要途径。看新闻、读文献固然有收获,但实实在在地走进乡村才会获得最深刻的感受,才能写出饱含乡土情感、写在祖国大地上的调研报告。这也和学校校训"厚德博学 经济匡时"一脉相承。学习财经知识、领悟经济规律,也是为了读懂中国经济,在祖国不断奋进的伟大征程上献出我们财大人的一份力量。

深耕于乡土　担当于时代

穆润泽[①]

七八月份交接之际，正值酷暑时节，骄阳似火。在炎炎烈日之下，我踏上了这次难忘的千村调查的征程……

我们调查的主题是"智慧农业赋能乡村振兴"，在我看来，它就是新时代背景下乡村农业的信息化转型。智慧农业为乡村振兴带来了新的发展机遇。传统农业生产方式存在着劳动力短缺、效率低下等问题，而智慧农业通过应用物联网、大数据、云计算等技术，实现了农业生产的智能化和自动化。例如，通过无人机进行植保，可以精准喷洒农药，降低农药使用量，提高农作物的产量和质量。通过智能灌溉系统，可以根据土壤湿度和气象条件自动调节灌溉量，提高水资源利用效率。这些技术的应用不仅提高了农业生产效率，而且减轻了农民的劳动强度，为乡村振兴提供了新的发展机遇。就我所调研的陕西省西安市谭家村来说，该村拓展了除农业之外的一种新型乡村产业发展模式。谭村积极开展服装加工产业，将本村加工的服装积极与电商平台深度融合，让本村产品"走出村门"，自产自销，城乡融合，积极打造本村品牌与特色产业。这种特色产业模式也为当地带来了巨大的

---

① 穆润泽，男，公共经济与管理学院2022级财政学专业本科生。

成功。它不仅为城乡融合发展提供了新的契机,而且使得农村地区可以利用现代科技手段与城市紧密连接,实现农产品的精准销售和物流配送。同时,智慧农业的发展也需要城市的支持和配套服务,促进了城市经济向农村延伸。通过智慧农业的推广,可以加强城乡之间的互动与合作,推动城乡融合发展。这种成功模式的继承与延续使得谭家村成为当地颇有名气的"富裕村"。

通过本次的千村调查,我收获颇丰。

首先,在调查的过程中,我感受到了我们作为大学生,积极投身于社会实践活动的必要性。我认为,千村调查是一次很有意义的活动,通过采访深耕于田间地头的勤劳智慧的村民们,我了解到了中国农民的真正生活环境与状况。

同时,在进行入村、入户调查的过程中,由于本次任务由我一个人完成,无疑更加增添了调研的难度。我克服了重重阻碍和困难,最终才成功地走进了村民家中,与他们交流,深入了解他们的境遇。这让我获得了巨大的成就感,因为能够从一个胆怯、不敢与人交流的状态走出来,积极与他人沟通交流,让我感到幸福与自豪。令我印象特别深刻的是,在我刚刚吃了许多户人家的"闭门羹"后,正在对自己的能力和沟通水平产生深深的怀疑之时,怀着几乎崩溃的心情,我低落地敲响了又一户人家的大门,心里早已做好了被拒绝的准备。但出乎意料的是,这户人家竟然非常热情地接待了我,并且积极地配合我完成了问卷填写的工作,这令我感动不已,也令我深深地体会到了人与人之间的真情。

其次,通过这次千村调查,我的学术科研能力得到了一定的提高。在进行入村、入户调研之前,我仔细观看了千村培训视频、阅读了课件与培训手册,还研究了问卷内容,以便调研更加顺利地进行。在问卷填写完毕后,我也对所收集到的信息进行了仔细的收集整理,并且在上网查询了相关资料后撰写了调研报告。在这一系列的过程中,我认为自己分析数据的能力得到了显著的提高。

最后,这次的千村调研完全符合我心目中对于大学生社会实践活动的期待。它不仅让我增长了个人技能,而且这次的社会实践活动充分地培养了我的社会责任感和家国情怀。只有切身走进人民群众中、深入了解他们的思想、走近他们的日常生活,才是真正地为人民服务、对人民负责。而学校组织的这次千村调查更是印证了我内心的这种想法。在重新查看一份份村民们亲手填写的问卷时,我不禁感叹道,这才是这次社会调研活动的意义所在!我们应该怀着深深的社会责任感,亲身经历、亲身体会、为数字化经济赋能乡村振兴做出自己的一份贡献!

总之,智慧农业为乡村振兴注入了新的活力,推动了农村经济结构的转型升级,有利于乡村振兴的不断发展。同时,我也相信,在学校的大力支持和一届届千村学子辛勤的付出之下,我们的"千村计划"一定能够取得更大的成功!

数字振乡村，青春绽华光

魏卓玥[1]

　　以数字科技助力乡村经济腾飞，以专业智识反哺故土生机焕发。2023年7月，来自上海财经大学金融学院与经济学院的三名学生在陕西西安蓝田县白羊寨村展开了为期七天的实地调研。该调查小组走进十余户乡人家中采访数据，与村委们展开深度谈话了解故乡现状，在此基础上撰写专业调研报告为白羊寨村发展建言献策。

　　看，乡邻瓜蔓上几多果。

　　2023年7月14日—7月19日，千村调查陕西蓝田小分队以本地同学亲朋关系为调查脉络展开绕中心扩散式实地调研。蓝田小组走进乡亲们家中，坐在院落青砖小路上柿树黛色荫蔽下，啜饮乡党们自制日常饮用的大麦茶，品尝热情大妈们递来的一瓣瓣宝鸡西瓜，与乡邻们用乡音聊着生计营生、家长里短。"您说不知道年收入呀，那您今年玉米麦子卖了几斗多少价呢？您肥料买的是啥呀？家里有人出去打工挣钱吗……"乡亲们热情好客，耐心应对同学们提出的一个个问题。王大叔于白羊寨村扎根农事，是村里的农学百事通。谈起新研发的玉米种以及小麦种，他如数家珍，在过去的十几年中一直引领着村中的

---

[1] 魏卓玥，女，金融学院2022级金融学专业本科生。

农种先锋潮流。王大叔的儿女现今都于城市中定居,不愿也不会在他驻守了一辈子的这方土地上接力挥洒汗水。王大叔为儿女的成就感到骄傲,但是对于全然陌生的现代都市他有些彷徨无助,更无法与泥土割舍,便只能留在村里,通过手机与儿女联系。张阿姨是村中的小学老师。谈及孩子们,她忧心忡忡。近5年来小学入学新生的数量不断减少,村中婴啼亦渐衰,再这样下去,村里没有新的血液了,该如何是好呢?每个人各有各的故事,各有各的喜怒哀乐。三位同学各自负责问卷的一部分,轮番上阵与乡亲们深入交谈,在闲聊中引入问卷问题,耐心细致地解释各类名词含义,为获取第一手数据资料努力交流。

览,故乡高屋基几何起。

7月20日,蓝田机动组的三位同学扎根村委会,在大队会计处理纷至沓来的琐碎事务的间隙对其进行采访,完善对陕西省西安市蓝田县白羊寨村的整体认识。脚踏地面难知苍穹何高,身处方寸难得高厦全貌。在村委会简单朴素的砖房里,我们听会计叔叔侃侃而谈,各类繁复数据信手拈来,他热情地介绍着他扎根奉献了一生的这方天地。我们也被这激情所感染,奋笔疾书,记录着各个数据,用它们消融白羊寨村面上薄纱从而识得村子真面目。

望,数字新技术几时落。

七月底至八月中旬,历时二十余天,千村调查陕西省西安市蓝田县白羊寨村小组以实地考察所得为根基,前沿文献研究为延伸,思辨碰撞灵感为方向,着手撰写千村调查调研报告,试图构筑以数字新技术落地刺激白羊寨村经济发展从而实现家乡乡村振兴的美好蓝图。我们在知网等文献查找平台上搜索阅览数字新科技助力乡村振兴的案例,结合实地考察得出的蓝田县白羊寨村产业链组成、特色经济产业、资源挖掘潜力点进行研究,成文体系化报告,望对白羊寨村实际经济发展有所裨益。

厚德博学,经济匡时。于英贤读静书,于实地探变世。千村调查为广大学生提供了一个宝贵的亲密接触泥土大地的机会,这是我们后续学术生涯或工作阶段与实际乡村需求维系联系的纽带。

果之硕硕,振兴其华

谢泽熙[①]

  白羊寨村地处我国道教圣地,秦岭山脉大陵山脚下。来到白羊寨村,附近大块的黄土地上竖立着一些灰色的石架,有三四个村民忙活于田间地头。
  白羊寨村的村民都非常热情亲切,在几天的相处中我们收获了满满的感动。不只是协同参与的村干部对我们无微不至的照顾,还有村民的全力配合工作,原本我们做好了最坏的打算会被拒之门外或者不被信任,但当村民听说我们是来调研的大学生时,他们无一例外地表示没什么不能说的,会全力配合我们采访。村民们那一张张洋溢着真诚的笑脸,结束后往我们手中硬塞的水果,一句句嘱托我们好好学习的话语,总是不禁让人在转角处,鼻子一酸。
  在生活中他们真诚友善,在生产中里他们淳朴实诚,或许这就是白羊寨村发展的独门秘诀。村民告诉我们村子的变化非常大,村中的道路从一开始黄土泥泞到现在干净整洁,只用了短短一年的时间。
  白羊寨村是个看上去非常安静美好的村落。在来这里的路上我们途经其他几个邻

[①] 谢泽熙,男,经济学院2022级经济数学双学位专业本科生。

村,都没有白羊寨村给我们的这种感受。家家户户墙砌得非常平整,大门崭新,卫生条件得到了极大的改善。

这里的民风也非常纯朴。随手扔垃圾、随地大小便等不文明行为似乎已经是村民们记忆中很久远的事情了。邻里关系也非常和谐,在社会信任打分中,都表示非常信任邻居和朋友。采访的一位阿姨更是时髦地将她的左邻右舍称为"闺蜜"。

这里的人身体都非常健康,年龄再大的老人也很少生大病,得知我们猜测他只有五十几岁后,八十多岁的爷爷爽朗地大笑,扬扬得意地告诉我们村中不乏百岁老人。"我们这里水好,所以毛桃长得好,人也长寿。"我们却认为,这样邻里和谐其乐融融的生活氛围,白羊寨村民的乐观开朗,也是当地人长寿的原因。

这样文明美好的白羊寨村,难怪入选了全国文明村镇。

当然在观察中我们也发现了一些基础设施的不足。

首先是,白羊寨村的交通并不便捷,距离县城将近20公里的这里非常难打到车,这几天的调研中我们经常在暮色中为如何回到住宿酒店发愁。一些村民也认为当地的产业要想发展得更好,还得要更便利的交通吸引企业,吸引游客了解白羊寨村。

其次就是村中并没有广场、球场以及一些锻炼器材,村民们的娱乐生活比较贫瘠:没有农活的时间里妇女们喜欢坐在自家门前互相聊天,男人们则窝在家中抽烟。比起城市中的居民,这里的人对电子产品没有太强的依赖性,相反不太信任电视和手机上的内容,也不常见孩子们三两成群嬉戏打闹,生活中娱乐活动并不是非常丰富。

村中早年建设了"幸福院"这样的养老机构,但村民对其评价褒贬不一。有的人觉得想法非常好但实际作用不大,有的人认为比较有帮助,老人可以去那里吃到美味便宜的饭菜,也有些人并不看好,但年龄稍大的村民都表示非常不愿意在养老院养老,虽不愿意为儿女增添负担,但也不愿意受到束缚。

村民们的一些想法和城市中的同龄人的确有很大不同,但也很难评价何者更加智慧、何者较为封闭。不同地方的人有他们特有的生存之道,白羊寨村或许经济不够发达,村民思想不够先进,但这样简单美好的"世外桃源",却也让我们有了一些羡慕。

村中年轻人并不多见,人口老龄化的问题白羊寨村也难以避免,少有"80后""90后"坚守于此,但留下来的都非常出色。我们有幸采访到了村中著名的"90后"企业家和电商经营负责人,聊天的过程明显更加愉快和通畅。他们的想法和理念与城市中的人比较相似,恍惚间像是面对着我们的兄弟姐妹、父母师长。这些人带着知识回到扎根的地方,将自己看到的世界变成手中的力量,为山脚下的村庄带来新的希望。

我们也在思考,教育的不够完善会对白羊寨村产生什么样的影响。孩子们出生于此,却在年少时就踏上了离乡的路,那份浓厚的乡愁,是否会在他们的血液中被稀释?而村中挥动锄头的身影渐渐零星,又会有多少离开的人愿意返回这里,反哺祖辈世代滋养的黄土地?

要想让产业长久地兴旺下去,不光要靠资金技术,最重要的还是人。只有当知识真切地转化为实践的生产力,才能让一代代人的希望继续生长。

在几天的调研中,我们不但得到了厚厚的调查问卷信息,而且多了对当地的产业发展的不少理解。如今村子也在积极发展多项产业,不但有农作物种植,而且建设了精品民宿,计划发展旅游观光业,通过开设主题公园因地制宜打造田园风光、乡村旅游、采摘体验等富有地方特色的旅游项目,促进产业融合发展。

在我们离开的那一天,回头眺望绵延的秦岭,山脚下的白羊寨村在微风中依旧那么安静美好,碰到这几天认识的村民向我们挥手告别,他们皮肤黝黑,但阳光下的笑容如水果一样甜。那一刻我们意识到,这里的村、这里的人,也像这一方水土,那平平无奇的外表下,隐藏的是一颗颗多么丰盈的心啊……

黄土地上种的,是绿色的新希望!

与我血脉相连的土地

徐逸桐[①]

车窗外的树影飞速后掠,伴随着车内的谈笑,葱郁的原野和辽阔的关中大地逐渐展现在我们面前。这是千村调查开展的第一天,此刻后座上的我正默默地翻阅着调查问卷和指导手册,尽管已经阅读演练了许多次,紧张和不安还是暗暗地袭击着我,我是该彬彬有礼一些?还是该热情开朗一点?表现得太过正经会被视作傲慢吗?

"来来来快坐下,要不要倒杯水喝。"

"我给你讲啊,我人老了,身体又不好,娃都在外地。"

"唉,我又不识字,外面的啥也不太清楚,我就一天天带娃。"

[①] 徐逸桐,女,数学学院 2021 级信息与计算科学专业本科生。

......

其实直到我坐在木凳上真正倾听着那亲切可辨的口音时,真正通过一问一答去了解形形色色的人家时,先前所有的演练都未再现,所有的假定都被推翻,我忽然明白我曾经以象牙塔中的人自居因而给了农村太多生硬的假设,我原本就并非站在更高处的来客,我们本是身处同一片土地上的人。

原来千村调查并非单纯的走访调查,它应当是一次拉近我与土地之间距离的旅程,我并非路过的访客,本应是归乡的游子。在淳朴的乡音与纸笔的沙沙作响间,我得以目睹田埂地头间许许多多的人和他们各色的生活:有豪气中天、热情泼辣的大姐,有羞涩文气的学生,有儒雅随和的退休干部,当然也有些许冷漠的村民。我喜欢其中呈现的热情、平易近人,也并不对其中不愉快的一面感到十分愤怒或失望,它们都是不同人和性格真切的呈现,经历也正因为好坏兼备而变得完整真实。

令我印象深刻的人有许多,其中有一对黄家湾社区的老夫妇。老爷爷与我同姓,在得知他是1942年生的时候我肃然起敬:居然是抗日战争结束前出生的,八十多岁的老人记性良好、口齿清晰,还受过初中教育,这在那个年代很难得了吧。然而老夫妻的生活并不像平时身边的老人那样衣食无忧,仅靠每人200元的养老金度日,在农村吃穿勉强够,却不能应对老来的各种疾病。好在前几年他在镇上做了政府提供的免费白内障手术,其他病却无力医治。老人耳朵不是很好,有时候问题听岔了就自顾自地说起别的事来,我也不想打断,便附和着聊下去。他们使我想到家里的老人,如果儿女都在外地,有孙辈的娃娃陪他们聊天会很开心吧。这样陪着他们聊下去的时候,我得到的不仅是一份调查问卷,而且是一段使双方都感到短暂幸福的时光。我不知道他们是否因为聊天而缓解了寂寞,但我内心舒缓了假期没有回去看望爷爷奶奶的不甘和愧疚。

聊天时老人说自己年轻时候拉架子车出事故留下了三级残疾,他听说有残疾证明是可以领取补贴的,满怀期待地问我能不能向上面的人反映这件事。其实我只是一个学生,并不是政府的工作人员。但老人们网络不通、消息闭塞,只能把希望寄托在眼前这个出现的学生身上,我一口答应了。回来后我在当地市政府的平台上留言叙述了这件事,不久后接到了工作人员打来的电话,她告诉我根据当前政策只有一二级残疾能领取补贴,三级不能。闻言我心情酸涩,老爷爷恳切的面孔浮现在眼前,当我站起身来收拾东西爽快答应替他们反映的时候,他们那种期待感谢的眼神……我要不要让工作人员通知他们呢?如果是的话,这是一笔期待了半辈子觉得会有但其实不存在的补贴,真相就是这样令人失望。如果不的话,他们或许还会时不时念叨那个寄托了他们希望的学生到底多久才能反馈。几百元的补贴对常人可能也无所谓,但是对生活苦难的老人来说,意味着能够有很大的改善,堪称生活的一束光。在冰冷的真实和虚假的期待之间,我犹豫至今。

在红旗村调研时遇到了一位在照看孙子的中年妇女,她羞涩地向我笑笑表示欢迎,就在我觉得这个友善的信号意味着对话会很顺利时,这种自信很快就被推翻了。

"你觉得咱们村应该发展什么产业?"

"不知道啊,我就哄娃,其他啥都不操心。"

"有参加什么医疗保险吗?"

"不知道啊,都是家里人弄的。"

在我无论怎样换着法子,得到的答案都是"不知道"时,我终于相信了她不是存心敷衍,而是真不知道。虽然在村干部的帮助下完成了问卷,但当时还是有一丝烦躁涌上心头,怎么会有人除了照顾孩子,完全不知道外面的世界呢?中途小孩跑了出去摔倒哭了起来,大娘立马出去哄孩子了。我一个人站在屋中心情复杂,突然想到《了不起的盖茨比》中的一段话:当你想要批评别人的时候,要记住,这世上并不是所有人都有你拥有的那些优势。于我而言,觉得完全不了解其他的事情,所有的兴趣和生活都围绕着哄小孩的人是很奇怪的,甚至在我心里对这种生活感到悲哀和愤怒。但对一个只有小学文化程度的妇女而言,她没有条件接受更好的教育,没有机会了解更多的世界,顺从地选择了那种封建文化中所谓的女人的结局,是她命运所有巧合和必然的作用。相比起来,我只是幸运时代和开放社会的受益者之一,无权对她表示批评。在结尾签收的时候她因为不会写字,我帮她签了名,目送着她回到里屋去继续哄孩子做饭的背影,我又想到了第一天访问时那个看起来是学生年纪却生了二胎的女孩,她当时满不在乎地说问卷我自己编就好了,她稚嫩的眉目和眼前麻木的背影都刺痛了我的内心。

遇到开朗健谈的人其实是很有意思的事情,虽然完成问卷会变得慢些。在镇东村时遇到了一对比较年轻的夫妻,"85后"的女主人精干泼辣,男主人在听我们谈话时时不时激动地插进来一些他对于时政的看法和对于农村发展的热情建议,女主人白了他一眼后他立马噤声,不一会又兴致勃勃地开始高谈阔论。我忍住笑,真的觉得他们过日子一定很有趣。

在开始前,我觉得千村调查只是一次严肃的社会实践。在开始后,我发觉这一周的意义绝不只是是否能够量化的数据或者可以写进简历的介绍,它首先使我结识了优秀的老师和同学,小组成员在乡间共度了难忘的时光,真正留下了那些在青春记忆中闪闪发光的时间碎片。然后它带我亲近了这片带着泥土和阳光气味的大地,尽管我在上大学之前一直生活在西北大地上,但这次我无疑与她更紧密热切地拥抱了,她的孩子们有的手握农具,而我手握纸笔。我为生活在这片土地上的人而感动,我们的血脉都与大地紧紧相连。

载欣载奔返乡土,千村万户读中国

杨蓝暄[①]

一、开篇:重启征程,近乡情怯

三年驻足新启程,丈量中国再出发。2023年是全面落实党的二十大精神开局之年,也是全面建设社会主义现代化国家新征程起步之年。铭记习近平总书记强调的"希望广大青年用脚步丈量祖国大地,用眼睛发现中国精神,用耳朵倾听人民呼声,用内心感应时代脉搏",我们的千村调查项目也已走到了第十五年,数字技术潮流滚滚,扬帆击楫驶入乡村,时隔三年再次重启千村征程,无不令人兴奋。

我所前往的调查地点是陕西省西安市周至县,这座秦岭山下的小县城土地富饶,物产丰富,素有"金周至,银户县"的美称。于我而言,一面是对调研的憧憬,我迫切地想要了解真实的乡土生活和探索振兴的良方。另一面却是归乡情怯:这片土地于我是否阔别太久?我讲的陕西话是否还地道?自小在城市读书,是否已经对农村的生活产生了隔阂与误解?我曾在《乡土中国》的书中勾画思索,曾在关于乡村的纪录片中管窥蠡测,曾在长辈的对谈

---

① 杨蓝暄,女,公共经济与管理学院2021级财政学专业本科生。

中描摹想象,却是第一回带着这样想要解决问题的赤诚,如此真实地去感受这片土地。

即使我们在出发前预设了千百种问题,实际踏足的所得也仍然远超我们的想象。在奔波但满载而归的调研中,我们用脚步丈量脚下的土地;在"五个一"劳动体验中,我们学农具、会农活、做农家饭、扫农家院、识农作物,真正融入乡村的生活里;在主题教育之旅中,我们铭记那些热土上的英灵,淘洗心中的雾气,照亮最初的梦想。一次短暂的千村征程,路上处处是难忘的点点滴滴,我在多样的生活中品味,也在优秀的乡村案例中深思。

二、难忘的调研对象

生活大河滚滚向前,或悲或喜前进不息。在 5 天的调研生活中,我一共访问了 20 位调研对象,我感激每一个人对我的坦诚,让我能够短暂地走进他们的生活,和他们一起体察品味。

其间我看到的,有历尽千帆之后的幸福美满:一位大嫂收养了年仅一岁就父母双亡的小侄子,一直靠着经商把三个孩子拉扯大,如今入驻了社区的扶贫超市,生活更有保障,三个孩子两个已经工作,收养的小儿子今年也考上了大学。当她分享她儿子说的话,"妈,你把我养大,以后就由我来给你养老,你就是我的亲妈",大嫂满眼的幸福和激动,让我也备受感染。当奔波和痛苦的潮水逐渐褪去,奋斗后的生活露出了幸福的底色。

也有被病魔牵绊,久久不能自由的挣扎:当我调研的阿姨平静地跟我讲述,"我的儿子上个月被下达了病危通知书,他才 30 岁,心脏已经做了好几个支架,现在还在医院里"。她就像在讲一件平淡的小事,我却听得如此揪心,个中辛酸,我想也只有她能体会。我于心不忍,想起杨绛先生在《老王》中所写的话,这是幸者对于不幸者的愧怍。

生活不屈,生命向上。我看到了可以称得上是疾苦的生活,更看到了泥泞中不屈的生命。在西楼村村委会,我遇见了一位很特殊的访谈对象,当我进门时,她沉默但端正地坐着,手指下意识地攥着衣角,头微微抬起或许是想看看我们,但她的目光一直盯着地板没有和我们产生任何交集。我看出她对这一切充满好奇却也充满胆怯,于是便坐在她身边,主动和她攀谈,诚挚地询问能否邀请她成为我的调研访谈对象,她认真地点了点头。她的字迹很清秀,面对我的提问,她并不曾直视我的眼睛,却在仔细地思索,希望给我最准确的答案。

我从和她的聊天中得知她现在正准备读高二,恰好和我的妹妹一样大。家里妈妈经营理发店,爸爸年初被裁员目前还没有找到工作,她和弟弟两个人在镇上读书住校,只有假期才能回家。我想她家里的生活大抵是不太容易的,但也因此更让我敬佩她对于走出去看看更大世界的坚定决心。她选择了她喜欢的理化生科目并告诉我自己会通过努力,高考考到江苏或是上海来读书,她在看世界学本领之后,还会回来建设自己的家乡。我打心底为她感到高兴,也对她充满了期待。我们互相添加了微信,并许下约定,等她考上大学我们仍会相见。

如果生活注定泥泞,那我们也会努力在里面开出莲花。生命的力量和向上的挣扎,就像一棵树摇动另一棵树,总让我深受触动。

三、振兴之道,路在何方

品生活苦甜,悟发展良策。走入周至县马召镇安富园社区,映入眼帘的是干净整齐的街道、鳞次栉比的房屋,社区内有小块的郁郁葱葱的菜地,有鼓励垃圾分类设置的回收积分箱,有正在进行的医药知识进社区活动和免费义诊,有物美价廉、透明放心的社区食堂,看到眼前的一切,怎么能想象到这样的美丽社区,几年前还是一个一筹莫展的疑难迁地。

(一)就业——稳定的生活基石

从失地农民变为产业强工,一座座社区工厂提供良机。位于社区内的工厂,足不出"院",就能用双手创造自己的幸福生活。

安富园社区工厂共有千吨冷库3座、标准化厂房9座、产业孵化中心1座,入驻企业8家,提供就业岗位近300个。其中不乏猕猴桃产业、水果加工业这样的特色产业助力。

同时还有"企业+农户"的模式,通过务工和分红的方式带动搬迁群众增收。安富园社区还组织成立了园艺队、绢花制作队、手工制作队、专业挖树队等,形成自己特有的创业品牌,助推群众发展致富。

(二)社区——温暖的家和港湾

在社区的工作站,有针对老人的居家养老大本营,有放心安心的老年食堂,有针对儿童的未成年活动室、四点半课堂、家长学校这样的成长陪伴,有针对居家妇女的爱好与技能培训课程。在妇女活动室一进门,便有两束美丽迷人的手作花束,社区工作人员告诉我们,这样的花束都是社区妇女在培训之后制作的,现在每到节假日她们的花束就供不应求,赚到的钱也是全部归她们个人所有。既能陶冶情操,又能用自己的劳动致富,意义非凡。

(三)未来——携手共建新家园

众人拾柴火焰高,火焰高来人气旺。在安富园社区,社区工作人员十足的干劲一定会给你留下深刻的印象。早上在社区工作站,他们啃上两口包子便开始了新一天的忙碌工作,介绍起社区的点点滴滴更是充满了骄傲与自豪。

"搬得出,稳得住,能致富",简明的几个词是安富园社区工作人员最坚定的目标,他们也正在脚踏实地地践行。他们工作获得的成效,催促着他们继续向前,踩上了越来越好的良性循环的风火轮。

社区工作的成就同样离不开逐渐团结在一起的社区居民:三个村镇原本陌生的易地搬迁居民,通过社区的设施维修、文艺活动等熟悉了解,形成了融洽的邻里关系。未来也将继续携手共建新的社区家园。

四、尾声——告别与重逢

当剩余的空白问卷逐渐见底,心中的不舍却是越垒越高。一路上我们收获了太多太多:相伴同行、心在一处的良师与益友,地方干部的热情带领与耐心陪伴,来自我们调研对象的善意和暖心——一杯递在我们面前的热水、一根自家冰柜里的雪糕、一根刚出锅煮好的玉米棒、一大兜新鲜的自家地里摘的桃子……东西留在了原地,甜却在我们心底。每当结束访谈被亲切地问道"要不要在家里吃顿午饭再走",我们不再像是突然闯入他们生活的陌生人,反倒像久别重逢的故友,有着一种特殊的情感联结。

"我会牢牢记住你的脸,也会珍惜你给我的思念",离开最后一个村庄,我们定点小组一起合唱了一首《再见》,正如歌词中写道,一路上,我努力地记住20位访谈者、记住所有帮助我们的伙伴和朋友、记得美景、记得所有的感触。

我和千村的故事,始于朦胧的憧憬,结缘在我的家乡陕西西安,还将继续在学院的"家乡红"主题活动——"数字潮涌奋楫行,千村发展向未来"中相伴而往。这段千村调查的经历,将成为我们聆听分享更多乡村故事、思索探讨更多乡村问题最坚实的底气。千言万语,藏在心底,我将继续带上它踏上下一次"走千村、访万户、读中国"的千村征程。

归乡·寻乡

袁思祺[①]

漫漫求学路上,心中响彻的是故土的殷殷乡音,无法抛却的是对故土的深情厚谊。上海财经大学开展"乡村调查"活动,号召学子返乡调研,为家乡发展贡献青年力量。于是,在被辅修课程和实习工作占据得满满当当的暑假中,我终于得以留出一隙,暂且停下匆匆向前的脚步,回头去看看生我养我的家乡。

地铁、飞机,然后是大巴,这由复杂的交通工具构成的回乡路线,便昭示了它——我的家乡——与所谓繁华之地有着多么遥远的距离。坐落在山峦间的狭长县城和几个各具特色的乡镇,构成了我的家乡——石泉。出于便于开展调查研究的目的,我们将调研乡村选在了池河镇明星村,这是我长到8岁的地方,也是我父亲长大成人的地方。

一方水土养一方人,村庄就是这片土地最好的缩影,文化传承,历史底蕴,尽在其中。调研当天,在村支书和我父亲的带领下,我们穿梭在池河镇明星村的路上,访问一户户人家。在开展调查研究的路上,来来往往的村民们都向我们投来了目光,这些目光中不乏好奇、疑惑,但几乎都有着友好的底色。"吃了没有""渴不渴"是我们在调查过程中经常被问

[①] 袁思祺,女,信息管理与工程学院2021级计算机科学与技术专业本科生。

到的问题,树上新鲜的李子、泡好的热茶、五颜六色的糖果,也是我们经常收到的"礼物"。当知道我是某某的孙女时,那些头发花白的老人大多会笑成一朵绽放的菊花,"那家啊,我知道,你小时候我还抱过你哩"。一言一语间,与乡亲们的关系逐渐拉近,美好与宁和缓缓流淌。

调研的这些人家,经济状况和家庭结构各有不同,有劳动力充足、收入可观的,也有经济条件相对薄弱的。要说印象最深的,那是一户乡镇乃至整个县市都重点关注的脱贫户。

在去这户人家调研的路上,村支书为我们介绍着这户人家的大体情况。据村支书说,这户人家一共3口人,年迈的父母和正值壮年的儿子。原本靠儿子外出打工,老人做做农活,家里虽不富裕,却也能维持收支平衡。然而一次意外,儿子因工伤失去了半条腿,这户人家就成为不折不扣的贫困户。

听到这里,我们都有些揪心,我忍不住问出了声:"那后来呢?""听我说完嘛,这不是还有我这个村支书吗,不是还有村委会吗,不是还有国家吗,我们还能坐着光看不管吗?"说到这里,村支书有些自豪地抬起了下巴,说道:"后来,我们村委会把他们家的情况上报给了县政府,政府给他家儿子找了一份专门针对残疾人的工作,另外,还有额外的各种补助。你看,这下子,有了稳定的收入来源,加上国家的经济帮扶,这'贫困户'的帽子不就摘下来了嘛!"

村支书话音落下不久,我们便走到了这户人家的门前。"笃笃笃",一位两鬓斑白的老奶奶为我们开了门。当得知我们是响应国家乡村振兴政策来开展乡村调查研究时,老奶奶露出了一些腼腆的笑容,十分配合地回答了我们提出的问题。在采访中,当谈到帮扶政策时,老奶奶说了一句让我记忆犹新的话:"还是现在好啊,我想站起来,国家就能借我把力,把我扶起来。你说说,自己想站着,又有人扶你,这还有站不起来的道理吗?"这句话朴实无华,但又一针见血地指出了之前扶贫和现当下防止返贫工作的两个关键问题——经济扶持和精神扶持。

扶贫,扶的不仅是财,更是志,有志无财,是为可怜,有财无志,便是可悲。在某种意义上,相比经济上的支持,精神上的扶持更能有效降低返贫风险,实现持续性脱贫。幸福是要靠双手亲手创造的,政府无形的"手"只能起到协助作用,而真正能创造幸福的是群众自己勤劳的双手。从内生动力的角度激发群众的主观能动性,让他们不仅口袋鼓起来,精神也丰富起来,这正是当下防返贫工作所必需的。

同时,这次调研再次找回了我记忆中的池河镇,却又和我记忆中的池河镇有着许多的区别。

我印象中的池河镇,仿佛是天生于大自然的游乐场。山野之间,自然的景象充满了童趣,蓝天下的山脉延绵起伏,或是捉迷藏,或是扮家家,或是追逐蝴蝶。野花在微风中摇曳,小溪潺潺流过,清澈的水面反射出阳光的倒影。

如今,我看着池河镇刚建成不久的"桑海桑田"景区,陷入了深深的震撼,以及从心底涌上无限的欣喜。梯田依山势而建,桑叶在微风中轻轻摇曳,稻谷在水田里静静生长,勤劳的农民在劳作,一切都仿佛画一般宁静而美好。一望无际的碧波桑海,澄澈如许的"天空之境"和一应俱全的各色游乐设施。

再将目光移向景区中的农家乐——据父亲所说,我们所看到的农家乐是由他当年所上的小学改造而成的。然而,如今的农家乐已经完全没有父亲描述中小学的破旧,反而是古色古香、美轮美奂。

古朴的亭台楼阁和葱郁的花草树木交织在一起,构成了一幅迷人的画面。在这个宛如仙境的场所,蝴蝶在花丛中翩翩起舞,猫狗欢快地奔跑玩耍,游客们漫步其中,尽情享受这份美丽和宁静。这里是一个自然与人文完美融合的场所,每个人都可以在这里找到片刻的宁静与欢愉,享受这美不胜收的景色。

池河镇一如既往的美丽,但如今的美丽,除了自然之美,还有人文之美,以及人与人、人与自然的和谐之美。这得益于池河镇坚持经济建设与生态建设并重,以保护生态环境为基,守住一方净池,让桑海的清风拂过绿水青山,吹进千家万户。

自然,我们看到的也不全是"光面",还有"暗面"。或者说,光面加深了我们对扶贫和防返贫工作重要性的认识,而暗面才是亟待我们解决的问题。

有一位受访户爷爷和我谈村里的情况,从他的视角,我看到了明星村还有许许多多的不完美:补贴名额分配不合理、礼金过重……听到村民的烦恼、忧虑甚至控诉,我深刻体会到在调查中扮演一名倾听者的重要性。我时刻提醒自己,我们的访问不仅是一项任务,而且是一项使命,需要我们坚守职责和规范,以最真诚的态度面对村民。在培训时,老师曾叮嘱我们,调研必须坚守价值中立,保持严谨、理智的态度与村民交流。我们明白,我们调研的目的是了解他们的需求和问题,而不是发表评判。然而,晚上回到住处后,村民的诉求常常在心头萦绕。那些忧虑和期待,我们常常感到责无旁贷,也明白应该选择遵守调查的规则,将村民的愿望和期待记录在数据中,为他们争取更多的关注和支持,并且力求基于调研所得数据得出可行的方案,以拂去萦绕他们心头的愁绪,为明星村带来更多光、更多热。这不仅是对我们自己的要求,而且是对村民的尊重和承诺,确保他们的声音得以传达和关注,以及有得到回应的可能。在这个过程中,我们将继续做好倾听者的角色,以真诚和同理心倾听并记录下每一个村民的故事和关切,并暗暗下定决心一定要发挥自己全部的能力与精力,写好调研报告,让我们这次的调研之旅能真正为明星村贡献青春力量。

结束调研后,我们一行人乘大巴从池河镇返回县城。窗外忽然下起了小雨,淅淅沥沥。水滴挂满了玻璃窗,随着风在窗上争先恐后地狂奔。

我看着窗外,一切一如往昔。

白鹭展翅掠过由田地和河流组成的郁绿凉白的色块,或白或黄的房屋间或出现在山峰上的某处,像是生在木桩上的木耳。层峦叠嶂的山峰绵延至天边,直到成为一抹翠绿的线条。

我看着窗外,一切悄然生变。

那通往深山里寥寥无几的人家的道路是何时建起的?那直至天边的高架桥又是怎样贯通了一个个乡村?那片黄色的耕地何时变为了绿林?那极其少见的朱鹮又是为何重现山野林间?

这些变化自然不是一朝一夕完成的，但我如今才注意到。无怪乎王国维说"以我观物，故物我皆着我之色彩"，作为生于斯长于斯的回乡人，我眼中满是无比熟悉的景色。可如今，带着"如何让家乡发展得更好"这样的问题回来，那些曾经被忽视的、那些不曾在意过的，都变得无比突出。而正是这些变化，昭示着这片土地和这片土地上可爱的人们，每一分每一秒都在大步地向前奔跑。

于是，思绪万千。

小时候，常常眺望天边，远眺的目光却被望不见边的山峦阻挡。山的那边，是什么呢？书上说："山的那边，是海。"是海？是精卫填的东海，还是八仙过的黄海？幼时的我心中无限好奇与期待。后来，随着年岁的增长，期待也在像气球般膨胀。终于，一次春游，爬上了山巅，我欣喜地伸长了脖子张望——可是，山的那边，还是山，无边无际，塞满我整个视线、整个世界的山，尖锐的山峰毫不留情地扎破了我装满期待的气球。

后来，我终于如愿地走出了大山，来到了憧憬已久的上海财经大学的校园。我的确可以看到海了，波涛汹涌、一如梦境，很美、很辽阔。可是，上海是没有高山的，我看不到我的山了。

山的那边，原来不是海，海的那边，也没有山。

于是，在开学不久的思政大课上，当学长学姐们介绍着他们在千村调查活动中去过的村落，留恋地回忆调查研究中的点点滴滴，照片里那些一眼望不到边际的山群、那些黑白分明的山区孩子们的笑眼，让我陷入回忆，让我怔然良久。

于是，在上财原创校史剧《匡时魂》中，"厚德博学　经济匡时"的宣言，让我默然不语，让我思绪万千。渐渐地，在夜深的被窝里、在一次次的午夜梦回中，那些庞大的、那些曾经让我觉得有些喘不过气的山群，却让我感到久违的依恋与亲切。

于是，在得知学校开展的千村调查活动时，我毫不犹豫地联系了同学组成队伍，报名了返乡调查。

我想，"厚德博学"的目的不是要让我永远忘记大山，"经济匡时"的期望不是让我一心奔赴海洋。就像在河南暴雨时发起救命文档的李睿学姐，上财给予她学识，开阔其眼界，也教导她不要忘记故乡的养育之恩。正是这样，上财教育才能在遥远的中土上开出生命的花朵。

我心目中的千村调查，从一个只是听说过名字的实践活动，到可以为家乡做一些事的有效途径，再到如今，我认为，返乡调查的目的，不仅在于了解通过收集数据为家乡发展建言献策，更在于，在走访村民、探访家乡的过程中，增进学子对于家乡的了解，激发学子对于家乡的责任感、担当感，以及爱与奉献。

尽管池河镇明星村在中国地图上看不过是极其微小的一个点，但我们广袤的神州大地不正是由这一个个点构成的吗？千村调查的"千"，指的是中国大地上千千万万的乡村，正是这些乡村，支撑起了中国的兴盛和发展。发展好农村经济、建设好农民的家园，让农民过上宽裕的生活，中国这个国家才能有光明的未来。

于乡土、于文化，千村调查都让远游求学的我脑海中模糊了的"家乡"得以明晰，让我寻得了阔别已久的归属感和熟悉感，还有许多许多的新鲜感，更让我明白了，就像鲁迅先生说的一样，哪怕我身在上海，但在西北的方向，在几千公里外的地方，无穷的远方，无数的人们，都与我相关。

是最熟悉的，却也是很陌生的；是一成不变的，也是日新月异的。

是贫穷的、偏远的、荒凉的、山脉多到曾令我绝望的，是远离繁华城市的，是大家口中的"贫穷落后地区"。

也是美丽的、充满生机的、迸发活力的、潜力无限的，是身在异乡的游子心中最为依恋的存在，更是值得我，值得每一个从家乡走出去的学子，贡献全部的知识与能量、所有的光与热的。

这，就是我的家乡啊！

千村调查活动让我有了归乡的机会，而在这个过程中，我真正寻回了我的家乡，以及对家乡的热爱与依恋。

我们在池河镇明星村的宝贵回忆，记录在每一份问卷里、潜藏在每一个数据中。夏日炎炎、蝉鸣声声，我们穿梭于山野之间，用自己的双眼见证、用心灵倾听、深思反省，却也满怀期待。

我们身处乡土中国，也必在乡村这片土地上寻找着前行的道路。我们一直在前行、一直在探索，因为我们坚信，在共同的努力下，中国乡村必将迎来更加灿烂的未来。

数字技术赋能乡村振兴：
一次有意义的入村入户调研活动

张璠琪[①]

2023年暑假，我校组织了一次千村调查的社会实践活动。我有幸成为其中的一员，参与了对陕西省汉中市南郑区湘水镇湘水村的调研和服务。这次活动让我深刻地感受到了农村的变化和发展，也让我认识到了自己的责任和使命。

怀着激动愉悦的心情，我于2023年8月12日抵达了目的地——陕西省汉中市南郑区湘水镇湘水村。这是一个有着悠久历史和深厚文化底蕴的村庄，曾经是陕西省的一个贫困村，但在党的领导和政策的支持下，实现了脱贫致富，成为一个现代化、生态化、文明化的新农村。

在村委会的接待下，我住进了村民家中。我发现，村民们的住房条件有了很大的提升，有着宽敞明亮的客厅、整洁舒适的卧室、干净卫生的厨房和卫生间。村民们还安装了太阳能热水器、空调、电视机等现代化设施，生活水平显著提高。我与村民们亲切交谈，了

---

① 张璠琪，男，信息管理与工程学院2021级数据科学与大数据技术专业本科生。

解了他们的生产生活情况,感受到了他们对生活水平提高的愉悦和对美好生活的向往之心。

在调研的几天中,我参观了村里的农业产业园、文化广场、卫生站等公共设施,看到了村里的发展成果。我看到,农业产业园里种植着各种绿色有机蔬菜、水果、中药材等,采用了先进的科技手段和管理模式,实现了高效节水、高产优质、高效益。文化广场上,村民们正在开展各种文体活动——跳广场舞、打太极拳等,展现了浓厚的文化氛围和积极向上的精神风貌。卫生站里,有专业的医护人员为村民提供免费的咨询服务,保障了村民的身体健康。

当然,我不仅观察到了村里的变化和发展,而且积极参与了村里的各项活动。我与村民们一起劳动、学习、娱乐,感受到了他们的热情和友好。我帮助村民们收割庄稼、浇灌花卉、养殖牲畜,体验了农村的劳动乐趣和成果。我加入了村民们的聊天中,感受了农村的文化精神和社会氛围。在与村民们聊天、玩耍、品尝美食的过程中,我结交了农村的朋友和亲人。在与村民们的互动中,我不仅学到了很多知识和技能,而且收获了很多感动和欢乐。

其中,让我最为动容的就是村中的数字化金融助农点——"金融e站"。该助农点由南郑农商银行设立和管理,于2021年6月正式开业。该助农点占地约20平方米,服务内容包括存取款、转账、缴费、查询余额、购买理财产品、申请贷款等业务,服务时间为每天早上8点到晚上8点,节假日不休息。该助农点的服务对象主要是当地的农民和农村企业,也欢迎其他银行卡持有者使用。该助农点的建立是南郑农商银行响应国家关于推进农村金融服务环境建设和乡村振兴战略的号召,为提高农村金融服务水平和数字化覆盖率而采取的一项重要举措。在建立该助农点之前,相关人员对湘水村进行了详细的市场调研和需求分析,发现该村是一个以农业为主的县域,金融服务设施和人员严重不足,导致农民和农村企业在金融方面遇到了很多困难和问题,如存取款不便、转账费用高、缴费时间长、理财产品少、贷款难等。而这个助农点可以很好地解决这些问题,并得到了当地群众的广泛支持和欢迎。

该数字化助农点自开业以来,就受到了当地群众的热烈欢迎和广泛使用,极大地改善了当地的金融服务环境和水平,给当地的农民生活和生产带来了显著的变化和好处。具体表现在以下两个方面:

1. 节省时间和成本

该助农点的位置离当地群众的居住和工作地点很近,只需步行几分钟就可以到达,而不需要像以前一样,花费几个小时甚至一天的时间,乘坐公交车或骑摩托车,到县城或镇上的银行网点办理业务。同时,该助农点的设备和系统都很先进,操作简单快捷,可以实现即时到账,而不需要像以前一样,等待很长时间或者多次跑腿才能完成业务。此外,该助农点的服务费用也比以前低,甚至有些业务是免费的,如存取款、转账、缴费等。

2. 帮助老人

在这几天的调研中,我发现该助农点的主要客户是老年人,农村老年人普遍面临低学历、视力听力不佳的情况,故在养老金查询及取款时有很大的困难,而这个数字化助农点很好地帮助了这些老人,我觉得这很有意义。

这次入村入户调研和参加活动的经历,让我受益匪浅。我不仅增长了知识,拓宽了视野,而且锻炼了能力,培养了品德。我亲眼见证了农村的数字化建设和现代化建设,我亲身体验了农村的文化魅力和社会活力,我亲耳聆听了农民的心声和期盼。我更加深刻地理解了乡村振兴战略和数字化的重要性和必要性,也更加热爱我们的祖国和人民。我相信,在党的领导下,在全国人民的共同努力下,我们的农村一定会越来越美好,我们的国家一定会越来越强大,我们的民族一定会实现伟大复兴的中国梦!

在这次活动中,我也感受到了自己作为一名大学生的责任和使命。我不仅要努力学习专业知识,而且要关注社会实际,积极参与社会实践。我不仅要提高自身素质,而且要服务社会公益,积极奉献社会。我不仅要坚持理想信念,而且要传播正能量,积极影响社会。我要不忘初心、牢记使命,为实现中华民族伟大复兴的中国梦贡献自己的一份力量。

行于万里乡土路,读懂中国乡村事

姜飞宇[①]

迎着八月的骄阳,我第一次离开北疆的地域,坐着火车一路南下,走进了广袤无垠的南疆大地。走在琼铁热克村那条蜿蜒曲折的小路上,我和两个小伙伴首次与千村调查相遇,解锁了人生中许多的第一次……

走在那条黄色的小路上,我第一次走进村委会的大门。在那里,我们遇到了此次千村调查的向导和老师——村支书和驻村干部。俗话说,万事开头难,在与村支书的交谈中,我们对这句话有了切实的体会。尽管我们在踏进村委会大门前早已在脑海里反复打磨着那段开场白——"尊敬的村支书,您好!我们是来自上海财经大学的学生,现在正在进行

[①] 姜飞宇,男,信息管理与工程学院2022级信息管理与信息系统专业本科生。

大学暑假千村调查调研项目，想要来贵村进行调研……"但是当我们在见到村支书第一面，听到这位打扮朴素的维吾尔族大叔那一口流利的维吾尔语的时候，我的脑子一片空白，只能无助地望向团队里的那位维吾尔族小伙伴。因为我知道这位小伙伴从小就会说维吾尔语，所以我对他充满信心，但是当我听到他说"他这辈子从未觉得自己的维吾尔语这么拉胯的时候"，我的脑子更是嗡嗡作响，一片空白。就在我觉得我们这趟千村调查要"中道崩殂"的时候，这位村支书带着我们找到了驻村干部——一位看起来很有文化的维吾尔族大叔，而且会说普通话！于是，按捺住心中的激动，我快速地将脑海里那段开场白诉说了出来。那位驻村干部在听完了这段肺腑之言后，表现出了极大的热情，带着我们又回到了村委会，给我们开始讲述琼铁热克村的发展之路……

听着这位维吾尔族驻村干部的话语，我们对这个位居新疆最南部土地的村落有了一个全新的认知和了解。他说琼铁热克村里居住的基本上是热情的维吾尔族人民，家家户户都依靠村子的平原地势来种植各种果蔬产品，村里近些年开设有幼儿园和小学，并且在新疆"访惠聚"活动的开展下，不断有对点合作的和田师范专科学校的老师来担任驻村干部。近年来，村子里这些维吾尔族人民的汉语普及率逐年提高，受教育水平也有了阶段性的进步，所以你们可以挨家挨户地去了解，村民都很热情的，有什么问题随时来联系他！就这样，走出村委会大门，我们再次踏上了那条黄色的小路，开始了我们的调研。

沿着那条黄色的小路，我和团队的小伙伴不断深入乡土，最初，我们团队里的主力是那位维吾尔族的小伙伴，他承担着提问者和翻译官的角色，我充当记录员的角色，另一位小伙伴扮演着记录和摄像的角色，我们默契配合，携手共进，好像打破了开头的难，之后就进展得非常顺利。每家每户的维吾尔族村民都非常热情，在得知了我们千村调查的调研活动后，纷纷放下手中的农活，把自己打的馕饼、现冲的奶茶，还有葡萄架上成熟的葡萄，以及各种干果，摆满了桌子，认真地回答着我们的每一个提问。尽管相比村民，团队小伙伴的维吾尔语说得不是太好，而相比我们，村民的汉语掌握得也不算太精通，但是就像村庄墙壁上涂写的那句话一样——"我们五十六个民族要像石榴籽一样，紧紧抱在一起！"，在"民族团结一家亲"的良好氛围下，我们就好像心灵相通一般，打破了语言上的些许障碍，完成了问卷的一系列问题……在通力合作完成了6户调研以后，我们逐渐熟悉了这种调研方式，也能听明白很多基本的维吾尔语并会说一些简单的维吾尔语。于是，我们三个一通商量达成共识后，便分开独自去访户调研。

独自行走在那条黄色的小路上，内心有些激动与兴奋，但也难免有些紧张与不安，但当我不断深入调研，用我那刚掌握两天有些许蹩脚的维吾尔语和汉语相结合的方式数次"数"说千村调查后，我也逐渐如鱼得水般顺利地完成了自己人生中第一次个人走访调研……再次走在那条黄色的小路，微风吹拂着，我脑海中闪现过这次千村调查的一幅幅画面：结有绿色、紫色、黑色各式各样葡萄的百亩葡萄园，在地里辛勤劳作的大叔，打馕饼、泡奶茶的大娘，热情负责的村支书和驻村干部……我内心感慨万分，对这个村庄，这片土地留恋不舍！夕阳西下，我和小伙伴漫步在这片乡土。

回到家后，我脑海不断浮现着这次千村之行的一幅幅画面，内心感慨万分。第一次千村调查、第一次来到南疆的土地、第一次独自调研、第一次说维吾尔语……这趟千村调查解锁了我人生中太多的第一次！从那条黄色小路的一端走到另一端，从团队合作调研到个人单独调研，从汉语到维吾尔语，调查就这样"数"次进行着，发展着，完成了！祖国很大，家乡很广，从北到南，从城到村，我走在路上，不断思考。

  我思考着这趟千村之行的所感所悟。在参与实际调研的过程中，我不仅增长了见识，而且体会到了参与社会实践的重要性。首先，我明白了团队合作的力量。在这次活动中，我们小组成员互相配合，共同分工与合作，最终取得了令人满意的成果。这个过程不仅培养了我们的团队合作能力，而且让我们体验到集体智慧和力量的重要性。其次，我深刻体会到实践的重要性。通过实际调研和面对面与当地村民进行交流，我更加真实地感受到了乡村发展的现状和需求。这让我深信，在数字技术赋能下，只有真正解决农村面临的问题，才能实现乡村振兴的可持续发展。最后，我切身体会到农村地区的发展不仅依赖于外部资源和政策支持，而且需要内生动力的激发。数字技术的应用能够提高农业生产效率，开拓农村市场，增加收益来源，使农民过上更好的生活。作为下一代，我们有责任将自己学到的知识和技术带给乡村，为实现农村振兴贡献力量。参与完这次乡村调查，我对乡村振兴充满了信心。数字技术给予了乡村振兴方向和希望。同时我也深思，如何提高农民群众的数字技术应用能力，帮助他们更好地融入数字化时代，作为新时代的大学生，应该为此发挥应有的作用。我真切地希望未来能有更多的人加入乡村振兴的行列，共同为实现农村全面振兴的目标而努力奋斗！我更期待未来可以见证更多数字技术在农村地区发起的项目取得成功，可以看到农民们因此过上更好的生活！我坚信，在我们的共同努力下，乡村振兴之路一定能够高速推进建设。

蜕　变

庞雅萌[①]

当小汽车缓慢行驶在颠簸的土路上时，我的心像是被挂在悬崖边，忐忑不安：村支书会配合我们的调查吗？有村民愿意抽出时间完成我们的问卷吗？我深知自己只是一个面带稚气的黄毛丫头，缺乏阅历、满脸天真，打着帮助村民改善生活的旗号来打扰他们的生活，真实的目的则是自己的学分，抑或是能不能拿奖，但还要标榜自己是为了乡村振兴而来……所以随便调查一番吧，我心想，他们肯定也不会欢迎我们瞎折腾的。

车子很快停到了村支部门口，和我想象的差不多，这个小村落的村支部并不大，矮围栏和小门面围出了一处小院，里面摆着些生锈的健身器材，地里都是荒芜的杂草和不知名的野花，旁边是村支部三层高的小楼。院子里没有人，看起来像是荒废了一般。

初来乍到，满心茫然，我们只好采用了世界上打通关系最直接的方式——在小门面处的商店里买了两瓶矿泉水，其实我的包里早已备好足够的开水，但是为了顺应这个"潜规则"，我装作口很渴的样子迫不及待地拿了两瓶，又装作不经意地开口："打听一下，咱们村的村支部就在隔壁是吧？"收银的阿姨诧异地盯了我们一瞬："啊对，就从那个小门进去就

[①] 庞雅萌，女，信息管理与工程学院2022级计算机科学与技术专业本科生。

是了,你们是谁家的娃子呀?看着面生。"我支支吾吾道:"不是不是……我们就是来采访一下咱们村……"阿姨的目光一下子变得崇敬,她向我们点头称赞:"好啊,你们是大学生啊,真厉害,欢迎你来我们村!"我连忙摆手摇头,顶着那热烈的视线逃跑了。那热切的目光像是 X 光射线,企图撕开我身上的遮羞布,裸露出我只是一个道貌岸然的"骗子",我心里貌似有什么即将要破土,像是不甘的,带着某种决心的种子。

惶惶然,我们挪动到了门口,门口的躺椅上躺着一位打鼾的老爷爷,三轮车上蹲坐着一位老阿姨,正热切地和旁边站着的两位年轻人聊天。看到这般和谐的场景,我在心里给自己打气:别胆怯啊,他们应该很好相处的!于是,我拿着对我来说算是免死金牌一般存在的学生证和推荐信,小心翼翼地接近他们:"打扰了,我们是上海财经大学的学生,今天来是想做一个简单的调研,了解一下咱们村的情况,请问你们有时间吗?"

"原来是这种事啊,小田带着填掉不就好了,正好数据都是她管的。"一个年轻叔叔看了看我们的介绍信,给我们指了指旁边的姐姐。那位姐姐不好意思地推拒了一番,最后还是拗不过其他人的"怂恿",起身带着我们走进小门。

我心里惊诧着这么容易就混进了村支部,他们的信任像一块块巨石,压在我的心尖。他们似乎没有指望我们能为他们做出点什么,但是他们知道这是我们的作业,于是没有任何的犹豫,义无反顾地帮忙了。

小田姐姐是村里为数不多的大学生,现在在村里负责党建相关的工作。她一面为我们领着路,一面拿着手机匆忙地发消息:"咱们村的村支书正好开会去了,我现在联系他,他应该马上会过来。"我一下子更为窘迫了,我们何德何能,还麻烦村支书特地跑一趟呢。

推开那扇玻璃门,里面是昏暗的办公大厅,村里正好停电,所以没法开空调,七月的热空气被闷在不大的屋内,发酵、膨胀,让人心烦气躁。小田姐姐领我们坐在了旁边待客的椅子上,开门见山道:"你们有什么随便问吧,我把我知道的都告诉你们。"

我和同伴慌乱地翻开学校准备的调查问卷,先挑着几个简单的问题询问了一下,小田姐姐似乎看出了我们的紧张与手足无措,她一边给我们倒热茶,一边轻声回答:"村里的人数我还给不出确切的,等会你们可以问问妇女处干部……你们别紧张,咱们就当随便聊聊天。"我们俩看着她脸上亲切的笑容,奇异地获得了些轻松感。"你们还有什么别的方面的问题,比如村政务相关,我可以带你们了解一下。"小田姐姐如此主动地提起,我不好意思地点了点头,心里又冒起了愧疚感,我像是无耻的"盗贼",利用他们的同理心和责任心在完成自己的"任务",他们为什么都会这么好心呢……他们该不会真的觉得我们能为村里帮忙吧……我忽然觉得我此行的目的有点被动摇了,或许我还是应该认真对待吧,投桃报李,知恩图报。

于是,我和我的小伙伴准备好了纸笔,一个人拿起了摄像机,另一个人按照事先准备的问题开始采访。采访进行得很顺利,小田姐姐有问必答,把她所知道的都尽力告诉了我们。就在采访快要结束之时,玻璃门被一下子推开,一位打扮干练的叔叔风风火火地进来了,我们循声望去,小田姐姐立刻站起来介绍道:"支书您来啦!这两位就是我电话里提到的学生,就是他们想要找您问一下咱们村的情况。"原来他就是村支书啊,我在一旁暗自打量,村支书看起来四十多岁了,眉间有深深的褶子,眼神犀利,不苟言笑。他转过身来打量我们半晌,便向别处指了指:"等我一下,然后进那边会议室找我。"说罢便急急忙忙地走了。

我和同伴面面相觑,我心中才冉冉升起的勇气被村支书的严厉吓唬住了。村支书仿佛寥寥几眼就能看出我们的真面目:两位来完成任务、做做样子的小孩罢了,或许等会儿的采访会很艰难,我苦涩地想,可能村支书只会随便糊弄糊弄我们,然后逐客罢了。

然而,当我们小心翼翼地推开会议室的门后,才发现村支书正端坐在长桌一旁,并且已经帮我们拉开了对侧的凳子。"来了?"他掀开眼看了我们一眼,"请坐吧。你们都要了解什么?"我们连忙坐好,然后规规矩矩地开始提问。出乎意料的是,村支书很有耐心地在解答我们的问题,当涉及农业专业知识时,如果他看出了我们茫然的表情,还会特地解释一下。最后,我们非常顺利地完成了采访,并向他表达了真诚的谢意,他只是摆了摆手,又急匆匆地忙别的事情去了。

"真没想到如此轻松地就采访完了呀……"我向同伴感叹道,第一天的入村任务已完美结束,于是我们走在了返程的路上,离开的时候,在门口又碰到了聊着天的叔叔阿姨、哥哥姐姐们,他们看见了我们,向我们热情地打招呼:"采访完了吗?有事再联系哦。"我们被他们的热情感染了,也愉悦地挥了挥手:"谢谢你们,今天麻烦你们啦。"

我的心情前所未有的轻松,那块名叫"信任"的巨石化作了我的动力,那颗不甘心的种子生根发芽,结出了勇气的果实,我一定要为他们做出点什么了,我想,这才是千村调查真正的意义!

千村调查 3.0

Village Investigation Program

西南：
云南省、贵州省、四川省、重庆市、西藏自治区

一个"社恐"的千村调查之旅

曹雨知[1]

在这个炎热的夏日,我第一次参与了千村调查项目。借这个机会,再一次以一个全新的视角走近了我的家乡。在我的整个成长过程中,接触到乡村生活中的人和事并非难事,但在以往的经历中,我只是一个走马观花式的旁观者,或许是从未驻足停下,又或许是仅仅在浅显地参与和体验。但在这次千村调查活动中,我第一次以一个较为专业的视角深入地了解了家乡的一个小村庄。

我们选取的调查对象是贵州省安顺市紫云县猴场镇的四合村。在选择调查对象时,我们了解到此处正在规划设置"智慧养牛"系统,遂对此产生了较为浓厚的兴趣,且考虑到这一规划与这次的大主题"数字技术赋能乡村振兴"十分契合,于是我们最终选择了四合村作为调查对象。

仔细阅读问卷,我感受到了这个项目的难度,甚至萌生了些许退意,问卷中的问题繁多,且涉及的范围很大,有的问题我在初次阅读时都觉得有些难以回答,换位思考,一个陌生人来向我询问一些个人问题,我可能也会将其拒之门外。我上网查找了一些和采访调

---

[1] 曹雨知,女,会计学院2021级会计学专业本科生。

查相关的资料,发现在对一些与个人信息相关的话题进行提问时,采访者往往采取的是迂回战术,可以与受访者以聊天的形式展开对话,快速拉近距离的同时,在聊天中间接提问,从中挖掘出重要信息。与人交流是一门艺术,而我本不精于此道。但最终,抱着试一试的心态,我们还是决定将这个项目坚持做下去。

很显然,只依靠我们自己的力量想要深入村中调查是十分有难度的,我们并非专业的社会调查人员,作为完完全全的陌生人,在村中直接"拦路问话"或是直接向村民询问都是十分不现实的,我们需要一个帮助我们走近村庄的"中介"。最后我们联系到了参与扶贫工作的驻村干部,在他的帮助下,我们得以进行更加深入的调查。

在开始调查前,我们先从驻村干部处对村庄和村民的基本情况做了一些了解。和大部分位于贵州的村庄一样,四合村地处山区,经济情况不容乐观,在安顺市属于中下水平,在扶贫政策和扶贫工作的帮助下才成为脱贫村。年轻人口的流失较为严重,且超过半数的人口为老年人。

实地考察开始后,我逐渐发现,有了驻村干部从中沟通,村民们其实比我想象中更加友善,大部分人会尽量配合我们的工作,尽管在这过程中由于我们缺少经验,又比较害羞,难免显得有些扭捏和不够老练,经验丰富的驻村干部也传授了我们许多交流和调查的经验,感受到大家的善意也让我们十分感动。

我们也了解到,由于各种因素的限制,四合村的"智慧养牛"计划其实还仅仅处于规划阶段,但是若能够实施,则会给村庄带来极大的改变。这样一个可以作为支柱的产业的出现,在直接提升村庄经济收入的同时还能够吸引外出的人口回流,减少留守儿童比例,村内老人的赡养工作也会更有保障。

在实地考察乡村情况后,我们深深感受到了乡村振兴的必要性,在中国大地上,这样的村庄还有许许多多,人口总数是十分庞大的,但在时代的发展中可能难以被注意到,我们当然是需要关注这个问题的,发展不应该以抛弃他们为代价,而这样的发展显然也不是我们想要的。

本次千村调查让我学到了很多课本以外的知识,增长了社会经验,对我本人而言也是一次十分重要的锻炼,在我的成长过程中具有十分重要的意义。

高粱地里的故事

李　璇[①]

　　这是我第一次见到漫无边际的高粱地,一阵风吹过,绿色的海翻涌着,携带着微妙的声响,好似大自然的合奏。莫言先生的《红高粱》曾以山东高密为背景,生动描绘了农民在抗战背景下的百态形象。而2023年夏天,我们与高粱地里村庄的故事在贵州遵义展开。没有恢宏的抗日史诗,只有朴实的农民生活,不变的是坚韧的生命力。

　　我们拜访的池坪村坐落于贵州遵义的西南方,是典型的以种植业为主的村庄,农民们过着日出而作日落而息的朴实生活。我们去时正值盛夏,农事没那么繁忙,贵州天气也凉爽,村内一片安宁,但也安静得过分。我很明显能观察到村内大多数人口为中老年人,年轻人较少,这使得村庄缺少一份活力。人们不是在屋内闲聊刷手机,就是围在一起打麻将,缺少其他更有意义的娱乐活动。尽管我们到了村子的中心街道,也只见到了两家超市、一间小餐馆和两间小诊所。我想村内大可引进一些球类运动,后经调查才知道原来有过一家台球馆,倒闭了,兴许是年轻人太少了,维持不下去。我不由得担忧,待村子内老一辈离去了,房前会不会长满荒草?绿油油的高粱地也不复存在了呢?

[①] 李璇,女,金融学院2022级保险精算专业本科生。

第一天我们便径直前往村委会发放入村调查问卷,村主任很配合我们,边查阅资料边告诉我们有关本村的详细信息。虽然已经脱贫,但是人均年收入仍是一个低得让人震惊的数字。本村的种植方法仍很传统,实话实说,我并未调查到有农民将数字化应用于农作物种植或农产品销售的情况。我只好将这个状况如实写进我们的调查报告,全球数字化的福祉并未降临这个中国西南地区的小山村。我深感脱贫已取得巨大成功,而全面富裕中的物质富裕仍任重道远。若需要我的帮助,则我能出一份力便出一份力。

除去这些,我还见证了中国农民的辛勤劳作和智慧。他们沐浴在温暖的阳光下,用他们坚实的双手,将每一株高粱细心地栽种于土地之上。他们用传统的种植方法,精心呵护每颗种子,每片农田都被他们打理得井井有条。他们的汗水滋润着土地,而智慧孕育着丰收的希望。我相信他们也渴望接受新技术和知识的输入,提升生活水平。在传统与现代的交融中,他们也会尝试新的农业技术,通过创新来提高产量和效益。相信在新时代的农村,他们能够迎来更好的生活。

在告别高粱地的那一刻,我对农民的敬意油然而生。他们是坚韧不拔的奉献者,用双手守护着家乡的土地。尽管他们面临许多困难和挑战,但他们从不放弃,依然坚守在这片土地上,用辛勤劳作为村庄带来了丰收和希望。

此行还有一个重要的目的,那便是参观遵义会议会址。当我踏入遵义会址的大门,一股激动的情绪涌上心头。这栋历史建筑宛如一座沉睡的记忆宫殿,承载着革命先烈们的奋斗与牺牲。顿时,我仿佛穿越到了那个动荡的时代,目睹着一幕又一幕壮烈的革命场景。走进内部,我立即被历史的气息包围。陈列馆内,一幅幅珍贵的图片和文字展示着遵义会议的重要性和影响力。我沉浸在其中,不由自主地跟随着革命先辈们的脚步,聆听着他们的遗言。

会议厅并没有我想象中的宏伟,更像一方小小的会客厅。会议厅内只有一张长方形的木桌和很多把椅子,桌上放着纸张和水杯,完美地再现了当时的场景。我仿佛看到了毛泽东、周恩来等伟大领袖在这里庄严而充满激情地发表讲话。我可以想象到当时的氛围,紧张而庄重,他们面对着严峻的革命形势,坚定地决定了中国共产党的前进方向。我心潮澎湃,为这些伟大革命家的勇气和智慧所震撼。会客厅隔壁的一些房间就摆着一些简易的床铺,有单人小床,也有大通铺,十分简陋,但这就是我们所熟知的革命伟人居住的环境。强者从不抱怨环境,我们新一代青年更不应该怨天尤人。

参观遵义会议会址,让我深刻地感受到了中国共产党的伟大历史使命和精神血脉。这是一段光辉而崇高的历史,是无数革命烈士为之奋斗牺牲的传奇。我被他们的坚持和无私激励着,他们为了党和人民的事业,甘愿付出一切,甚至是生命。站在遵义会议会址内,我更加明白了革命的意义和价值,感受到了党的伟大能量和激励力量。这个地方也提醒着我们,要始终牢记党的初心和使命,不忘革命先烈的嘱托,为实现中华民族的伟大复兴而努力奋斗。遵义会议会址是历史的见证,我们要将这段历史承载在心中,铭记革命精神,为我们未来的前进注入坚定的力量。我带着崇敬和敬畏的心情离开了这座历史的殿堂。这次参观让我深刻地认识到,只有世代乃至千秋万世的革命意志,才能使国家繁荣昌盛,让人民过上幸福美好的生活。遵义会议会址,作为中国共产党的圣地,永远铭刻在我心中,激励着我在日常生活中继续追求卓越和进步。

在高粱地里的村庄度过了特别的一周,我的千村调查让我深入了解了真实的农村生活,也让我对农民辛勤劳作和无私奉献的精神有了更为深刻的理解和尊重。他们是社会中最重要的支柱,他们的付出让我们享受到衣食丰足。让我们一同向他们致敬,让他们真实的故事被更多人了解,让农民的生活和艰辛成为我们共同关注的焦点。

数字技术的应用与困惑

刘子实[①]

暑假来临，我踏上了一段与众不同的旅程。作为上海财经大学组织的千村调查活动的一员，我选择回到我的家乡——位于贵州省贵阳市的民乐村，去探究数字技术在乡村的应用及其面临的困难。

民乐村，坐落在贵阳市西南市郊水源地——红枫湖的一个宁静角落。青山绿水之间，村民们延续着世代的生活方式，也习惯于缓慢的生活节奏。数字技术作为第四次工业革命的新兴产物，它的风潮席卷全国，民乐村也不甘人后。初步的尝试，如智能农业、移动支付等已在此地悄然展开，进程却似乎步履蹒跚。我深感此行的必要性。调研的过程是一段真实可感的探险。我和我的队友们采用了访谈、问卷和实地观察等方式，期待深入村民中去了解、观察他们对数字技术的看法和应用，得到真实可靠的回应。在这里，我遇到了一位农民。他迫切希望使用智能化工具进行种植，但对于如何更好地利用这些工具，也迫于经济条件，他显得有些无从下手，务农效率也难得到提高。

通过他，我看到了民乐村乃至贵州省更多乡村在数字技术应用中面临的瓶颈：首先，

---

① 刘子实，男，金融学院2022级金融学专业本科生。

基础设施的不足是一个巨大的阻碍。网络覆盖不均,导致许多高级的数字应用技术在这里变得无法实现。其次,政府以及相关技术公司提供的专业教育和培训严重缺乏,让村民们在使用新技术时感到迷茫。最后,对新技术的疑虑和排斥也不容忽视,民乐村本身的数字化程度也较低,要实现数字技术普及化,惠及乡村振兴的目标更是需要相当长的时间。

这些困难背后,其实是乡村与现代社会之间的一道鸿沟。乡村的传统生活方式与现代数字技术之间,似乎总存在着一种难以调和的张力。我猜想问题在于这些技术没有考虑人文关怀的因素,而之前引入的新技术或许也没有给村民带来真正的利好,技术甚至使他们的生活变得更加繁杂难辨。这样的例子也谈不上少。例如,工作协同性社交软件,强行取代了村民传统有效的沟通方式——集会,降低了村里信息传达的效率与覆盖面积。

我再次与那位村民深入交流,试图理解他的困惑。他告诉我,他真的很想用好这些新技术,但每当遇到问题,都不知道去哪里寻求帮助。这让我深感,单纯地将技术引入乡村是远远不够的,更重要的是要为村民提供完善的教育和支持。数字技术在乡村普及的不能只有短视频和社交软件,它应该为了提升生产力而服务大众。

反思这次调研,我更加坚信,数字技术对乡村的发展是有巨大潜力的。但如何将这些高科技与乡村的实际情况结合起来,确实需要更多的思考和努力。也许,我们可以从提供更多的培训、建设更好的基础设施,以及鼓励乡村创新等方面入手,助力乡村更好地融入数字时代。

展望未来,我相信,只要我们不断努力,民乐村和中国更多的乡村一定能够在数字技术的引领下,走向一个更加繁荣的明天。

在此,我要感谢上海财经大学为我提供了这样一个宝贵的机会,让我有幸回到家乡,亲身体验乡村的变化与挑战。也感谢民乐村的每一位村民以及村干部,特别是那些热心分享经验与困惑的人与讲述宝贵事实、提供关键数据的村干部。最后,感谢我的调研团队,与你们一同探索,是我此行最大的收获。

访千村,悟振兴

杨懿兰[①]

乡村虽然是朴素的,但是那绿绿的稻田、那清香的油茶、那真挚的笑容,把乡村融入了一种和谐的、令人向往的境界。在七月,我也终于借着千村调查的机会,走入了群山环绕、亦梦亦幻的平西村。

访书记,平凡见真章。

在七月的一个周末,我们一行三人来到了平西村进行实地访查。恰逢周末,我们原本担心村委书记会外出忙碌,并对见面访谈没有抱太大的希望。然而,当我们踏入那间狭小的办公室,姜书记正伏案整理村中的资料。利落的黑色短发,汗津津的衬衣,黝黑的皮肤,映入我眼帘的是不同于想象中的雷厉风行、西装笔挺的政坛人物,而像是一位神情和蔼的家中长辈。同姜书记谈论到平西村的乡村建设时,他脸上透露着难以抑制的自豪之色。当听到扶文化增志以修建文化长廊,激发群众脱贫内生动力;扶教育增智以"村社合一"发展模式,拓宽群众技术和视野;扶机制增治以建立"曝光懒"的扶贫新机制,增强村民治贫

[①] 杨懿兰,女,数学学院 2022 级数学与应用数学(双学士学位)专业本科生。

荣辱观；扶产业增效以建立"村企合作"产业，让困难群众高效增收……我的内心深处同书记一样心潮澎湃。换言之，有如一个鹅卵石跌入我的内心，被一阵柔软所包裹，这番异样的情绪或许是对这些极致伟大的扶贫工作的由衷钦佩，又或许是对处在振兴一线、勤勤恳恳的书记的崇敬。

访基地，油茶现兴旺。

在炎热的夏季里，大片油茶林翻滚起了层层翠绿波涛。每一棵油茶树都长满了茂密的枝叶，悬挂着一个个鲜嫩的油茶果实。有些油茶果已经开始泛红，静悄悄地待在树梢，仿佛正在窃喜一般；而另一些则还处于初生阶段，隐藏于繁茂的绿叶之中，如同在低声细语思考问题一样。轻轻摘下一片树叶，仔细观察那些隐匿其中或是含情脉脉的油茶果，就能闻到一丝丝轻柔的茶叶香味。

颐光公司总经理吴光荣先生告诉我们，油茶全身都是宝，人人都喜好它。就光榨成茶油，在生活中也作用满满。除了日常烹饪中使用茶油外，过年时打糍粑、做糖粑、炸油条也会用到它。茶油能有效去除食物中的腥气与膻味，无论是煮、炒、炖还是蒸，无论是什么样的肉类食材加入茶油都能使其更美味。"我的茶油种植园就是一座金库啊！它的收益非常丰厚呢！"吴先生一边说着话，一边微笑着，眼角处悄悄地爬上了些许皱纹。

访村民，袅袅炊烟显幸福。

入户调查已是下午时分，走在乡间小道上正巧碰见刚从油茶基地工作结束的村民。这位村民向我们详细介绍了平西村的发展历程，他的话让我们深有感触。他强调了党的领导和政策的重要性，表示只要一心向党，按照党中央的政策行事，就不会错。他说，在党的带领下，平西村逐步走出了一条以产业发展为牵引、油茶基地为基础、农旅产业为支撑的新型乡村发展之路。今天的平西村已成为区域乡村振兴的领跑者，不仅正在逐步实现村民的小康生活，而且为周边地区乃至全国提供了可供借鉴的模板。

访自我，真心悟振兴。

巍巍华夏，泱泱大国。五千年的文明古国在大浪淘沙的历史长河中洗涤、沉淀。传统文化灿若繁星、熠熠生辉。乡村是中华文化的源头、是农耕文明的载体。而在实现社会主义现代化强国的进程中，也离不开乡村振兴。

乡村振兴并非一朝一夕之事，需要我们付出坚实的行动和持久的努力。不能只是口号，更要落实到实际行动中去。作为新时代的青年，位处新世纪风口浪尖的青年，将内心炽热的血肉注入中华民族伟大复兴的中国梦，注入乡村振兴的伟大目标，为建设社会主义现代化强国注入新的生机和活力，这才是960万平方公里的神州大地上吹来的新风。

在乡村振兴的田野上,书写新的人间奇迹

张羽茜[①]

一缕清风、一片稻田、一阵泥土香。七月的平西村骄阳似火,燃烧着我们的调查热情。与千村调查的首次邂逅,才让我真正开始亲近最真实的乡村……

一件汗渍浸湿的短袖,是驻村书记默默付出的见证。

时间定在周末,我们本对找到书记进行采访并不抱太大希望。然而当踏入村委会表明来意后,我们见到了和蔼的姜书记。刚见姜书记,他正在伏案整理资料。利落的短发,一条脖子上的湿毛巾,一件洗得微微发白的短袖,由于没有空调风扇,因此他背上透出若隐若现的汗渍印。黝黑的皮肤,沉淀着一种与我印象中的领导形象截然不同的沧桑。狭小的办公室里,一行三人再加上受访的姜书记,显得些许局促。然而,姜书记已开始兴致勃勃地介绍起村中情况了。除问卷调查内容之外,提及乡村建设成就,姜书记脸上满是自豪的神色:从推动村寨蔬菜种植向品种特色化发展,形成庭院蔬菜"一段一品",让广大群众都成为乡村振兴实实在在的受益者的新时代文明实践工作;到组织村民自发组成6个志愿服务队,通过村民自主管理、建设的方式,充分发挥村民主体作用,发动群众继续深化

---

① 张羽茜,女,会计学院2022级财务管理专业本科生。

巩固脱贫攻坚成果;从采取"龙头企业+合作社+农户"协同推动产业发展的主要做法,引进油茶进行产业扶贫;到推动"村社合一"多形式发展,因地制宜建设了平西村"村社合一"汽修美容服务中心,更好地带动周边群众增收致富……一股异样的情绪突然间涌上我的心头,这是一种难以言喻的感动与安心,是对平凡质朴的乡村基层工作者无比的崇敬。

采访进行了两个小时,姜书记却并不厌烦。与其说是调查,不如说是跨越年龄鸿沟的朋友的倾听。谈到高兴处,姜书记还向我们讲述了他最喜欢的书《泥泞》中的一段:"我热爱这种浑然天成的泥泞,泥泞诞生了跋涉者,它给忍辱负重者以光明和力量,给苦难者以和平和勇气。泥泞的磨砺和锻炼会使人的脊梁永远不弯,使人在艰难的跋涉中懂得土地的可爱、博大和不可丧失,懂得祖国之于人的真正含义:当我们爱脚下的泥泞时,说明我们已经拥抱了一种精神。"这一刻我感慨颇多,原来千村调查的意义不只是冰冷的数据收集,更有着一种用心倾听后有温度的感悟。纵使生活各不相同,我们却脚踏同一片土地、同一种泥泞,同样为了助力乡村振兴而努力着。那件被汗渍浸湿的衬衫,是一个驻守在乡村振兴一线书记兢兢业业为民服务、勤勤恳恳建设乡村的真实写照,它焕发出与众不同的光华,这光华也必将与我们的时代交相辉映。

颗颗稚嫩吐绿的茶果,是油茶经理带领百姓共同富裕的希望。

在姜书记的介绍下,我们与其口中油茶基地的负责人吴经理见了面。站在平西村铜鼓寨的油茶基地里,4 000亩油茶树吐出新绿,指头大小稚嫩的茶果挂在枝头,俨然一幅欣欣向荣的场景。42岁的吴经理,生在农村、长在农村、创业也在农村。对农村、农业、农民有特殊的情感。他告诉我们,从林业学校毕业后自己一直有个愿望:"我要回到农村,把荒山荒坡变成金山银山,带领群众一起创业,共同富裕。"坚信"绿水青山就是金山银山"发展理念的他,经过多方考察,于2013年来到冠山街道平西村,利用荒山荒坡发展油茶种植和园林景观绿化。

然而"向山要地"的创业并不轻松,土地流转合同反复签了几次都无法落实,油茶产业推进起初并不受村民的认可——借着产业扶贫的东风,吴经理发展绿色产业的诚恳与坚持终于换来了政府和百姓的支持。然而由于油茶产业见效慢、周期长,每年光是成本投入就是四百多万元,无疑造成了巨大的资金周转压力。吴经理利用自己所学专业知识,坚持"以短养长"的思路发展立体农业和林下经济,形成经济作物"高中低"有机结合的山地立体农林业综合体,以最大限度地提高土地利用效率。每每提及自己的创业历程,吴经理眼中都闪烁着泪光。而当吴经理提及自己中共党员的身份,向我们展示贵州省"最美劳动者"的荣誉证书和黔南州"百企帮百村"精准扶贫行动"先进民营企业"的荣誉奖牌时,一股自豪之情顿时洋溢在脸上。

接受完采访,吴经理又匆匆赶往贵州省科学院调研茶林。他说未来想通过和研究所合作,让农业专业赋能油茶种植、数字化监测病虫害。想到油茶种植能更加专业智能,带动百姓就业,自己辛苦就不算什么了。

带领群众在乡村振兴路上走得更远,吴经理的心愿如此质朴简单。若无此次千村调查的契机,在方寸书桌前,我们又怎会感受到这承诺沉甸甸的分量?我们为产业扶贫助力乡村振兴的成果报告而欢欣鼓舞,可报告却没有告诉我们成果背后的艰辛挑战、辛酸付出。走在中国梦的追梦途中,我们是否能以所学为所用?能做出哪些努力和贡献呢?或许现在的我们尚且无法给出确切的答案,然而心中已然种下一颗思考的种子,我想这也是千村调查给予我最宝贵的财富。

一首嘹亮的山歌,是村民乐观积极生活的赞歌。

夕阳下村子里各家各户炊烟袅袅升起,整个村子便笼罩在轻柔的烟雾中,朦朦胧胧。从油茶山上向下,传来一阵长长的吆喝,声调高亢而浑厚,饱满热情。只听声音,却见不着人。炊烟渐渐被夕阳染红,我们驻足等待那渐进的歌声,三两张黝黑的面庞出现在视野之中——恰好与油茶地中除草归来的陈大叔一行人相遇。陈大叔满是岁月痕迹的手握着老旧的锄子,还沾染着锄过黄泥的痕迹。由于陈大叔初中没毕业就辍学了,因此没有一技之长的他一辈子都没有离开过小小的平西村。每思及此,大叔都深感遗憾。大叔说,为了不让自己的两个孩子重蹈覆辙,当时哪怕自己摔伤了手,也要到工地上挣钱,再苦再累也要供他们读书。

我们伴着大叔向炊烟升处走去,他说现在的生活改善了很多,家门口的油茶产业让他有了稳定的收入来源,村子变干净了,孩子工作的工作,自己的小儿子还是村里为数不多的大学生哩!只是孩子难得回家一趟,和老伴难免感到孤独,好在村中常常举办活动,也能热闹热闹。大叔深吸一口旱烟,沧桑的脸上显现出幸福的笑容,热情地邀请我们到家中坐一坐,说那炊烟是老伴在家中做饭菜等他下工回家呢!

我的心中也顿时充满了幸福的情绪。乡村振兴不再抽象,而是变得具体可感起来。也许在这快速的变化中,总会有或多或少的缺憾,留守老人等问题难以避免,然而国家也在努力保障他们物质和精神上的幸福。千村调查也有了更丰富的意义,这些倾诉和倾听,这段夕阳西下乡间小路上的相遇,本身就熠熠发光、无比珍贵。

农为邦本,本固邦宁。所以,民族要复兴,乡村必振兴。没有乡村振兴,就没有全面小康,也就没有中国富强。无论是筹划中国千年发展大计,还是应对世界百年未有之大变局,都必须答好乡村振兴这道"必答题"。

人生不该只有城市的霓虹,也应该有乡村的月光。我们在学校的引领下,走千村、访万户,目睹了乡村振兴中天翻地覆的变化,为在这变化后默默付出的普通人而深深感动。我们怀着崇敬和憧憬,真正踏上乡村的黑土地,努力把论文写在大地上。不论是驻村书记、基地负责人、普通村民,还是参与调查的我们,都在乡村振兴的田野上,勠力同心书写新的希冀和奇迹!

阅读千村，书写万卷

艾欣宜[①]

泰安、泰安，国泰民安。

和记忆中一样，古寺红墙外那棵古树仍然郁郁葱葱，巨大的枝丫在天幕中铺展开，庇佑一方水土。泰安好像一直如此，繁荣祥和，像是浮躁世间的一片世外桃源。

到达泰安古镇已经是晚上，有些小雨，青石板路上大大小小的水洼亮堂堂得晃眼，正疑惑雨天怎么会有月亮，一抬头才发现，当年简简单单的小巷子，早已商铺林立、灯火通明，还有不少民宿和餐饮店铺，民谣小酒馆里的驻唱正弹着《画》。杨村支书带我们前往他儿子经营的智慧民宿。走进民宿房间，灯光随脚步亮起，智能电子管家向我们问好，自动调节室内光线、播放助眠音乐……智能化家居极大地改善了我们的入住体验。在泰安，有什么在悄悄改变。

杨村支书对我们说，一个地区的发展，要依靠外力扶持，但更重要的是激发内生动力。2008年汶川大地震后，泰安社区从灾后重建的阴霾中走出，一步一步实现"旅游富民"，成为四川省特色旅游村。墨守成规只能坐吃山空，在小小的山坳坳中创造出一个经济奇迹，

[①] 艾欣宜，女，会计学院2022级会计学（ACCA方向）专业本科生。

所依靠的不仅是源远流长的发展历史、风景如画的绿水青山、淳朴赤诚的民风，而且是实事求是、与时俱进的价值理念。一个永远与时俱进、不缺乏新鲜血液的基层党员班子，一群永远充满干劲、紧跟时事的村民群众，一点一点认识数字化，一步一步实施数字化，智慧泰安逐渐崭露头角。

考虑到泰安村以旅游业为主，上午十点半之后街道上的村民都会陆陆续续忙着自己的营生，早晨八点，我们便早早开始进行村民调查。第一位受访者，是古镇门口经营民宿的乐老板。乐老板很健谈，听闻我们的调查主题聚焦于数字技术赋能乡村振兴，谈论起来更是滔滔不绝。乐老板曾经外出务工，几年前决定回到泰安村生活，将自家的房屋改造成一家民宿，加入当地旅游服务业队伍。作为资深的电脑迷，乐老板常常通过互联网获取各种信息。他敏锐地察觉到信息化、数字化的潮流，成为当地第一批开通民宿网络预订服务的店家。随后，乐老板开始着眼于民宿基础设施的改造。意识到仅仅提升房间的质量和设计感已经不再是撒手锏，他再一次抓住"数字化"机遇，智能多媒体、智慧床垫……"万物互联"入驻民宿。乐老板的民宿摇身一变，从泰安古镇一众独具特色的民宿客栈中脱颖而出。

"数字化的魅力就在这里，"乐老板如是说，"不过我还想夸夸我们的政府。"泰安村的繁荣发展需要众人凝心聚力，不能缺少强有力的领导。一个有前瞻性、有亲和力、有公信力的好政府——这是受访几户村民对当地政府的共同评价。退耕还林政策实施后，泰安政府迅速找到自己的发展重心，带领当地村民一步一步将古镇打造成既具有人文风情、又富有自然魅力的特色旅游村落。近年来，政府着力优化古镇街道管理系统、卫生清洁系统、物流系统，并且积极运用数字化手段，实时监测当日客流量，预计未来客流量，实时监测地质和气象状况并且灵活规避风险。与此同时，政府组建了各行业专门的商家群，供村民们实现信息共享，帮助商户实现数字化发展。在泰安村中，几乎家家户户都能见着智能化、数字化的身影。

以前我总是以游客的身份来到泰安，这次终于以探访者的身份来到泰安。和记忆中一样，古树郁郁葱葱，泰安繁荣祥和。和记忆中不一样，在古色古香的外壳下，泰安慢慢淬炼出一个充满数字特色的内核。和记忆中不一样，不是古镇和山水构成了泰安，是生活在泰安的人赋予了泰安灵魂。政府是村民与村民之间的黏合剂，基层工作人员是政府和村民之间的黏合剂，在泰安，这句话不是空壳，政府和村民互相信任，数字化的政策才得以实施。

离开泰安的路上我想，千村调查的目的究竟是什么？或许并不是一张一张问卷调查表，不是走村访户时逐渐沉稳的内心，不是到一个地方简简单单地看见一群人。当你踏上他们世代生活的土地，真实地阅读经过岁月沉淀的发展历史，才真正触及一个村落的灵魂。书本上理论中空洞浅薄的词汇，在客观世界里有了具象化的载体，于是明白960万平方公里的广袤土地上千千万万座村落，都有血有肉，都有独属于自己的发展特色、独属于自己的发展方向，有勤勤恳恳向前迈进的一群人。

用眼睛去发掘、用纸笔去记录、用行动去践行，书写千村万卷。

淳朴岁月,千村情

戴 璐[①]

八月初,我到妈妈的老家——四川省眉山市青神县高台镇百家池村,展开了千村调查。这片土地承载着妈妈成长的足迹,使我对这里的居民和他们的经历有了更深刻的认识。在调查过程中,我时常因百姓艰苦的生活而心生怜悯,又为他们淳朴善良的品质、及时享乐、吃苦耐劳的精神所感动。

王大安,是妈妈小学时的同窗,他与妻子二人靠经营鱼铺维持生计。房子前面是熙熙攘攘的鱼摊,后面是朴素的住宅。赶集的顾客络绎不绝,小镇上的居民都来这里买鱼,我儿时每逢赶集外婆都来这里买鱼。聊天时,王叔骄傲地告诉我:"周边的村镇也经常打电话让我送鱼去。"他脸上洋溢着骄傲幸福的笑容。当我提到最近几年有没有办过贷款时,他黝黑的脸上突然晴转多云,流露出一抹心酸。他说:"最近几年没有贷过款了,十几年前办过一次,用来救命。"聊完天,我走出王叔的家,他追出来,硬是要塞给我几条鲫鱼,让我带回去。

回家的路上,妈妈告诉我王叔的辛酸往事。20年前,他刚和小梅阿姨结婚,二人起早

[①] 戴璐,女,商学院2022级商务分析专业本科生。

贪黑地经营鱼摊生意。每天凌晨4点，王叔就起床去隔壁村进货。生活渐渐好转后，命运却在一次进货途中对他们出手，导致王叔腿部骨折，小梅阿姨的腿也断了。命运突然为难两个刚过上安稳生活的年轻人，可他们没有积蓄，支付不起医药费。那时候周围的亲友也没钱支持，王叔只能找银行贷款了几万元。王叔住院半年后才康复出院。生活回归平常后，王叔和小梅阿姨更是早出晚归，跑遍省内各家供应商，挑选出好的鱼种。他们每天凌晨两三点就起床，去供应商那里拉货，然后到百家池村旁的河坝子村卖早市，再回百家池村到集市上卖。下午，他们又去送周边乡镇大客户的订单，差不多到四五点才结束，凌晨两三点就起床的王叔才得以休息。此外，夫妻俩还经营果园和养殖，就这样日复一日，全年无休，王叔成了周边村镇在内最著名的"卖鱼佬"，家境在镇上也相对富裕。

回想起童年的日子，我总想起王叔骑着电三轮车的场景，车上装了好几个时不时荡起水花的大筐，满是鱼腥味。水花拍打着鱼，发出清脆的响声，又如命运拍打着他不屈的身躯。不屈于命运的鱼，终将畅游大海。王叔的手上也满是鱼腥味，村民们不约而同地用"舍得干"来夸赞他的勤奋。我打心底佩服王叔，佩服他吃苦耐劳的精神、苦尽甘来的结局，更佩服他面对命运锤炼百折不挠的精神、体会过贫寒的无助之后努力用劳动摆脱贫困的觉悟。麻绳专挑细处断，命运捉弄人，但命运也激励人。正如古话所言，"宝剑锋从磨砺出，梅花香自苦寒来"，王叔吃苦耐劳的背后，是当初没有救命钱的心酸，是曾经被命运折磨到差点被迫妥协的痛苦，和誓与命运坚韧搏斗的勇气和决心。"伟大的灵魂，常寓于平凡的躯体。"王叔的灵魂，超越了出身和周遭环境的平凡，彰显出对抗命运坎坷的坚强，用奋斗铸就着伟大而平凡的故事。他不被命运击败，在涅槃中焕发出生命的精彩。

除了王叔，村里的冯燕霞身世也让人感动。在平凡的村子里，出了个不平凡的人。冯燕霞先后荣获"眉山市三八红旗手""青神县首届道德模范""四川好人""四川省文明家庭""全国五好家庭"等荣誉称号，还曾前往央视参加节目录制。

在和冯燕霞聊天时，她告诉我：她从小深受母亲的影响，渐渐地对手工编织产生了浓厚兴趣，但一直只把编织当作业余爱好，而以经营镇上的小卖部为生。5年前，她突然被查出得了乳腺癌，经过治疗才度过了危险期。在治疗的同时，她放弃了赖以生计的小卖部，开始专注编织爱好。她将中国传统文化融入传统手工钩织，创作出了中国风昆曲娃娃生、旦、净、末、丑，这些作品在拥有200万编织爱好者的手工编织交流平台上赢得了一片喝彩。当地和附近区县的妇女们也慕名前来学习编织技术，乐于助人的冯燕霞对前来学习手工编织技术的妇女们实行免费教学。

在青神县妇联的支持和帮助下，冯燕霞把镇上闲置的仓库改造为工作室，她将工作室取名为"燕窝编制手工坊"。2022年，冯燕霞带领工作室里的几个同村妇女一起前往央视录制节目。我的姨婆也是其中一员，年近六十的她，从未想过在农村生活一辈子的自己，能上央视的节目。冯燕霞用手艺成就了自己的人生，也帮乡村妇女实现了美好生活。

除此之外，她的善良同样温暖人心。我去她的工作室时，她正在进行高台镇残疾人每周编织培训活动。她说她的学员中，还有18岁的血友病患者海涛，残疾人兰和平、曾杰和阿支布哈，先天心脏病患者李霞等。致富不忘乡邻的冯燕霞帮助了一百多名残疾妇女和其他低收入家庭妇女，实现居家灵活就业。一个人，影响一群人；一个人，带动一群人。在这个40平方米的工作室里，每天挤满了学习手工编织技术的妇女们。大家学到了技术，织出了漂亮的产品，不出家门就能赚钱。

在淳朴的岁月里、错落的田野间，无数个曾深陷泥泞的王大安和冯燕霞，在和命运无声的较劲中，依然奋勇前行。他们在命运的考验下弯腰，却从不低头。沟壑般深邃的皱纹，是命运摧残的印记；黝黑粗糙的皮肤，是岁月沉淀的勇气和坚韧。他们的手掌，紧握着生计的希望；他们的眼神，凝望着未来的美好。这是一群在生活的风暴中曾崩溃、曾哭泣，却依然屹立不倒的普通人，他们并非超人，而是用顽强和努力书写着自己的传奇。

人生舞台上，每一个不懈的人都是命运的战士。这是一幅淳朴的田园画卷，描绘着无数平凡人在生命的征程中，怀抱希望、勇敢前行，与命运共舞的画面。正是这份古老的淳朴，让我们在纷繁复杂的世界中找到了一片宁静的港湾。让我们不忘初心、铭记乡村的美好，愿这份淳朴的情感在岁月的长河里永远闪耀。愿乡村的淳朴，如同土地般芳香，永不散去。

泥土之上的生活

黄 竹[①]

> 只有直接有赖于泥土的生活才会像植物一般地在一个地方生下根,这些生了根在一个小地方的人,才能在悠长的时间中,从容地去摸熟每个人的生活,像母亲对于她的儿女一般。
>
> ——费孝通

乘坐着汽车,几经颠簸,我们来到了四川省宜宾市翠屏区白花镇,这里翠屏如盖,正如漫山遍野的蜀南竹海苍翠茂密,随风而动;白花点点,正如白衣的农人日出而作,不辞辛劳。初到此地,带着异乡人的羞怯,我只敢看着地上铺满的玉米和高粱——村民晒干它们,用作猪的饲料。砖瓦下,木梁上,是咕咕叫个不停的鸽子。于是我们商量起了信鸽能飞跃多远的距离,飞过多少的城市田野农庄,然后自嘲地笑笑,想起了卫星和互联网。

村支书是一位很忙碌的中年男人,好容易见到他,竟然是在一片山茶果田里。他不愿多聊,只是自豪地说起这个村子的山茶果种了多少多少,而这一特色的农作物又能榨油,又能外销,种植山茶果已然成为当地的振兴方略,带动了多少农民,又提供了多少赚钱的路子……正说着,他抽起了烟,一脚踏在高出沙土路的红色的土壤之上,豆大的汗珠落下

[①] 黄竹,女,统计与管理学院 2021 级金融统计与风险管理专业本科生。

来,滴进土里。

清晨,我们开启了农户的走访之旅。六点醒来,看见村民聚集着聊天,凑近去看,才知道是在商量着租车将长大了的肉猪拉到集市去。草帽、旱烟、泥土色的皮肤,还有南方农人特有的精瘦但不柴的躯干。他们商量着车几点来,而几头白胖浑圆的家养猪在草地上拱着土,对命运全然无知。朝霞是日日能看见的。

每一处村庄各有各的资源,每一处的土壤结出不一样的果实。在这山上,土质性干,松散,可以种下花生、红薯、地瓜、玉米、高粱;在山底的平地上,土却湿润,可以长水稻。梨树、无花果树等果树似乎不挑剔土壤水分,排在山上,果实熟了便落地。

我们走进一家三栋屋子环绕的农户,这家只有爷爷、奶奶和孙女。他们的屋子处于半山腰,四面环着无花果树,阳台望出去便是山景,还摆放着藤椅。孙女是刚毕业的大学生,桌上的书籍暗示着她学的专业是农学。屋里堆满了快递——是她骑着电瓶车去附近街道的驿站取来的。我们很聊得来,年龄也相近,她热情地招待我们吃新鲜的水果,无花果可以洗净了连着皮吃,西瓜的籽大得惊人,很多水分、很甜。我们打牌,聊着热播的影视剧。我开始想着田园生活是多么诗意,空气清新,日出而作,日落而息。只是山上的用水来自水库,因此时不时停水是个问题,而山中的生活毕竟人少,寂寞。我们拉着这家人说了许多话,他们似乎很乐意见我们来。年迈的老人与年轻的孙辈日日相伴,山上安静,日落后天上黑漆漆的,没有光污染,白天只闻鸟鸣、狗吠,偶有车路过,其余便用那沉默的玉米地、聒噪的鸡鸭鹅、琐碎的农活来填满吧。

"草满池塘水满陂,山衔落日浸寒漪。"雨来了,打湿了园子里的朝天椒,架子上的藤也滴滴答答滚下水,池塘里的鸭子缓缓游上岸,不知道去哪里避雨了。这家的奶奶出门挖花生去了,不知道有没有带伞,有没有地方躲雨。我们看着脱皮的机器轰鸣,倒入高粱,一侧落出皮,一侧落出籽,物理学原理好像是差速离心法吧,但此刻这也不那么重要了。这家黑白色小狗的毛脏脏的,黑亮的眼睛望着篷布下的雨帘。它逢人就摇尾巴,丝毫不见得认生。此地民风淳朴,大家互相熟识,这条小狗也就无忧无虑,想不起看家护院的责任来。到了饭点,邻居家的奶牛猫和黄狗都来饭桌下捡漏,这家的农人们带着辛劳和农务资讯回到圆桌子前,是一天最热闹的时候。用饭是七八点,天幕已经暗沉,十点早早上床,或许第二天清早三四点就要动身赶集呢。与天气和作物打交道的人,最懂得避开暑热,他们的生活方式与昼伏夜出、二十四小时空调无休的我们十分不同。

山路并不崎岖,只是有许多弯弯绕绕。一棵松树被昨夜的风吹倒了,横在路上,挡住了要去镇上喝喜酒、吃喜宴的一家人。他们在树对面停下,从小汽车里探出头来,我们合力拉开了树干,两头的车便又流动了。虽然擦肩而过,却因一棵松树而难以忘记。

这里还是民族英雄的故乡。

"革命潮声杂鼓鼙,宜宾儿女动深闺。焉能照旧营生活? 奋起从军弁易笄。北伐旗开胜未终,叛徒决策反工农。招来日寇山东阻,民族危机迫再逢。北去南来党命御,不因负病卸仔肩。工农解放须参与,抗日矛头应在先。抗倭未胜竟成俘,不屈严刑骂寇仇。自是中华好儿女,珠河血迹史千秋。"(董必武为赵一曼赋诗)

很少有人会想到，逝世于北方的烈士赵一曼女士，故乡就在百花镇，这儿有一处赵一曼故居，还有一座纪念馆。都言四川女子性情火爆，赵女士拳拳爱国之心，使得这气质变为了对祖国的一种忠心，面临酷刑的一种贞烈。

红色的泥土，是雨露浸润的泥土，也是鲜血浇灌的泥土。泥土之上的生活，是此地居民日出而作、日落而息的踏实劳动；也是现代化设施解放农人双手、互联网的应用推动乡村经济的生产力更新；还是先辈抛头颅、洒热血，进行永不退却的革命斗争换来的田园牧歌；更是后辈敬仰感念、永志不忘的精神传递。

赵一曼女士，想到不仅语文课本里有她，这山水翠竹间也有她，我不由得更爱此地，愿此地人民幸福和平下去。

带着守护这些美好事物的愿望，我们离开了此地。

走进新和

李锦玥[①]

走千村、访万户、读中国。满怀对农村生活的好奇,我与我的组员在放假之初便走进了四川仁寿的一个偏远村庄——汪洋镇新和村。

一、初见

初到村落,我惊叹于这里的交通,在这里汽车不是主要的交通工具,相比汽车,摩托车似乎更能在乡间小道上疾驰,狭窄的小路要是碰到错车还需要向田地里靠边。小路在田间蜿蜒至各家各户,鸡鸣在村庄中回荡,房梁上的雏燕扑扇翅膀等着喂食,田间的玉米熟了,橘子在生长,茄子垂悬……一幅在诗画里的乡村景象在我眼前展开、绵延,一切都显得那么真实。我们看到一幅黄发垂髫、怡然自乐的画面,在这里我们看到了未经开发的水库的模样,沿湖而行是荒草丛生、白鹭齐飞、怪石林立,此番先人野游所见之景竟如此生动地展现在我们面前。夜晚,这里有荷塘月色,闲坐于湖边便可听取蛙声一片,还有一支麦克风,便有了演唱会氛围的露天 KTV。这里的一切都是祥和平静、远离尘世的模样。

[①] 李锦玥,女,经济学院 2022 级经济学专业本科生。

二、相识

在千村调查的过程中,我们开始慢慢地了解这个村子,熟悉这个有些年代又努力追赶潮流的村子。村里基本上是老年人和小孩子,青年人大多因外出打工而移居到了镇里、市里。年老的村民佝偻着腰,顶着烈日在田间地头劳作,回家还要帮忙照顾放了假的孙子孙女。调查中我们主要的受访者是女性,她们有的是刚从城市打工回来,也有年纪更大一些的回来务农多年了。但当问及她们的每月收入与生活状况时,她们大多笑着说"我们哪有什么收入呀"。是的,没有收入是这个村子里的常态。通过她们的描述,我们可以了解到那些地里种的菜,棚里养的鸡鸭、猪都是自己吃而很少售卖的,庄稼地里有些玉米已经熟透了也没人收割,丝瓜干枯了也没人摘,她们表示有的吃就不用再采摘了。整个村子的农业基本是自给自足的小农经济,没有机械化、没有集体经营、没有数字经济,村民没有收入,更难谈发展。在城里打工的村民大多从事体力劳动,保姆、保洁或学过技术后做泥瓦匠、工地工人。而在疫情的背景下,这两年他们大多回到农村重新开始务农。但同时我惊叹于他们对时代潮流的追逐,所有人都花很长的时间在刷抖音上,虽然只会说方言但几乎所有人都愿意学习普通话。有近半数的人认为养老应该靠自己和养老保险,而不是靠子女和政府的帮助。他们希望能够有数字化经营的加入,同时发展乡村旅游业。他们积极地开发乡村特色,在水库旁修起了小道供游人散步赏景,荷花池中修起了曲径,有农家乐可以吃农家饭,有果园可体验果实采摘,虽然这些想法还在实践中但是已初具雏形,在一些大型企业的带动下村民对未来的旅游业发展充满期待。但在努力追赶的同时,我们也看见了农村对他们发展的局限,缺少工业化的机器使他们难以提高务农效率,每天依旧是面朝黄土背朝天地生活;缺少互联网的宣传,旅游业发展受阻;缺少必要的工作技能,如对网页的检索、对办公系统如 Office 的使用,都让线上销售变得举步维艰。

三、相别

在短短几天的调查中,我们体验了农村生活:两个人挤在一张土床上睡觉,用柴火做饭,啃着刚从地里掰下来的玉米,喂棚里的鸡鸭,虽居陋室我们却倍感充实。走在乡间的小路上,我万分不舍。回想起他们的朴实、他们面对生活艰难的积极乐观,在四川偏远地区的一个小镇里他们凭借自己的双手脱贫,他们从不将自己的未来寄托在别人身上。"晨兴理荒秽,带月荷锄归",他们在这片世外桃源中,即使清贫也怡然自乐。但我始终想为这个村庄做点什么,它不应该是不为人知的世外桃源,而应该将自己独特的美展现给更多的人。有一天,能够在水库旁燃起篝火,在果园里可以看见采摘果实的身影,农家乐里有袅袅炊烟升起。

"棠梨叶落胭脂色,荞麦花开白雪香。"愿在金秋之时村庄美景可以通过互联网传至千家万户,被更多人欣赏。

万蝶振翅，千村繁荣

李 想[①]

一只蝴蝶翩跹，领我们走进这乡村。

酷暑让整个乡村缄默不言。到处都被烈日镀上了一层金光，然而并无人影，偶有几声蝉鸣夹道欢迎我们的到来。乡野的气息扑面而来，我身临其境地认同了祥和村的"中国最美乡村"称号。正值盛夏，风吹麦浪也只掀起绿意，广袤的土地织就了一层青青地毯，将"稻乡渔歌"田园综合体拢在其中。

原木风的建筑、成群的别墅、半掩的柴扉、潺潺的小溪，田园野趣与现代摩登风格在这里相映成趣。阳光大胆透过竹林，洒在铺满彩色路标的柏油路上，招摇地跳跃在这无人造访之地。很出乎意料的，祥和村没有我想象中那般偏僻，也并非新闻宣传中那么熙熙攘攘。

"现在人都很少的，"穿戴整齐得体的一位保洁阿姨推着车路过，"三四月份的油菜花盛开、九十月份的稻谷成熟，才会吸引很多游客。但暑期太热了，大家都往远处走，游客就少。"后来我们搭上了话，我惊叹于这里景色宜人，她自豪地笑着附和，蝴蝶落在她肩上。

[①] 李想，女，外国语学院2022级商务英语专业本科生。

"可是，以前才不是这样，这片别墅群过去都是破茅屋。"

有政策支持，有资本下乡，有天然的地理优势，有村民的鼎力支持，乡村的蝶变仿佛在一夜之间就完成。

2018年，政府在这里画了一个圈，"稻乡渔歌"田园综合体的蓝图就落成了。大邑县祥和村位于成都西部城乡融合发展试验区，辖区面积为7.89平方公里，辖22个农业生产合作社，全社区农户数1 919户，耕地面积为7 394亩。结合国家数字乡村试点县建设，探索打造"稻乡渔歌"农商文旅体融合发展新业态，迅速改变了乡村面貌。

2021年祥和村正式向外界开放，首次运用"川西林盘＋农业园区（景区）"多元融合模式，以绿道为纽带，特色小镇、川西林盘、精品民宿为支撑的乡村旅游地呈现在公众眼前。这一年，全村鱼类每亩增产2倍，水稻每亩增产100千克。"稻乡渔歌"已然成为新的网红打卡地，接待休闲农业乡村旅游15万人次。

三年的时间，蝴蝶从坑坑洼洼的泥地飞到鳞次栉比的别墅群。路更宽了、水更清了，那些不曾想过的创新设计风格在这里落地了，那些凌乱错落的老屋被规划成井然有序的农业园区。一元复始，万象更新。村民望着修葺了三年终于完工的工程，长舒了一口气。

在祥和村的不远处，西岭雪山静静伫立，那山不高，也不低，青幽幽地延绵于南边和西边的天宇间。乡民们抬头就可看见，见它由浅灰变为深绿，再变为柴赭，再被白雪覆盖。它见证着几千年来乡村的变迁，在乡民眼里，这是祖宗和自己的共同归宿，这是家家户户的集体终点。眼望日新月异的故乡，乡愁，如同铃铛一样，细细碎碎地飘过来。

和焕然一新的乡村外貌一样，村民生活也悄然蝶变。

有村民举家搬进了崭新的小区，有村民进驻"稻乡渔村"找到了稳定的工作，更有人借着这股东风，成功地做起了一番事业。我们入户采访的对象之一——"朗星家庭农场"的老板彭燕，是土生土长的本地人，成功由"农民"转化为"农村品牌创始人"。夏季并非祥和村的旅游旺季，酷热的艳阳天，只有调研成员光顾，于是我们自然地攀谈起来。最近几年"稻乡渔歌"一度成为网红打卡地，众多游客慕名而来。彭女士赶上时代潮流，改装了自家农场，凭借乡村振兴项目的红利，与园区合作，生意做得顺风顺水。

一眼望不到头的农场都是田园郊外的野趣，一呼一吸之间就褪去了城市的烦躁与疲惫。几木风的小凉亭、小桥流水、青翠的草地、野外娱乐设施、烧烤派对、应季的果园，可以亲密接触的小动物……优美的田园景色与舒适的装修布景让人流连忘返。

"很难想象不久之前这里还只是几亩田地。"彭女士若有所思地凝视着远方，"时代变得太快了，以前哪能想到还能过上这种日子……"每当被问及家庭状况、村集体满意度、数字化成果时，她总是莞尔一笑，给出最多的正面反馈。她沉默了很长一段时间，仿佛陷入了久远的回忆。蝴蝶在她眼前晃啊晃，她愣愣的，像是没看到。她在想什么呢？是儿时青砖伴瓦漆，袅袅炊烟起的童年记忆吗？还是感慨于乡村日新月异的发展，恍若隔世了呢？

在她的回答中，从未离开过这片蜀地仅有的黑土地，也不愿意离开生活了三十余年的故乡。故乡的呼唤也许早已刻在灵魂上，如同露水坠于牧草之上。

改变的是建筑景致、是生活方式，而总有传承了千年不灭的文化，许多风俗并未消散。

竹编制作、胸花工序、手绘丝巾……一方风物，自有一隅安逸。麻将桌旁的大爷大娘还是围坐一团，抽着水烟，喝着浓茶，拉着家常。居民房里传出阵阵笑语，混淆着家常菜小炒肉的香味，迷醉了过路的行人。人间烟火气，最抚凡人心。

站在民宿里，落地窗外的天色渐黑，今夜我们将伴着虫吟蛙鸣的低斟浅唱入眠。蝴蝶轻轻停在叶间，扑闪着翅膀，注视着流去的月辉与田间私语。

再醒来，这一切，都指向着当代乡村振兴模式的蝶变。

祥和村打造"田园＋教育＋商业＋民宿＋旅游＋文创"的新型田园综合体发展模式，形成了六位一体的完整产业链条，为村集体经济发展引入了更多的"源头活水"。以"数字农业"为导向，这里创建了"稻乡渔歌"农业生产数字化、智慧文旅融合服务、互联网新型社区三大应用场景。

"我们和其他乡村都不一样的，他们有的就靠生产模式进步发展农业，或者就村民自发打造网红旅游地吸引游客……"祥和村村委会书记黄绍英微微仰着头，拍拍胸脯道："我们村是由多个公司集团携手打造的，由大资本与集体经济合作，公司化运作，大投入、大手笔、大面积，将乡村从单纯的第一产业扩展到第二、第三产业，以智慧农业为基础，又用文旅产业带动了区域发展……"

正如黄书记所言，祥和村现已基本实现了农业产销全程数字化，形成了农商文旅体融合，提升了数字经济发展韧性。2022年祥龙社区实现总经营收入2 800万元，其中农业收入约为1 000万元，这已是它交出的完美答卷。

村里各个板块全面发展，重视一体化、综合性，极大地规避了突如其来的发展困境，推动了农业与乡村旅游的转型升级、增加了农民收入、提高了乡村生活品质、充分发挥了"资本下乡"的范式优势。这里的人们集思广益，努力探索传统以外的现代乡村新型发展模式，寻找乡村振兴的更多可能。

余秋雨在《山居笔记》中写道："辽阔的华夏大地从根子上所浸润的是一种散落的农业文明，城市的出现是一种高度集中的非农业社会。从一时一地看，城市远比农村优越；但从更广阔的视野上看，中国的农村要强大得多。"

千千万只蝴蝶，在千千万个乡村里纷飞。它们听人们讲过去的故事、讲锦绣的前程、讲归根的牵挂、讲时过和境迁、讲改革与开放、讲物阜又民康……

故乡啊，挨着碰着，都是带刺的花。

神州啊，一日千丈，方兴未艾，谱写出中国奇迹。

华夏啊，不愿忘却的、无法剥离的，是淌在血液里的乡土记忆。

我们见证那些同祥和村一样的，越来越多的乡村破茧成蝶，它们飞入天空，仿佛一串鸢灯，凭彻青云，下照流波，余音洒洒地惊起了林里的栖禽，放歌称叹。

于是万蝶振翅，千村繁荣。

与千村相逢,和大地相依

吕 点[①]

土壤赋予生机,生命由此诞生。生长在高楼林立的城市中的我,每每读到土地的诗歌与文字时,总是期待着触摸她的颗粒,去感知其温度和光泽,去体会自然之伟大。

终于,上海财经大学组织的千村调查活动给予了我这次机会。这次千村之行,我走进南江,在大巴山里寻找土地、拥抱土地、感受土地。我在这里感受土地的神奇,惊叹于乡村的振兴。我看到了和想象中完全不一样的乡村,一个蒸蒸日上便民惠民的乡村,一个属于21世纪的中国乡村。众所周知,农村现在急需跟上时代的步伐,搭上高质量发展的快车,并实现可持续化。其实这并不是难事,并且前进的步伐已然大步迈出,这是因为伟大的土地是有无限可能的。利用土地的无限可能去孕育万物而不只是一蔬一菜,更重要的是产业化的系统种植。每份土壤都有自己的温度,有自己的孩子,因地制宜是土地资源最大化的直通路径,而数字化则是土地发展的助推剂、是那山水画的点睛之笔。在南江10个各具特色的村庄里,通过和村民的深入交谈,我了解到数字化让他们脚下的土地愈加肥沃和闪亮,为他们带来了更多的财富和更美好的生活。恰如校长在座谈会中所提到的,南江拥

---

① 吕点,女,经济学院2022级经济学专业本科生。

有可以高质量发展的五张牌：招牌、王牌、底牌、盾牌、关键牌。在和这里的村民交流时，我也切实感受到南江得天独厚的地理环境和源远流长的历史文化所创造的蓬勃活力和发展可能。

招牌，体现在西厢村成熟的农旅结合，是生态和康养的结晶。

走进西厢村的时候我的内心产生了怀疑，仿佛处在5A级风景区而不是小村庄。这里山清水秀、空气清新，田地和道路相依、农家乐傍河而起。我访问的一个老太太看到来村里的游客越来越多，于是开了一家小卖部，每月都有可观的收入。她面带微笑，幸福地讲述着小卖部的经营故事。儿女都在外打工，丈夫又卧病在床，她原本艰难的生活因为村里的旅游业发展而得到改善，从以前成功脱贫到现在越过越好，每天的生活充实且快乐。最近又有一批建筑工人到这里施工，她便把握住机会，每天中午都给他们做饭，服务他人的同时又让自己的钱包鼓了起来。看着她绽放的笑容，我领会着生态康养这张招牌的魅力，第三产业给予寻常百姓家的力量和机遇是无穷的，土地的潜力也远远比我们想象得大。千村之行带给我的启迪是大地总会偷偷给她的孩子留下生活秘诀。

王牌，体现在卫星村大名鼎鼎的金银花基地，是产业化和数字化的融合。

金银花是南江县的特产，卫星村是金银花的港湾。这里拥有各种形态特征的金银花，也利用王牌产业走上了扎实的致富路。我参观了当地的培育基地，发现这里的土壤早已和数字技术建立了联系，灌溉施肥不再是靠人力亲为，管道已经遍地铺满。令我惊讶的是，起初以为用来抗倒伏的十字架原来是具备自动化灌溉施肥功能的智能管道，从前需要大量人力来操作的工序如今只需一人在家拨动开关即可，这是传统农业从未有过的便捷。事实证明，土地能适应时代发展，数字化农业是产量效率最大化的一张王牌。

底牌，体现在柏山村村民王海学成归来所振兴的葡萄产业，是人才和知识的成果。

王海读大学时曾是栽培专业的学生，他毕业后便带着所学的专业知识技能返乡创业，助力家乡的葡萄产业发展，利用父亲王直修的田地系统化种植并创立葡萄园。原先黏稠的土壤透气性差、匮乏的水资源也阻碍了传统灌溉，这些都是摆在面前的难题。然而，具备相关知识素养的他，通过改土和管道灌溉的新方式拆除荆棘，为葡萄产业带来了崭新的明天，为自己家庭带来了可持续的财富。王海的例子让我明白了人才对于乡村振兴的重要性，土地的发展永远离不开人，高素质人才是农村前行的底牌。

而盾牌，体现在龙泉村的希望小镇，是资本的力量。这里有华润集团的投资，这里被大力打造成生态旅游度假区，这是资本给贫穷的农村的馈赠，也是对其土地和生态的认可和希冀。

最后是关键牌，体现在罐坝村的红色文化，它是精神旅游的创意。对历史和革命文化好奇的我们，走进这里的肖国宝纪念馆，在讲解员的动情讲述中、在一张张过去的照片里、在一件件旧时的文物前驻足停留，感受烈士的满腔热血和家国大义，铭记着英雄的勇敢无畏和伟大事迹。如果说物质是基础，那么精神就是命脉和桥梁，它带领我们回到过去并走向未来。永恒的大地承载着万千的故事和生命交替，她见证着每一个前仆后继的士兵并留存着相关的痕迹,每块土地也有着不同的记忆,这是独属于她的关键牌,是走向未来的钥匙。

短短六天的调研时间里,充满着数不尽的惊喜和感动。我会记得和村民一次次的视线交会,会记得甜甜的葡萄和遍野的金银花,还会记得远处连绵的山、头顶的蓝天白云以及脚下温暖的土地。我相信,搭乘数字化的时代邮轮的中国乡村正在驶向振兴的彼岸,一个有着明亮晨曦的地方!

愿蜀道变通途

韦欣然[①]

一、起伏的山路

"噫吁嚱,危乎高哉!蜀道之难,难于上青天!"驶往村里的路上,我坐在车中,脑海里浮现李太白著名的诗句,心想:蜀道真如诗中所说那般逶迤崎岖吗?"进了这个路口,就出了县城进入农村的区域了。"同学的舅妈就在当地生活,她向我们介绍道。驶入农村,并不像读《蜀道难》时所想象的石子路,坑坑洼洼,而是平整的水泥路。这一刻,我第一次身临其境地感受到了乡村振兴战略在我国农村大地上落地开花。正想到这,车身突然向前倾斜,我的身体由于惯性向后一倒,我这才发现,原来四川农村的路如此陡峭。我开始观察起进村的路来,我发现这路不仅陡,而且有很多转弯,似山路却又不完全是山路。往路旁看去,火热的阳光炙烤着道路和田野里耷拉着叶子的玉米丛。我想起家里院子里曾经种过的玉米,无须悉心打理,勤劳地浇水便肆意生长着,在炎热的夏季挂满果实。想来蜀国自然环境确实恶劣:山多地少、天气干热、交通不便,要想好好发展属实艰难。"希望这次

[①] 韦欣然,女,会计学院 2022 级会计学专业本科生。

千村调查能多多了解情况，为乡村发展贡献一份微薄力量吧!"我心中的责任感又重了一分，对千村调查重要性的认识又深了一分……

二、网购路上的人们

想到2023年千村调查的主题是"数字技术赋能乡村振兴"，我们一行人便决定到村里的邮政快递点进行调查。

向快递点的负责人阿姨说明来意后，阿姨十分热情地接受了我们的请求，"现在网购的人还是多……"话音未落，一位身着宽松短袖衬衫的老伯冲了进来，他的脸色黝黑、脸颊瘦削凹陷，"你们是来干什么的?!回来做什么!父母辛辛苦苦供你们在外面读书，就是想你们能在城里扎根，鲤鱼跃龙门晓不晓得哦!你们倒好，还跑回农村这阴曹地府搞什么大学生创业，真是不孝!"他不由分说地大喊道，眼珠子通红，神情十分激动。

突如其来的打断和饱含愤怒的责备让我一下子愣住了，同组的当地同学最先反应过来，忙解释道："不是的不是的，我们不是回乡创业，我们是上海财经大学千村调查的学生，我们想了解了解农村网购的情况——"，不等同学说完，大叔又打断道："回来创什么业？网购的东西我看还是不实在!"快递点的阿姨也忍不住了，替我们解释道："你先不要这么激动，阿叔啊，网购的东西有好有坏，你看我这里这么多快递都是村民们网购的东西，你觉得有不好的地方你可以说，这些大学生来调查，就是想帮助我们解决问题嘛……"大叔听后依旧喋喋不休，别的村民看到了一脸抱歉："不好意思，不好意思……"忙拉着大叔的胳膊向外退去。阿姨也向我们解释道："那个大叔也是吃过苦的，所以才这么想摆脱农村。"听罢，我心中一阵酸楚……老一辈的农村人渴望幸福，但囿于山村的经历和传统观念的双重影响，让他们认为只有走出山村才是唯一出路。而一部分中青年通过网络，成了致富路上的先觉者，他们开始登上"数字技术赋能乡村振兴"的列车。新旧观念在乡村共存。

小插曲过后，阿姨开始细细向我们介绍起快递站的工作，其中的艰辛与收获："虽然工作很辛苦，快递都只能送到镇上的快递点，都得我们自己开车取回村里，但不管快递大小，我们只收村民1元，乡里乡亲的，我们也不求赚什么大钱，够我们生活就好。我们还是希望能够坚守好这个岗位，为村民服务。"临走，站在门前，阿姨给我们递上一袋当地的李子，眼里是满满的欣慰与希冀。

我第一次对农村有了如此深刻全面的认识：农村的环境——严苛的、发展中的；农村人——愚昧的、固执的、热情的、无奈的，我们不该草率刻板地给农村贴上种种负面标签，他们部分人身上有的那些片面和短视也是环境造成的。

三、愿乡村发展之路更通达

快递站虽小，却让我对四川乡村的认知加深了许多。在快递站遇到的大叔和阿姨，他们何尝不是农村人民的两种缩影呢？大叔思想保守、固执守旧，但也是因为自己吃了苦，不愿看到后辈再重复那些苦难。当今网络上往往有人"讨伐"农村人素质低下、顽固愚昧，究其背后的原因，顽固，是因为改变是未知的，未知又带来恐惧，农村人试错成本太高，稍有改变便可能对整个家庭带来重创,不如保守过现在的日子;愚昧,是因为农村教育资源落后、师资力量薄弱;所谓素质低下,是因为农村的生存规则与都市不符……阿姨亲切热情、朴实好客、坚守岗位,农村电商的兴起给农村插上了"云翅膀",遗憾的是这些"云翅膀"只能落在镇上,落不到千家万户。"行百里者半九十",在农村网购的末端,区区几公里的距离,切断了通向幸福的道路。蜀道难,蜀道难,快递送进村里难,优质资源进村也难。

参加上财千村调查,走千村、访万户、深入调查,描绘中国当代农村真实图景,切实填充中国农村数据库。此次千村调查之旅于我而言收获颇丰,我希望若干年后,蜀道能够变通途,中国的农村不再劣于都市,不再给人们落后的印象,而是一番干净整洁、舒适恬淡、交通便利的景象。愿看得见的水泥路,看不见的"数字科技"之路,连通城市和农村,服务广袤的农村经济并产生新裂变,让乡村发展的路子更通达、让农村人对幸福生活的向往在农村变成现实。

一只阳光芒,点亮人心光

吴金桂[1]

  滚滚长江浩浩荡荡地从青藏高原奔腾而来,将千百年横亘在祖国大西南的山切开,形成一条干热河谷。几千年前一颗芒果种子随长江而来,攀枝花干热的气候让这位旅人感受到家的气息,这颗种子便在攀枝花扎下了根,从此攀枝花成为芒果的故乡。
  清晨,阳光抚摸芒果树粗糙的树干,一点点爬上枝头。芒果树碧绿的、硕大的叶片迎着光微微翕动。树叶下吊着一只只大芒果,露珠在阳光的邀请下恋恋不舍地从芒果金黄的果皮上滑落。我的父亲摘下一只芒果,用刀连皮切下一大块果肉,然后在果肉上划几排方形格子,在有果皮的那一面一按,芒果金黄色的果肉就凸了出来,就像好奇的娃娃从窗子里探出头。父亲把带皮的、方便吃的芒果递给我,自己啃起带核的那一块芒果。那是我还没上学的时候,父亲因为在外地工作,偶尔才回家一次。在芒果成熟的时候,每次父亲回家我一定会让他给我削芒果吃。父亲削芒果的手法是很独特的,我家人吃芒果都是用手剥开直接吃,唯独父亲不嫌麻烦,要用刀在芒果上划方形,但这样削出来的芒果确实吃得更方便,也更香。小时候我不会用刀,因此我每天都盼着父亲回家,父亲回家了,我就有

---

[1] 吴金桂,男,人文学院 2022 级数据新闻专业本科生。

"方形芒果"可以啃了。后来,父亲调回攀枝花工作,我离开农村老家,去城里上小学了。

到了城里,吃芒果就不像在村里那么方便了。城里的芒果贵,大小、味道都不如我老家门口那棵芒果树上的芒果。只有在周末回老家的时候,我才能大快朵颐。奶奶知道我喜欢吃芒果,每次在我回去之前,都会去摘一大筐,等我走的时候装到车上让我带到城里去吃。奶奶是一个倔强的人,我父亲说装的芒果太多了,吃不下,她总会生气地说:"我是装给我孙子吃的,你们吃不下就别吃!"搞得我父亲哭笑不得。记得有一次,我奶奶去参加村里的酒席,没来得及准备芒果。当时天已经黑了,我们准备回城里,我奶奶拦住我们,说还没装芒果呢,说着背上背篓就往芒果林里去了。当时天又黑,我奶奶又比较胖,去芒果林还有一段很陡的土路,我很担心奶奶。我拿上电筒去芒果林里找奶奶。我看见奶奶的背篓在芒果林里起起伏伏,我把手电放在一边照着,去帮奶奶一起摘芒果。奶奶是地地道道的农民,风吹日晒让她的皮肤黝黑,与一头白发形成鲜明的对比。和头发形成对比的还有她矫健、干练的动作,奶奶长得胖,但她摘芒果的速度比我快多了。小时候我跟奶奶睡觉的时候,发现她脚后跟有一层很硬很扎手的皮,我问她这是怎么回事,她悠长地说:"苦啊……"

我上大学后,借着千村调查的机会,再次返乡,我发现了一个跟我奶奶很像的老人。那是一个中午,攀枝花的烈日灼烤着板桥村大地。漫山遍野都种满了芒果树,在2020年,板桥村就靠着这漫山的芒果树脱了贫,还被评为先进模范村。我们沿着山路一直走,准备打道回府。绵长的道路空无一人,大家都回家躲避烈日了。突然,远处闪现出一个身影,走近一看,是一个背着背篓,七十多岁的老人家。我很惊讶,正午还有人外出劳作。我好奇心大起,便走上前去搭话。岁月这把无情的刻刀,在老人脸上刻下如群山沟壑般的痕迹。老人的眼睛不是很明亮,像蒙上了一层雾气。他个子不高,很瘦,背着背篓,拿着镰刀,挽着裤脚,是一个典型的攀枝花农民。他听力衰退,我问了两遍他为什么中午还到地里去,他停顿了一下,才说是家里的芒果摘不完了,再不摘就要烂地里了。我说那你的子女为什么不来帮你摘呢,他说儿子已经在外面上班了,女儿还在外地上大学,农村家里就他一个人了。我说你儿子都上班了,你可以把地租出去,好好退休了。他笑了笑,没有说话。

我当时不明白为什么他不回答我的问题,后来我发现可能我问的话在他眼里只是从没想过的玩笑话。中国的农民传承几千年,他们从地里生、在地里死,他们来自土地,也终将回归土地。在他们眼里,土地就像自己的父母,也像自己的孩子,不在乎地里种了什么,地地道道的农民不会背叛自己的土地。这样淳朴的农民,又怎么会闲在家里,把生活的重担全部压到自己孩子身上呢?这就是农民朴素而深沉的爱。

而这一只芒果,是攀枝花人民爱的结晶。

再会千村

吴沁钰[①]

返程的巴士在蜿蜒曲折的乡间公路前进,为期7天的千村调查之行也将告一段落。回望来路,旧村新颜,几多感慨。

一、青山横北郭,白水绕东城

悠悠沱江千年如一,挥别了送行友人的李太白,滋养了山水相依的沃土。这条蜿蜒流淌的母亲河,从远古流向未来,见证着这片土地的发展与变迁。时隔4年,我再次完成了四川内江的千村旅程。从天冬之乡、沱江之畔的椑木,到累累硕果、稻香蛙鸣的田家,我们在7月走过了3镇、10村、210户,在这片熟悉又陌生的川西丘陵感悟田野的力量。

初访内江,这片广袤的土地如同一本大书,等待我们从中读懂真实乡村、读懂真实中国。每个村庄都有独特的故事,每户人家都有奋斗的足迹。如今再至,在短暂的4年时间里,这本厚厚的大书已然翻开了崭新一页:天冬、青花椒、蒲葵等特色农业产业蓬勃兴旺,机械化、自动化、信息化的现代化农业模式形成完善,电商物流、文旅融合、智慧农业勾勒

---

① 吴沁钰,女,法学院2022级法律(非法学)专业硕士生。

出一幅令人瞩目的乡村振兴画卷……大数据时代为农业产业带来了巨大的变革,让这片古老的土地焕发勃勃生机。

二、硕果压枝头,四方迎客来

在我们调研之际,四方新村正紧锣密鼓地筹备 2023 世界无花果大会。这一盛会首次在地中海周边之外的国家举办,极具里程碑意义。在 4 年前第一次到访时,这片土地上便已有了万亩无花果种植田,如今更是建成生产—研发—加工—销售的全链条,因无花果而蜚声海内外,以特色产业带动乡村振兴。

在农技教授的带领下,我们参观了无花果采摘园,亲手采摘了青褐相间的饱满果实。教授向我们详细地介绍了四方村自培、引进的数十个无花果品种,以及智能遥感、远程监测等现代化管理模式。果园中,村民、游客提着篮筐沿路采摘品尝;果园外的展销中心和沿路省道上,村民垒出一筐筐香甜可口的新鲜果实,热情迎接来往的行人。

除了无花果产业园区,我们还参观了火龙果大棚、佛手柑种植田、粑粑柑种植区等,一颗颗丰收的果实成为当地村民的增收果,也递出了"内江甜城"的新名片。值得一提的是,我在入户调研中采访到了一位年轻的"95 后"创业者陈大哥,他在村里承包了 400 亩土地创办草莓种植园,今年是第五年,年产值已经达到了 200 万元。"最开始不懂技术,亏了不少,后来请了成都来的老师教种植,线上远程指导;把电商搞起来了,销量也提上来了。"陈大哥目前采用本地线下水果市场批发销售、游客采摘、线上"一亩田"等网络订单销售相结合的形式,产品主要销往内江本地及成渝周边城市。

大数据和智慧农业不仅提高了农产品的生产效率和质量,而且改善了销售和市场推广的方式,带来了增收致富的就业创业新机遇,推动着乡村振兴的步伐稳步向前。

三、十里田稻行,连山天冬青

在东兴区正子村,我们参访调研了长江现代农业园区和天冬产业园区,亲眼见证现代科技与传统农业产业的融合。

在长江现代农业园区,内江农科院工作站的博士生王同学向我们介绍了稻蒜轮作示范基地,轮作模式不仅有效地利用了土地资源,而且能够提高农产品的产量和质量。同时,农民伯伯指导我们学习了农具的使用,同学们纷纷挽起裤管参与稻田排水工作,亲身体验劳作和收获的不易。这项看似简单的工作,要做好却是需要精确的技巧和充沛的体力的。广袤的稻田在微风吹拂下泛着深绿的波浪,其间立着习近平总书记"把中国人的饭碗牢牢地端在自己手中"的殷切寄语标牌。我深感发展农业技术的重要性,只有藏粮于地、藏粮于技,才能保障粮食安全。

东兴区被称为"中国天冬之乡"。在调研正子村的天冬产业园时,我有幸与七旬高龄的李婆婆交流村子的发展历史。李婆婆告诉我们,天冬种植在正子村已有几十年的渊源,她小时候就见过父母从山里挖掘天冬根回村中种植培育。近几年,正子村决定扩大天冬种植,这需要更多的种苗和更加科学的种植管理方法。村干部在其中发挥了重要的领导作用，组织村民远赴深山拓展种苗，同时在后勤方面提供必要支持。大家团结一心，共同努力，决心将此发展成一项有影响力的产业。如今，正子村建有天冬研究院、种苗繁育基地和种养循环示范基地，不仅为当地村民提供了增收机会，而且为中药材的研究和生产提供了支持。村支书向我们自豪地介绍，现在当地在天冬中药材行业已经拥有了制定行业标准的话语权，有了决策和引领未来发展的能力。正子村的故事充分展示了乡村振兴的潜力，也让我更加坚信，借助科技、创新和坚定的信念，传统农业仍大有可为。

青山如黛，白水悠悠。

农村万象，乡村振兴的进程日新月异；农户万千，怀抱着对美好生活的憧憬。在本次调研中，我深感大数据时代的农业产业发展是乡村振兴进程中不可或缺的推动力量。这些经验不仅为当地农户增收带来了新的机遇，而且为更广泛的农村地区提供了可复制的发展路径。在数字化信息时代，互联网链接了城市与田园，融合了传统与现代。或许巨大的城乡差异仍在，但每一位受访者脸上洋溢的笑容，无一不令人感受到城市与乡村间的脉搏仍强健有力地跳动着，光与热仍在。

乡村全面振兴，路仍然长。

乡村全面振兴，就在前方。

有一种温暖叫乡情

许嘉垚[①]

七月,酷暑难耐,太阳尽情释放着它的光辉,而这却丝毫不能阻止我怀揣着激动难耐的心情,与同学们一起去拜访我久别的老家——四川省宜宾市兴太村,并借此回乡之旅完成我的第一次正式的社会实践——千村调查。

刚入村,走在乡间小路上,阳光在斑驳树叶的遮挡下细细碎碎,微风吹拂,光影也蹦跳起来,仿佛是欢迎我们的到来。"哟,这不是上海大学生垚垚吗?回来休息了啊。"耳旁传来粗犷的男声,不用去看,单是这浑厚的乡间方言我便知道是我的大伯。"是啊是啊,学校里面待久了,好久没回来玩了,有点想老家了。"我笑嘻嘻地说道。想当初贺知章少小离家老大回,回来时却被儿童笑问客从何处来,此中的无奈与悲伤溢于言表。相比之下,兴太村虽然是个西南地区没那么先进的小村庄,其中的人情味与乡村味于我而言却是无可替代的,不论何时回家,总能碰见久别的亲戚,闲聊几句相互了解对方的情况,无论遇见多大的麻烦我也能在这几句寒暄之中得到片刻休息,或许这就是兴太村给我的独有的归属感吧。

[①] 许嘉垚,男,统计与管理学院 2021 级金融统计专业本科生。

"这不来我家坐一坐,好久没见到你这个大学生了,你弟弟很想你。"大伯向我们招手,示意我们进家休息一下。应是刚忙完农活,汗水还沿着他的额头向下滴落,身上穿着城里难得看见的土布对襟褂,短裤管像水桶一样大,腰间斜插着一支吊着红布烟袋的旱烟管。一年未见,看来他还是忘不了他的旱烟管,忙完农活抽上一口,照他的话来说便是"赛过活神仙"。

"不了不了,今天回家还有事,等我忙完一定来你家蹭饭。"我摇摇手,还有不少事要做,只能无奈地婉拒了他。

"要的嘛要的嘛,记得一定要来哦,你弟弟多久没看到你了天天叫着要见你,没得法啊。"大伯说道。半年未见我的堂弟,也不知他是不是又长胖了,八岁未满的他长得白白胖胖的,圆圆的脸蛋上挂着一对好看的小酒窝,一双水汪汪的眼睛,不时滴溜溜地转动着,显出一股机灵而淘气的劲儿,等有空了再与他畅玩。

路上走的石子路,对于上海的同学来说确实罕见,待惯大城市的他们显然对我们农村的一花一木都十分感兴趣,时而惊讶于玉米田的广阔无垠,时而赞叹于荷花池的绿如碧玉,时而感叹我家的苍山环绕。路上又遇见了不少亲戚,即使夏日炎炎我也丝毫不觉酷暑难耐,反而越发心旷神怡,享受着这宝贵的相遇时刻。

接下来几日我们便开始了问卷调查,说实话调查结果确实不尽如人意。毕竟我家处于西南偏远地区,交通不便,离最近的城区也有一小时左右的车程,教育也相对落后,唯一的小学还是希望工程建的,种种原因导致村民或是小农经济、自给自足,或是外出打工,不常回家,鲜有本村的先进数字化企业,就连拖拉机等机械作业也是难得一见。大多数家庭年收入不过 20 000 元,只能勉强补贴家用,没有多少积蓄。但这丝毫不影响这个村在我心目中的地位,钱财不过身外之物,能够弥补心灵空虚的只能是这难以割舍的乡情,即使是谈及家中并不富裕的收入情况,村民们也依旧笑呵呵地配合我们的调查。也许在他们看来只要是能待在这半亩方田,做他们喜欢的事、种他们爱吃的菜,这便是他们的人生乐趣,其余皆是锦上添花,有最好,没有也不妨碍他们享受美好生活。

为了响应学校号召,体验农村生活,我们还去我外公的猪圈体验了一番。这对在城市中养尊处优的我们来说确实是一项不小的挑战。本以为是一次"有味道的挑战",但结果出乎我们的意料。外公向来是一个爱干净,喜欢自己动手解决问题的人,家中有不少柜子、门、簸箕都是他亲手制作,相当结实耐用。猪圈也是如此。为了及时散发掉猪粪的臭味,他特地在山林中用砖砌了一座简易房子,选择了山中最通风的地方,同时四周竹林环绕,即使是正午也是微风徐徐,丝毫感受不到炎热与臭味,取材也较为方便,可去山上割些猪草直接喂猪,省去搬运的麻烦。当我们对其夸赞不已的时候,他深感自豪,拍拍我的肩说以后教我这些技巧,说这个猪圈虽然不大只有不到 10 头猪却是他的杰出之作,甚至为了方便还去请了电工给这里拉了电线,通了水管,清洗猪圈啥的也更为方便。每当夜晚降临这里更是凉得要盖被子。早上天还刚蒙蒙亮,他就得上山割猪草、砍柴烧火,虽然每天都忙得不可开交他却一点都不觉得累,反而说是当作锻炼身体,也是为了能让自家人吃上放心的粮食猪。

夜半时分,躺在床上思索此次千村调查,感谢学校能想到这种办法来让我们切身体会农村的生活,若不是这次调查,兴许我还感受不到家乡的美好之处。曾以为在时间洪流的裹挟之下,家乡变的是人,不变的是物,物是人非,每个人会因为利益而变得疏远。而如今回首望去,才发现自己的无知,家乡不变的是人,变的是物,每个人之间因为乡情而息息相关,串联在一起,乡情浓厚,大家以这里为共同的家,为心灵的一方净土。也是因为这次的调查,我才意识到家乡的不足之处,但俗话说得好:落后是进步的起点。我们若是以落后而故步自封,画地为牢,那么等待我们的便将是社会的淘汰。虽然前路漫漫,但"道虽迩,不行不至;事虽小,不为不成",为了兴太村乃至中国大部分乡村的数字化振兴,我们新时代青年责无旁贷。而苦干实干则是最质朴的方法论。回溯悠久历史,从"一步跨千年"到"跑步奔小康",我们之所以取得这样的成绩,绝不是轻轻松松、敲锣打鼓就能实现的。任何伟大的事业,总是始于梦想而成于实干。这一代的年轻人只有实字当头、以干为先,不驰于空想、不骛于虚声,一步一个脚印、踏踏实实地干,才能走好乡村振兴的"最后一公里"。愿吾辈青年有志投身乡村,知国情、农情,思辨笃行,为振兴乡村发挥所长,聚点点萤火,汇振兴星河,勇立潮头焕千村!

　　时光荏苒,我早已不是当年在这里肆意奔跑的小孩了,见惯了大城市的繁华夜景、车水马龙,却始终忘不掉家乡那古朴典雅、美轮美奂的小桥流水,那苍翠欲滴、万古长青的苍松翠柏,那一望无际、黄澄澄的宽阔麦田,那果实累累、瓜果飘香的乡村田园。遥想当年李白望月思乡、王安石佳节忆乡、余光中隔海望乡,每个人心中都应有自己的故乡,她融于骨髓,任何人都不能抛弃她、不能遗忘她。有一种温暖叫乡情,因为家乡带给了我们很多,却只希望我们能常回家看看,并且她永远都会敞开怀抱拥抱着我们。

千村之约，乡野之行

居 燚[①]

    我抓住六月的尾巴，踩着仲夏的韵脚，去赴一场千村之约，去看农民们用汗水浇灌的粒粒盘中餐；前往一次乡野之行，去见证乡村振兴战略和全面脱贫战役在村落中留下的痕迹。我带着满心的期待和欢喜，愿能在这个历经沧桑的小村中留下我的一笔。
    我行走在绿意盎然的梯田里，听稻谷诉说着农民的辛勤。
    大山村藏在群山之间，为了适应崎岖的地势，农民们采用梯田形式种植。一层一层绿色的梯田向远处蔓延，但如诗如画的夏日美景，是农民伯伯一坑一锄的结果。张叔叔从小便生活在大山村，是一位土生土长的农民，前些年也曾经在外务工，之后为了照看老人和小孩还是选择回到大山村，在一亩三分地上耕耘。早上 8 点刚过，我们便来到他家采访他。见到张叔叔时，他正端着一碗面条坐在门口的板凳上吃早餐，颈上挂着一条毛巾用来擦汗，穿着一件看起来浆洗过很多次白中透着黄的衣服，脚上的鞋子也沾满了泥泞。看到村支书带着我们过来。他连忙放下手中的碗，用手在自己的衣服上擦了两下向我们走过来。采访调查的过程中，张叔叔总是积极配合，笑呵呵地望着我们，初晨的阳光洒在张叔

---

① 居燚，男，统计与管理学院 2022 级统计学专业本科生。

叔黝黑的皮肤上，发黄的指甲和手上的老茧向我们诉说着这些年的艰辛和沧桑。

在和我们的深度访谈之中，我不止一次地为张叔叔动容。我听他诉说自己的过去，诉说着他每天日出而作、日落而息的劳作，而在讲到他正在读书的女儿时，眼底也会涌起藏不住的温柔。我也会感到惭愧，我曾以为的乡野生活应如同陶渊明诗中"采菊东篱下，悠然见南山"般的闲适，又或许应如李子柒视频中那般极具东方古典美，但当我们走进乡野，才发觉乡野生活应是顶着酷暑和骄阳耕作，是田埂上一次次的落锄、播种、浇水，是豆大的汗珠滴在稻田中的辛勤，我望着张叔叔向我们讲述着他耕种的模样，我几乎是噙着热泪的。

我行走在书声琅琅的教室里，听钟声讲述着求知的欣喜。

大山村前些年建筑了一所希望小学，一共有6个年级，每个年级开设1个班，学校里只有5名老师，很多时候老师都要身兼数职。里面的小朋友似乎是怕生，看到我时一边打量着我，一边跑回自己的教室。和校长商量后，也想要和这些孩子上一堂课，和他们聊聊天、谈谈心。伴随着上课铃声敲响，我怀着忐忑的心情走上讲台，看着小朋友们端坐在破旧的书桌前，他们仍保持着拘谨，只是睁着一双双明亮的眼睛看着我。我带着他们一起唱歌，一起体会那些用相册记录下的美好，他们也渐渐地放开，向我倾诉着他们的梦想和憧憬。待到下课铃声敲响，我和他们不舍地告别，快要走出校门时，他们拿着自己画的图画和写下的祝福蜂拥而来。我望着他们炙热的眼神，不禁热泪盈眶。

放学之后，我们也和当地的老师一起吃饭，一起聊起这群可爱的孩子。当谈论起他们时，老师的眼中总是闪着光。学生们大多是少数民族，在上一年级的时候，很多都不了解普通话和汉字，教起来也特别困难。他们上学也非常辛苦，大多要6点半起床，吃过早饭后从家里走半个多小时来上学。到了冬天情况更糟糕，一些小朋友家里没有厚衣服厚鞋子，仍穿着一件单薄的T恤衫来上学，脚上和手上也会长满冻疮。村里的老师们也从未嫌弃条件的艰苦，也从未想过离开。他们说，总需要有人在这里坚守，需要带这里的孩子们多看看外面的世界，需要向他们传授知识，也希望更多的孩子能够走出大山，只要有一名学生在，他们就会一直坚守在自己的岗位上。

在调查的尾声，我收起了最初想要如何大刀阔斧地改革、大力发展经济的无知和傲慢，在一次次的采访和交谈之中，我更希望能切实地描绘，朴实地讲述中国当代农村的真面貌；我想要去倾听村民们的声音，想要去感受乡村的脉搏，想要把这些带着乡土气息的故事为更多人所熟知，想要贴近群众切身实地地去解决他们的急难愁盼。我也是满怀着希望地挥手告别了大山村，因为我相信，我们都心中有梦，都抱有对美好生活的希冀并愿意为之奋斗，还因为千村调查的火炬仍在传递，走千村、访万户，永远在路上……

德厚,道远

吴续宏[①]

> 我们改变,所以我们成长。
> ——德厚村千村调研实记

响应国家和学校的号召,更为了回应内心家国情怀的驱使,我与室友们踏上了这次前往云南省文山州德厚村的调研之路,真切感知乡土中国之下农村这根鲜活的脉搏。

作为云南第一个红色革命根据地,这里上到村支书,下至平常乡民,似乎骨子里都散发着淳朴热情的魅力。加之村委会前,满目皆是接天莲叶与映日荷花,品味着野生菌的鲜美,唇齿之间目光所及的享受一时让我们忘记了此行的目的,直到下榻村中后走在尘沙飞扬的村中道路上,我们才被拉进了现实。

走访,调研,问卷填写,看似千篇一律地完成任务,实则每一句我们收到的回复都发人深省。关于乡村产业发展乡村振兴的数据化内容,在论文中有足够篇幅的体现,而这份征文,更多是我们希望引起大家注意的人文关怀。

---

① 吴续宏,男,数学学院 2022 级数学专业本科生。

"你是否会使用智能手机完成以下功能?"十余份问卷我们收到的,却鲜是肯定的回答。有一位年近花甲的伯伯便是茫然回答"不知道"的一员。当问及他儿子的文化程度时,他自豪而喜悦地拿出一本看着已经被反复翻看过很多次的大学毕业证给我们看。而我们问及手机除了微信还使用哪些功能,并想根据他的家庭情况帮助他下载一些简单实用的 App 时,他手忙脚乱地阻止我们,操着一口云南气息浓郁的家乡话问我们:"这个会扣钱吗?""这些乱七八糟的东西,我都认不得怕要钱,所以哪样都不敢乱点。"正当我们心生疑窦时,他不断嘟哝着的"我儿子都不教我用这些的"解决了我们的疑惑。老人如此为自己的儿子感到骄傲,这让我们触动,但是看到老人如同小儿学步一般摸索智能手机功能的样子,这又让我们感到心疼。

时代在不断发展,有的时候,快节奏的社会并没有给这些老人保留维持"慢速度"的权利。我至今记得疫情防控期间城市中老人出门的举步维艰,更何况农村里大字都不认识几个的老人们? 年轻的子女们走出了乡土,走向了林立高楼,或许也应该适时地回头感知一下老房屋檐下始终注视着你的目光,回应他们以简单却有效的爱——教会他们生活,不让他们被淘汰,正如小时候他们给予你的那样。

村中迷茫的不只有老人们,还有青壮年。村中有许多靠打零工维持生计的村民,他们在调查中的回答听起来也让人神伤:工作时间、地点、内容都不固定,没有单位、没有合同。特别是计算年收入时,我们听到最多的是"有人叫就去做,没工作就闲着"。有的村民回答:"不怕太阳大,就怕下雨,下雨就得闲着,这样的年收入,怎么算呢?"村民们其实并不怕苦,也不怕累,怕的是天气不好,怕的是没活干,只得空耗而为生计发愁,为了自己的明天而无所事事着。古人云"靠天吃饭",固然艰辛,却是略可预知的;"靠人吃饭",背后藏着多少人家的叹息? 科技的钢铁洪流或许会让部分人加速前进,但广大的农村土壤上仍然有在低头默默追赶的人们。他们努力上进、脚踏实地,他们不会用远大志向的长衫裹挟住自己的大脑,不过埋头拉车,用过度劳累而似乎不那么有力的臂膀,撑起沉重如山的家庭。

回望历史,在过去,遍地开花的乡镇企业,让很多乡村劳动力"进厂不进城"。而自 20 世纪 90 年代以来,由于成本、质量、污染等方面的因素,乡镇企业的竞争力不敌城市大企业,大量乡镇企业不得已破产、改制,这些本来可以就近就业的农村劳动力,最终还是背井离乡,踏上了进城务工的路。在走访调研中我们还了解到,乡村农田大抵是亲戚朋友之间进行租赁,小规模地种一些菜自己日常食用,其余则是闲置。有些村民会寄希望于我们身上,向我们倾倒苦水,我们尽力用心聆听每一句呼声,但难免暗自叹息能力不足,无法即刻解决问题。我们不过作为一个短暂的观察者,将我们目力所及真实地呈现。改变,任重而道远。

当准备回程时,我们不自觉地长吁一口气。让我想到,其实我们还是不习惯这样的生活的。这样的下乡只能算得上一种带有目的性的小憩罢了,所谓的调研也不过是收集材料、分析材料的文书工作与高屋建瓴的思考。我们在荷花田里种荷花的感受与正劳作往返于荷田间的农民是不能相提并论的,那个之于他们而言是生活,之于我们更像是一场游戏。我不知道千村调查应该是个什么样子,只是觉得我们做的是远远不够的。而在一次次的走马观花中，农村的意义自会浮上心头，真实自有其万钧之力。

厌倦于魔都的车水马龙与熙熙攘攘，以任务之名走向农村何尝不是一种暂时的抽离？山村的宁静是能洗涤掉心的浮躁的。每一天醒来，看到外面山挡住大片大片的蓝天，云与山为伴，氤氲的水雾笼罩着荷田，肆意入侵着我的每寸肌肤。你能看到太阳就这样一点点地升起，晨曦因雾气的折射一会儿刺眼一会儿隐约，于是水田里的颜色也会随之时明时暗。——美好的图景，却同时交映着真实的农村。

旅途很短，回忆却是满满。如今我每次看到那件印着"千村调查"的T恤衫，那个已经面目全非的帆布袋，仍然心潮涌动。感谢千村调查，让我探索到未知世界的某一种可能。我不再畏惧前行，开始期待每一次出发，勇敢地去看每一处林田、晨曦与山海。

不瘖微茫，造炬成阳

杨 扬[①]

初闻"千村调查"，源于四月底辅导员发的暑期社会实践通知。"千村""千村"……盯着手机界面消息上的通知，我的思绪立刻被拉回了西南边陲的小村庄——一个依山傍水、景色宜人的小村落，一个我爷爷奶奶生活、我在那里度过了愉快童年的地方。我一直是在以一个主人公的视角，感受着云南的山山水水、花草林木，那里的每一寸土地都让我留恋。倘若我以一个旁观者、调查者的视角，重新去审视我生长的西南土地，客观地去分析发展中的问题，以我微薄的调研之力来促进家乡发展，这何尝不是一件有意义的事情呢？

怀揣这样的想法，我迫不及待地报名了云南省的定点调查，希冀在老师的带领下用脚步去丈量土地、用眼睛去观察调研、用心灵去感受人情。然而在定点面试中，不幸的是，我没有被选中。虽然略有遗憾，但我迅速调整心态，找到了两个志同道合的伙伴。怀揣满腔热血，我们报名了云南省大理市大理镇龙凫村的返乡调查。我们都希望能够深入基层调查，让暑假在社会实践中变得更加充实和有意义。

出发的前几天，我在家里一遍又一遍地预演填写问卷，爸爸、妈妈、爷爷、奶奶都成了

[①] 杨扬，女，统计与管理学院2022级经济统计学专业本科生。

我预演采访的对象。如何能让冗长的问卷、枯燥的文字变得生动有趣，如何让一些书面化的问题变得容易让人理解，又如何让村里的人信任你，如实地填写问卷，与你敞开心扉交谈……都是我需要考虑的问题。在预演的过程中，家里人指出了我的很多问题，例如我对"外包社会化服务"等词语解释不到位……我一遍又一遍地修改话术，心里的疑虑和不安才逐渐消散。

一、入村——用脚步去丈量土地

龙龛村里没有直通的车，下了公交车，迎面而来的是一条宽敞且崭新的柏油路，我们走了一里路，又搭乘了一位大爷的"小黄车"才进了村，坐在三轮车上的我们看着两侧绿意盎然的农田，心里紧张且期待。七月的南方是湿热的，村委会门前有一棵大树，知了高居树梢，略为聒噪的叫声让踌躇村口、怯于进去的我们稍显烦躁。"加油！"互相打气后，我们进入了村委会，村里的干部们热情接待了我们。向他们表明来意后，村干部马上带我们去见村委会副主任。村委会副主任十分热情地和我们交流起来，他谈论了村里的基本情况并认真填写好了问卷，调研进展十分顺利。调研走访，主要靠的就是走。离开村委会，我们就开始在村里四周闲逛，勘察村情，为第二天的入户调查做准备，此后调研的每一天微信运动步数都是霸榜第一。

二、入户——用眼睛去观察调研

背靠苍山、依傍洱海，毋庸置疑，龙龛村是一个极美的地方。龙龛村的村民几乎都是白族，村里自然以白族风格的建筑居多，青砖白墙，墙上有着专属于白族人民的蓝色印记。渐渐地，我越来越喜欢和享受让村民们填写问卷的过程。围绕着2023年数字技术赋能乡村振兴的主题，我在调研过程中也留意着电子设备的使用情况。除了上了年纪的老人，智能手机的覆盖率几乎为100%，且均会上网，使用微信、网购、刷短视频等基本操作，数字技术给了他们接触外面世界的机会。龙龛村旅游资源丰富，商家们也善于运用美团、大众点评等网上平台进行民宿预订、餐馆宣传等。而我们也使用大众点评的推荐体验了当地白族特色菜，用美团预订了民宿，平台上推荐的白族菜餐馆味道鲜美，民宿价格实惠且入住体验感极佳。见证这些数字技术带来的变化，我们内心是十分欣喜的。

三、访谈——用心灵去感受人情

12份问卷，并不算多，更为幸运的是，我们遇到的都是热烈而又真挚的人，有给我们倒上一杯热茶的大叔，有给我们分享零食的可爱小朋友，有热心给我们指路告诉我们哪里的饭馆最好吃的孃孃。难以忘怀的是，我们在调研中遇到了一位五十多岁的大姨，她告诉我们村里的数字基建相对完善，使得她现在能够和远在外地打工的儿子经常视频电话，她还可以网购、刷视频，这是她以前都不敢想象的。然后她拿出了手机，说她的手机常常出现问题。我看了一下，发现只是一些基础的设施问题，以及一些应用程序没有更新。大姨非常高兴地感谢了我们，她说很多村民对智能手机的使用不太熟悉，遇到问题很难解决。当谈及医疗和教育方面时，她说村里的教育和医疗水平与外面相比还是有很大差距的，她希望能运用数字技术来共享外面的医疗和教育资源，从而让教育更进步、生活更便利。

"聆听洱海风，望穿苍山云"，我一直对大理有种别样的感情，她拥有着一种治愈的能量，2023年千村调查的主题是"数字技术赋能乡村振兴"，在调研的过程中，我们见证了数字技术给乡村带来的改变，但不可避免地带来了技术发展太快而村里人与之部分脱轨的问题。我们不仅要关注技术本身，而且要关注技术赋能人们的真实效果。总之，数字技术赋能乡村发展的征途并非一帆风顺的，但若遇水则架桥，遇林则拓辟，与时俱进，不断地学习、创新和应用数字技术，方能实现乡村振兴的可持续发展，农业现代化、城乡一体化和社会进步。

我们作为新时代的新青年，走千村、访万户，用自己的一份份调研问卷，为乡村发展做出贡献，为乡村振兴添砖加瓦。在数字时代的浪潮里，每一朵浪花都会折射出太阳的光芒，每一份坚守都会收获时光的馈赠，且让我们不菅微茫，造炬成阳，凝聚我辈之力量，奔走在万千中国乡村版图上，实现为中华民族伟大复兴贡献力量的铮铮誓言！

古落里那片乡

赵 颖[①]

八月,夏日炎炎,我再一次路过那漂满睡莲的池塘,再一次穿梭于熙熙攘攘的人群中,再一次踏上那熟悉小巷,只不过,不同的是,我开始全身心地体会这座古镇。

迈过那木雕大门,我们来到了村委会。村干部小姐姐热情地招待我们,并认真地填写了问卷,遇到不确定的,还专门找了其他干部帮忙查找资料。我们不禁闲聊了一会,小姐姐一直感叹于如今旅游业的红火,"以前这儿晚上都没有多少人的,只是停留一会就走,而现在到9点多了,街上的游客还很多。"她诉说着,脸上露出满是欣慰的笑容,并一遍又一遍地表达了对古镇今后旅游业能有更好发展的殷切期盼。问卷填完后,我们便和小姐姐告别,开始入户调查。

我们穿过那繁闹的街市,看着街上琳琅满目的特色产品,挤在人山人海之中,不时听见店铺隐约传来的音乐声,头顶火辣辣的太阳,我们体会到了夏天所独有的这一份热闹。我们找了几家店铺,但发现他们都不是本地人,终于在一家相对人少的店铺中找到了一位正在打工的姐姐。"现在人还算少了,前几天更忙,基本不停歇。"小姐姐边说边时不时地向外瞥,似乎在看有没有客人前来。我们问了问外地人开店的情况,她笑了笑,说道:"现在基本是外地人开店,本地人在这开店的少,大多还是出去打工了,像我这种,也就是这儿忙的时候来

[①] 赵颖,女,统计与管理学院2021级经济统计专业本科生。

帮帮忙。"看了看我们手中的问卷,她又说道:"问卷得需要你们过会儿再来拿,这儿人有些多,而且,"她顿了顿,"被老板抓到不干活可不好……"我们只能把问卷先给她,然后走出了店门。

下一站,我们在本地人聚集的片区找到了一位开便利店的大爷。大爷一听我们需要进行问卷调查,便兴奋地答应了,掏出了许久不戴的眼镜,开始细致地读每一道题目。大爷一边读着题目,一边说:"哟,在外打工,这肯定干过啊。为什么? 因为要赚钱啊。"我连忙问本地人是不是大多去打工了,大爷长叹一声,"哎,现在的喜洲青年哪有不出去打工的,本地开店不好开呀,租金那么高……"又轻声嘟囔了一句。我又问了那片街区的发展情况,大爷回答道:"以前本地人也开的多,当时街上也没有这么热闹,物价也没有这么高,现在政府一心想发展旅游业,那些店铺的,基本租给外地的开咯,自己出去打工。当然,对于外地来的,我们也是很欢迎的,毕竟也带动了发展……"

告别了大爷,我们遇到一位正在打扫卫生的阿姨,她一开始狐疑地打量着我们。在我们几番解释之下,她半信半疑地拿起了问卷,我们一边为她读题,一边和她聊天消除顾虑。在填到工资那块时,她有些许迟疑。我们连忙向她解释,她沉默了一会,缓慢说道:"哎,工资已经拖欠好久了……我们也是没办法,继续打扫。"看到我们惊讶的表情后,她叹了叹:"也不知道现在这样一天天搞这搞那的,路建了又拆,拆了又建,之前还说要搞什么小火车,现在估计钱打水漂了,工资是不发,又没有几个钱。"我们听了她的话,似乎一个字也讲不出来,只剩下一片沉默。

最后,我们拜访了几家有传统院落的人家,有津津乐道自己在节假日里赚了许多钱的,有抱怨菜场物价上涨的,有感叹现在旅游火热的,有诉说自己受到游客打扰的,也有怀念儿时宁静古镇的……一路下来,再回头看了看那上百年颇具风格的白族建筑,那见证了历史与现在又将见证未来的建筑,自屹立于此,威严间似乎想要诉说着什么。远看游客们纷纷前来拍照留念,好奇地打量着眼前的这座传统院落。是啊,政府一直在抓旅游,想尽办法加大宣传,留住游客。随着游客越来越多,乘上旅游快车的人欣喜于自己的"发家致富",而那些从小习惯于在宁静的小巷中嬉闹追逐玩耍的,一面兴奋地诉说家乡美景,眼中却流露出淡淡的失落感——虽然古镇在政府的努力下保存完好,但是,在"古镇活化"的同时,似乎已经丢弃了某种说不清道不明的故乡记忆。宁静的古镇重新热闹起来,却再也回不到记忆中的那个模样了。

走在本地人常走的乡间小道上,不时回忆起今天所听到的话语,似乎每个人在自己的立场上都站得住脚,但是合在一起,却显露出些许矛盾。政府忙于特色小镇的打造,致力于做出喜洲品牌,也成功地吸引了许多游客前来拍照打卡,不仅通过数字化努力向智慧小镇发展,而且保留了传统的院落和民间习俗,保留了那份特有的"古老",只不过,现在的传统文化似乎更像是为游客服务的"传统文化"。古镇经过十几年的精心打造,在活化转型上可以说做得很好,只是商业气息浓厚了些,且迈的步伐也过于快了。在外打工的本地人,每每回到家乡时,都会在震惊于家乡变化之余,一遍遍地在心底问自己:"这还是我所熟知的那个故乡吗?"几年未见,往往有种物是人非的感觉。对于那些抱怨物价上涨的本地居民,似乎也只能默默接受这一事实,往日只能回味,未来将会怎么样,留给明天再说吧。

遇见千村·去有风的地方

钟婧渝[①]

党的十九大指出,中国特色社会主义进入新时代。我国社会主要矛盾已经发生变化,社会发展也面临许多新情况、新问题。准确把握这些情况和问题,对党和政府科学决策具有重要意义。同时,从各个角度记录和呈现当代社会的全景和细节,既有助于认识社会、认识中国,在学术研究和史料留存上也有重要意义。

千村调查在这样的时代背景和时代需求下,显得格外重要。一帮在象牙塔的学生,踏遍祖国的山河,从波涛碧浪的东部沿海,到黄沙漫漫的内陆戈壁,调查各个农村的风土人情和经济实力,实现将宏观知识落地到微观社会实情,为将来更好的振兴乡村奠定了良好的基调。

2023 年的暑假,我来到喜洲这个"有风的地方"做千村调查,在这个过程中,我深入体验了当地的风土人情,感受到这个古朴村庄的魅力。喜洲,这个名字里就包含着当地村民对未来美好生活的期盼的地方,一半在俗世烟火里,一半在诗情画意中。这里没有精彩的表演,没有城市里的灯红酒绿和热闹嘈杂,但淳朴而自得的人民、湛蓝的天空、绵延至山顶

[①] 钟婧渝,女,金融学院 2021 级银行与国际金融专业本科生。

的雪白云朵、随风起伏的麦田,无一不诉说着它的可爱与美丽。游罢喜洲,才知何谓诗意栖居。

国人自古对"喜"有偏好,金榜题名为一喜,洞房花烛又为一喜,喜得贵子也是一喜,而"洲"的疆域和地幅,又岂是一个小镇能相提并论的?我琢磨着,喜洲,凡去之人,便能沾上喜气?作为一个大理人,我对喜洲的名字并不陌生,却从未了解过喜洲的产业与经济情况;我曾无数次经过这里,却不熟悉当地人民的工作情况和生产方式。

因此,当返乡调查的地点选在喜洲时,我的心情是激动的、忐忑的、充满期待的,千村调查是一次我全面深入了解喜洲风土人情、经济发展等的机会,让我揭开这个村庄披着的朦胧面纱。

到了喜洲,我们先是忐忑地走进了当地的乡政府。我们商量着同时开口:"您好,我们是来自上海财经大学的学生,我们想了解一下喜洲的情况,能否耽误各位一点时间帮忙填写两份问卷?"各位正低头忙于工作的村干部抬起头来,伸手跟我们拿了问卷,问卷中有些问题过于细致,但他们不厌其烦,不停地翻找资料来寻找答案,对我们也没有表现出丝毫的不耐烦,这样的精神实属让人敬佩。趁着大家帮助两位工作人员填写问卷的时候,我想在村委会里逛一逛了解一下当地的政策,突然看到了墙上的财务公示栏。通过这个财务公示栏,我看到了当地村干部的认真负责,看到喜洲村内部流程和制度的规范性。

通过跟当地老伯的交谈,我体会到了喜洲村悠久绵长的历史,南诏古都真实存在,并非只是想象。史上喜洲,隋有驻兵,南诏两朝曾建都于此,旧时以科考为风,进士举人遍地。时至晚清,考求功名的上升通道渐窄,喜洲人转以为商,促进了清末和民国商业活动的繁盛,更延续了喜洲古镇的兴盛,使得如今世人站在历史烟云变迁的街口,仍能看得到过去的繁荣与萧条。对比当下,犹如一面青泽之镜,照着衣冠与灵魂。

在做入户调查时,我们有意选择了不同的访问对象,有土生土长的本村村民,也有逃离了大城市的喧嚣搬迁至此的新村民,有青壮年在外打工的空巢家庭,也有在当地政府工作的公职人员,有主要从事农业生产的供销农户,也有从事小规模商业——在本村做旅游生意的村民⋯⋯

喜洲与大理许多村庄不同,旅游业的兴起让这个小村庄乘上了时代的东风,当地旅游业发展如火如荼,许多年轻人,虽仍在村所在的镇上工作、生活,但已有了去市区买房的资本。他们的下一代已经有了去城里上学的物质条件,但有些出乎我意料的是,大部分被访者选择让孩子继续留在喜洲上学。

问卷填写结束后,我和当地的一位同学一同在喜洲的麦田里散步,一同往路边走去,打算用闲逛结束这一天的调研。绿油油的麦田里站着许多来旅游的人,穿着白裙子的少女对着镜头浅浅一笑,牵着孙女的老人在田间用手机记录此刻美好,路边是卖水果和气球的大爷和阿姨,我看到了蓬勃的生命力,体验到了浓浓的幸福感。我好像明白了当地人大多选择让小孩继续留在喜洲上学的原因。这里的人民有希望、有理想、有盼头,日子蒸蒸日上,当地人民发自内心地热爱和眷恋这片土地。

路边卖花环的阿姨跟我有一搭没一搭地聊起天来。提到我是大学生,来此地做调研时,她看了看我说:"大学生好啊,大学生有文化,人也不一样。"虽然是炎炎夏日,但我站在田野之中,却能感到静谧与美好,一种平静安宁的感觉笼罩着我。我想,我从上海紧张的实习中抽身回来调研是值得的,它比任何一次的旅行都能抚平我的焦虑和不安。

此次一行,我没经历什么惊心动魄的事,于我而言,更像是通过一次次的交谈,看到了更多面的人生。被访者中有曾经在北京工作的高管,她辞去工作来到这里开了一个小图书馆,同时卖咖啡。她填完问卷后双手将问卷交给我,在我问到"来到这里幸福吗?"的时候,她坚定地点头,我想,这便是乡村的意义所在了。

走千村、访万户,我们深入调研,从实践中发现问题,探索出路;胸怀家国,自在笃行,我们以奋进之笔,描绘时代的画卷,践行莘莘学子对祖国和人民的初心使命。

炙热的家国情怀,归根到底,都是情,对国家的情、对土地的情、对人的情。我们用少年的血气方刚掩盖内心中对生活的不忍,用感官和心灵去拥抱乡村的故事,去体会村民的情感和所思所乐,然后和这广袤无垠的土地中不熟悉的一小部分产生连接。看得见过去,才能摸得着未来。相信我们作为上财学子,能不断地把这份情谊传播下去,使之传遍祖国的大江南北。

党的十八大以来,中国实践释放出前所未有的巨大能量和发展机遇,山河万里,家国萦怀,新时代正以前所未有的实践纵深与创造力量,呼吁越来越多的知识分子读万卷书,行万里路,走出方寸天地,担负时代重任。上海财经大学秉承"厚德博学 经济匡时"的校训,响应时代要求,组织学生走千村、访万户,以双脚丈量脚下大地,将调研报告写满中国。关于喜洲的记忆,是苍山洱海之间古朴的村落和大片的田野,还有勤劳淳朴的人民。在这片土地上,可以找回久违的祥和与宁静。千村调查之旅,让我更加了解中国,教会了我责任与担当,让我明白幸福原来也很简单。我相信,千村调查将是我人生中浓墨重彩的一笔,我永远期待着与千村的下一次相遇。

千村之行，徜徉巫山间

丁柯伊[①]

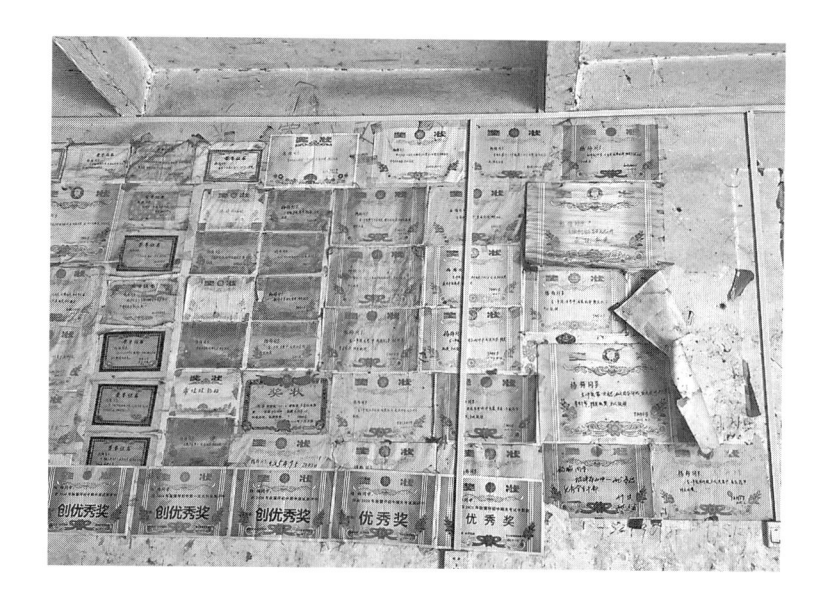

离开巫山已经一月有余，而我仿佛依然置身于那片土地里，呼吸着青草的芬芳，感受着阳光的炽烈，谛听着农民的话语。

还记得初到巫山，就被大自然的鬼斧神工震撼。放眼望去，一江碧水，两岸青山，所谓"行到巫山必有诗"，我终于明白了诗从何来。可是我们要去的地方，既不是景区，也不是城镇，离三峡美景也有一个多小时的山路。在七天的时间里，我们的脚步迈入了十座村落、两百家农户。在这里，我第一次看到了最朴实的农民的脸、最原始的耕作方式。

他们平凡的一天，成为我生命中不平凡的一段经历，印在我的心中，无法忘怀。

我的心里有一堵贴满奖状的土墙

它来自村里最偏僻的一户人家，走进这户人的家里，接待我们的是一个大约40岁的中年女子，矮个头，目光清亮。她略微发白的头发有些枯燥，黝黑的脸上微笑着，小心翼翼地拉着我的手，让我看她在县城读书的女儿的奖状。

---

① 丁柯伊，女，信息管理与工程学院2022级电子商务专业本科生。

掉色的奖状挂满整面土墙,有些脱落了一半,有些牢牢地粘在墙上,好像与墙体一起,撑起了整个房屋。女人用乡音给我讲述她的故事。自从丈夫离世,照顾四个老人的重担像山一样压在了她单薄的肩头,政府补贴是唯一的收入来源,女儿成为全家唯一的希望。她和村里大多数女人一样,没有出过村,更没有见过摩天大楼、车水马龙。在她们眼里,最赤裸的生存就是衡量生活的唯一标准。

我有一瞬间恍惚,岁月如梭,每个人的生活都不一样。这是她的人生,此刻却也像是我的。身为一个女性,一个重庆人,一个与她女儿年纪相仿的小孩,我终于看到了乡村与城市的差距之悬殊。

千村调查成为她们与外界的纽带,给无数个山村妇女带来了笑脸,甚至带来了希望。我怀着复杂的心情来到下一个村落。

我的心里有一棵棵长满李子的树

七月中旬正是李子丰收的季节,即便烈日炎炎,农民们仍然应接不暇。采摘果实,清理包装,沿街叫卖,全家老少,全部出动。这是我们调研中遇到的意外景象。

青绿色的李子又脆又甜,一口咬下去,三伏天的热意都不值一提。婆婆双手捧给我,好像怎么都塞不够。

我蹲在她的独角凳旁,有一句没一句地聊着,怕耽误她卖李子。

巫山农村地势偏远,一颗李子从树上到买者嘴里,颇费周章。有些农人困于地势和家庭情况,只能拎着长长的竹竿一树一树打掉成熟的李子,任它化作春泥更护花了。这里面有心酸、有遗憾、有满满的无奈。

我陷入了沉思。也许千村调查不能立刻给他们一个答案,但当许多大学生的步伐迈入这座瓜果飘香的村落,答案也在慢慢地浮现。我们感受过他们的苦楚,更能思考出能帮助他们的方法。

最后,我们来到了下庄村。

我的心里有一双双沟壑纵横的手,诉说着好多年的艰辛

他们没有好文采,但寥寥几句话,就把我带到徒手凿路的往昔。我仿佛看到他们脚踩黄土背朝天,路很陡,天气很热,他们弯着腰,上山往高处走。

我们去了下庄人事迹陈列馆,里面展示着他们用过的农具和修路的记录。视觉带来的震撼连成了一个完整的故事,展现在我的眼前。

在大路建成之前,下庄村与外界连接的唯一纽带是108道之字拐的古道,要想看到外面的天空,就必须手脚并用地行走,翻越层层悬崖。为了打破故步自封的困境,毛相林带领下庄村村民身体力行地凿出一条天路。没有任何现代科技手段的存在,无数壮士用双脚勘测,用锄头挖路,汗水如雨下,泪水如河流。有人受伤,有人牺牲,有人仰天长啸,有人低头痛哭。七年的时间,终于造出一条八公里长的山路。

回过头来,一把把锄头就像武器,代表着下庄村人向地势宣战、向贫困宣战、向命运宣

战的志气。从陡峭的石梯到蜿蜒的土路,从狭窄的小道到连绵的公路。

此刻回想,原来走千村、访万户的使命不仅是统计数据,而且有亲身体验他们的辛劳耕作,切身聆听他们的人生故事,躬身思考如何帮助他们摆脱困境。

千百年来,巫峡儿女困于山水阻隔,望山兴叹,临水扼腕。独特的生态资源被浪费,先进的改良措施跟不上。

终于,呼啸而来的高铁,让巫山看到世界,让世界看到巫山。在乡村振兴的路上,一座又一座的村落变了模样,有旧物换新颜,有农人变幸福。

感谢千村调查,让我将中国乡村这本书又多读了两页。

只有真正迈入田野,我才知道乡村不再只是"红瓦青瓦房连片",原来还有家徒四壁的家庭在土墙上贴满掉色的老奖状;不再只是文人笔下的"稻花香里说丰年",原来也有农人望着李子滞销紧锁住眉头;不再只是"阡陌交通鸡犬相闻",原来更有用血汗打造的绝壁上的山路。

只有真正迈入田野,我才知道,振兴之路,哪怕道阻且长,利益交结,但追求美好,振兴千村的信心和行动从来没有丢失。

脚踏大地,荡涤灵魂

黄 煦[①]

烈日当空,骄阳似火,在七月这个炎热的季节,我来到了重庆市九龙坡区含谷镇净龙村,身着学校发给我们的调研服,开启了实地调研之旅。

或许是在大城市里待久了,顶着火烧一样的大太阳走在乡间的小路上,我竟然感到头晕目眩。重庆作为山城,地势本就崎岖不平,伴着难耐的高温,不出一会儿我便感到口干舌燥。走了好一阵子终于见到卖水的地方,我和同伴二话不说开始闷头痛饮,那一瞬间,我体验到了"生命之泉"这个形容的切实意义。寻一处阴凉地,我们擦着额头上沁出的汗珠,开始打量周围的环境。不同于我想象中村庄大片的平原开阔景象,这里的视野极其狭

[①] 黄煦,男,金融学院2021级保险学专业本科生。

窄，眼前是一条曲折蜿蜒的坡道，被两侧灰色的水泥建筑墙夹在中间，显得十分局促。整顿完毕，我们便沿着坡路一路走向要访问的人家。

刘伯伯是一位土生土长的农民，他在山城这里极富层次感的土地上劳作了一辈子，面对我们的来访，他似乎比我们还要局促，但眉眼间散发着无比的真诚。他说自己从未外出务工，所有收入都来自分配的土地，真正意义上诠释了何为"靠山吃山"。被问及疫情是否对他的生活产生影响时，他笑笑说影响不大，"就这一片地，只要地不生病就行"。我不由得上下打量起他的着装，头上的一顶草帽和他偏黑的肌肤，映衬得脖颈处的白毛巾格外亮眼。他说现在每年的收入还算稳定，生活过得平平淡淡。问及为何不考虑外出务工时，他表示习惯了这种生活，不愿意突然换一个陌生的环境去适应。说起网络和科技的发展，他表示了解不多，家中没有配置电脑，身上的智能手机也极少使用。他说不愿意让手机占用自己的时间，隔绝与家人之间的沟通。比起手机上浩如烟海的信息，他更愿意守住自己的一方天地，享受朴实平淡却安逸的生活。这一瞬间我感觉心头一震，切实感受到了一位朴实的农民的生活态度。比起城里的花花绿绿、觥筹交错，这里的节奏难得慢了下来，让我重新有机会在生活的威压下歇息片刻。或许对于人生的意义，每个人都能给出不一样的完美答案。

聊天般的调研结束，我们告别刘伯伯去访问下一户人家。巧得很，这家的女主人也姓刘。

与刘伯伯家不一样的是，她们一家的收入全部来自外出务工。交谈中得知刘姐有一个正上小学的孩子，她说外出务工除了挣钱之外，另一个很大的原因就是为了让孩子能够接触大城市的教育，站在一个更高的平台上获取更开阔的视野。她的打算是等孩子读完小学就接到外面读书。对于疫情带来的冲击，她的感触更多。"工作机会明显变少了，收入有了一定程度的下降，偶尔也会出现拖欠工资的问题，好在目前总体还过得去，每个月还能定期往家里汇款。"她叹了口气说道。在她的言语间，我们感受到了一种似有若无的焦虑，或许这就是不平稳的生活对于每一个平常人的冲击吧。对于网络的发展，刘姐的态度显然积极了许多："网络的发展让生活便捷了许多，我现在常常在电商平台购物，然后就能送到家。"比起以前大大小小的商品都要到镇上购买，网络的发展弱化了距离感，让更多品类的物品进入了选择范围。"但是网上的信息真真假假，经常需要仔细多看一眼，"她补充道，"希望日子能越来越好，希望我的娃可以好好读书有个好前程。"临别之际，我们真切地感受到了她对于生活的期盼，为了孩子的未来，一切的动荡都是值得的。

12户调研很快结束，在与形形色色的村民们沟通的过程中，我们最大的感受是那种朴实的烟火气。不同于预想中的种种阻碍，这里的村民似乎对外来的访客比较热情，并没有生活被扰乱的不耐烦之感。通过倾听村民们的心声，我们也对这片土地上的气息感到更加熟悉亲切。千村调查是一个千载难逢的机遇，让我这样久居城市的学生得以重新感受我所生长的土地上的烟火气，让我回归大地母亲的怀抱。

进千村,悟真情

刘玟汐[1]

初闻千村调查,我便兴趣浓厚。究其原因,或是优厚的回报、奖励的巨大吸引,或是从小身居城市而对陌生乡村的好奇向往,抑或是期望能发挥自我价值的万丈雄心,更是想要真切领悟费孝通先生所言"我们的民族和泥土是分不开的"的其中深意。于是,七月初,顶着炎炎夏日,伴着声声蝉鸣,我来到了重庆市永川区仙龙镇双星村——走进村庄,走近中国农村最真实的风土人情……

---

[1] 刘玟汐,女,会计学院2022级财务管理专业本科生。

一、进千村，知村情

来到双星村的第一天，我们并没有一来就急着去完成调查问卷，而是选择先熟悉熟悉这个对于我们来说有点陌生的地方：我们来到了村委会，向村主任说明了来意，从他口中了解了村庄的大致情况——土地面积、农业结构、户籍人数等——简明而官方；我们住进了村中唯一的农家乐，从农家乐老板娘口中了解到村民们普遍的日常活动——清晨去镇上赶集、白天在田间劳作、傍晚在院坝跳跳舞聊聊天——琐碎却鲜活；我们真正地走入田间地头，行走在小路上，穿梭于田埂间——去看老伯在水田里插秧、向正在施肥的阿姨问路、与忙着除草的老婆婆交谈、被突然开始狂吠的看门狗吓得连连后退——真实且亲切。一步步地，我感觉我越发地离这个村庄近了，不是单纯物理上的距离，而是认知层面上的亲近。

看着村中平整且干净的马路，望着田间高大的高粱秆，路过气派的育秧工厂……我意识到"实施乡村振兴战略，建设美丽宜居乡村"不再是一句简单的口号，不再是新闻里宏观而疏离的战略政策，不再是印象中一项空洞抽象的重大工程，而是村中交通条件的显著改善、是村中农业水平的明显提高、是村民就业有了切实保障、是眼前真真切切的双星村焕然一新的村容村貌。

二、进千村，感温情

在千村调查开始前，我也曾隐隐担忧，我害怕向户主提出访问请求时收到戒备的眼神，害怕在采访过程中对方显露出不耐烦的神情，害怕采访问题因涉及隐私而显得冒犯招人猜疑。但这一切不安忧虑都随着入户调查的展开而烟消云散……

炎炎烈日下，耳边全是尖厉的蝉鸣，我们走在几乎没有任何荫蔽的路上，随机寻找着受访对象。

当路过一家大门敞开的人家时，我们终于鼓起勇气走了进去。"您好，请问有人在吗？"我们一边用方言询问着，一边走到门前，客厅里是一对老夫妇，见到我们后眼神里满是惊讶与困惑。我们拘谨地向两位老人说明来意，或是年纪大了，有些耳背，我们一通解释后，两位老人依旧是迷惑不解。正当我又准备再解释一遍的时候，老婆婆却突然开口了："进来说吧，外面好晒好热哟。"我一愣，觉得有些不可思议——因为在我看来，他们甚至还没有完全弄清我们的来路与目的，便那样热情与真诚地邀请我们进屋，着实出乎我的意料。看着老婆婆一脸认真地在屋中向我们招着手，一股暖意从心底涌起，把我之前所有的紧张不安与自我假设的隔阂边界都完完全全消融了。那一刻，笑容才真正地浮现在我脸上，是发自内心的微笑，并非客套的伪装、并非掩盖忐忑的伪装。进了屋后，我们愉快地与老人进行了交谈，顺利地完成了问卷。就在我们采访结束，临走前按规定拿出20元经费递给他们，向他们的配合表示感谢时，他们却毫不犹豫地拒绝了。他们只是自顾自地念叨着："你不是说就聊会儿天吗？我们也没做什么，哪好收这个钱呐！"在反复的拉扯后，老人终究还是没能拗过我们，收下了那20元。她小心翼翼地将那20元展平拿在手中，很是珍视,脸上有欣喜、有感动,更有一种受之有愧的不好意思,嘴里依旧念叨着:"真的太客气了,你们愿意陪我们聊天就很好了,平时还根本找不到人说话呢。"听到这句话时,不知怎的我的心里泛起一阵酸涩,可能是第一次真正理解了空巢老人的孤独与心酸吧。

我们就这样走进一家一户:经过屋中摆放的菩萨像,坐在他们搬来的凳子上,接过他们递过的水,看着他们听取问题时专注的神情,听着他们认真且稍显激动的回答和时不时蹦出的个人故事,接收着他们"你们吃饭了吗""小心中暑"的关怀问候,拿着他们赠予的石榴和梨子——我被这群可爱的人们的单纯质朴打动,为他们的真诚而深深感动,也为他们的热情而深怀感激。

三、进千村,探实情

在刚入村时,村中平整的公路、美观崭新的房屋、成片的绿油油的农田,让我意识到如今的农村与先前印象中贫穷、脏乱、落后的样子已大相径庭,我感叹"全面建成小康社会"的卓越成效,便理所当然地以为实现全面乡村振兴也是指日可待。然而随着调研的深入,我逐渐意识到事实并非如此。

"产业兴旺、生态宜居、乡风文明、治理有效、生活富裕"——这是党的十九大提出的乡村振兴发展总体要求,而就双星村的实际情况来说,离这 20 个字还有明显的差距。村中的农业发展固然不错,但产业形态单一,与村民生活息息相关的物流业并不健全,产品加工业、网络销售等少之又少;村中农田里的农作物固然生长态势极佳,但据走访调查,村民们表示在山后还有大量的田地荒芜闲置着,亟待打理开发;村中的公路固然看起来干干净净,在树林遮掩下的水沟却浑浊恶臭;村民基本的温饱问题固然已经得到解决,但大部分老人的生活只能依靠自家薄田中种植的少量作物自足与微薄的退休金拮据度日……

当我真正走入双星村,当我真正与当地村民面对面交流,当我真正了解到当代农民的生活现状时,我才真正体悟到——乡村振兴,不是一朝一夕的壮举,更是一项需要久久为功的伟业。"路漫漫其修远兮,吾将上下而求索。"吾辈青年作为祖国的未来和希望,必将肩负起助力乡村振兴的责任担当。我们当以奋发向前的精神、以创新的思维、以实际的行动,为乡村振兴贡献自己的力量。无论是深入农村基层的调研探寻,还是投身农业科技的研究实践,抑或是积极参与乡村教育的推动与改革,都能散发自身的光与热,为乡村注入新的生机与活力,推动乡村振兴的梦想成为现实。所以,让我们携手并肩,共同努力,为乡村振兴的伟大事业贡献自己的力量,让乡村的美丽与繁荣永远绽放。

访千村万户,读懂真实中国

任宸瑾[①]

记忆里"乡村"这个词,有血脉相承的亲切,却没有朝夕相处的具象。它蕴含着骄阳的味道,记载了流光划过的声响,沾染着雨落地面的尘味,和风卷尘埃时漫入眼际的迷离。

借由本次千村调查的契机,我踏上了重庆市大足区铁山镇桂香村这片黄土地。在这里,我真切地明白,乡村绝非诗人笔下世外桃源般超然尘外的山水画,也不是想象中辞官归隐后象征明媚与喜悦的符号。实实在在扎根在中国大地上的,只有我们世代祖辈,用血与泪筑起的坚固土壤。

为了读懂真实中国,了解乡村实况,我们首先接触了桂香村的村干部们。许多文学作品中不乏对村干部形象的细节描绘,大概是细皮嫩肉、西装革履且大腹便便的,也许正围坐在屋内一角,悠闲地品着手里一杯温凉的茶水,还不忘对着烈日下一旁耕作的农人指指点点。因此见到易书记的刹那,我完全没来得及在他与村干部的身份间做出任何联想。

这位年过五旬的书记身材精瘦、皮肤黝黑,乱蓬蓬的头发衬得一双眼睛越发炯炯有神。饱经沧桑的手掌正因为沾满灰尘而无处安放,当我们礼貌地向他伸出手时,他脸上顿时浮现出掩饰不住的尴尬,忙道:"刚刚在那边下了李子,还没洗手呢!"

在与易书记交流访谈的过程中,我惊讶地发现:许多专业性词汇若不做通俗的解释,那他其实并不理解。不算高的文化水平、老练却不世故的行事风格、努力为村庄办实事的

[①] 任宸瑾,女,金融学院 2022 级国际金融专业本科生。

工作态度,我默默观察着、细细掂量着。一种拨云散雾的喜悦在心底油然而生:原来这才是桂香村,是我们乡土中国基层干部更加真实的面貌写照。

接下来,我们将要展开对村民的入户调查。考虑到这个偏远的村落,和我这样的陌生来客,我不禁揣测起他们思想观念的保守,也担忧将要面临的警惕与质疑。若每家每户都因为心存提防而闭门谢客,那我们又该如何是好呢?然而,在这个不曾养育过我的陌生村庄里,年逾八十的冯爷爷主动拨打电话为我们联系村户,并自告奋勇地加入队伍为我们带路;古稀之年的大爷谈起历历在目的入党往事显得激情澎湃,一旁发丝花白的老伴毫不吝啬地为我们送上自家编织的蒲扇……有太多来自相亲邻里的真挚热情令我始料未及,太多朴实而感动的故事来不及被一一铭记。值得欣慰的是,时间无论以怎样残忍的方式冲刷历史,都无法磨灭这一段段血脉传承的痕迹,它们蕴藏在不同的事迹里,又辗转凝结在相同的血脉中,永远忠诚于同一片土地,世世代代,生生不息。

在结识的众多村户中,经营龙虾养殖场的罗叔叔令我印象颇深。这位坐拥小洋房与拖拉机的大农户,远离了钢筋水泥的束缚,定居在宁静美好的小巷,我想,他一定十分享受这份自在安宁与岁月静好。但现实终会照进梦想,哪怕生活在童话般的环境里,也仍旧怀着无以言说的难处:信息偏差、资金短缺……合理的混合养殖建议无人听取,优秀的项目方案无人问津,想要获批更大规模的发展何其艰难。由此,我似乎窥见一角劳动人民的挣扎与艰辛,也隐约觉察出看似朴素的乡村内部实则复杂的多方利益。这样的发现让我感到五味杂陈,最终又释然成一声叹息,卷入意犹未尽的风里。

说到乡村印象,一定少不了在这里耕耘一辈子、坚守一辈子的农人。我原以为,他们会像一截截嶙峋的窄桥,或一盏盏枯黄的油灯,因为脸上与心间的褶皱,失去了通往城市的力量。实际上,在整整一天的走访调研中,顶着炎炎烈日、在崎岖山路上为我们带路的冯爷爷是步伐最矫健、精力最充沛的那一个。一生的辛苦耕耘练就的是钢铁般坚强的臂膀,成全了一座座压不弯的脊梁。

晚饭后,我们在铺满夕阳的乡间小道上悠闲地散步,将一望无垠的乡村风光尽收眼底。这不是我想象中的颓圮篱墙或萧索庭院,巨大的反差甚至令我震撼。

接连不断延伸至天边的,全是郁郁葱葱的水稻。青翠的颜色在晚霞的余晖里娇艳欲滴,并且因为辽阔、因为来自手工,它显得格外壮观。更准确地来说,这颜色应该是悲壮的,因为密密麻麻的水稻上,刻满的全是庄稼人的指纹,象征着他们的辛劳。眼前这片延绵不绝的阔大天地的确迷人,却折磨人,因为乡村平原的大并不同于沙漠的大,也不是瀚海的大,它是庄稼人劳作的对象,意味着每一尺、每一寸,都必须经过庄稼人的手。想象这苍茫的天地间,每一棵水稻都是手插的、每一棵水稻都是手割的,这是何等的艰辛!

这时,风过原野掀起了阵阵声浪,我怀着神圣的敬意,愿能与其中一朵浪花产生共鸣。此刻,天高,地迥;天圆,地方。

"大地在那儿,还在那儿,一直在那儿,永远在那儿。"诚如毕飞宇先生所言。乡土是融进中国社会骨髓里无法剥离的成分,是我们认知真实中国永不会关闭的一扇门。中国社会的原貌一直保存在这处远离喧嚣的角落,只要你开门,它就在。

山不让尘，川不辞盈

张欣怡[①]

七月盛夏，我走进坐落在丘陵中的双星村，稻穗低垂，蛙鸣如鼓。我们与千村调查相约在这一隅宁静祥和的乡间。走进千村调查，我才真真切切地了解到了千村调查的意义及其深刻内涵。

由于双星村属丘陵地形，农户零星散落其间，缺乏交通工具的我们只能步行前往农户进行访谈。在走访过程中的所见所闻都令我倍感新奇，尤其是与乡间的人们交谈更是令我感触颇深。

炎热的傍晚，沿着村里仅有的一条公路，我们路过了一户门前种着两棵石榴树的人家。正在院里乘凉的苏奶奶便与我们"侃"上了。苏奶奶是一位土生土长的农民，近些年上了年纪便不再务农，自己家的几亩田也交由子女打理了。推开吱呀作响的单薄房门，走进房间，各类老物件的堆积无疑使得本就不宽敞的房间显得愈发逼仄。桌上的盘子里还盛着中午吃剩的饭菜，在昏暗的光影下，仍能清晰地觉察出几只盘旋其上的飞虫。后来在访谈中了解到，老伴走了，本与她同住的媳妇前些日子去医院分娩后，她便一个人在村里

[①] 张欣怡，女，会计学院2022级财务管理专业本科生。

住着。

像许多同龄的老人一般，苏奶奶对于日常使用电子产品有些困难。尽管儿子给她购置了智能手机用于交流，但在实操上她时常手足无措。比如在走访过程中，我们帮助苏奶奶关闭她误触的音乐软件，并尝试帮苏奶奶打开她有些故障的电视机。

望着苏奶奶，我仿佛看见了千万农村妇女的缩影，在这一刻我明白了积极发展农村养老的深刻意义。在双星村走访过程中我也深刻体会到农村空心化严重，青壮年大多外出务工了，留守家中的大多是过寒暑假的儿童以及老年村民。以前"进城务工""劳务移民"于我而言仅仅是课本上的名词概念，现在落实到眼前反倒有种虚幻的不真实感。在交通不便的广袤农村，独居老人、留守儿童的急切需求值得被更多人关注。通过这次走进乡村，我深刻认识到，乡村基层的意义在于关注和解决乡村居民的实际问题。我们需要通过政策、资金和技术支持，帮助乡村改善基础设施、提高教育医疗水平、促进经济发展、提高居民生活质量。只有这样，我们才能真正实现城乡均衡发展，让更多的人享受到美好生活，建设美好乡村。

再沿着公路漫步，在田野里遇上了辛勤劳作的骆叔叔。骆叔叔是当地智能农业育秧工厂的一位工人，虽说是工人，但田里的活是一点不比务农者少。初见的傍晚，他正在泥泞的田里小心翼翼地呵护着一撮撮秧苗。遮阳草帽下额头上满是汗珠，一条洗得泛灰的毛巾随意地搭在肩上，挽起的裤脚，水田中缓慢稳健的步伐。风吹日晒的肌肤被烙印上了阳光倾洒的痕迹，在日复一日的辛勤劳作中变得黝黑，手心变得粗糙而宽厚。

兴许是年龄上代沟较小的原因，我们与骆叔叔的访谈十分顺利。其实，与其称作"访谈"，倒更像是闲暇时同友人间的一次促膝详谈，是生活在同一片天空下的我们的一次相遇。话里话外不难察觉出他对于生活积极向上的乐观心态；嘴角洋溢着的真切笑容藏不住他对当下幸福生活的饱满热情；谈话间隙望向远方田野的眼眸中闪烁着的星星点点或是对未来生活的憧憬与向往。环顾四周，简单装修的起居室处处彰显着生活的烟火气，从张贴的识字画报，到墙角边随意堆放着的农具。在一旁侧耳倾听的我仿佛在不知不觉间亲身体验了一次截然不同的人生经历。详谈结束后，骆叔叔甚至热情地随手摘下门前树上的几只梨子赠予我们。

此时此刻，望着郁郁葱葱的水田，我方才恍然大悟，千村调查不仅是数据收集，而且是我们接触真实中国的一次宝贵机会。千村调查不应当仅仅以填写问卷为导向，那些鲜活的、朴实热情的、善良的乡民也不应当被抽象化为一个个平面的数据。那一份份问卷需要几十载方能填写，而那些承载着几十年的光阴数据早已拥有了炽热的温度。千村调查给予我们交流的短暂时光对我而言弥足珍贵。

当高耸入云的摩天建筑聚成钢筋水泥的丛林，当手中小小的电子屏幕汇成了地上的星群，当我们常觉心灵在陌生的大地上流浪，莫忘回首驻足：也许，美丽乡村就在原地守望着我们，一如当初。

此次千村调查令我感触颇深，在走访调研的过程中我切身地体会到"走千村、访万户、读中国"不仅是一句口号，而且是我们发自内心的期盼。除此之外，千村调查更是让我们当代大学生拥有了"冀以尘雾之微补益山海,荧烛末光增辉日月"的健康向上的心态及志向,为我们今后人生道路的选择发挥积极的正向影响。千村调查不失为一种从象牙塔中出走,让大学生认识社会、理解农村生活逻辑的好方式。大学生只有脚踏实地,才能仰望星空。私以为千村调查的意义正在于此,深入农村、积极调研、参与社会实践,接触到真实的中国,接触到我们社会最底层、最基础的部分,真正落实将思政大课开在广阔的中国大地上。

正如陶行知先生所言:"我们要常常念着农民的痛苦,常常念着他们所想得到的幸福。"

尽管我们收集到的数据仅仅是广大农村中的微乎其微,虽然乡村振兴任重而道远,但世上毕竟没有一蹴而就的成功,唯有不急不躁地砥砺奋进,方能在日积月累中积小胜为大胜,谋根本、创基业,将涓滴细流汇成千顷澄碧,汇成新时代的隽美山川。

风雨不改凌云志,振衣濯足展襟怀,我期待与千村调查的下次相遇!

等风来，不如追风去

朱春兮[1]

越岭翻山荒径远，忽见一片柑橘林。
嘘寒问暖篱笆院，访户谈心左右邻。
拉话家常谋善策，分清对象找穷因。
千村规划光明景，催马扬鞭日月新。

——题记

芳菲歇去何须恨，夏木阴阴正可人。正值八月酷暑，我来到这一片柑橘林面前，微风吹拂，艳阳高照，绿叶滴翠，苍枝含笑，不少柑橘树上已有玻璃球大小的果实。

定睛一看，有位老伯穿行在林中，身手敏捷，双手好像在撒下些什么。只见他上身穿一件满是泥斑的短衫，下身是灰色的长裤，裤管卷到膝盖上。随着视线向下，是绒乎乎的、羽毛短短的、密密的，一个个像小棉花团似的小鸡正在觅食。老伯见我们走来，热情地问我们从哪里来，邀请我们去他家里坐坐。一问一答之间，我们感受到了劳动人民的热情好

---

[1] 朱春兮，女，经济学院2021级经济学基地班本科生。

客、纯真朴实，于是随他一起到了老宅。

到家后，老伯为我们讲述了叶家湾的历史，说自己也是叶家的一员。然后，叶老伯认真地为我们科普起村子里的新事物——柑橘树产业和在树下养土鸡。原来，叶老伯家的这块地坡度大，距离村里的水资源较远，灌溉难度很大，通常只能靠天上的雨水。过去，叶老伯仅仅在这块地上种植玉米或者土豆，收益很有限。直到村里扶贫项目落地，叶老伯在村里党组织的带领下了解到柑橘树耐旱的特点，才决心试种柑橘树，没想到成活率很高，收成也很好，大大改善了叶老伯的家庭经济情况。近两年，他又在村支部的介绍下，发现在柑橘树下养土鸡既可以增加收入，也充分利用了土地面积，于是改造了果园，买了很多小鸡。叶老伯骄傲地说："柑橘一年能收 3 吨咧，出栏的小鸡能有两百多只，年收入上两万元不成问题啦！"

我望向叶老伯黝黑粗糙的皮肤，他那筋脉突起、干裂发黄的双手创造了一个多么伟大的奇迹呀！那双满是裂口、老茧横生的脚又在丈量着怎样广阔的土地呀！看着绿油油的柑橘林，我仿佛看到了柑橘林中不再是满枝繁花，而是累累硕果，那圆圆的柑橘有如万千盏小灯笼，金灿灿、红彤彤，在墨绿的树叶里灼灼闪光；看到了叶老伯在林中绽放出最朴实的笑容，那是比钻石还要璀璨的劳动者的微笑。我不禁想到一首诗——"群山是他的脊梁/耕牛是他的伴侣/深深的犁沟印着他岁月的痕迹/他的汗水曾烫伤那片热土。"是啊，连绵不绝的山峦没有阻挡叶老伯的热情，那片势必要如火如荼生长的柑橘林，见证了叶老伯的希望与憧憬。

告别了叶老伯，我们叩开了村支部的办公室。说明了来意后，吴书记热情地接待了我们。这是一位有着干练气质的中年女性，她已经驻村两年，取得了傲人的成绩。正值驻村工作队换届的历史节点，我不禁想问："为什么还是要选择继续驻村呢？"吴书记轻轻一笑，说："其实这个问题我也问过我自己，对我来说，留下来意味着还有做不完的事情在等着我，这些做不完的事，才是最有意义的。我想要推动集体经济与旅游深度结合，想要继续做好美丽乡村建设，还有村里的公共事务和生态文明……"

在村里的两年，六百多天的苦干与实干，八个季度的坚持与坚守，吴书记收获了村两委的认可和群众的信任。她谈到村里的"胭脂红薯"品牌，"那时我挨家挨户地去敲门，跟农户们沟通，有时农户起早贪黑地出去种地，我就得在山这边那边去吆喝找人，最后把这个品牌建立了，得到了他们的信任，现在想来真是好不容易哟……"吴书记谈到这些，眼睛里闪着光芒。

本来可以带着"扎根乡村振兴最美军嫂"的光环回到城市享受其繁华与热闹，回到丈夫和孩子的身边，不用再体会辛劳与孤独，但吴书记仍然选择了驻扎在这里。也许是为了那一条条为村民修好的公路，为了那一盏盏村里安装好的电灯，为了集中修建的院坝、解决人饮及生产用水和增收的红薯产业，吴书记毅然决然地留在这里，去完成她口中说的"做不完的事"。习近平总书记说："脚下沾有多少泥土，心中就沉淀多少真情。"带着组织的信任、家人的托付以及对农村最为朴实的热爱，吴书记站在这一片土地上，继续守望。

我听说过这样一个故事：小和尚放风筝，他在原地等待风来，却迟迟不到。他的师伯跑过来训斥了他一顿,说风不来,风筝一定不会飞上天的。而他的师父却告诉他,既然风不来,为什么你不自己跑动起来呢？于是小和尚迎风而跑,风筝也飞上了天。扶贫也是这样的一个过程。等风来,不如追风去。等待外界条件成熟,不如自己创造条件,因地制宜,开辟出一条勤劳致富的道路。叶老伯如是,吴书记如是,对于我们大学生来说,也应该迎风而上,伺机而动,也许仅仅只是独自起飞的那段时光比较困难,而当你飞到一定高度的时候就会发现,越往后,你的路就越好走,你的天空也就越广阔。